教·育·學·概·論

2판

Introduction to Education

교육학개론

한용진 · 권두승 · 남현우 · 오영재 · 류지헌 공저

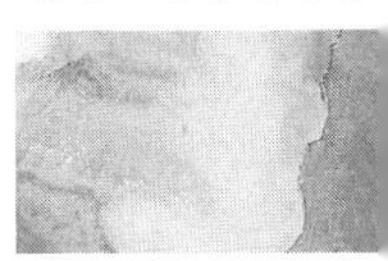

학지사

2판 서문

오늘날 교육은 우리 사회에서 경제만큼이나, 혹은 경제보다 더 중요한 화두로 등장하고 있다. 급속하게 변화하는 지식정보화 사회 속에서 뒤처지지 않기 위하여 개개인은 자신에 대한 교육적 투자를 게을리 할 수 없게 되었을 뿐만 아니라, 자식세대의 사회경제적 성공을 위하여 오늘날의 부모세대는 자신의 경제적 여생을 담보로 잡히면서까지 막대한 사교육비를 지불하고 있는 실정이다. 각종 일간 신문들의 제1면에는 교육관련 기사들이 늘어나고 있으며, 주말에는 교육관련 섹션기사가 일반화되고 있다. 고교평준화제도나 논술 · 내신 등 대학입학시험 정책 등은 전 국민적 관심사가 되어 사회적으로 뜨거운 논쟁을 불러일으키기도 한다. 또한 자녀를 키워 본 사람들은 누구나 교육에 대한 준전문가가 되었다고 생각하고 있다. 이제 교육에 관한 문제는 교육학을 전공하는 사람들만의 것이 아니라, 국민 모두의 기본공통 교양과목이 되었다고 해도 지나친 말은 아닐 것이다. 그럼에도 불구하고 정작 '교육이란 무엇인가', '자신의 교육관이 어떤 것인가'라는 질문을 받게 되면, 교육학을 전공하는 사람조차도 막막해지는 것이 또한 교육 · 교육학이다.

책의 생명은 저자와 독자 간에 끊임없는 논의를 통해 조금씩 수정되며, 성장 · 발전하는 데 있는 것이 아닐까 생각한다. 이 책이 처음 출판된 것이 2006년 9월이었으니, 정작 1년 밖에 되지 않았음에도 이번에 수정증보판을 내게 되었다. 실은 작년에 출판되기 이전부터 강의를 통해 수년에 걸쳐 조금씩 수정되었던 것을 고려한다면, 이번 수정증보판 역시 그러한 성장과정의 하나라 할 수 있다. 이번 2판에서의 주요한 변화 내용은 다음과 같다.

첫째, 제1장의 교육과 교육학에 '교육학의 나무'라는 교육학 개념도를 그려 보았다. 지난 200여 년간의 교육학의 학문적 발전과정을 하나의 나무에 비유해 본 것으로, 기존의 교육학에 대한 여러 관점을 참조하여 수정된 교육학 구조도를 제안해 본 것이다. 즉, 뿌리에 해당하는 '교육기초학'과 줄기와 가지에 해당하는 '교육방법학'(또는 교수이론으로 교과이론, 교사이론, 학습이론 등)은 기존의 교육학과에서 다루고 있는 것으로 교육에 대한 기본적인 이론을 보여 주는 학문이다. 한편, 실용성과 현장성이 강조되는 '교과교육학'과 '전문교육학' 등은 최근 급속히 발전하고 있는 분야로, 기존 교육학 이론을 바탕으로 보다 실질적인 결과를 산출해 낸다는 점에서 '교육학의 나무'에서 꽃과 열매에 비유해 보았다.

둘째, 제9장 교육과 행정제도에서 지방교육자치에 관한 내용이 변경되었다. 이는 2006년 12월 20일 법률 제8069호로 「지방교육자치에 관한 법률」이 개정됨에 따라, 2007년 1월 1일부터 '지방교육자치'에 관한 내용이 크게 변하게 되었기 때문이다. 즉, 교육감과 교육위원을 주민들이 직접선거로 선출하고, 시 · 도의 교육 · 학예에 관한 의안과 청원 등을 심사 · 의결하기 위한 교육위원회를 시 · 도 의회 내 상임위원회로 두도록 하였다. 비록 주민직선제에 의한 차기 교육감선거는 2010년에 가서야 실시되므로, 당장의 큰 변화는 없다 하더라도, 현 단계에서 변화되는 내용은 그때그때 추가적인 수정을 통해 바로잡도록 하겠다.

셋째, 약간의 오탈자에 대한 부분 수정과 추가 · 보완, 그리고 [부록 8]에 존 듀이의 '나의 교육 신조(My Pedagogic Creed: 1897)'를 추가하였다. 이 내용은 모둠토론에 이용하거나, 자신의 교육적 신조를 분명히 하는 데 참조하기 위하여 반드시 읽어 볼 것을 권한다. 가르치는 교수의 입장에서는 과제물로 읽은 소감을 써 보도록 하거나, 이를 참조로 자신의 교육관 혹은 교육적 신조를 작성하게 해 보는 것도 가능할 것이다. 이미 발표한 지 100여 년이 넘은 내용임에도 불구하고, 여전히 요즘 우리의 교육현실을 되돌아보게 하는 내용을 보면서, 적어도 듀이의 생각과 자신의 교육에 대한 생각이 어떻게 다르며, 왜 다른가에 대하여 생각해 보는 것도 의미 있을 것이다.

사실 교육학개론을 배워 교육과 교육학을 이해한다는 것은 자신의 머릿속에 교육에 대한 개념지도를 그리는 것과 같다. 즉, 교육학적 개념지도는 다양한 교육학적 개념과 패러다임을 정리해 줌으로써, 사람마다 생각하는 교육학적 개념과 철학, 패러다임이 어떻게 다른가를 이해할 수 있도록 해 준다. 우리 사회에서 일어나는 많은 교육문제들도 어쩌면 교육에 대한 개념적 차이에서 생기는 것일 수도 있다. 따라서 자신이 주장하고 생각하는 교육적 개념을 논리정연하게 설명할 수 있다면, 다른 사람들과 교육적 의사소통이 가능해질 뿐만 아니라, 불필요한 오해도 생기지 않을 것이다. 또한 우리 사회의 교육이 어떤 방향으로 나아가야 할 것인가에 대한 국민적 합의를 도출해 낼 가능성도 높아지게 될 것이다.

이 책은 교육학을 처음 접하는 사람들뿐만 아니라, 이미 대학에서 교직과목 등을 통해 교육학의 기본을 이해하고 있는 사람들에게도 교육의 본질과 교육학에 대한 자신의 관점을 점검하고 정립하는 데 도움이 되도록 구성하였다. 또한 가급적 표와 그림을 많이 포함시켜, 각 전공이나 주제들을 보다 이해하기 쉽게 쓰고자 노력하였으며, 수많은 이론의 나열보다는 원리나 패러다임의 변화를 보여 줌으로써 교육학의 흐름을 파악할 수 있도록 하는 데 중점을 두었다. 이러한 교재의 내용이 교육학을 이해하고 현실에 적용하고자 하는 여러 사람에게 보다 많은 도움이 되기를 간절히 기원한다.

2007년 7월

필사 대표 한용진

1판 서문

교육학개론은 교육학이라는 학문을 이해하는 가장 기본적인 과목이다. 현재 시중에 나와 있는 『교육학개론』의 목차를 보면 크게 두 유형으로 나누어 볼 수 있을 것이다. 첫째는 교육학의 하위 학문영역을 순서대로 나열하여 각각에 대하여 개론적으로 설명하고 있는 방식이고, 다른 하나는 교육학이라는 학문이 고민하는 주제들을 나열하고 이에 대하여 함께 생각해 보는 방식이다. 전자를 기본형이라 한다면, 후자는 주제형이라 이름 붙일 수 있

〈표 1〉 교육학개론의 목차 분석

상	한기언, 『교육학개론』 (법문사)	김정환 외, 『교육학개론』 (박영사)
제1장	교육학의 성격	교육작용과 교육학
제2장	가치관과 교육 (교육철학*)	교육본질론
제3장	교육의 역사 (교육사학*)	가정교육론
제4장	인간관과 교육 (교육심리학*)	학교교육론
제5장	학교와 사회 (교육사회학*)	사회교육론
제6장	교육의 비교 (비교교육학*)	교육과정론
제7장	교육의 제도 (교육행정학*)	교사론
제8장	교육의 過程(敎育課程 · 평가*)	정보사회와 교육
제9장	교사와 사회개조 (교사론*)	특수교육론
제10장	교육학의 과제	평화교육론
제11장	-	민족교육론
제12장	-	포스트모더니즘과 교육

* 괄호 속 교육학의 하위 학문명칭은 독자의 이해를 돕기 위해 필자가 임의로 표시한 것임.

을 것이다. 이러한 두 가지 방식의 교육학개론은 각기 장점을 가지고 있다. 즉, 교육학이라는 과목을 처음 접하는 사람들에게는 기본형 방식이 보다 이해하기 쉬운 면이 있으며, 교육에 대한 문제의식과 고민을 갖고 있는 사람들에게는 주제형 방식이 더 매력적일 수 있기 때문이다. 앞의 표는 두 가지 방식을 쉽게 이해할 수 있도록 대표적인 책 한 권씩을 골라 목차를 비교해 놓은 것이다.

본 교재는 위의 기본형과 주제형을 적절히 혼합하여, 두 가지 방식의 장점을 취한 종합형 교재로 편찬하였다. 먼저 제I부는 '교육의 본질에 대한 탐구'로 교육과 교육학의 문제 및 교육과 인간의 관계를 다루었고, 제II부는 '교육의 학제적 접근'으로 교육기초학에 해당하는 교육사학, 교육철학, 교육심리학, 교육사회학 등을 살펴보았으며, 제III부는 '교육의 실천적 이해'로 교육방법학에 해당하는 교육의 과정, 교육공학, 생활지도와 상담, 교육과 행정제도, 교사론 등을, 그리고 마지막 제IV부에서는 '현대교육의 여러 과제'로 가정교육과 청소년교육, 학교교육과 대안교육, 지식기반사회와 평생교육 등을 다루었다.

2006년 9월

저자대표 한 용 진

차 례

2판 서문 / 3

1판 서문 / 7

제1부 교육의 본질에 대한 탐구

제 1 장 교육과 교육학 15

1. 교육의 기본 양식 • 15
2. 어원으로 보는 교육의 개념 • 21
3. 교육학의 학문적 구조 • 26

제 2 장 교육의 인간학적 이해 37

1. 인류의 탄생 • 37
2. 인간형성과 교육 • 46

제2부 교육의 학제적 접근

제 3 장 교육의 역사 · 철학적 접근 57

1. 시간의 흐름과 교육 • 57
2. 교육의 철학적 이해 • 66

제 4 장 교육의 심리적 기초 77

1. 학습자관 • 78
2. 개인차 – 유전과 환경 • 81
3. 지적 특성과 교육 • 82
4. 정의적 특성과 교육 • 86
5. 인간 발달 • 88
6. 학습 • 92

제 5 장 교육의 사회적 접근 99

1. 교육에 대한 사회적 접근의 필요성 • 99
2. 교육에서의 사회적 패러다임 • 102
3. 기능주의적 패러다임과 교육 • 105
4. 갈등주의적 패러다임과 교육 • 110
5. 해석적 패러다임과 교육 • 118
6. 교육현상에 대한 사회적 접근에 대한 재고찰 • 120

제3부 교육의 실천적 이해

제 6 장 교육의 과정 127

1. 교육목표의 설정 • 127
2. 교육과정 • 133
3. 교수-학습 • 144
4. 교육평가 • 157

제 7 장 교육공학의 이해 165

1. 교육공학의 정의와 영역 • 167
2. 교수설계 • 177
3. 교수매체 • 187
4. 컴퓨터의 교육적 활용 • 193

제 8 장 생활지도와 상담 203

1. 생활지도의 개념과 원리 • 203
2. 생활지도의 활동과 내용 • 206
3. 상담 활동 • 208
4. 사이버 상담 • 211

제 9 장 교육과 행정제도 219

1. 교육의 이념과 문화 • 221
2. 교육행정의 거시적 차원 • 223
3. 교육행정의 중간수준 차원 • 230
4. 교육행정의 미시적 차원 • 233

제 10 장 교사론 243

1. 교사와 교직 • 243
2. 교원양성과 교원평가 • 248
3. 새로운 교육자상의 탐구 • 254

제4부 현대 교육의 여러 과제

제 11 장 가정교육과 청소년 교육 265

1. 가정과 가정교육 • 265
2. 가정교육의 문제점과 발전과제 • 269
3. 청소년 교육 • 273

제 12 장 학교교육과 대안교육 287

1. 학교의 역사와 특질 • 287
2. 학교교육에 대한 재고 • 291
3. 대안학교와 대안교육 • 296

제13장 지식기반사회와 평생교육 303

1. 지식기반사회와 교육체제의 재구조화 • 303
2. 평생교육의 개념 • 308
3. 평생교육의 의의 • 316
4. 평생교육의 발전과제 • 319

부 록

부록 1. 교육기본법 / 326
부록 2. 교원양성조항: 초중등교육법 제21조 / 331
부록 3. 한국교원윤리강령 / 337
부록 4. 사도헌장 및 사도강령 / 340
부록 5. 창조적 공동체 지향의 모둠 토론에 관하여 / 344
부록 6. 모둠 토론 수업방식 / 349
부록 7. 전국 시 · 도 교육청 홈 페이지 URL 주소 / 351
부록 8. 나의 교육 신조 / 356

찾아보기 / 369

제1부
교육의 본질에 대한 탐구

교육학은 배우고자 하는 사람들을 잘 길러내는 교육적 방법을 찾아내는 것일 뿐만이 아니라, '교육' 이라 불리는 현상을 엄밀하게 이해하는 '배움의 학' 이며, '예지(叡智)에 대한 사랑' 이다.

교육의 본질적 탐구를 통해 '교육' 과 '교육학' 에 대한 개념적 이해를 바탕으로, 교육에 대한 자신의 관점(觀點) 혹은 안목(眼目)을 세워보자.

제1장 교육과 교육학

제2장 교육의 인간학적 이해

제1장 교육과 교육학

1. 교육의 기본 양식

흔히 교육은 인류의 삶이 시작되면서부터 삶의 한 과정으로 이루어져왔다고 말한다. 그러나 모든 생명체가 생존과 보존을 위해 배우고 습득하는 모든 삶의 활동을 교육이라고 본다면, 이러한 교육활동은 오로지 인간에게만 한정되는 것은 아닐 것이다. 기본적으로 교육은 생명체의 호기심에서 비롯되어, 이것이 점차 사회 · 문화적인 내용과 관련되며, 개체의 본능적 생존과 자신이 속한 집단의 사회적 보존을 위해 일상생활 혹은 제도적 형태의 학교에서 이루어지는 다양한 형태와 수준의 모든 활동들을 포함하게 된다. 오늘날 탈학교론이나 대안교육 운동 등과 같이 기존의 학교교육의 방식에 대한 문제제기는 우리의 교육방식이 지나치게 제도교육에 의존하는 것에 대한 반발에서 비롯된 것이라 할 수 있다. 〈표 1-1〉은 기본적인 교육양식을 네 가지로 정리하여 교육에 대한 균형적 이해를 제시해 보았다.

〈표 1-1〉 네 가지 교육양식

교육양식	핵심어	주체	관련용어	교육적 사례
본원적(本源的)	습(習)	생물학적 존재인 '나'	호기심, 조삭비(鳥數飛)	숙련(熟練, practice), 새 것 좋아하기(neophilia)와 놀이를 통한 자기 성장
관례적(慣例的)	관(慣)	선각자인 '원로'	모방, 고행, 금기(禁忌)	훈육(訓育, discipline), 관혼상제례 등을 통한 사회화, 입사식(入社式) 등
제도적(制度的)	규(規)	'교사' 혹은 '교사-학생'	관리, 서열화, 지도 전문화	교수(敎授, teaching), 초등 · 중등 · 고등 수준의 학교교육과 각종 학원 등
자성적(自醒的)	각(覺)	우주적 존재 '참나[眞我]'	내관(內觀), 실존적 자아	각성(覺醒, awakening), 마음공부를 통한 자기 확인과 삶의 의미를 깨닫기

1) 본원적(本源的) 교육양식

본원적 교육양식은 모든 생명체가 가지고 있는 생존본능과 호기심에 따라 자발적으로 이루어지는 배움 과정을 말한다. 『논어』 첫 문장인 "배우고 때로 익히면 즐겁지 아니한가"(學而時習之 不亦說乎)[1]에 나오는 '습(習)'이라는 글자에 대하여, 정자(程子)는 조삭비(鳥數飛)라 해석하였다. 즉, '익힌다'[習]는 것은 마치 "어린 새[鳥]가 자주[數] 날개 짓을 연습하여 날아오르게 되는 것[飛]과 같다"라고 하였다.

본원적 교육양식의 주체는 생물학적 존재인 '나'이다. 자기 자신이 삶에 대한 생명력과 호기심을 갖고 무엇인가를 경험하고 싶어 하고, 배우려는 자세에서 교육이 시작된다. 새로운 것에 대한 탐구는 놀이를 통한 자기 성장으로 이어지며, 그러한 과정이 때로는 위험하고 힘들어 보여도 참여하는 사

1) 조무남은 이 문장을 "배우고 제때에 그것을 실천에 옮기니 즐겁지 아니한가"로 번역하였는데, 時를 '때로'가 아닌 '제 때'로, 習을 '익히면'이 아닌 '실천에 옮기니'로 보는 것도 의미있다. 조무남, 교육학론(서울: 학지사, 2004).

람 자신은 행복과 즐거움을 느낀다. 따라서 모든 생명체는 스스로 호기심을 갖고 놀이를 숙련(熟練)하는 과정에서 충분히 몸이 단련되고, 생각이 자라나는 본원적 교육양식의 경험을 하게 된다. 그러나 본원적 교육양식은 강한 모방성과 창의적 호기심으로 인해, 때로 사회의 부정적 요소들마저 여과 없이 수용하는 경향이 있다는 점에서 부정적 요소도 생각할 수 있다. 예를 들어 청소년들의 입에 배인 욕설이나 휴대전화 · 인터넷 쪽지 글의 그릇된 문장 표현은 때로 심각하게 언어를 오염시킨다는 우려를 낳고 있기도 하다. 무엇을 그대로 따라 해야 하며 어떤 것은 따라하지 말아야 하는가에 대한 판단을 어른 사회의 관례적 규범과 금기에 비추어 판단하게 될 때, 다음의 관례적 교육양식이 나타나게 된다.

2) 관례적(慣例的) 교육양식

관례적 교육양식은 자신이 속한 공동체의 삶의 방식이나 제도, 법식 등을 일상적인 생활이나 특정한 훈련을 통해 내면화하는 배움 과정을 말한다. 인류의 생활방식이 씨족에서 부족, 민족 등으로 단위가 커지게 되면서 점차 집단 내의 질서 유지와 문화전승의 필요가 생겨났고, 이를 위해 개개인을 공동체의 정체성을 간직하는 사회적 존재로 만들어 주려는 교육양식이다. 전통(傳統)과 전례(典例)를 중시하며, 학교제도보다는 가정교육과 사회교육을 통해 기존의 관혼상제(冠婚喪祭) 등의 예법을 다음 세대에 전수하게 된다.

흔히 이러한 교육양식을 학교교육을 의미하는 형식적 교육에 대비되는 개념으로 '비형식적 교육'이라고도 한다. 특히 듀이(Dewey)는 『민주주의와 교육』에서 교육양식을 간접적 교육(indirect education)과 형식적 교육(formal education)의 두 가지로 나누었는데(이홍우 역, 1987) 여기서 듀이의 간접적 교육(indirect education)은 관례적 교육에, 그리고 형식적 교육(formal education)은 직접수업(direct tuition) 또는 학교교육(schooling)을 의미한다. 즉 듀이의 형식적 교육은 다음에 언급하는 제도적 교육양식에 더 적합한 표현이라 생각된다.

관례적 교육양식의 주체는 선각자(先覺者)인 '원로(元老)'이다. 원로가 대접받는 것은 단순히 나이를 많이 먹었기 때문이 아니라, 오랫동안의 다양한 인생 체험을 통해 풍부한 지혜를 갖고 있기 때문이다. 관례적 교육양식은 모방과 암기를 중시하고, 금기나 훈육을 통해 일탈행동을 규제하려는 경향이 강하다. 따라서 관습을 어기거나 집단 내의 사람들과 지나치게 다른 행동이나 사고를 하는 자를 추방함으로써 집단의 정체성을 유지하려 한다. 이같이 전통을 숭상하고 전례를 익히는 사회화 과정에 절차나 형식이 없는 것은 아니므로, 여기서는 '관례적 교육양식'이라 표현하였다

3) 제도적(制度的) 교육양식

제도적 교육양식은 법이나 규정에 의해 가르치는 사람과 배워야 할 내용, 기간 그리고 시설 등이 정해진다는 점에서 앞의 본능적 호기심이나 사회적 금기를 통해 배우게 되는 본원적 교육양식 및 관례적 교육양식과 구별된다. 제도적 교육양식은 집단을 규율하고 통제하는 국가조직이 정비되면서, 국가운영에 필요한 인재양성을 위하여 만들어지게 되었다. 학교로 대표되는 제도적 교육양식은 초기에는 제한된 사람들만을 대상으로 하다가, 근대 이래로 점차 신분과 능력, 성별에 관계없이 누구든지 일정기간 의무적으로 무상교육을 받는 공교육제도로 발전하였다.

제도적 교육양식의 주체는 '교사' 혹은 '교사-학생'이라 할 수 있다. 예전의 학교체제에서는 학생들을 가르치고, 지도하며 규정에 따라 통제하고 규제하는 모든 권한이 교사에게 집중되어 있었으나, 시대에 따라서는 교사들뿐만 아니라 학생들[2]의 관심과 의견을 반영할 수 있는 제도적 장치들이

2) 중세 볼로냐 대학은 학생의 대표가 기숙사의 장(Dean), 즉 학장을 맡았고, 조선시대 권당(捲堂)은 성균관 유생(儒生)들이 감행한 집단시위의 한 형태였다.

마련되기도 하였다. 제도적 교육양식은 종종 국가 발전 전략 속에서 재편되거나, 국가경쟁력 확보를 위한 수단으로 사용되기도 한다. 근대의 학교제도는 한편으로는 민권의식을 키워주고, 다른 한편으로는 국가주의에 입각하여 규율과 통제에 익숙한 국민을 양성하는 데 공헌하였다. 능력에 따른 서열화를 통해 학생들을 경쟁시키고 상위 학교 진학과 취업을 위해 기본적으로 선별 기능을 가지고 있다.

4) 자성적(自醒的) 교육양식

자성적 교육양식은 참된 자기 자신의 존재를 깨닫는 배움을 말한다. 자성(自醒)은 마치 때가 묻은 거울을 닦아 본연의 성(性)을 깨닫는 것과 같이, 술취한 상태에서 혹은 잠자는 상태에서 스스로 깨어나 자신을 돌아보는[自省] 자세이다. 공자의 제자 증자(曾子)는 "매일 세 가지 점(혹은 세 번)에서 자신을 돌아본다."(吾日三省吾身)라고 하였다.[3] 앞의 세 가지 교육양식이 외적인 행동이나 습관을 몸에 익히거나, 지식을 암기하기 위한 지속적인 성장과정이라고 한다면, 자성적 교육양식은 자기 자신에 대한 침잠(沈潛)과 내관(內觀)의 마음공부를 통해 스스로가 우주적인 존재임을 깨닫는 정신적 변화라고 할 수 있다. 즉, 인간을 그릇에 비유할 때, 그릇에 무엇인가를 열심히 담기보다는 자기 자신이 큰 그릇임을 스스로 깨닫고, 그 큰 그릇을 스스로 채워가는 교육양식이라 할 수 있다.

또한 각성(覺醒)은 사람을 순식간에 달라지게 한다. 불교에서 말하는 각성(覺性)은 인간이 타고난 성품을 깨닫는다는 의미로, 단번에 깨닫는 일 또는 그 깨달음을 돈오(頓悟)라 한다면, 단계적으로 깨달음에 이르는 것을 점오(漸悟)라 한다. 돈오점수(頓悟漸修)는 문득 깨달음에 이르는 돈오의 경지에

---

3) "曾子曰 吾日三省吾身하노니 爲人謀而不忠乎아 與朋友交而不信乎아 傳不習乎아니라" 『論語』(學而 1-4) 세 가지는 첫째 남을 위하여 일을 도모해 줌에 최선을 다하였는가, 둘째 친구와 더불어 사귐에 미덥지 않았는가, 셋째 전수받은 것을 익히지 않았는가 등이다.

이르기까지 그 이전이나 이후에 점진적 수행단계(修行段階)가 따른다는 뜻으로, 고려의 보조국사(普照國師) 지눌(知訥)은 선오후수(先悟後修)의 수행방법을 주장하였다. 그는 '오(吾)'는 햇빛과 같이 갑자기 만법이 밝아지는 것이고, '수(修)'는 거울을 닦는 것처럼 점차 밝아지는 것과 같다는 비유를 들면서, 만일 깨우치지 못하고 수행만 한다면 그것은 참된 수행이 아니라 하였다.

자성적 교육양식에서 주체는 우주적 존재로서의 '참나[眞我]'이다. 자성적 교육양식은(전생과 현세, 내세로 이어지는, 혹은 현생에서의) 자기 존재에 대한 실존적 의식에서 출발하며, 나와 내면의 또 다른 나와의 만남을 통해 자신의 삶의 의미를 깨닫고, 스스로의 그릇이 우주적 존재임을 깨달아 이를 키우고 대우주에 소우주인 자신을 합일시켜 나가는 교육양식이라 할 수 있다. 오늘날 교육은 지나치게 무엇인가를 그릇에 담으려는 것에 집착하고 있지만, 때로는 남과 떨어져 여유를 가지고 고요함 속에 침잠(沈潛)하여 스스로의 목소리에 귀 기울이는 가운데 진정한 자기 자신을 발견하는 것이 더 큰 공부일 수 있다.

5) 교육양식의 조화

근대 공교육은 모든 국민을 대상으로 보편 · 의무 · 무상교육을 제도화하고 있다. 즉 근대 국가에서 개인의 권리를 확보하고 국민으로서 의무를 수행토록 하기 위하여 제도적 교육양식은 모든 국민으로 확대되었고, 더욱 강화되었다. 오늘날 지식의 팽창과 직업의 전문화에 따라 제도적 교육양식은 고등교육에서조차 보편화 단계에 이르렀고, 다양한 사회교육기관을 통해 누구나 언제든지 자신의 필요에 따라 교육받을 수 있는 평생교육체제가 마련되고 있다. 산업사회에서는 대량생산체제에 맞게 제도적 교육양식도 일제식(一齊式) 교육에 의존하였지만, 지식정보화사회로 갈수록 개개인의 교육에 대한 요구도 다양해짐에 따라 교육양식도 그 내용과 형식에 있어서 보다 유연한 형태로 바뀌지 않을 수 없게 되었다.

학교제도를 비판하는 사람들은 학교가 이미 확보된 사회적 지위를 유지하거나, 다음 세대에도 이어갈 수 있도록 재생산해 주는 국가적 기관으로 작용한다고 비판하고 있다. 20세기 후반부터 제도적 교육양식에 대한 비판과 비형식교육(non-formal education), 대안교육(altenatives in education), 열린교육(open education) 등이 각광을 받게 되는 배경에도 이러한 사회적 흐름과 요구가 있다. 보다 나은 교육이란 앞에서 논의된 네 가지 교육양식들이 서로 적절한 균형과 조화를 이루면서, 개개인이 행복하고 진정한 자아를 찾을 수 있도록 도와주는 것이라 할 수 있다. 특히 오늘날의 교육은 개개인이 자신의 호기심에 따라 스스로 공부하려는 본원적 교육양식과 스스로 우주적 존재로서의 깨달음이 강조되는 자성적 교육양식이 보다 강조되어야 할 것으로 생각된다. 이미 2,500여 년 전에 공자는 '위기지학'(爲己之學; 자기 스스로 때문에, 즉 자신이 배우고 싶기 때문에 배우는 것)과 '위인지학'(爲人之學; 다른 사람 때문에, 즉 남의 이목을 의식하여 배우는 것)을 구분하여, 예전에 비해 요즘 사람들이 자기 목적적 학습을 하지 못하고 있음을 비판하고 있었다.[4)]

2. 어원으로 보는 교육의 개념

어떤 사물의 본질을 탐구하려 할 때, 단어의 어원을 주구해 보면 보다 명확하게 그 의미를 이해할 때가 있다. 교육에 해당하는 영어와 한자를 통해 그 개념을 찾아보면 다음과 같다.

4) "子曰 古之學者는 爲己러니 今之學者는 爲人이로다." 『論語』(憲問 14-25)

1) education과 pedagogy

교육을 뜻하는 영어 단어에는 education과 pedagogy가 있다. 어원적으로 보면, pedagogy는 그리스어의 paidagögos에서, education은 라틴어 educo에서 온 표현이다.

먼저 paidagögos는 paidos(어린이)와 agögos(이끈다)가 결합된 말로, 어린이를 이끈다는 뜻이다. 즉, pedagogy는 귀족 가정의 자녀들을 체육학교나 음악학교 등 공공장소로 데리고 다니면서 교육을 시키는 고용된 가정교사(tutor)로, 이솝우화의 필자인 이솝 역시 paidagögos였다고 한다. 한편 education의 어원인 educo는 e(밖으로)와 duco(꺼내다)가 결합된 말로, 인간이 내면에 가지고 있는 것을 밖으로 끄집어내어 키워준다는 뜻이다. 즉, 인간이 선천적으로 타고난 여러 자질을 계발하고 길러주는 것을 말한다.

최근에는 pedagogy를 어린이 교육학에 한정하고, 대신 성인교육학은 andragogy, 노인교육학은 gerontagogy 등의 표현을 쓰기도 한다.

2) 교(敎)와 육(育), 그리고 교육(敎育)

교육에 해당하는 의미로 예전에는 '교화(敎化)' 라든가, '과화(過化)',[5] 풍교(風敎), 풍화(風化)[6]와 같은 표현을 사용하였다. 때로는 가르친다는 의미의 '교수(敎授)' 와 스스로 배우고 익히는 '학습(學習)' 이라는 단어도 교육의 범주에 포함되기도 한다. 교육학이 학문적으로 정립되기 이전부터 교수학(敎授學)[7]이라는 표현이 사용되었고, 최근에는 학습학(學習學), 교사학(敎事學), 보육학(保育學) 등의 용어도 등장하고 있다.[8] 교육 행위는 '교학상장(敎學相

5) 過化存神 = 성인(聖人)이 곁을 지나가는 것만으로 백성들은 감동을 받고, 오래 머무는 곳에서는 그 감화가 신명과 같다. 『論語』.

6) 교육과 정치의 힘으로 풍습을 잘 교화하는 일 = edification. 한국어대사전(현문사, 1980).

7) 코메니우스, 정확실(역), 대교수학(서울: 교육과학사, 1987).

8) 한준상, 학습학(서울: 학지사, 2001).

長)' 과 같이 가르치는 자도 스스로 배우며 학생과 함께 성장하는 것이라 할 수 있다.

교육(教育)에서 '教'는 '가르친다'는 의미로, 한자의 구성은 효(爻)＋자(子) ＋복(攵 = 攴 =卜＋又)으로 나누어 볼 수 있다. 이때 효(爻)는 '사귀다', '얽힘', '섞임', '관계' 등과 같이 하나의 그물망(網; network)을 의미한다. 그리고 자(子)는 '어린이' 혹은 '아이'로 아직 깨달음이 부족한 어리석은 존재를 나타내고, 복(攵 = 攴 =卜＋又)은 손에 회초리를 잡고 있는 모습을 형상화한 것이다. 따라서 教(교)라는 글자는 '스승과 어린아이가 인간관계를 형성하며 회초리로 지도 받는 모습'이라 할 수 있다.

한편 육(育)은 '기른다'는 뜻으로, 자(子)를 뒤집어 놓은 모습과 육(肉＝月)의 형태이다. 이는 어머니의 뱃속에서 거꾸로 있는 태아의 모습을 상징하며, 태아를 보호하여 기르는 어머니의 마음처럼 아동이 가지고 있는 소질(素質)과 재능을 펼칠 수 있도록 돕는 활동을 말한다.

이 같은 교(教)와 육(育)이, 교육이라는 단어로 처음 등장한 것은 『孟子』(盡心章句上)로, 군자삼락(君子三樂)에 교육이라는 단어가 다음과 같이 보인다.

> 맹자께서 말씀하셨다. "君子에게는 세 가지 즐거움이 있는데, 천하에 왕노릇함은 여기에 들지 않는다. 부모가 모두 생존해 계시며, 형제가 무고한 것이 첫 번째 즐거움이요, 위로는 하늘에 부끄럽지 않으며, 아래로는 인간에 부끄럽지 않은 것이 두 번째 즐거움이요, 천하의 영재를 얻어 교육하는 것이 세 번째 즐거움이다. 君子에게는 세 가지 즐거움이 있는데, 천하에 왕노릇함은 여기에 들지 않는다.[9]

군자의 첫째 즐거움은 나의 존재 근거가 되는 부모 형제의 무고함으로,

9) 맹자왈 군자유삼락이왕천하불여존언 부모구존 형제무고 일락야 앙불괴어천 부부작어인
孟子曰 君子有三樂而王天下不與存焉 父母俱存 兄弟無故 一樂也 仰不愧於天 俯不怍於人
이락야 득천하영재이교육지 삼락야 군자유삼락이왕천하불여존언
二樂也 得天下英才而教育之 三樂也 君子有三樂而王天下不與存焉『孟子』(盡心章句上)

나의 의지와는 무관한 천명(天命)의 문제이다. 둘째 즐거움은 자신의 주체적 삶과 관련된 개인적 삶의 방식[도(道)]의 문제이다. 셋째 즐거움은 영재를 가르치는 즐거움으로, 나와 너로 구성되는 공동체 속에서 타자에 대한 배려와 이해를 가르침[교(敎)]을 통해 보여 주고 있다. 이 세 가지 즐거움은 바로 『中庸』에서 말하는 "天命之謂性 率性之謂道 修道之謂敎(천명을 性이라 하며, 이런 성을 따르는 것을 道라고 하고, 도를 닦는 것을 敎라 한다)"이다. 즉, 성(性)이란, 사람이 날 때부터 지니고 있는 본연의 바탕이며, 도(道)란 인간이 걸어야 할 길, 즉 사람이 세상을 살아가면서 언제 어디서든 따라야 할 도리 · 이치이고, 교(敎)란 도를 하나하나의 교훈, 예절, 법칙, 제도 등으로 구체화시켜 사람마다 실천하도록 지도하고 계발하는 것이라 할 수 있다.

영어의 pedagogy와 한자의 교(敎), 그리고 우리말의 '가르치다'는 주로 가르치는 자가 배우는 자에게 의도된 방향을 제공한다는 면에서 서로 그 뜻이 통하며, 영어의 education과 한자의 육(育), 그리고 우리말의 '기르다'는 배우는 자의 성장과 계발을 돕는다는 점에서 서로 의미가 유사하다고 볼 수 있다. 영어의 pedagogy와 education은 서로 어원을 달리하는 별개의 단어로 존재하지만, 교육(敎育)이라는 단어는 두 가지 행위가 복합적으로 작용하는 하나의 단어로 만들어졌다고 할 수 있다.

3) 교육과 수업(授業)

오늘날 학교에서의 교육은 대부분 수업으로 이루어진다. 수업(授業)은 일정한 단위로 구분한 시간 내에 이루어지는 각 교과에 관한 교수 및 학습 활동을 말한다. 그렇다면 학교에서 이루어지는 모든 수업은 교육적인가? 이러한 질문은 어떤 수업은 교육이 될 수 있지만, 어떤 수업은 교육이 될 수 없다는 뜻이 된다. 오늘날 수업이론들은 '수업'이라는 활동 자체만을 탐구하면서, 과학이론에 입각하여 그 활동의 효과를 극대화하려고 노력하고 있다. 비록 근대 이래 과학적 방법의 등장은 인간의 역사에서 큰 발전을 남겼지만, 교육 현상은 과학적 방법만으로 해결할 수 없는 부분이 있다. 그럼에도 불구하고 일부 학자들은 교육의 과학화를 주장하며, 오로지 객관적으로 관찰할 수 있는 행동만을 수업목표로 삼아야 한다는 주장을 하고 있다.

예를 들어, 타일러(Tyler)가 교육과정의 원리를 쓸 때, 그는 조심스럽게 '목표'라는 단어 앞에 '교육(적)'이라는 한정어를 덧붙였다. 그러나 흥미롭게도 그 뒤에 다른 사람들은 '교육적'이라는 한정어 대신에 '교수(의)'라는 단어를, 그 다음에는 '행동(적)'이라는 단어를, 더 뒤에는 '수행'이라는 단어를 사용하였다.[10] 교육목표는 교수목표로, 그리고 행동목표나 수행목표로 변질되었는데, 행동목표나 수행목표는 가치중립적 표현이기에 교육적일 수도 있지만, 그렇지 못할 수도 있다. 교육이라는 단어는 지고(至高)·지선(至善)의 가치를 지향하는 것으로, 교육적 행위인 '가르침'의 의미가 점차 '규범적'인 것에서 '기술적'인 것으로 변화되었다는 것을 볼 수 있다.

수업은 학교 교육에 있어서 핵심적인 부분인 동시에 교사들의 중심활동이기에, 우리는 교육과 수업을 별 거부감 없이 동일시하는 경향이 있다. 그러나 의미론적으로 구분해 보면, '교육'은 인간 도야라는 목적에 관한 용어이고, '수업'은 방법론적 수단에 관한 용어이다. 교육이 지향하는 가치를 실현하기 위하여 만들어진 수단들이 학교제도나 교과서제도, 시험제도 등이다. 수업 역시 이러한 제도의 하나라고 본다면, 교육은 수업을 통해 달성하고자 하는 '최고선' 혹은 '선한 삶'의 의미 문제로 귀착된다.

영어로 수업을 'teaching' 혹은 'instruction'이라고 했을 때, '잘 가르침'이란 무엇인가? 교과내용과 관련하여 무엇을 전달하고 가르치는 기능이 훌륭한 경우도 있지만, 인격적으로 훌륭한 가르침을 주는 경우도 생각할 수 있다. 전자는 뛰어난 교수능력을 말하지만, 후자는 인격적으로 배울 만하다는 교육 가치를 말한다. 교육내용이 전문화될수록 수업은 규범적이기보다

10) Eliot W. Eisner, *The Educational Imagination*(New Jersey: Prentice Hall, 1994), p. 120. 조무남, 교육학론(서울: 학지사, 2004). 153쪽 재인용.

기술적이 되기 쉽다. 또한 교사들이 수업을 하는 동안 교육적 가치를 잊은 채, 오로지 수업체제의 공학적 효율성만을 인식하게 될 때, 수업은 교육으로부터 점차 멀어질 수도 있다. 공학적 효율성과 교육적 지향점이 어긋나게 될 때, 그러한 수업은 비교육적일 수 있다. 수업을 교육적 관점에 따라 진행할 때, 수업은 '교육적 의미의 가르치는 일' (teaching as educative)이 될 수 있다. 수업이 교육에서 이탈하지 않도록 하기 위해서는 가르치는 사람과 배우는 사람들 모두의 마음이 교육의 개념과 교육적 관점에 대해 충분히 이해하고 있어야 할 것이다.

3. 교육학의 학문적 구조

1) 교육학의 학문적 특성: 하이브리드學 (복합학)

교육학과 교육의 관계는 마치 과학과 기술의 관계와 유사하다. 즉 '과학은 원리를 찾아가는 것이고, 기술은 이 원리를 바탕으로 응용해내는 것인데, 우리나라는 과학과 기술을 혼동하는 상황' 이라는 지적이 있다.[11] 즉, 교육학은 원리를 찾아가는 것이고, 교육은 이 원리를 바탕으로 교육현장에서 응용하는 실천 행위라 할 수 있다. 그러나 교육학과 교육을 더욱 혼란스럽게 하는 것은, 바로 원리가 되는 교육학이 서로 다른 두 가지 견해와 이에 따른 방법론이 공존하고 있기 때문이기도 하다. 즉, 하나는 사색적 · 정신과학적 · 규범적 연구를 중시하는 교육학(혹은 교육원리)이며, 다른 하나는 실증적 · 경험적 · 과학적 연구를 중시하는 교육과학이다. 전자는 교육학이 교육적 가치를 전제로 하는 규범과학적 특성을 가진다는 점에서 철학적 방법론을 택하고 있으며, 후자는 경험적 객관적 사실을 전제로 하는 기술과학적

11) 박홍석, http://news.media.daum.net/edition/it_sci/200601/03/nocut/v11286951.html?_right_popular=R4

특성을 가진다는 입장에서 과학적 방법론을 따른다. 이는 '교육'을 영문으로 표기할 때, Pedagogy 혹은 Education이라고 표기하는 것처럼, '교육학'은 Pedagogics 혹은 Science of Education이라 표현하고 있다. 특히 후자를 '교육학'이 아니라, '교육과학'으로 번역할 때에는 교육의 기술과학적 특성을 강조하는 입장이 되기도 한다.

그렇다면 교육학은 기존의 학문분류 방식에서 볼 때 어디에 속한다고 할 수 있을까? 학문은 일반적으로 인문학, 사회과학, 자연과학의 세 분야로 나누기도 하고, 정신과학과 경험적 자연과학으로 나누기도 한다. 우리나라의 학문분류의 기준이 되는 한국학술진흥재단의 학문 연구분야분류표는 대분류-중분류-소분류-세분류의 네 단계로 되어 있으며, 대분류에 인문학, 사회과학, 자연과학, 공학, 의약학, 농·수·해양, 예술체육, 복합학 등 8분야를 나열하고 있다. 교육학은 정치학, 경제학, 사회학, 지리학 등과 함께 사회과학에 속하는 것으로 되어 있다. 그러나 국어교육, 영어교육, 수학교육, 컴퓨터교육, 의학교육, 체육교육, 정보교육 등이 각 학문의 소분류 항목에도 들어있는 것을 고려해 본다면, 교육학은 오히려 사회과학보다는 복합학[12]에 넣거나 인간학이라는 영역을 만들어, 교육학, 심리학, 체육학, 의학 등 인간의 신체와 정신을 다루는 학문영역을 묶어보는 것도 방법이라는 생각이 든다. 한국학술진흥재단의 연구분야분류표의 사회과학 중 교육학 영역을 표로 정리해 보면 다음의 〈표 1-2〉와 같다.

흔히 교육학은 일반적 학문분류법에 따라 사회과학의 범주에 포함되지만, 여전히 교육학은 인문과학-사회과학뿐만 아니라, 규범과학-기술과학, 정신과학-경험과학의 어느 한쪽에 속한다고 단정하기 어려운 복합적인 학문 특성을 가지고 있다. 오히려 교육학은 다양한 교과교육학의 발전에 힘입

12) 복합학의 중분류에는 과학기술학, 기술정책, 문헌정보학, 심리과학, 여성학, 인지과학, 뇌과학, 감성과학, 학제간 연구 등이 포함되어 있다. http://www.krf.or.kr/download/major.xls

〈표 1-2〉 연구분야분류표 중 교육학 영역

대분류	중분류	소분류	세분류
인문학, 사회과학, 자연과학, 공학, 의약학, 농 · 수 · 해양, 예술체육, 복합학 등 8분야 중 **사회과학**	교육학	교육학일반	교육철학/사상, 비교교육학, 교육사학, 교육법학, 교육자
		교육과정, 교수이론/교육방법/교수법, 교육공학, 교육평가, 교육심리학, 교육행정/경영학, 교육사회학, 교육인류학, 교육상담	
		분야교육	유아교육, 초등교육, 중등교육, 고등교육, 평생교육, 직업교육, 진로교육, 교사교육, 특수교육, 종교교육, 영재교육, 재활치료교육, 언어치료교육, 청능치료교육, 음악치료교육
		교과교육학	가정교육학, 과학교육학, 국어교육학, 기술교육학, 사회교육학, 수학교육학, 실업교육학, 영어교육학, 예술교육학, 외국어교육학, 윤리교육학, 지리교육학, 체육교육학, 컴퓨터교육학, 한국어교육학, 환경교육학
		기타 교육학	

어 인문학, 사회과학, 자연과학 등과 나란히 그 자체 '인간형성의 학'으로서 교육학이라는 독립적 항목으로 분류될 필요성이 있다. 사실 근대학문의 분화과정에서 교육학의 학문적 성격에 대한 논쟁은 종종 교육학의 정체성 위기를 낳기도 했다. 그러나 오히려 하이브리드(hybrid)적 실천 · 실용학문을 요구하는 21세기에는 '학문을 위한 학문'보다는 '인간을 위한 자율적 실천학'인 잡학적 성격의 교육학이 실용적인 학문으로 각광받고 있다.

그렇다면 학문으로서 교육학의 과제는 무엇인가? 한편으로는 '교육' 이라 부르는 현상을 통해 인간 삶의 가치를 탐구 · 이해하는 것이며, 다른 한편으로는 피교육자(혹은 학생)를 잘 가르치고 그들의 숨은 능력과 재능 · 소질 등을 길러내는 방법을 개발하는 것이라 할 수 있다. 이렇게 본다면 교육학은 단순히 학교교육의 현장을 이해하거나, 그 방법을 알게 하는 교수학 혹은 학교교육학 이상의 것이 된다.

교육학개론은 교육학이라는 학문의 개론, 즉 '교육학' 의 개론이면서, 동시에 교육현상의 학문적 이해를 돕는 개론, 즉 '교육' 의 학문적 개론이라고 할 수 있다. 교육이라는 현상에 대한 학문적 이해를 돈독히 하는 것은 교육에 대한 자신의 일관된 관점을 정립시켜 줌으로써, 교육현상에 대한 안목을 높여줄 수 있다. 우리 사회의 수많은 교육문제에 대하여 누구나 한마디 할 수 있지만, 과연 그것이 얼마나 교육적으로 올바르고 정당한가는 교육학에 대한 다면적 이해에 기반하여 판단되어야 할 것이다.

2) 교육학의 구조

교육학을 잘 이해하기 위해서는 교육학이 학문적으로 어떤 구조를 이루고 있는가를 시각화할 필요가 있다. 교육학의 구조에 대한 여러 가지 논의들이 있지만, 가장 대표적인 입장으로는 한기언의 교육학의 학문적 구조도(1990)와 정범모의 교육학의 이론 모형(1968)이 있다. 1960년대 후반은 우리나라에서 교육학의 학문적 정체성이 논의되던 시기였으며, 동시에 교육의 세계적 보편성과 한국적 특수성 등이 논의되던 시기였다. 교육학의 체계와 학문적 구조에 대한 차이는, 바로 교육과 교육학을 어떻게 보는가에 대한 교육관의 차이기도 하다.

먼저 한기언은 "교육학이란 인간형성(교육현상)을 대상으로 하는 자율적인 종합과학"이라 정의하고, "교육이란 인간이 인간발달을 의도적으로 지도(指導; teaching or instruction)하며 향도(嚮導; guidance)하는 과정"이라 하였

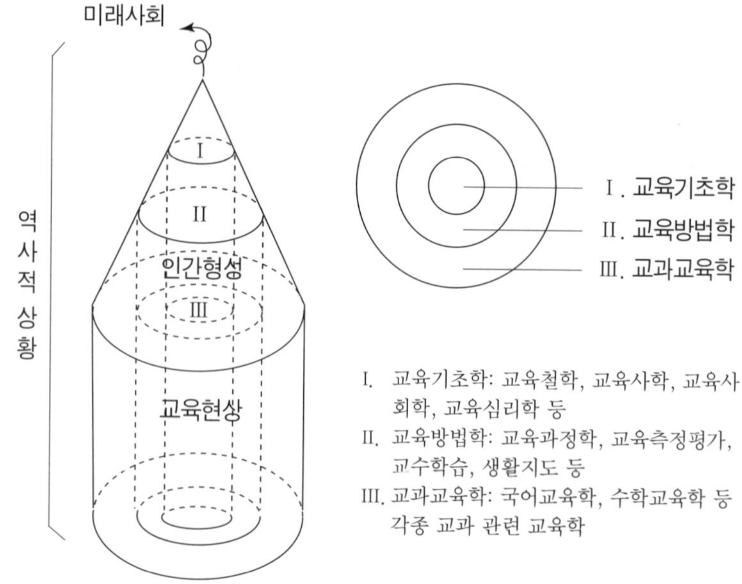

[그림 1-1] 교육학의 학문적 구조도

출처: 한기언(1990). 상황과 기초, 23.

다.[13] 여기서 지도란 지식 및 기술을 교육자가 피교육자에게 전수하는 경우를 가리키는 것이며, 향도란 참고가 될 만한 정보를 제공해 줌으로써 조언을 받은 사람이 스스로 생각하여 의사결정을 하게 하는 것을 전제한다. 교육학을 ① 교육기초학, ② 교육방법학, ③ 교과교육학으로 구분하고, 교육활동은 역사적 상황과 정치 · 경제 · 사회 · 문화 · 종교 등의 사회와 자연의 현상 속에서 이루어지는 것으로 보았다.

이에 반해 정범모는 교육학을 심리학이나 사회학, 정치학, 경제학과 같은 사회과학 속의 한 경험과학으로 자리매김하며, '교육은 예술도 되고, 철학도 되고, 과학도 될 수 있다. 그러나 교육학은 과학일 수밖에 없다'[14]라 하

13) 한기언, 상황과 기초-구상교육철학으로서의 기초주의(서울대학교출판부, 1990), 21쪽.

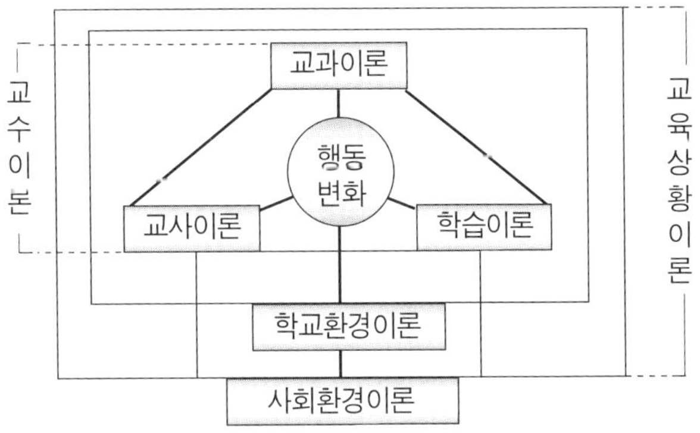

[그림 1-2] 교육학의 이론모형

출처: 정범모(1976). 교육과 교육학, 286.

여, 경험과학으로서의 교육학을 강조하였다. 따라서 '교육학은 교육사상(教育事象)을 기술하고, 설명하고, 예언하려는 것이 그 기능(물론 중심적인 기능은 설명)'이라 하고, 교육은 '인간행동의 계획적 변화의 과정'이라고 정의하고 있다. 제1층의 가장 기본적인 교수이론은 교사-내용-학생의 상호작용의 영역에서 구성되어야 하며, 제2층의 교육상황이론은 제1층을 포함하며, 학교환경이론과 사회환경이론을 포함한 5가지 이론의 상호작용을, 그리고 제3층의 교육이론은 제2층의 교육상황이론에 교육목적이론과 교육평가이론을 포함하여 그 사이의 상호작용이론으로 구성할 것을 제안하고 있다. 그리고 그 나머지는 교육주변학으로 ① 다른 학문과의 관련에서 생긴 교육주변학: 교육철학, 교육사, 비교교육학, 교육정치학, 교육심리학, 교육행정학, 교육사회학 등, ② 문화영역에 따른 특수교육이론: 각 교과별 특수교육이론, ③ 교육목적, 즉 행동별 교육이론 : 인지교육이론, 정의교육이론, 기술교육이론, ④ 피교육자의 분류에 따른 특수교육이론 : 학교급별 교육이론, 학교외 교육이론, 성인교육이론, 특수아교육이론 등을 제시하고 있다.

14) 정범모, 교육과 교육학(배영사, 1976), 269쪽.

3) 교육학의 새로운 구조도

앞의 한기언 교육학과 정범모 교육학이 상정하는 두 가지 교육학의 구조를 통합적으로 이해하여 새로운 교육학의 구조도를 그려본 것이 다음 [그림 1-3]의 교육학 나무이다. 먼저 교육학이라는 나무의 뿌리는 한기언의 교육기초학에 해당하는 것으로, 윤리학과 심리학을 바탕으로 철학, 사학, 사회학, 법학 등 다양한 기초학문들이다. 또한 교육학의 줄기는 한기언의 '교육방법학' 혹은 정범모의 '교수이론'에 해당하는 것으로, 교육과정학, 교수-학습이론, 교육측정-평가, 교육상담, 생활지도 등이라 할 수 있다. 그리고 이러한 이론을 바탕으로 학교 현장에서 교육학의 꽃을 피우는 것이 바로 교

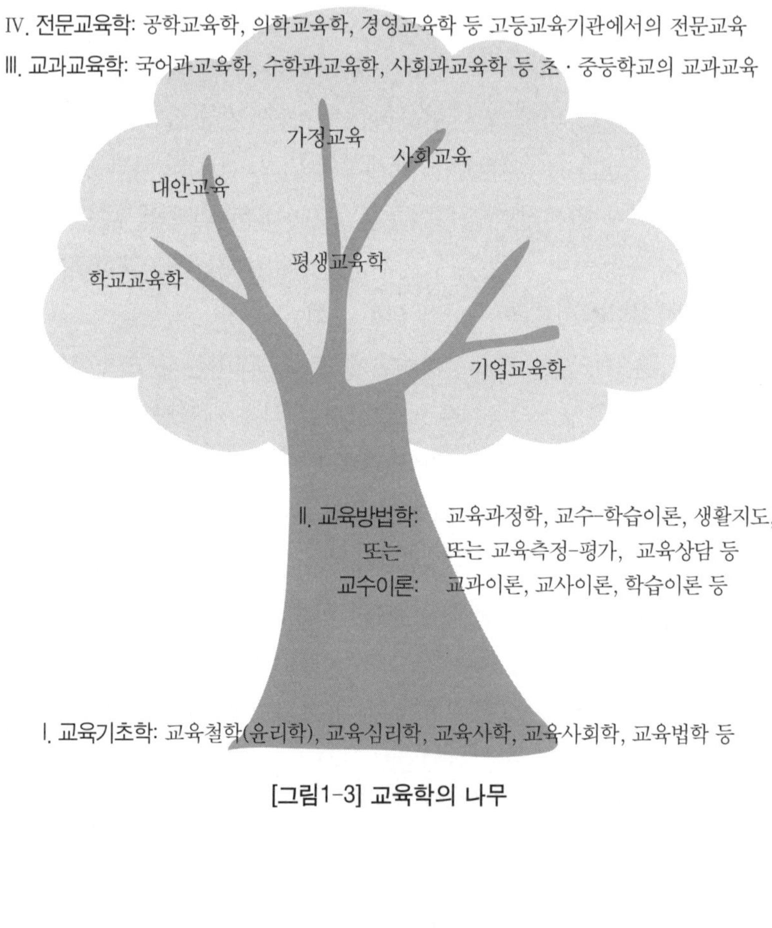

[그림1-3] 교육학의 나무

과교육학이다. 하지만 오늘날 교육학은 학교교육뿐만 아니라, 가정교육과 사회교육, 직장 내 기업교육 등도 포함되는 것이기에, 교육학이라는 나무에는 다양한 줄기가 뻗어져 나오며, 대안교육과 같이 잎사귀와 꽃에도 다양한 변형이 일어나고 있는 것이 사실이다.

교육학의 학문적 발전과정을 보아도, 학문의 주도권이 초기에는 교육기초학에 해당하는 교육철학과 교육사학, 교육심리학, 교육사회학 등 교육기초학에 있었으나, 점차 교육과정이나 교수-학습이론, 교육측정-평가 등의 교육방법학과 교과교육학으로 옮겨지게 되었다. 그러나 교육학의 학문적 뿌리에 해당하는 교육기초학은 예전에 비해 연구자의 비중은 줄어들고 있지만, 교육학을 제대로 이해하기 위해서는 여전히 그 중요성이 인정된다.

함께 토론할 주제

(1) 한국학술진흥재단의 『연구분야분류표』를 찾아보고, 다양한 교육 연구분야(예: 수학교육, 의학교육, 정보교육, 무용교육 등)를 소분류 수준에서 검색해 보자. URL주소: http://www.krf.or.kr/download/major.xls

(2) 위의 학문분류표에서 '복합학'에 해당하는 학문으로는 어떤 것이 있는지 찾아보자.

(3) '교육-교육학'의 관계가 다른 학문들의 사례와는 어떻게 비교될 수 있는지 생각해 보자. (예: 사회-사회학, 경제-경제학, 정치-정치학 등)

참고문헌

논어(論語)　맹자(孟子)　중용(中庸)

신창호(2003). 인간, 왜 가르치고 배우는가. 서울: 서현사.

안인희(1973). 교육 고전의 이해. 서울: 이화여자대학교 출판부.

이종각(1994). 교육학 논쟁. 서울: 도서출판 하우.

정범모(1976). 교육과 교육학. 서울: 배영사.

조무남(2004). 교육학론. 서울: 학지사.

한기언(1990). 상황과 기초 -球狀 교육철학으로서의 기초주의-. 서울: 서울대출판부.

한기언(2002). 교양으로서의 교육학. 파주: 한국학술정보(주).

한준상(1999). 호모 에루디티오. 서울: 학지사.

한준상(2001). 학습학. 서울: 학지사.

Comenius, J. A. (저), 정확실(역)(1987). 大敎授學. 서울: 교육과학사.

Dewey, J. (저), 이홍우(역) (1987). 민주주의와 교육. 서울: 교육과학사.

Herbart, J. F. (저), 이근엽(역) (1988). 일반교육학. 서울: 연세대학교 출판부.

함께 볼 만한 비디오

『꽃피는 봄이 오면』, 류장하 감독, 최민식 주연(2004년).

『서랍 속의 작은 동화』

『모나리자 스마일』(Mona Lisa Smile), 마이크 뉴웰 감독, 줄리아 로버츠 주연 (2003년)

『스쿨 오브 락』(School of Rock), 리처드 링클레이터 감독, 잭 블랙 주연(2003년)

추천 사이트: 한국학술진흥재단 홈페이지(http://www.krf.or.kr/KHPapp/index.jsp)에서 '연구분야분류표' 참조하여 교육학을 검색해 볼 것(카테고리 검색 결과 26건).

- 사회과학 〉교육학
- 인문학 〉가톨릭신학 〉교리교육학
- 인문학 〉유교학 〉유교교육학
- 사회과학 〉교육학 〉교육학일반
- 사회과학 〉교육학 〉교과교육학
- 사회과학 〉교육학 〉기타교육학
- 의약학 〉정신과학 〉정신과행정/교육학
- 예술체육 〉음악학 〉음악교육학
- 사회과학 〉교육학 〉교육학일반 〉비교교육학
- 사회과학 〉교육학 〉교과교육학 〉가정교육학
- 사회과학 〉교육학 〉교과교육학 〉과학교육학
- 사회과학 〉교육학 〉교과교육학 〉국어교육학
- 사회과학 〉교육학 〉교과교육학 〉기술교육학
- 사회과학 〉교육학 〉교과교육학 〉사회교육학

- 사회과학 〉교육학 〉교과교육학 〉수학교육학
- 사회과학 〉교육학 〉교과교육학 〉실업교육학
- 사회과학 〉교육학 〉교과교육학 〉영어교육학
- 사회과학 〉교육학 〉교과교육학 〉예술교육학
- 사회과학 〉교육학 〉교과교육학 〉외국어교육학
- 사회과학 〉교육학 〉교과교육학 〉윤리교육학
- 사회과학 〉교육학 〉교과교육학 〉지리교육학
- 사회과학 〉교육학 〉교과교육학 〉체육교육학
- 사회과학 〉교육학 〉교과교육학 〉컴퓨터교육학
- 사회과학 〉교육학 〉교과교육학 〉한국어교육학
- 사회과학 〉교육학 〉교과교육학 〉환경교육학
- 공학 〉토목공학 〉수공학 〉수자원교육학

제2장
교육의 인간학적 이해

1. 인류의 탄생

인간은 창조되었는가, 진화되었는가? 만물의 영장이라는 인간은 과연 이 지구상에서 가장 진화된 종이라고 말할 수 있는 것일까? 인류가 멸종할 가능성은 전혀 없는 것인가? 또한 인류가 지구상에서 만물의 영장으로 자리잡게 된 이유는 무엇인가? 인간은 어째서 이름을 남기려 하는가 등에 대한 다양한 의문들은 인간존재에 대한 새로운 이해를 갖게 할 것이다. 비록 이러한 의문들에 대하여 하나의 해답을 얻지 못한다 하더라도, 적어도 이러한 질문들을 통해 인간과 교육에 대한 새로운 시사점을 얻을 수 있을 것이다.

1) 인간은 창조되었는가 혹은 진화되었는가: 창조론과 진화론

인류의 탄생에 대해서는 두 가지 입장이 있을 수 있다. 하나는 종교적 · 신화적 맥락에서 볼 수 있는 창조론이며, 다른 하나는 19세기 중엽에 나타난 과학적 · 생물학적 진화론이다. 신적인 존재에 의해 인간이 지구상에 나타나게 되었다고 보는 창조론은 단순히 기독교만의 논리는 아니다. 세계 각국의 신화나 설화 속에는 이미 다양한 창조론이 보인다.[1] 사실상 인류의 교육문화사적 맥락에서 본다면 신화적 혹은 종교적 창조론이 보다 오랫동안 당연한 진실로 받아들여져 왔다. 진화론은 자연과학적 발달에 따른 하나의 매력 있는 생물학적 가설로 출발하여 하나의 이론으로 자리 잡은 것이다. 즉 과학적 가설이나 이론은 보다 타당성 있는 새로운 가설과 이론이 제기됨으로써 언제든지 바뀔 수 있는 임시적 진리에 불과한 것이다.

최근에는 현대 과학이 발달함에 따라 당연한 진리로 받아들여지던 진화론에 대해 새로운 주장들이 제기되고 있으며, 국내에도 '창조과학회'(http://www.kacr.or.kr)가 결성되어 진화론만을 인정하고 있는 학교교육에 대해 의문을 제기하기도 하였다. 어떤 면에서 창조론과 진화론은 어느 하나만 진실인 정오(正誤)의 대립적 관계가 아니라 둘 다 사실을 담고 있는 상보적 관계일 수도 있다. 예를 들어 외계적 존재(UFO)에 의해 지구상에 온갖 동물들과 인류가 만들어졌고, 이후 점차 서로 다른 방향으로 환경에 맞게 진화되어 왔다는 사실이 증명된다면, 창조론과 진화론이 모두 진리로 판정될 수도 있다. 이제까지 인류 문화를 이끌어온 과학의 역사는 새로운 발명과 발견에 의해 항상 새로 쓰여 왔기 때문이다.

실상 오늘날 학교에서 과학적 진리관에 입각하여 진화론만을 가르친다고 해도, 실제로 많은 사람들은 여전히 종교적 입장에서 혹은 민속학적 입장에서 경전 혹은 신화나 민담에 적혀 있는 천지창조와 인간탄생 이야기를 사실로 믿는 '이중적 진리관'을 갖고 있는 것도 현실이다. 과학적 · 생물학적 입장에서 인간은 단순히 물질적 존재일지 모르지만, 종교적 · 신화적 입장에서 본다면 인간은 다른 동물들과는 다른 신성하고 특별한 존재이다. 따라서 인간의 탄생에 대한 이러한 두 가지 입장은 결국 인간을 어떻게 볼 것이며,

1) 우리나라의 경우, 제주도의 '천지창조설화'인 『대별왕 소별왕』 이야기가 구전설화로서 전해지고 있으며, 중국의 경우에도 태초에 거인이 있어, 그의 두 눈은 각각 해와 달이 되고, 온몸의 수많은 털은 인간이 되었다는 천지창조 설화가 있다.

교육을 어떻게 할 것인가에 관련된 인간관과 세계관 · 자연관 등에 중대한 차이를 낳게 하고 있다.

2) 생명체의 진화와 종 다양성

창조론에 대한 가능성을 열어둔 채 적어도 진화론에 입각하여 생명체의 생존방식에 대하여 살펴본다면, 지금 우리가 사는 지구라는 별은 대략 50억 년 전에 생겨났고, 그 위에 최초의 생명체가 등장한 것은 지금으로부터 약 30억 년 전의 일이다. 생물이 무생물과 다른 점은 일정 수준의 외부 자극에 반응을 하며, 자기 복제적 세포분열로 자기 자신을 재생산하는 갱신(更新: renewal)의 과정을 밟는다는 점이다. 원시 단행세포들은 자신을 번식시키기 위해 염색체를 두 배로 늘리고, 이를 분열시켜 두 개의 동일한 세포로 나눠지는 체세포분열 방식을 택하였다. 따라서 이 시기 생물들의 진화는 무척 느리게 진행되었을 것으로 추정된다.

하지만 약 10억 년 전, 짝짓기(혹은 교배)에 의한 종의 보존 방식이 나타나게 되었나. 갑각류에서 시작된 새로운 짝짓기 방식은 생물의 종(種) 다양성을 낳게 하였다. 그중에서도 무성생식 혹은 암수 동숙의 동형배우자 생식(homogamy)이 아니라, 서로 다른 성에 의한 유성생식(heterogamy)의 단계에 들어가게 되면서, 생명체는 모세포의 유전자(DNA)와 완전히 똑같은 복제품의 갱신(更新)세대가 아니라, 서로 다른 모세포의 유전자 특성을 각각 받음으로써 모세포들과 '유사하면서도 동일하지 않은' 새로운 존재인 경신(更新)세대를 맞게 되었다. 이러한 짝짓기야말로 생물이 새로운 환경에 적응하기 위해 택한 적자생존의 종족 보존방식이다.

인간게놈프로젝트(HGP)[2]에 의해 인간 유전자 염기서열이 규명되고, 유전

2) '게놈'(genome)은 유전자(gene)와 염색체(chromosome)의 합성어로 유전정보 전체를 일컫는 말이며, 디옥시리보핵산을 구성하는 31억 개의 염기쌍의 배열구조를 해독해 유전정보를 밝혀내는 작업이 게놈프로젝트이다.

자과학의 발달로 '맞춤 아기'의 탄생조차도 가능할 수 있게 되었지만, 이러한 유전자적 측면에서 본다면 인간과 침팬지는 98.4%가 동일하며, 포유류와 인간의 관계는 90% 이상의 유사성을 보여 주고 있다고 한다. 따라서 인간은 다른 동물들보다 월등히 우월한 존재라기보다는, 수많은 생명체들 중의 한 종(種)에 불과하다. 인간이 다른 동물들과 구분되는 세 가지 특성으로 불(火)·언어·도구의 사용은 단지 문화적인 것들로, 최근 동물생태학자들의 연구에 의하면 동물들도 나름의 의사소통 수단이 있으며 도구를 사용하는 동물들도 많다는 사실이 밝혀지고 있다.

화석을 통해 지구 생태계 10억 년의 역사를 살펴본다면, 불과 200~400만 년 전에 지구상에 나타난 인류는 자연에 대하여 좀 더 겸손해질 필요가 있다. 각각의 모양과 능력의 차이에도 불구하고, 이 세상의 모든 생명체들은 모두 소중하며 나름의 독특한 유전인자를 갖고 있다. 산업혁명 이후 전 세계의 생물학적 종(種) 다양성은 인류의 욕심에 의해 급격히 줄어들게 되었으며, 이는 인간 사회 내의 소수민족이나 그들의 언어에 있어서도 마찬가지로 적용된다.

종의 감소는 생물의 다양성을 줄어들게 하며, 한정된 종자들은 자연환경의 변화에 대한 적응력이 떨어지기에 멸종되기 쉽다. 즉, 순종(homogeneity)은 잡종(hybrid)에 비해 환경적응력이나 생존능력이 떨어지는 경향이 있다. 지구상의 화석 중에는 급속하게 그 수가 팽창하여 전 지구를 뒤덮었다가, 증가한 속도만큼이나 빠르게 갑자기 사라져 버린 종들도 있다. 이러한 생물종의 화석들은, 지구 역사상의 특정 시간대를 알려준다는 점에서 '표준화석'으로 불린다. 오늘날 생물학적 먹이 사슬의 가장 위에 존재하며, 지구상 어느 곳에나 퍼져 있는 인류라는 종은 다른 생명체와의 공존을 무시하는 지나친 자신감으로 인해 스스로 표준화석의 길을 향해 가고 있는지도 모른다. 다만 1990년대에 들어와 세계 각국은 '종(種) 다양성 보존협약'을 맺는 등, 자연보존과 환경문제에 대해 높은 관심을 보이고 있다. 교육분야에서 생태학적 자연관이 대두되고 있다. 이제 자연과 인류의 공존과 공영을 위해 교육은 인간에 대한 보다 겸손한 자기 이해에서 출발하지 않으면 안 될 시점에 와 있다.

3) 인간의 탄생과 발달

다윈의 진화론적 입장에서 보면 인류와 유인원은 특정 시기에 서로 다른 진화과정을 거쳐 갈라져 나온 존재로, 그 고리를 이어주는 것이 원인(猿人) 단계의 '오스트랄로피테쿠스' 이다. 도구를 사용하기 시작한 호모 하빌리스(homo habilis)는 인간과 원숭이의 중간 단계 화석으로 약 200만~400만 년 전 아프리카 대륙에 살았던 것으로 추정된다. 한편 약 20만~100만 년 전의 베이징원인과 자바원인 등의 원인(原因) 화석이 발견되고 있다. 이들은 아직 턱이 돌출되어 있으나 두 발로 직립보행(直立步行)이 가능한 직립인(直立人; homo erectus)이며, 다량의 재와 숯을 남겨 불을 사용한 것으로 보인다. 그 후 몇 차례의 빙하기를 거치면서, 네안데르탈인과 크로마뇽인의 화석인류가 발견되었다. 전자는 구인(舊人), 후자는 신인(新人)으로 분류되지만 넓은 의미에서 둘 다 현인(賢人) 혹은 이성인(理性人; homo sapiens)에 속한다. 인류의 진화단계에서 뇌의 용량은 원인(猿人)보다 원인(原人)이 대략 2배이고,

〈표 2-1〉 인간의 탄생과 발달

분류	원인(猿人) ape man	원인(原人) proto man	현인(賢人)	
			구인(舊人)	신인(新人)
내용	오스트랄로피테쿠스	자바원인, 베이징원인	네안데르탈인	크로마뇽인
시기	200만~400만 년 전	20만~100만 년 전	3.5만~15만 년 전	3만 년 전부터
뇌 용량	500cm³	900~1300cm³	1400~1600cm³	1300~1450cm³
인간상	도구인(道具人) Homo habilis	직립인(直立人) Homo erectus	이성인(理性人) Homo sapiens	

[그림 2-1] 인류 진화과정도

현인(賢人)은 원인(遠人)의 약 3배로 늘어났지만, 3만 5000여 년 전에 사라진 것으로 보이는 네안데르탈인의 뇌 용량은 오히려 현대인들보다 더 컸던 것으로 밝혀지고 있다. 문명의 발달은 인류의 진보를 촉진하지만, 인류의 진화나 문명의 진보가 단순히 일직선으로만 발전하는 것은 아닐 수도 있으며, 그 변화의 과정에 어떠한 힘이 작용하였는지도 명확히 알려져 있지 않다. 인간의 진화과정을 정리하면 〈표 2-1〉과 같으며, 추론하기에 따라서는 앞으로 X-man과 같은 새로운 종이 나타나 인류와 공존하거나 혹은 인류가 대체될 수도 있다.

결국 인간이 지구상에 살아남아 만물의 영장으로 자리 잡게 된 것은 본능적 생존 능력뿐만 아니라, 뛰어난 사회적 보존 능력이 있었기 때문이다. 생래적으로 갖고 태어나는 본능적 생존능력은 '살아남기'이자 '선택하기'의 문제이다. 다윈에 의하면 인간은 다른 동물들과 마찬가지로 스스로의 생명을 유지하려는 '자연적 생존'(natural selection)과 더 나은 배우자와 짝짓기함으로써 자신의 유전인자를 다음 세대에 남기려는 '성적 생존'(sexual selection)의 두 가지 양식을 가지고 있다는 것이다. 우리가 이성(異性)의 외적 아름다움에 이끌리는 것은 본능적인 것이지만, 외모만으로 쉽게 배우자를 결정하지 않는 것은 사회적 보존을 인식하고 있기 때문일 것이다.

'동물의 왕국'과 같은 텔레비전 프로그램에서, 종족보존을 위한 짝짓기가 삶의 목적인 듯한 곤충들의 모습과 약육강식의 동물 세계를 보게 된다. 가끔은 인간사회도 동물의 세계와 유사한 점이 있음을 느끼게 되지만, 동시에 이를 보면서 우리가 무엇 때문에 살아가는가 혹은 인생이란 무엇인가를 심각하게 고민하게 된다. 즉 "호랑이는 죽어서 가죽을 남기고, 사람은 죽어서 이름을 남긴다."라는 속담처럼, 인간은 본능적 생존을 넘어 자신이 속한 사회를 위해 더 큰 흔적을 남기려는 욕망이 있다. 교육을 통해 강화되는 이러한 성향을 '사회적 보존'이라 한다면, 한국인들에게 강하게 남아 있는 가문보존 의식이나 제사와 관련된 남아선호 사상, 그리고 남녀 간 국제결혼 비율의 현격한 차이 등을 보아도 쉽게 이해될 것이다.[3)]

그러나 "아침에 도를 들으면, 저녁에 죽어도 한이 없다."(朝聞道 夕死可矣; 『논어』)라는 공자의 말처럼, 인생의 의미와 관련하여 교육을 통해 달성하고자 하는 것은 단순히 잘 사는 것이 아니라, 바로 삶의 진정한 의미를 찾아가며 인간답게 사는 것이다. 즉 어떻게 살아가는 것이 인간다운 것이며, 바람

〈표 2-2〉 인간의 세 가지 존재양식

	본능적 생존(生存)	사회적 보존(保存)	개인적 실존(實存)
유형	• 자연적 생존 (natural selection) • 성적 생존 (sexual selection)	• 가문 보존, 국가보존(제사, 국방을 위한 남아선호 의식 등) • 사상이나 무형문화재의 보존(학문 · 학파 · 流의 계승) :	• 호기심 충족을 위한 개인적 재미의 추구 • 자신의 존재가치와 관련된 삶의 의미 탐구
성격	• 주변 환경에 따른 본능적 살아남기	• 자신이 속한 사회집단의 체제 유지와 문화전승 우선	• 개인의 삶의 원칙에 따른 사람답게 살아가기

3) 미국에서 한국계 젊은이들이 외국인과 결혼하는 비율은 점차 높아져 가고 있으나, 여전히 한국계 남자가 외국인 여자와 결혼하는 비율보다 한국계 여자가 외국인 남자와 결혼하는 비율이 3배 가까이 높다고 한다. 하지만 최근에는 농촌지역에서 외국인 며느리를 맞아들이는 국제결혼 비율이 급격히 높아지는 새로운 현상도 보인다.

직한 것인가를 스스로 생각하게 하는 자세(삶의 길=道)를 키워주는 것이라 하겠다. 본능적 생존과 사회적 보존, 그리고 개인적 실존을 정리해 보면 〈표 2-2〉와 같다.

4) 호기심과 불확실성

진화론적 맥락에서 본다면, 교육은 개개인의 본능적 호기심 충족과 사회적 불확실성의 제거와 관련되는 문제이다. 새로운 사태에 직면하였을 때, 사람마다 서로 다른 태도를 보여 주는 것은 개인의 기질적 차이이면서, 동시에 주어진 문화 환경에 따르는 교육방식에 의해 직접적인 영향을 받았기 때문이다. 새로운 것에 끌리는 경향을 '네오필리아'(neophilia)라고 하며, 이는 새로운 것을 두려워하는 '네오포비아'(neophobia)와 대조를 이룬다.[4)]

어린이는 새것을 좋아하는 충동이 너무 강하기 때문에 때로 부모가 억제할 필요가 있다. 그러나 부모의 억제와 보호가 지나치게 되면 아이들은 실

〈표 2-3〉 호기심 · 불확실성과 교육

	본능적 호기심 (충족)	사회적 불확실성 (제거)
핵심어	* neophilia: 새것 좋아하기	* neophobia: 새것 두려워하기
교육 내용	새로운 자극과 자아실현을 위한 도전적 기회 모색	종교 및 도덕과 법률, 과학기술 등을 통해 미래에 대한 불안감을 줄이려는 경향
사례	신제품 선호, 새로운 유행의 선구자, 삶에 대한 호기심 등	무당의 푸닥거리, 기복신앙, 일기예보, 일식이나 월식에 대한 과학적 이해
교육	아동중심, 인간중심 교육 (본원적 · 자성적 교육양식)	규율, 금기, 과학지식 (형식적 · 제도적 교육양식)

4) 데스먼드 모리스, 김석희 옮김, 털없는 원숭이 -동물학적 인간론-(정신세계사, 1991), 모험심(exploration) 참고.

제 위험이 없는 데도 새로운 것에 대해 접촉하기를 꺼리고, 익숙하고 낯익은 것에만 집착하게 된다. 기본적으로 미지의 것을 탐구하려는 충동은 모든 포유동물들이 갖고 있지만, 인간은 나이가 들어서도 어린 시절의 호기심을 간직하고, 때로는 더욱 강해지기도 한다. 이는 인류의 가장 위대한 생존기술이며 장점인 유태보존적(幼態保存的) 진화의 한 측면이라 할 수 있다. 이를 동물학에서는 '유생연장(幼生延長; neoteny)'이라 한다. 즉 유생연장은 '성년기까지 청소년기의 특성을 보존'하는 것을 뜻하며, 이는 청소년기의 외형적 모습 보존도 포함되지만, 이보다는 호기심, 활달함, 열망, 용기, 다정함, 활력 등 젊음을 연상시키는 여러 가지 특성들의 보존을 의미한다. 어떤 의미에서 피터 팬 증후군 역시 이러한 유생연장의 또 다른 표현이라 할 수 있을 것이다.

한편 앞일이 어떻게 될지 모르는 불확실싱의 느낌은 개인적인 것이지만, 부분적으로는 그 사회의 다른 구성원들과 공유되기도 한다. 특히 불확실한 것에 대한 두려움의 정도와 이에 대처하는 방식은 가정이나 학교 등을 통해서 강화되고 전이되는 문화적 유산에 속한다. 즉 불확실성의 느낌은 획득되며 학습되는 것으로, 극단적인 불확실성으로 인해 야기되는 참기 힘든 불안을 완화하기 위해서 과학기술과 법, 그리고 종교 등을 발달시켜 왔다.[5] 즉 자연의 원리를 밝히는 과학기술은 자연의 불확실성을 피하는 데 도움을 주며, 도덕과 법률은 다른 사람의 행동에서 나타나는 불확실성을 예방하고 예측할 수 있게 해 준다. 또한 종교는 인간이 혼자 힘으로 대처할 수 없는 미래에 대한 불확실성을 받아들이도록 도와준다.

결국 우리는 교육을 통해 동물학적인 유생연장의 특성들을 조절함으로써 본능적 호기심을 충족시키고자 노력하여 왔으며, 다른 한편으로는 인간 사회의 종교와 도덕, 법률, 자연과학의 발달을 통해 사회적 불확실성을 제거해 줌으로써 보다 안전하게 살아갈 수 있는 여건을 만들기 위하여 노력하여

5) Geert Hoststede, 차재호 · 나은영(역), 세계의 문화와 조직(서울: 학지사, 1995), 제5장 불확실성 회피문화와 수용문화(163-205쪽).

왔음을 알 수 있다. 이는 앞에서 살펴본 본원적 교육양식과 자성적 교육양식은 호기심 충족과 관련되며, 형식적 교육양식과 제도적 교육양식은 불확실성 문제와 관련하여, 미래에 대한 불안을 줄여주는 방향으로 작용하여 왔다. 따라서 교육은 인간의 존재양식인 본능적 생존과 개인적 실존, 그리고 사회적 보존이 서로의 균형과 조화를 이루며 우리 사회가 유지되어 왔음을 보여 주는 것이다.

2. 인간형성과 교육

1) 인간형성과 교육개념

교육이란 인간을 대상으로 하며, 인간형성을 목표로 삼는 기본적인 사회기능의 하나이다. 즉, 인간형성이란 자연 상태로 태어난 인간을 인간답게, 사람다운 사람으로 만드는 것을 주된 목적으로 삼고 있기에, '교육'과 '인간형성', '인간화' 등은 사실상 같은 의미라 할 수 있다. 오늘날 '참교육'이나 '인성교육'이 말해지는 것은, 교육이 본래의 사명과 역할을 제대로 하지 못하고 있기 때문이다. 본능적 상태로 태어난 인간이라는 생명체를 사회적으로 한 사람 몫을 하는 제대로 된 인간으로 형성해 내는 것, 그리고 더 나아가서는 주체적 개인으로 자신의 삶을 의미 있고 재미있게 살아가도록 도와주는 것이야말로 교육이 해야 할 일이라 생각된다. 기존의 교육이론들을 다음 네 가지 교육관과 관련하여 살펴보면, 인간형성에 대해 서로 다른 교육개념이 있음을 확인할 수 있다. 이 같은 네 가지 교육관은 바로 교육의 기능이라고도 할 수 있다.

(1) '사회화'로서의 교육관: 체제의 보수적 계승 기능

사회화라는 개념은 '사회가 제시하는 기존의 문화나 가치체계를 개인이 내면화 과정을 통해서 수용하고 그에 적응해 나가는 과정'을 일컫는 사회학적 용어이다. 프랑스의 사회학자인 뒤르켐(E. Durkeim)은 『교육과 사회학』에서, 교육을 '어린 세대를 대상으로 하는 체계적 사회화'라고 정의하고 있다(Durkeim, 이종옥 역, 1978). 여기서 뒤르켐이 사용한 사회화라는 개념의 의미는 바로 개인이 사회를 구성하는 '집단적 의식'을 내면화하는 과정을 의미한다. 즉, 인간은 본래 이기적 · 반사회적 존재이기에 그 사회의 집단의식을 내면화하는 과정을 통해서 사회적 존재로 변형 혹은 창조되어야만 하는 존재이다. 이기적 · 반사회적 존재인 개인을 도덕적 · 사회적 존재로 새롭게 창조하기 위해서는 어떤 형태로든지 강요가 불가피하게 되며, 이 강요가 성과를 거두기 위해서는 이를 담당하는 부모나 교사에게 강력한 권위가 주어져야 한다. 따라서 인간형성과 성장의 기준이 사회 체제를 통해 위에서 아래로 강요됨을 알 수 있다. 기독교의 십계명이나 『순자(荀子)』의 「권학편」에서 볼 수 있는 교육적 입장도 이와 크게 다르지 않으며, 전통사회에서 흔히 볼 수 있는 교육관이라 할 수 있다.

(2) '사회변화'로서의 교육관: 사회혁신기반의 조성 기능

교육이란 사회의 성원이 그 사회에 적응할 수 있는 자질을 갖추게 하고, 나아가서 이런 성원의 창조적인 참여를 통해 새로운 가치, 체제, 문화를 창출하는 사회혁신(social innovation) 기반 조성 기능을 갖는다(김정환, 강선보, 1998). 앞의 사회화가 관습(mores)이나 규범(norms) 등 과거계승을 강조하는 입장에서 사회화라고 한다면, 사회변화로서의 교육관은 현재와 미래지향적 입장에서 사회화를 제안하고 있다.

듀이에 의하면, 성장은 생명체의 존재론적 요청이며, 그 목표점이 정해진 것이 아니라 환경과의 상호작용을 통해 끝없이 확대되는 열린 개념이다. 듀이에게 경험이란 인간이 그를 둘러싼 환경과 상호작용하는 과정과 그 결과를 의미하는 것으로, 그는 경험의 끊임없는 재구성을 통해 삶이 성장해 갈 수 있도록 도와주는 것이 교육이라고 보았다. 즉 학문, 예술, 관습, 종교 등의 모든 문화는 바로 인간이 환경과의 상호작용의 결과로 축적된 것으로, 항상 현재의 시점에서 새롭게 만들어지고 변화되는 것이어야 한다는 점이다. 문화재건주의 교육학을 주장한 브라멜드도 교육의 주된 목적은 현대위기에 대처하기 위하여 사회를 재건(reconstruction)하는데 있다고 보았다(Brameld, 1964). 따라서 교육은 필연적으로 혁명적인 성격을 지녀야 한다고 보았고, 교육을 통해 명확하게 짜인 사회개혁 프로그램을 추진해야 한다고 보았다. 그의 생각은 1960년대 우리나라의 교육을 통해 경제개발 이념으로 활용되었다.

(3) '인간화' 로서의 교육관: 인간성의 계발 기능

교육은 인간이 타고난 소질을 자연의 질서에 따라 균형 있게 계발하는 데 있으며, 이 같은 성장의 씨앗은 이미 인간의 내면에 존재한다고 믿는 입장이다. 따라서 인간으로서 참된 삶은 보다 인간다운 인격의 완성을 지향하는 것으로, 신앙심의 배양을 통해 인간화를 이루려는 기독교주의 교육사상과, 인간의 해탈과 내면적 각성을 강조하는 불교교육사상과 같이 종교주의적 입장이 포함된다. 다른 한편으로는 자연주의적 입장에서 소극교육론을 주장하는 루소, 인간의 조화적 발전을 고려하는 스펜서의 삼육론(三育論; 지육 · 체육 · 덕육), 페스탈로치의 3H(Head, Heart, Hand), 그리고 슈타이너의 인지학(人智學; antrophosophy) 등도 인간의 타고난 능력의 조화적 계발을 교육의 중요한 기능으로 간주하고 있다. 한편 동양에서는 극기복례(克己復禮) 수기치인(修己治人)의 방법을 제시하는 유교적 교육의 공자, 맹자 등이 이에 해당된다고 볼 수 있다.

(4) '문화전승' 으로서의 교육관: 정신문화의 계승 기능

교육은 개인으로서의 인간의 조화적 발전, 인격의 완성을 위한 조성작용에 그치지 않고, 인류의 수천 년 역사를 통해 축적되어 온 좋은 경험, 그중에서도 특히 정신적 문화유산을 다음 세대에 계승 · 유지시키고, 나아가서

〈표 2-4〉 네 가지 교육관과 기능

교육관	사회화	사회변화	인간화	문하전승
교육기능	체제의 보수적 계승	사회혁신기반 조성	인간성의 계발	정신문화의 계승
대표이론(가)	기독교 십계명, 『순자』 권학편	듀이 브라멜드	루터, 루소, 스펜서, 페스탈로치, 공자	슈프랑거

그들의 내면적 각성을 통해서 그것을 확충 · 발전시키고자 하는 문화번식작용이기도 하다. 이 문화번식에는 네 개의 기본적인 여건이 갖추어져야 하는데, 그것은 ① 문화유산의 정선(精選), ② 문화협동체에 대한 사랑, ③ 문화이상의 정립, 그리고 ④ 문화담당자(교사 · 학생)의 정열(情熱)이다(김정환 외, 1998). 특히 슈프랑거는 교육작용 속에서 인격적 감화력의 비중을 크게 보고 있는데, 이는 문화전승에 있어서 교사의 중요성을 의미하는 것이다. 교사는 복합적인 사회 · 종교적 유형, 즉 동포에 대한 사랑과 봉사, 그리고 영원 · 불변하는 진리를 가장 가치 있다고 여기는 사람이어야 한다는 것이다. 이상의 내용을 간단히 표로 정리해 보면, 다음 〈표 2-4〉와 같다.

2) 인간 본성론과 교육이론

교육은 인간에 대한 이해에 기초하여 이루어져야 하며, 이는 단지 인간뿐만 아니라, 자신이 속한 자연과 세계에 대한 이해를 포함하는 것이기도 하다. 즉 교사들은 세계 진화의 특성뿐만 아니라, 인간 존재의 본성에 대하여도 이해하고 있어야 한다. 해마다 학생들의 모습은 달라지고 있지만, 인간이 가지고 있는 본질적인 측면은 그다지 쉽게 변할 수 있는 것이 아니다. 흔히 인간 본성이라고 하면, 인간 본성은 본래 선하다는 맹자(孟子)나 루소(Rousseau) 등의 성선설(性善說)과 이와는 달리 인간이 본성이 악하기에 교육이나 규범을 통해 통제하여야 한다는 순자(荀子)나 홉스(Hobbs) 등의 성악설(性惡說), 그리고 태어날 때는 순수한 상태이나 환경에 의해 인간 본성이 결정된다고 보는 로크(Locke)의 'tabura rasa'와 같은 백지설(白紙說)을 들게 된다.

인간의 본성이 본래적으로 게으르고 악하다는 성악설, 그 반대로 선하다는 성선설, 인간은 선하지도 악하지도 않다는 중립설 등이 있다. 인간의 활동성에 대해 인간은 수동적인 동물이나 유기체에 불과하며 세련된 세포 조직을 가진 존재일 뿐이라는 입장, 인간은 지적 유희를 즐길 줄 아는 적극적이고 탐색적인 존재라는 입장, 인간이 적극적인 것도 아니고 그렇다고 수동적인 것도 아니며, 인간과 그를 둘러 싼 환경 간에는 동시적으로 상호작용한다는 입장 등이 있다. 인간의 목적의식에 대하여 인간은 텅 빈 유기체나 감정 없는 기계일 뿐이라는 입장, 원천적으로 방향 감각과 동기를 갖고 있다는 입장, 현상학적인 함축성(phenominological implication) 혹은 지각된 해석(perceived interpretation)에 달려 있다는 입장 등이 있다. 인간의 본성, 인간의 활동성, 인간의 목적의식 등은 보는 시각에 따라 다양한 교육이론이 있으며, 이들을 설명하면 다음과 같다(황정규, 1984: 18-25).

(1) 악-수동적-무목적

이러한 인간관은 정신 도야설이나 신체 도야설을 낳았다. 인간은 악한 충동을 갖고 있기 때문에 교육에 의해 순화되어야 한다고 본다. 이 입장에 선 교사는 엄한 훈련과 고행을 강조한다. 교편(敎鞭)이라는 용어도 가르침에는 '회초리'가 없어서는 안 된다는 뜻을 담고 있다. 도야(陶冶; discipline)도 본래는 '두들겨 편다'는 의미를 갖고 있다. 이원론의 입장에서 영(靈)은 선하나 육신은 악하다고 보기 때문이다.

(2) 선-적극적-유목적

이러한 인간관은 인본주의와 낭만적 자연주의를 기반으로 하는 자연계발설을 낳았다. 자연계발설은 아동의 흥미와 관심을 중시하는 아동중심 교육, 열린 교육의 모태가 된다. 이 교육이론은 루소의 자전적 소설 『에밀』에 잘 나타나 있으며, A. S. 니일의 섬머힐(Summer Hill) 학교를 통해 구현되고 있다.

(3) 중립–수동적–무목적

이러한 인간관은 행동주의 심리학에 기초한 자극–반응 학습이론을 낳았다. 이 이론은 경험론자 로크의 백지설(tabula rasa)을 기반으로 하며, 교육의 조작주의(operationalism) 전통을 잉태시켰다. 프로그램 학습이나 컴퓨터 보조 학습 프로그램, 교수 목표의 상세화, 선택형 문항의 평가 형태 등이 그 유산이다.

(4) 중립–상호작용적–유목적

이러한 인간관은 학습이론에서 자극–반응 이론과 함께 쌍벽을 이루는 인지 학습이론을, 그리고 피아제(Piaget) 등의 인지발달이론을 낳았다. 인식의 형성은 과거나 미래에 있는 것이 아니라 현재의 지각에 달렸다고 본다. 인간의 발달은 생득적인 형질의 발현도 아니고, 외부 자극에 대한 반응의 현상도 아니며, 목적의식을 가진 인간이 외부의 환경과의 상호작용에 의해 변화되어 나간다고 본다.

(5) 선–상호작용적–현상학적 해석

이 인간관은 인간주의 심리학과 인간주의 교육을 가능하게 했다. 인간주의 교육에서는 삶에 대한 실존적인 해석과 현상학적인 해석을 중시한다. 보편적인 기준이 아닌 자기만의 실존적인 자아실현을 강조한다. 단 일회성의 절정 경험, 즉 진정한 의미의 만남이 곧 교육이라고 본다. 교육에서는 학생들 각자가 생의 의미(significance of life)와 존재의 의의(significance of being)를 갖도록 해야 한다고 본다.

3) 이상적 인간상과 교육

인간 본성에 대한 다양한 이론이 있다고 하더라도, 기본적으로 교육은 이상적 인간상을 지향하고 있다. 왜냐하면 교육학은 객관성을 중시하는 가치중립적 이론학문이기보다, 당위성을 중시하는 가치지향적 실천학문이기 때문이다. 인간의 본질적 측면에서 이성인(homo sapiens)으로 등장한 현생인류가 지향하는 교육적 인간상은 크게 세 가지로 나타나고 있다. 즉 건강한 신체와 지혜로움, 그리고 삶의 의미에 대한 우주적 시각을 가진 종교적 정신의 소유자이다. 이를 다른 말로 표현한다면 거인(巨人)과 현인(賢人), 그리고 성인(聖人)이라 할 수 있을 것이다. 고대 그리스신화에 등장하는 헤라클레스나 아킬레스는 거인의 대표적인 모습이다. 오늘날까지 이어지고 있는 근대 올림픽의 구호는 '좀 더 빠르게, 좀 더 멀리, 좀 더 높게' 라 하여, 바로 건강한 신체를 지향하고 있다. 이에 반해 신그리스시대의 소피스트들은 현인을 대표한다고 할 수 있다. 이들은 인간 이성의 발달과 함께 많은 양의 지식을 지혜롭게 사용할 줄 아는 것을 교육목표로 삼고 있다. 그리고 해탈인에 해당하는 성인(聖人)의 개념으로는 석가모니, 공자, 예수, 마호메트 등의 종교인을 들 수 있다.

이 같은 교육적 인간상은 비록 시대적 상황에 따라 이상적인 모습과 이를 표현하는 용어가 약간씩 달라질 수 있지만, 기본적으로 교육을 통해 실현하

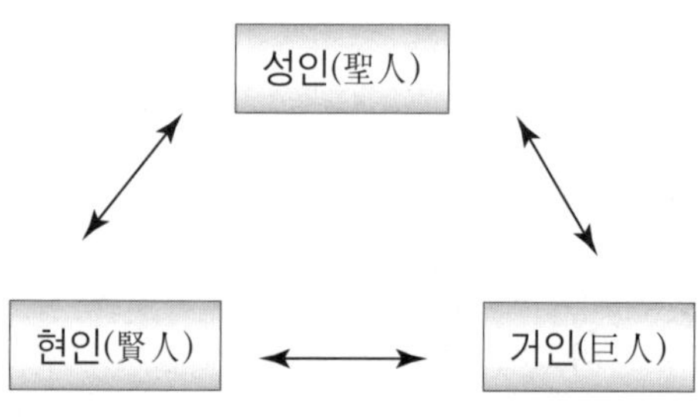

[그림 2-2] 이상적 인간상의 관계

고자 하는 인간상이다. 현대 교육에서 '거인' 지향은 체력 이외에도 금력과 권력을 획득하려는 경쟁과정에서 볼 수 있으며, '현인' 지향은 지식 정보력 혹은 창의적 사고에 의해 사회적 성공을 보장해 주는 중요한 요소로 받아들여지고 있다.

반면 현대 학교교육에서 '성인' 지향은 점차 교육목표에서 배제되는 경향이 있다. 그럼에도 불구하고 우리 사회에는 여전히 종교적 삶의 자세를 통해 성인들을 닮고자 노력하는 사람들이 있음을 주목할 필요가 있다. 즉 학교교육에서 제대로 다루어 주지 못하는 성인 지향의 교육적 인간상을 종교단체에서 보완해 주고 있다고 할 수 있다.

함께 토론할 주제

(1) 인간은 과연 자연과 동물을 지배할 권리를 가지고 있는가? (동물원 우리 속에 갇혀 있는 오랑우탄, 침팬지, 기타 야생동물들의 권리에 관하여)
(2) 각자의 성장과정에서 호기심과 교육의 관계는 어떠하였는가?
(3) 본능적 생존과 사회적 보존(保存)은 어떻게 균형을 맞출 수 있는가?
(4) 진화론과 창조론은 학교에서 어떻게 나누어져야 하는가?
(5) 교육을 통해 지향하고자 하는 이상적 인간상과 현실적 인간상의 괴리는 무엇인가?

참고문헌

김완진 외(1996). 학문의 길라잡이. 서울: 청림출판.
김정환, 강성보(1998). 교육철학. 서울: 박영사.
뒤르켐, 이종옥 역(1978). 교육과 사회학. 서울: 배영사.
브라멜드, 황종건 역(1964). 힘으로서의 교육. 서울: 배영사.
피터스, 이홍우 역(1980). 윤리학과 교육. 서울: 교육과학사.
한기언(2002). 교양으로서의 교육학. 파주: 한국학술정보(주).
황정규(1984). 인간의 지능. 서울: 민음사.

더 읽어볼 책

J. 호이징하(Huizinga, Johan) 지음, 김윤수 옮김(1999). 호모 루덴스 : 놀이와 문화에 관한 한 연구. 서울: 까치.

D. 모리스(Morris), 김석희 역(1994). 털없는 원숭이: 동물학적 인간론. 서울: 정신세계사.

호시 신이치(星新一), 진초산 역(1994). 진화한 원숭이: 골 때리는 인간들(1-3권). 서울: 산책.

J. 그레이(Gray), 김경숙, 홍승우 역(2004). 화성에서 온 남자 금성에서 온 여자(스페셜 에디션). 파주: 친구미디어.

함께 볼 만한 비디오

『가타카』(Gattaca), 앤드류 니콜 감독, 에단 호크 주연 (1997년).

『닥터 모로의 DNA』(The Island of Dr. Morreau), 존 프랑켄하이머 감독, 말론 브란도 주연(1997년).

『아일랜드』(The Island), 마이클 베이 감독, 이완 멕그리거 주연(2005년).

『A.I.』(Artificial Intelligence: AI), 스티븐 스필버그 감독, 할리 조엘 오스먼트(2001년).

『6번째 날』(The 6th Day), 로저 스포티스우드 감독, 아놀드 슈왈츠제네거 주연(2000년).

『천지창조』(The Bible), 존 휴스턴 감독, 마이클 팍스 주연(1966년).

제2부

교육의 학제적 접근

교육학의 학문적 기초를 탐구하기 위하여 학제직 접근을 시도해 보고자 한다. 즉 교육의 역사 · 철학적 접근을 비롯하여 교육의 심리적 기초, 교육의 사회적 접근 등의 이해를 통해 교육과 교육학에 대한 보편타당한 관점을 정리해 보자.

제3장 교육의 역사 · 철학적 접근

제4장 교육의 심리적 기초

제5장 교육의 사회적 접근

제3장

교육의 역사 · 철학적 접근

1. 시간의 흐름과 교육

오늘날 우리가 직면하고 있는 가장 큰 문제 중의 하나는 어떠한 삶이 좋은 삶이고 나쁜 삶인지, 그리고 어떠한 교육이 좋은 교육이고 나쁜 교육인지를 명확하게 구분하기 어렵게 되었다는 점이다. 예전에는 이러한 기준을 과거의 문화적 전통에 비추어 판단하였으나, 오늘날에는 급변하는 시대적 상황 속에서 우리의 삶을 비교 · 평가해 볼 수 있는 가치관이나 준거가 불분명해졌기 때문이다. 물론 과거의 사상이나 논리가 오늘날 그대로 적용될 수 있는 것은 아니지만, 적어도 교육에 관한 시간의 흐름을 되돌이보는 것은 현재 우리가 어디에 서 있는지, 그리고 우리의 삶이 어디로 가고 있는지를 보다 명확하게 판단할 수 있는 근거가 된다.

교육의 역사는 현재의 이해관계에만 관심을 갖기 쉬운 현대인들에게 과거와 현재, 미래를 꿰뚫는 역사적 안목을 통해, 인간 존재의 올바른 관계를 다시 생각하게 해 봄으로써 교육 혹은 교육학이 무엇인가를 살펴보게 한다.

1) 교육학의 탄생 : 교육학사(敎育學史)

교육학의 성립과 발전을 학사적(學史的) 입장에서 살펴보면 크게 세 단계로 나누어 볼 수 있다. 첫째는 학문으로서 교육학이 생겨나기 이전부터 위대한 교육사상가들에 의해 전개되던 '사상(思想)으로서의 교육학'이다. 둘째는 헤르바르트에 의해 교육의 목적과 방법이 정리되어 교육학이 학문적으로 형성되는 '이론(理論)으로서의 교육학'이다. 그리고 셋째는 교육학의 학문적 분화와 새로운 체계화를 통해 교육의 영역을 학교교육(교과교육학 포함)뿐만 아니라, 평생교육적 입장에서 인간 생애의 전시기에 걸쳐 진행되는 교육현상으로 파악하는 '이론(理論)과 실천(實踐)으로서의 교육학'이다(한기언, 2003 참고).

먼저, '사상으로서의 교육학'은 교육사상의 고전적 형태로, 동양에서는 공자, 노자, 맹자, 장자 등 이른바 선진(先秦) 교육가들을 비롯하여 인도의 고대 사상을 집대성한 불타와 기독교의 예수를 들 수 있다. 『논어』에는 공자가 수업방법으로 대화법을 사용하고 학생의 개인차를 배려하는 장면이 잘 나타나 있다. 불교의 경전에나 기독교의 성경 등에도 여러 가지 비유법을 통해 사람들에게 진리를 쉽게 전하는 모습이 그려져 있다. 이러한 경전들은 그 자체가 교육학적 고전이라 할 수 있다.

또한 그리스 도시국가에서 생겨난 소크라테스와 소피스트들의 사상은 자연철학과는 구분되는 사회철학이며, 동시에 교육에 관한 이론을 형성한 사람들이다. 특히, 소크라테스와 소피스트들 간에는 교육의 목적과 내용, 방법에 대한 현격한 인식의 차이가 있었다. 즉, 소피스트들이 덕(德=areté)을 가르칠 수 있다고 보는데 반해, 소크라테스는 덕이 무엇인지 먼저 알아야 가르칠 수 있는지 없는지를 판단할 수 있다고 주장하며, '인간으로서 훌륭한 삶'이란 도대체 무엇인가에 대해 먼저 밝히고자 하였다. 이러한 소크라테스의 활동을 제자 플라톤은 '지혜의 사랑'이라고 불렀는데, 이같이 지혜를 사랑하는 애지학(愛智學)이 철학(philosophy)이며 동시에 교육학이라 할 수 있다. 즉, 초기의 교육학은 '배움의 학'이며 '지혜의 사랑'으로 철학과 동의어다(조무남, 2004: 14참고).

둘째로 '이론으로서의 교육학'은 엄밀한 의미에서 19세기 헤르바르트에 의한 '과학으로서의 교육학' 성립 이후를 의미하는 것이지만, 부분적으로는 17세기 코메니우스의 『대교수학』(1632)을 비롯하여, 로크, 루소, 페스탈로치 등의 아동과 인간에 대한 발달심리학적 관심이 교육학의 학문적 성립을 촉진시켰다고 볼 수 있다. 또한 할레대학의 트랍프(Trapp)는 헤르바르트에 앞서 1779년에 처음으로 교육학강좌를 개설하기도 하였다.

헤르바르트(Johann Friedrich Herbart, 1776~1841)는 '과학적 교육학의 창시자'로, 『일반교육학』(1806)을 통해 "교육이란 단순한 경험이나 관습으로 행해질 것이 아니라 과학적 기초를 갖지 않으면 안 된다."라고 주장하였다. 그는 학(Wissenschaft)의 조건으로 원리(原理)의 통일성(統一性), 원리에 의거하여 체계를 구축하는 방법의 일관성(一貫性), 그리고 결과의 무모순성(無矛盾性)이라는 세 가지 조건을 들고, 이에 따라 교육학의 학문적 독자성을 구축하고자 하였다. 1835년에 간행된 그의 제2의 교육학 저서인 『교육학강의개요』에서는 "과학으로서의 교육학은 실천철학과 심리학에 의존한다."라고 하였다. 즉 실천철학(주로 윤리학)이 인간 도야라는 교육의 목표를 제시하고, 심리학이 방법과 수단을 제시한다고 하여, 교육학의 체계화를 시도하였던 것이다.

셋째로 '이론과 실천으로서의 교육학'은 교육을 경험과학적 탐구의 대상으로 보려는 과학주의적 시도와 교육이라는 고유한 가치를 실현하려는 실천행위의 복합적 문제이다. 19세기 후반부터 실험심리학의 발달과 경험주의 · 실증주의의 발달은 교육학을 규범과학적 방법에서 벗어나 기술과학적 특성을 가진 것으로 이해하려는 경향을 보였다. 사회학자 뒤르켐(Durkheim)은 교육현상을 하나의 사회적 사실로 규정하며, 실증과학으로서 교육학의 가능성을 모색하며, 교육학에 '교육과학'이라는 이름을 붙였다. 실험과 관찰, 측정과 평가는 실험심리학의 중요한 방법론들로, 1902년 비네의 「지능

검사」와 같은 측정심리학의 연구결과는 교육심리학의 발달에 큰 영향을 끼치게 되었다. 하지만 다른 한편으로 이 같은 실증적 · 통계적 방법론에 대한 비판으로 '검사도구의 신뢰도 문제'와 '인간이 과학적 연구대상이 될 수 있는가'에 대한 의문이 이미 1930년대부터 나타나고 있다.

오늘날에도 교육학에는 두 가지 대립된 견해가 있다. 하나는 역사철학적 입장에서 교육적 가치를 중시하는 규범적 정신과학적 특성을 강조하는 교육학이며, 다른 하나는 실험심리학적 교수-학습 입장에서 현상을 설명하려는 기술과학적 특성의 교육학이다. 실증주의와 행동주의는 교육학의 객관화와 과학화에 크게 공헌하였지만, 인간의 정신현상이나 내면세계는 양적으로 측정되기 어려운 부분이 있으며, '선(善)'과 '미(美)'의 가치판단이 포함되는 인간의 실제 삶 속에서 교육은 끊임없이 좋은 것이 무엇인가를 고민하고 판단하게 된다. 방법론적으로 서로 다른 두 가지 교육학적 흐름이 있다고 하더라도, 실제로 교육학을 통해 밝히고자 하는 탐구의 대상은 바로 살아있는 건강한 '사람'이며, 이는 개인적 존재로서의 '인(人)'과 사회적 존재로서의 '인간(人間)' 모두를 포함하는 개념이라 할 수 있다.

2) 교육목적의 변천

교육에 있어서 바람직한 교육목적 혹은 이를 통해 길러내고자 하는 이상적인 인간상은 시대에 따라 변하는 것일까, 아니면 어느 시대 어느 곳에서나 훌륭한 사람에 대한 생각은 동일한 것일까? 즉, 성인(聖人)이나 현인(賢人), 군자(君子)와 같은 교육적 인간상은 어느 시대에나 훌륭한 사람의 모습으로 인정받고 있지만, 다른 한편으로는 각 시대에 맞는 교육목적과 교육적 인간상을 새롭게 정립하여야 한다는 주장도 있다. 이를 구분하여 본다면 어느 시대에나 공통되는 '교육목적'으로서 교육적 인간상과 각 시대에 맞는 '교육목표'와 이에 적합한 교육적 인간상이 있을 수 있다. 전자의 교육적 인간상은 이상주의에 입각한 것이기에 『대학』의 3강령(8조목)처럼 지어지선

(止於至善)의 경지에 이를 때까지 그치지 않고 스스로 수양해 나가는 것이라면, 후자의 교육적 인간상은 각 시대나 사회적 환경에 따라, 교육을 통해 만들고자 하는 인간상을 상정하고 있다는 점에서 차이가 있을 수 있다.

먼저 서양교육사에서 시대적 흐름에 따라 변화되는 교육목적을 정리해 보면 대략 다음 7가지로 정리될 수 있다(김정환 외, 1998).

첫째, 군인양성: 고대 부족사회가 군장사회로, 부족국가로 변화되는 과정에서 점차 자신이 속한 공동체를 지키는 것이 중요한 교육의 임무가 되었다. 공동체의 체제를 보수적으로 계승하기 위해서는 건장한 군인양성과 예악을 통해 기존의 규범을 존중하는 인간양성을 목표로 삼았다. 스파르타를 비롯한 그리스의 고대 도시국가들이나 중국의 춘추전국 시대에는 문(文)보다 무(武)가 강조되며, 건장한 군인양성을 가장 중요한 교육목적으로 삼았다.

둘째, 자유시민: 그리스 도시국가들이 전성시대를 맞을 무렵, 아테네를 비롯한 자유로운 도시국가에서는 인간성의 조화로운 발달을 이룬 자유시민을 육성하고자 하였다. 이를 위하여 교육내용은 체육 이외에 음악이나 문학 등이 발달하게 되었다. 동양에서는 한나라 때부터 예악이 강조되며 유학이 진흥되게 되었다.

셋째, 영혼구원: 중세 기독교의 세계관은 속세보다는 내세(來世)를 보다 중요시하며, 교육은 인간의 종교적 구원이라는 궁극적 목적을 따라야 한다고 보았다. 토마스 아퀴나스의 중세 교부철학은 이러한 인간의 영혼을 구원하는 데 목적을 두었다. 이러한 교육적 인간상은 신라와 고려시대 불교가 융성하면서 윤회에서 벗어나 해탈을 목적으로 하는 인간상과도 통한다.

넷째, 신사양성: 르네상스기를 통해 상업이 발달하자 세속적 세계관이 다시 나타나게 되었다. 이제 새롭게 대두되는 젠트리(gentry) 계층(귀족과 독립 자영농민의 중간계층)이 영국의 지배사회계층으로 등장하며, 상공업분야 및 전문직 영역을 포함하게 되면서 점차 신분계층적 개념보다는 예의바른 교양인의 의미로 확대되면서, 이에 걸맞은 교육내용을 강조하게 되었다.

다섯째, 형식도야: 교육의 목적은 특정한 지식내용을 배우는 데 있기보다는 특정 지식을 습득하는 훈련을 통해 새로운 문제 상황에 전이(transfer)시키는 능력을 키우는 데 있다고 본다. 따라서 교육내용이 중요한 것이 아니라, 그 내용에 접근하는 형식적 능력의 연마(암기력, 분석력, 추리력 등)가 중요하다고 보는 입장이다.

여섯째, 전인양성: 페스탈로치는 인간에게는 하나님이 주신 천부적 능력이 있으며, 이는 지적 능력(Head), 기능적 능력(Hand), 도덕적 능력(Heart)이라고 보았다. 따라서 교육의 주된 목적은 이러한 능력을 고루 발달시켜 조화된, 하나의 온전한 인간으로 키워내는 것이다.

일곱째, 자아각성: 인간은 다른 어떤 목적에도 종속될 수 없는 주체적 · 개성적 · 인격적 존재다. 따라서 교육의 목적은 이러한 인간 존재를 스스로 일깨워주는 데 있다. 실존주의적 만남의 논리나 불교적 각성의 논리는 이러한 교육목적에 근거하고 있다. 볼노오는 실존주의적 발상에서 '개개인의 인격적 자아 각성'을 논하였으며(김정환, 강선보, 1998), 랑게펠트는 '각성인(覺醒人)'을 교육적 인간상으로 제시하였다(鯵坂二夫, 1980).

한편 서양의 교육적 인간상을 각각의 사상가를 중심으로 간단히 정리해 보면 다음과 같다. 먼저, 플라톤은 지혜를 사랑하는 사람(愛智者; philosohper = 哲人)을 강조하였고, 키케로는 학문과 실천을 겸비한 인간으로 변론인(辯論人 = 웅변가)을, 아우구스티누스는 신의 나라의 백성이 갖는 특징으로 경건 · 순종 · 검손을 제시하며 지상의 나라에서는 순례자로 영원한 평화를 지향하는 신국인(神國人)을, 그리고 에라스무스는 인간의 무한한 도야 가능성을 전제하여 고전 학예를 통한 박식함과 웅변술, 그리고 기독교적 경건함을 모두 갖춘 기독교적 인문주의자(humanitas)를 강조하였다. 또한 코메니우스는 지식과 덕행과 경신의 씨앗을 모두 갖춘 인간을 하나의 소우주로 보고, 이를 신과 같은 전지(全知)의 경지에 올리기 위한 범지인(凡知人)을, 루소는 교육이 특정 사회적 계급이나 직업을 위한 것이 아니라 보편적 인간을 길러내는 것임을 명확히 하며 자연인(自然人)을 교육적 인간상으로 제시하였다.

페스탈로치는 손과 머리, 마음의 균형을 갖춘 조화인(調和人)을, 마르크스는 전면적으로 발달된 인간 혹은 전체적 인간을, 막스 베버는 자본주의 사회에서 요구되는 직업인(職業人)을, 그리고 듀이는 반성적 사고를 하는 행위인(行爲人)을 제시하였다(한기언, 1996; 鯵坂二夫, 1980 참고).

최근에는 세계화의 물결 속에서 급격한 사회변화를 겪으며, 다양한 관점에서 시대에 맞는 교육적 인간상을 정립하려는 논의가 활발하다. 특히 산업화시대에서 지식정보화시대로 전환되는 시기에, 교육을 통해 길러내고자 하는 교육적 인간상이 달라져야 한다는 것은 우리에게 너무도 당연한 것으로 받아들여지고 있기도 하다. 국민의 정부 시절에는 국가주도로 '창조적인 지식기반 국가' 건설을 위한 '신지식인[1] 운동'을 전개하기도 하였다. 교육적 인간상이 지향하는 바는 크게 두 가지로 나누어 볼 수 있다. 하나는 교육적 인간상에서 '교육적'이라는 의미를 '바람직한' 혹은 '이상적인'과 같은 의미로 보는 이상(理想) 지향이며, 다른 하나는 교육(여기서는 가르침이라는 의미의 교수(教授)가 더 적절함)을 받아 형성되고 만들어지는 '교육받은 사람'을 의미하는 교수(教授) 지향이다. 성인(聖人)이나 현인(賢人), 군자(君子), 선비와 같은 교육적 인간상이 '이상 지향'이라면, 위에서 언급한 다양한 교육적 인간상은 '교수' 지향이라 할 수 있을 것이다. 결국 교육은 이상을 지향하면서도, 각 시대 상황에 맞는 적절한 교육목적을 수립하고 거기에 맞는 교육적 인간상을 정립해 나가는 지속적인 작업이라 할 수 있다.

1) 김효근은 "모든 국민이 신지식인으로 거듭날 때 한국은 21세기를 주도하는 지식국가로 거듭날 수 있다."라고 하였는데, 신지식인이란 '사물의 존재 자체에 관한 지식'인 사물지(事物知)와 '사실적 명제에 관한 지식'인 사실지(事實知)만이 아니라, 결국 가장 중요하게는 '인간의 욕구를 해결하는 방법에 관한 지식'인 방법지(方法知)를 체득하고 있는 사람이다. 앞으로 우리가 맞게 될 지식주도형 경제 사회 환경하에서는 방법지가 개인의 성패, 기업의 사활, 국가의 흥망을 결정짓는 핵심 요소가 되는 반면, 한국교육은 그동안 사물지와 사실지만을 중심으로 하였기에 문제라는 것이다(김효근, 1999).

3) 세 가지 관계체 : 시간과 교육

오늘날 사람들의 삶을 지배하는 세 가지 관계체(關係體)로는 시간(時間)과 공간(空間) 그리고 인간(人間)이 있다. 어디에서 어떤 사람을 만날 것인가에 관한 공간과 인간의 문제는 어느 정도 자신이 선택하고 통제할 수 있지만, 흘러가는 시간에 대해서는 스스로 어떻게 하는 것이 거의 불가능하다. 이러한 세 가지 관계체의 구조는 교통과 통신이 발달하고 삶의 양식이 변화됨에 따라 급속히 변하고 있다. 즉 지구 위에서의 물리적 거리인 '공간거리'는 거의 변하지 않고 있지만(때로 터널이나 도로가 새로 개설되면서 물리적 거리가 줄어들기도 함), 교통수단이 발달함에 따라 한 지역에서 다른 지역으로 이동하는데 걸리는 '시간거리'는 점차 단축되고 있다. 산업혁명 이래 교통과 통신의 발달은 사람들이 공간을 빠른 속도로 이동할 수 있게 하였고, 특히 20세기 들어와 등장한 비행기나 고속도로, 초고속열차 등은 사람들의 일일 생활권을 극적으로 확대해 주었다. 또한 인터넷 통신에 의해 우리는 지구 어느 곳에 있는 사람들과도 거의 실시간으로 문자를 주고받을 수 있게 되었다.

하지만 이러한 지구가족 속에서 인간의 만남은 더욱 사무적이 되어 가고, 고독한 개인만이 남게 되는 것 같다. '군중 속의 고독' 처럼 주변에 알고 지내는 사람들은 많지만 정작 마음이 통하는 사람을 찾기 어려워짐으로써, '인간거리'는 더욱 멀어지고 있는 듯이 보인다. 〈표 3-1〉은 시간과 공간, 인간의 특성에 대해 정리해 본 것이다. 시간은 공간과 달리 비가역적이며, 주관적 지각에 의해 다르게 느껴질 수 있는 비실체이다. 한번 지나간 시간은 되돌릴 수 없으며, 문명화를 통해 삶의 속도는 점차 빨라지고 있지만 정작 우리가 살아가는 시간은 예나 지금이나 하루 24시간에 변함이 없다. 시간은 누구에게나 똑같이 주어진다.

이러한 시간의 흐름 속에서 과거 선조들은 인생의 시간 설계도를 중시하였다. 흔히 "노세 노세 젊어서 노세, 늙어지면 못노나니"라는 노래도 있었지만, 공자는 하루의 계획은 아침에 있고, 일년의 계획은 봄에 있으며, 일생

〈표 3-1〉 시간 · 공간 · 인간의 삼간(三間)과 교육

三間 내용	空間	時間	人間
대상	여기, 저기, 거기, 어디	과거, 현재, 미래(직선) 전생과 내세(순환성)	나, 너, 그것
동사 (명사)	가다(go), 오다(come), 머무르다(住; stay)	가다, 흐르다(非可逆性)	만남/헤어짐(會者定離), 사랑/미움(愛惡), 무관심
거리	넓게/좁게, 점차 축소 (교통 · 통신수단 발달/ 전자우편 등)	길게/짧게; 동안(period) 느리게/빠르게 (재미, 주관, 지각)	가깝게/멀게(주관 감정) (군중 속 고독) 사랑 감정의 시간초월성
실체	실재로 존재하지만, (착각 가능성)	• 의식의 흐름(비실체) • 문명화와 삶의 속도	'사람'이라는 개체와 개체의 실재적 만남

의 계획은 청년기에 있다고 하였다. 특히 공자는 열다섯에 뜻을 세웠고(十五立志), 서른에 자립하였고(三十而立), 사십에는 사리(事理)에 미혹되지 않았고(四十不惑), 오십에는 천명을 알았으며(五十知天命), 육십에는 귀로 들으면 그대로 이해되었고(六十耳順), 칠십에는 마음이 하고자 하는 바를 따라도 법도에서 어긋나지 않았다(七十從心所欲不踰矩)고 하였다.

지금도 사람들이 중고등학교 시절이 가장 중요하다고 하는 것은 역시 자신의 인생 설계도를 만드는 시기가 바로 열다섯 청소년 시절이기 때문이다. 물론 요즘에는 대학에 들어가서도 자신이 무엇을 해야 할지 인생설계도를 세우지 못하는 경우가 많은 것도 사실이다. 하지만 시간과 교육의 문제를 논할 때, 교육은 단순히 순간순간의 문제가 아니라, 자신의 삶 전체를 놓고 어떻게 살아갈 것인가를 고민하며, 끊임없이 자신의 인생을 설계하고 실천해 나가는 과정이다. 교육에 있어서 시간의 문제(교육사)는 단지 과거의 전통에 머리 숙여 배우는 것에서 그치는 것이 아니라, 자신이 무엇을 할 것인

가를 자신이 속해 있는 지역(=공간)과 역사적 맥락(=시간) 속에서 깨닫고 새로운 미래를 개척하는 힘을 제공해 준다.

오늘날 우리는 어떻게 사는 것이 올바른 삶인가를 고민하는 '삶의 의미' 보다는 어떻게 사는 것이 더 즐거운가를 실천하는 '삶의 재미' 를 더 추구하는 시대에 살고 있다. 이는 사람들의 삶이 그만큼 풍요로워졌기 때문일 것이다. 인류 역사상 어쩌면 오늘날만큼 타고난 신분(계급)에 의한 차별이 줄어든 시대도 흔치 않을 것이다. 물론 최근에는 다시 빈부 격차가 벌어지는 양극화 현상이 사회문제로 대두되고 있지만, 어느 정도의 빈부 격차는 오히려 개인의 성장과 사회 발전을 위한 원동력이 될 수도 있다. 문제는 사회적 평등과 개인적 자유의 조화이다. 모든 사람들이 주어진 시대적 상황을 파악하는 역사적 안목을 갖고, 자신의 인생 목표를 세워 부단히 노력하는 자세를 갖도록 하는 것이 교육사학(教育史學)의 사명이라 할 수 있다.

2. 교육의 철학적 이해

1) 교육철학과 교육과학

철학과 과학은 모두 인간과 세계를 이해하기 위한 학문이지만, 사물을 이해하기 위한 방법론적 출발점이 서로 다르다. 전통적으로 과학은 우리의 감각이나 기계적 장치에 나타난 개별적이고 구체적인 사실들을 가설검증을 통해 인과관계(원인과 결과)에 대한 법칙을 확률적으로 밝히는 데 주된 관심을 두고 있는데 반해, 철학은 발견된 개별적 사실들을 전체적이고 종합적으로 조망하며, 부분적 사실이 전제하는 기본적 관념을 서로 연관시켜 통합적이고 포괄적인 틀을 탐구하고자 한다.

흔히 과학은 어떤 형체나 성질을 갖추고 있는 구체적(具體的)인 것과 관련되는데 반해, 철학은 많은 표상(表象)에서 공통되는 측면이나 성질을 뽑아내서 그것만을 사유의 대상으로 삼는 추상적(抽象的) 정신작용과 관련된다. 물론 최근에는 과학과 철학이 관심사를 공유하며 과학철학과 같은 간학문적 영역도 나타나고 있지만, 기본적으로 철학은 과학을 통해 밝혀진 개별적 사실이 전제하는 기본관념들을 서로 연관시켜 통합적 의미를 부여하는 역할을 맡아왔다. 실재적이고 실증적인 자연과학의 발달은 인문학의 형이상학적 접근방법을 비학문적이거나 시대에 뒤떨어진 것으로 간주하는 경향이 있다. 그러나 철학이 갖고 있는 형이상학적 주장은 오히려 과학적으로 검증될 수는 없는 추상적 개념을 다루면서, 과학과 마찬가지로 나름대로의 정당성을 가지고 있다고 할 수 있다.

(1) 교육철학(philosophy of education)

교육철학은 일반철학이 갖고 있는 세 가지 특성을 공유[2)]하고 있으며, 독일과 같은 유럽에서는 사변철학적 특성이 강하고, 삼강오륜을 강조하는 유교사상은 규범철학적 경향이 강하며, 경험주의적 영미계통에서는 분석철학적 경향이 우세하다. 하지만 교육철학에 있어서 어느 정도는 이 세 요소들이 종합적으로 작용하고 있다.

① 사변적 특성: 부분적 사실이나 경험보다 모든 지식이나 경험에 적용되는 전체성이나 체계성, 통일성을 탐구하려는 사변철학적 특성
② 규범적 특성: 바람직한 인간행동과 특성에 대한 판단 기준을 제시하고 그러한 행동이나 특성에 대한 당위성을 밝히려는 규범철학적 특성
③ 분석적 특성: 교육학에서 쓰이는 용어와 전제를 다듬어 개념상의 논리적 모순이 없도록 하는 분석철학적 특성 등

2) G. F. Kneller, 정희숙 옮김, 교육철학이란 무엇인가(서울: 서광사, 1990), 14쪽 참고.

〈표 3-2〉 철학과 과학

학문유형	연구대상	특성	비유적
철학 philosophy	개별 사실들이 전제하는 기본 관념을 탐구 * 從本而言: 근본을 좇아 말함	통합적 · 전체적 · 추상(抽象) 시도	숲을 전체적으로 조망
과학 science	감각되거나 측정된 구체적 사실을 다룸 * 從事而言: 사실을 좇아 말함	부분적 · 사실적 · 구체(具體) 추구	숲 속의 나무(잎) 분석

* abstract: 형용사-① 추상적인 , 관념적인, 이론적인, 이상적인, 공상적인(concrete), ②심오한, 난해한, 동사-① 추상하다, 추출하다, ② 발췌하다, 요약하다(summarize), 개괄하다

(2) **교육과학**(science of education)

넓은 의미에서 교육과학은 근대 이래 과학적 학문으로서 성립된 교육학을 의미하며, 좁은 의미에서는 〈표 3-2〉에서 보는 바와 같이 철학과 대조적 특성을 지닌 과학을 배경으로, 교육심리학이나 교육공학 등과 같이 경험적(經驗的), 기술적(記述的) 학문에 의해 뒷받침되는 학문영역을 말한다. 즉 교육철학이 거시적 맥락에서 통합적 · 전체적 입장에서 추상을 시도하는데 반해, 교육과학은 미시적 맥락에서 부분적 · 사실적 입장에서 구체를 추구하는 학문영역이라 할 수 있다.

(3) **교육예술**(arts of education)

학문으로서의 교육학은 교육현장에서 실천될 때 비로소 완성될 수 있다. 따라서 교육현상을 철학적 과학적으로 연구하는 교육철학과 교육과학의 모든 노력들은 다시 교육이라는 행위로 수렴되지 않으면 안 되며, 이러한 교육실천은 그 자체가 단 일회성적인 예술행위이다. 즉 아는 것과 행하는 것이 일치하는 상태에서 교육학과 교육이 함께 실현되는 예술적 경지의 활동을 '교육예술'이라 규정해 보면 좋을 것이다. 일반적으로 학교교육에서 수업이 예술의 경지에 오른다는 것은 동일한 내용과 진도의 수업이라도 서로

〈표 3-3〉 교육철학 · 교육과학 · 교육예술

교육철학 (Philosophy of Education)	교육과학 (Science of Education)	교육예술 (Arts of Education)
독일의 사변철학적 전통 영미의 분석철학적 전통 儒敎의 규범철학적 전통	廣義: 근대학문으로서 교육학 狹義: 경험적 방법으로 뒷받침되는 교육심리학, 교육공학 등	종합예술 행위로서의 수업 단 일회성 최고가치 지향 교실은 무대, 교사-학생은?

다른 학생들이 앉아 있는 새로운 학급에서는 항상 새로운 수업이 진행될 수 있도록 운영하는 것을 말한다. 이는 마치 연극공연이 회를 거듭하여도 항상 새로운 느낌을 갖게 되는 것과도 마찬가지라 할 수 있다. 그런 의미에서 교육현장에서의 모든 교육활동을 예술적으로 실천하는 것을 '교육예술'이라 할 수 있다.

모든 교사는 교재(교육내용)와 학생(대상)을 대상으로 교실(공간)이라는 무대에서 언제나 새로운 창조적 수업을 진행하는 교육예술가이어야 하는 것이다. 또한 교단이 무대가 되어 교사 혼자 공연하고 학생들은 관객으로 객석에 앉아 관람하던 방식에서 벗어나 교사와 학생이 함께 공연하는 수업이 이루어져야 할 것이다.

듀이는 『경험으로서의 예술』에서 탐구는 하나의 경험으로서 예술적 활동이며, 또한 과학적 사유(思惟)도 예술의 하나의 특수화된 형식으로 보았다(한기언, 2005: 223). 교사와 학생 등 모든 사람들의 교육이 예술적인 활동이 될 때, 우리 사회에서는 진정한 교육이 이루어진다고 할 수 있을 것이다.

2) 전통적 철학과 교육

우리가 일상에서 일어나는 교육문제에 대하여 철학적인 사고를 하게 되는 것은 각자가 갖고 있는 철학적 배경에 따라 다른 입장을 취하기 때문이다. 크게 이상주의(Idealism), 실재주의(Realism), 실용주의(Pragmatism)를 세 가지 철학적 토대(형이상학, 인식론, 가치론)에 따라 구분하여 각각의 입장에서 교육 문제를 어떻게 바라보고 있는가를 살펴보고자 한다.

철학적 토대로서 먼저 형이상학(形而上學; Metaphysics)이란 주로 사변철학의 영역에 속하는 것으로, 교육이론과 실제 사이에서 과학만으로는 대답할 수 없는 질문을 제기한다. 예를 들어 우리의 삶(혹은 우리가 살고 있는 세계)에는 어떤 목적이 있는 것인지 혹은 있어야 하는 것인지, 만일 목적이 있다면 그 목적은 무엇인지? 마음이란 사고의 실질적인 원천인지 아닌지? 등과 같이 형이상학적으로 사고하는 것은 이 세계에 대한 궁극적 의미를 탐구하는 데 도움을 준다. 인간의 운명이나 사연 · 초자연 현상에 대한 나름대로의 견해를 갖고자 할 때, 이 우주의 궁극적 실재가 무엇인가에 대한 나름의 일관된 관점을 제공해 주는 것이 바로 형이상학이라 할 수 있다.

두 번째의 인식론(認識論; Epistemology)은 '지식의 본질을 탐구하는 철학 분야'로, 안다는 것과 믿는다는 것 사이에는 어떤 차이가 있는가? 감각에 의해 아는 행위와 알려진 대상과는 어떤 관계가 있는가? 지식이 '참'이라는 것을 우리는 어떻게 증명할 수 있는가 등을 과제로 삼는다. 인식론에서 중요시하는 것으로 지식형태에 관한 구분이 있는데, ① 계시적 지식, ② 직관적 지식, ③ 합리적 지식, ④ 경험적 지식, ⑤ 권위적 지식 등이 있다.

세 번째의 가치론(價値論; Axiology)은 교육활동의 모든 선택이나 결정에 기초가 된다. 가치기준을 통해 교사는 학생을 평가하고, 학생은 교사를 평가한다. 만약 가치기준이 서로 다르다면, 이러한 평가에 대한 신뢰도는 떨어질 수밖에 없다. 가치론은 기본적으로 3가지 근본 문제에 관심을 갖는다. 즉, ① 가치는 주관적인가 객관적인가, 즉 개인적인가 일반적인가?, ② 가치는 변화하는 것인가, 아니면 영원불변(혹은 지속)하는 것인가? ③ 가치 체계에는 단계 혹은 위계가 있는가 없는가? 인식론이 진(眞)의 문제를 다룬다면, 가치론은 선(善)과 미(美)의 문제에 관련되는 윤리학과 미학을 다루며,

인간 행동의 모든 실천적 요소를 결정하게 된다. 이러한 선이해(先理解)를 바탕으로 세 가지 전통적 철학과 교육의 관계를 살펴보면 다음과 같다.

(1) 이상주의와 교육

Idealism은 종종 관념론(觀念論)으로 번역되기도 하지만, 교육 분야에서 Idealism은 단순히 '관념'을 좇기보다는 교육을 통해 바람직한 이상태(Idea)를 추구한다는 점에서 '이상주의'라는 표현이 더 적절할 것으로 생각된다. 이상주의에서 궁극적 실재는 그 본질에 있어서 물리적이기보다는 정신적이며, 물질적이기보다는 심적이라고 주장한다(Kneller, 1987: 22). 대표자로는 플라톤을 들 수 있다. 기독교적 이상주의자들에게 궁극적 실재는 삼위일체의 신이다. 이상주의자들은 완전함과 영원한 실체로서 이데아(Idea) 혹은 신(神)의 세계를 상정하고, 우리가 살고 있는 현실세계는 이러한 이데아의 그림자에 불과하거나, 신의 의지에 의해 창조된 하급 세계라고 본다. 신적인 것은 완전한 것이며, 인간은 이러한 완전함을 추구하고 배우려 노력하여야 한다는 것이다. 유가사상의 『大學』 삼강령(三綱領)에 나오는 "지극한 경지에 이르러 그친다(止於至善)"는 입장은 이상주의의 배움 자세를 보여 주는 것이라 할 수 있다.

이상주의의 인식론은 인류와 인격의 완성 가능성에 대한 신뢰를 바탕으로, 지식은 체계성을 가질 때에만 정당성을 갖는다는 플라톤적 개념을 발전시켰다. 즉, 지식 체계가 보다 포괄적일수록 그리고 지식의 관념들이 일관성을 가질수록 그것은 진리에 가깝다고 본다. 이러한 원리를 '진리 정합설(coincedence)'이라 한다. 계시적이고 직관적인 지식이 합리적·경험적 지식보다 우선한다고 믿으며, 인간은 이 같은 진리를 깨달을 수 있는 정신적 혹은 영적인 능력을 소유하고 있기에 교육을 통해 이를 일깨우는 것이 중요하다고 본다. 사물의 참모습은 감각적으로 지각되는 것이 아니고, 삶의 의미를 추구하며, 보편적 선험원리인 문리(文理 = 天文과 地理)를 깨우치는 것이 중요하다고 본다. 지식에 있어서는 보다 상위의 정선된 고전을 철저히 내면화하고(때로는 주입식으로 오해될 수도 있으나), 교사는 학생에게 전인적 삶의 모범을 보여야 하며, 소크라테스의 대화법이나 산파술과 같이 학습자에게 잠재되어 있는 요소를 상기시키는 교사 주도적인 교육방법을 선호한다.

이상주의자들에게 가치와 윤리는 절대적인 것이다. 진선미(眞善美)는 시대나 사회에 관계없이 불변하는 것이며, 그 본질상 영원한 것이며, 인간에 의해 만들어진 것이 아니기에 가치위계가 달라질 수 있는 것도 아니라고 본다. 우주에 내재한 정신적 질서와 조화가 실현되면 될수록, 세계는 합리적으로 되고 불완전에서 벗어나게 되므로 악은 점차 사라지게 된다. 어린이들은 원래 악한 것이 아니고, 우주의 근본적인 도덕적 질서를 충분히 이해하지 못하고 그로부터 멀어진 어린이가 있을 뿐이다. 따라서 교사는 우주의 정신적 질서를 학생들에게 설명해 줄 수 있어야 하며, 몸소 이러한 삶을 모범을 보이며 살아가야 한다. 교육은 이같이 객관적으로 위계가 정해져 있는 절대지속의 위대한 정신세계를 각성케 함으로써, 소우주로서 인간이 대우주인 세계와 합일하는 것을 궁극의 경지로 본다.

(2) 실재주의와 교육

Realism은 철학에서는 실재론, 교육사학에서는 17세기 실학주의(實學主義)를 지칭하기도 하는데, 여기서는 실재주의(實在主義)라 표현하고자 한다. 기본원리는 물질이 궁극적인 실재라는 입장이다. 실재주의라 해도 토마스 아퀴나스와 같이 종교적 실재주의자는 신이 우주를 창조하였다는 사실이 우주의 실재를 증명한다고 보며, 비록 정신이 물질보다 더 실재적인 것은 아니지만, 그래도 정신을 보다 중요한 것으로 간주하는 경향이 있다. 반면 자연적(natural) 혹은 과학적(Scientific) 실재주의는 모든 자연 세계는 실재하는 것으로, 철학은 과학의 객관성과 엄밀성을 따라, 여러 과학분야에서 밝혀낸 다양한 사실이나 개념들을 통합하는 데 있다고 한다(Kneller, 1987: 27). 자연적 실재주의자들은 정신적 세계의 존재를 부인하거나, 또는 정신적 세계의 존재를 증명할 수 없는 것이기에 철학적으로 중요성을 갖지 못한다고 한다. 이들에게 있어서 인간의 자유의지는 부정되며, 세계는 인간과는 독립적으로 존재하고 있기에 인간이 거의 통제할 수 없는 법칙에 의해 지배되는 것이라 본다. 따라서, 학교의 임무는 학생들로 하여금 주변의 객관적 세계를 인식할 수 있도록 교재의 핵심을 전달하는 데 있다.

실재주의자들에게 있어서 어떤 관념이나 명제는 그것이 기술하고자 하는 세계의 특성과 그것이 '대응'(correspondence)할 때 참(진실)이 된다. 이러한 맥락에서 보면, 천동설과 지동설도 각각의 시대적 한계 속에서 참으로 간주되었던 것이다. 따라서 정신적 실재를 증명할 수 있는 장치가 개발된다면, 실재주의자들은 물질적 실재뿐만 아니라 정신적 실재도 인정하게 될 것이다. 실재주의자들에게 있어 진리는 영원하고 완전한 것이 아니라, 시대적 한계를 반영하는 것일 수밖에 없다. 인류가 오랜 세월을 통하여 확인한 진리는 합리적이고 경험적인 지식들이며, 이러한 지식 중에서 선정된 것을 전달하는 것이 학교의 임무가 된다. 그리고 교사는 교육의 주도권을 갖고 학생들이 교실에서 무엇을 배워야 하는지에 대해 결정할 수 있는 권한이 있다.

실재주의자들에게 있어서 기본적인 가치는 본질적으로 잘 바뀌지 않는 것이기에 어느 정도의 위계성은 인정하지만, 가치의 영원불변성은 부정한다. 기본적인 도덕이나 미적 기준은 일시적인 사회분위기에 따라 쉽게 변하는 것은 아니지만, 르네상스 시대의 미적 기준이 오늘날에도 그대로 적용될 수 있는 것은 아니다. 교사는 그 시대의 윤리적 미적 감각에 대하여 과학적으로 탐구하여 얻어진 어떤 확고한 가치를 어린이들에게 전달하여야 한다. 좋은 습관의 형성을 통해 기존의 가치에 대한 합리적 지식을 전달하는 것이, 학생의 흥미나 필요를 충족시키는 것보다 더 중요하다.

(3) 실용주의와 교육

프래그머티즘(Pragmatism)은 종종 '도구주의', '기능주의', '실험주의' 등으로 번역되기도 하는데, 교육학적으로는 실용주의라는 표현이 가장 적절할 듯하다. 실용주의자들에게 실재하는 것은 인간과 환경과의 '상호작용'에 의한 결과이며, 인간 경험의 총체다. 교실에 앉아 수업을 듣고 있다고 하더라도, 다른 생각을 하는 사람에게 있어서 실재하는 것은 그 마음이 가 있는 곳과 밀접하게 관련될 수밖에 없다. 이야기를 듣는 사람의 눈이 어디로 향하는가에 따라 마음도 좇아가기 쉬우므로, 말하는 사람의 눈을 쳐다보면 그 내용이 보다 잘 이해가 되는 경험을 누구나 가지고 있을 것이다. 즉, 세계는 인간이 의미를 부여하는 바에 따라 의미를 갖는 것이기에, '인간은 만물의 척도' 라는 그리스 시대의 프로타고라스의 주장을 수용하고 있다. 이들은 세상의 모든 것은 변화하므로 '변화를 실재의 본질' 로 보고 있다.

이들은 실재가 개인과 환경의 상호 작용에서 만들어지는 것이므로, 학교에서의 교육내용도 이러한 실재를 다룰 수 있는 것이어야 하며, 학교는 생활 자체와 분리될 수 없다고 본다. 즉 교육은 '생활의 준비' 가 아니라, 생활 자체이며, 바로 '지금-여기' (here and now)의 문제를 다룰 수 있어야 하는 것이다. 따라서 수업의 교재 역시, 어린이가 당면하는 직접적인 문제와 연관되어야 하며, 이는 결국 아동의 흥미와 필요라는 실용성에 따라 상황에 맞게 만들어지는 것이 될 수밖에 없는 것이다. 인간의 마음은 수동적이기보다 활동적이고 탐구적이라는 신뢰를 바탕으로, 당면한 문제를 해결할 수 있는 지식이야말로 바로 참된 지식이라 본다. 즉, 실제 상황에서 객관적으로 검증되어 만족한 결과라는 실용성이 입증되는 것이 진리라고 주장한다. 실용주의 교사는 학생들이 자신의 문제와 환경을 더 잘 이해할 수 있도록 여러 가지 학습상황을 만들어 주는 역할을 하며, 기본적으로 교육은 아동의 호기심을 자극하여 탐구심과 사고력을 배양하는 것을 목적으로 한다.

실용주의자들에게 있어서 가치는 상대적인 것이다. 따라서 윤리적 · 도덕적 규범은 시대적 상황 속에서 그리고 사회적 여건에 따라 어느 정도 변할 수 있는 것으로 본다. 개인의 취향도 연령에 따라 달라질 수 있지만, 기본적으로는 반성적 사고를 통해 무엇이 정당하고 올바른 것인지 증명되어야 한다. 실용주의자들은 개인과 사회의 관계에서 지나친 개인주의나 국가주의를 경계하며, 인간의 개인성을 무시하는 어떠한 사회제도도 거부한다. 즉, 듀이는 개인적 사고와 집단의 규제를 조화하는 이상적 세계를 구상하였는데, 이는 개인이 독립적으로 사고하면서도, 그 자신을 비판적 참여(critical engagement)를 통해 집단과 연관시키는 사회이다.

교육철학은 교육의 이러한 본질과 삶과의 관계를 다시 생각해 보게 해 주는, 즉 반성적 사고(reflective thinking)를 촉진하는 과목이라고 할 수 있다. 그동안 교육사 · 교육철학은 교사가 되기 위한 교직과정의 중요한 과목으로, 주로 교육사상사적 입장에서 서양 교육사상가들을 통사적으로 나열한 경우가 많았으며, 간간이 학교제도에 대하여 부분적으로 설명함으로써 학교제도의 의미와 성격 변화를 보여 주기도 하였다. 그러나 최근에는 다른 나라를 이해하는 다문화교육 혹은 국제이해교육의 요체로서 교육사의 위치

〈표 3-4〉 전통적 철학과 교육

	이상주의(Idealism)	실재주의(Realism)	실용주의(Pragmatism)
형이상학과 교육	Spiritual Essence 정신적>물질적 인간은 Idea 세계 지향	External Object 인간은 생물학적 유기체	Change(변화)만이 실재 인간은 만물의 척도
인식론과 교육	진리정합설(眞理整合說) 계시적 · 직관적 지식 -想起論, 산파술	대응이론(對應理論) 합리적 · 경험적 지식	유용성 유무(문제해결) 경험적 지식 (시행착오를 통한 경험의 재구성)
가치론과 교육	가치 · 윤리는 절대불변 위대한 정신세계 覺醒 (우주와 인간의 合一)	기본적 가치는 보편적 기본 가치 · 윤리를 습득케(좋은 습관의 體得)	가치 · 윤리는 상대적 개인의 비판적 사고력 (反省的 思考)

* 인식론과 지식: ① 계시적, ② 직관적, ③ 합리적, ④ 경험적, ⑤ 권위적 지식
* 가치론 : ① 주관적-객관적, ② 변화-불변(또는 지속), ③ 위계-무위계

가 새삼 부각되고 있다. 즉 교육문화사적 입장에서 21세기 세계의 교육은 우리 자신에 대한 올바른 이해뿐만 아니라, 다른 나라나 다른 민족에 대하여 편견 없이 이해하여 세계평화와 인권존중, 국제협력 등을 실천할 수 있는 길잡이가 되어야 하기 때문이다.

함께 토론할 주제

(1) 시대의 흐름에도 불구하고 변하지 않는 교육목적과 교육적 인간상이 존재할 수 있는가?

(2) 사상으로서의 교육학과 이론으로서의 교육학의 차이는 무엇인가?

(3) 실천학으로서 교육학이 교육예술로 정착할 수 있는 요건은 무엇인가?

(4) 자신의 교육관을 지배하는 주된 교육철학적 이론은 무엇인가 서로 비교해 보자.

참고문헌

論語　플라톤의 대화편
김정환, 강선보(1998). 교육철학. 서울: 박영사.
김효근(1999). 신지식인. 서울: 매일경제신문사.
조무남(2004). 교육학론. 서울: 학지사.
한기언(1996). 한국현대교육철학. 서울: 도서출판 하우.
한기언(2005). 교육철학 및 교육사. 파주: 한국학술정보(주).
鯵坂二夫, 岡田渥美 編(1980). 教育の歴史. 京都: ミネルヴァ書房.
Kneller, George F. 정희숙 옮김(1987). 현대교육철학. 서울: 형설출판사.
Kneller, George F. 정희숙 옮김(1990). 교육철학이란 무엇인가. 서울: 서광사.

더 읽어볼 책

한국교육학회50년사편찬위원회 편(2003). 한국교육학회50년사. 서울: 원미사.
한기언(2003). 교양으로서의 교육학. 파주: 한국학술정보(주).
Bruner, J. 이홍우 역(1990). 교육의 과정. 서울: 배영사.
Nash Paul 외, 성기산 옮김(1997). 교육받은 사람 I. 서울: 집문당.
Nash Paul 외, 성기산 옮김(2000). 교육받은 사람 II. 서울: 집문당.
Rousseau, J. J. 吳澄子 역(1982). 에밀(박영문고 97권-99권). 서울: 박영사.

제4장
교육의 심리적 기초

본 장에서는 교육에 관련된 심리적인 측면들을 살펴보고자 한다. 교육은 인간을 직접적인 대상으로 하는 행위이기 때문에 인간을 어떻게 보느냐에 따라 교육의 모습이 달라진다. 그중 교수-학습 과정에서는 특히 교사가 학습자를 어떤 존재로 보느냐에 따라 제반 사항이 달라질 수 있다. 또 인간은 모든 면에서 서로 다르기 때문에 일률적인 교육은 항상 문제가 된다. 즉, 개인차에 따른 문제를 교육에서 어떻게 고려할 것인지가 중요한 주제다. 교육은 인간의 심리적 측면을 주로 다룬다. 인간의 심리적 특성 중 특히 지적인 것과 정의적인 것들이 교육에서 어떤 위치를 차지하고 있으며 서로 어떤 관련을 맺고 있는지를 아는 것도 중요하다. 교육을 통하여 인간은 변화하는데, 그 변화를 일으키는 성숙의 요인, 학습의 요인, 그리고 발달의 요인을 고찰하는 것이 필요하다.

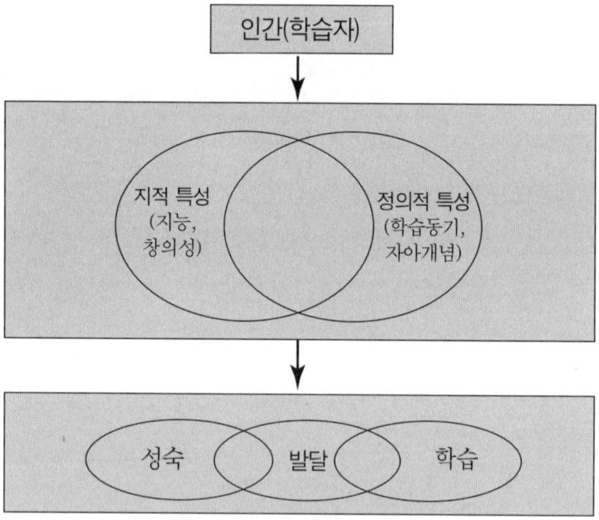

[그림 4-1] 교육에 대한 심리적 조망

1. 학습자관

교사가 학습자를 보는 관점은 세 가지로 요약할 수 있다. 하나는 학습자의 우열(優劣)이 유전적으로 정해져 있다는 관점이고, 두 번째는 속진아(速進兒)와 지진아(遲進兒)로 구분된다는 입장이고, 세 번째는 각자의 문제 해결 방식이 다르다는 입장이다(황정규, 1984).

1) 우수와 열등

학습자의 우열이 유전적으로 정해져 있다는 입장이 있다. 이는 아무리 노력해도 목표를 달성할 수 없는 사람이 존재한다는 것이다. 사람의 열 손가락의 길이도 제각각 다르고, 한 배 속에서 태어난 자식들의 키도 똑같지는 않다. 하나를 일러주면 열을 아는 사람이 있는가 하면, 손에 쥐어 줘도 똥오줌을 못 가리는 사람이 있는 법이다.

이 입장에 서면 누가 우등하고 누가 열등한지를 알아보는 것은 가치 있는 것이다. 잘 개발된 표준화 검사를 통해 상급 학교 진학 적격자를 선발하는 노력은 다른 어느 것보다 중요한 일이다. 교사는 성선된 내용을 전형적인 방법으로 학생들에게 전달하기만 하면 된다. 그 수업의 성패 여부는 학습자의 타고난 능력에 달렸다. 한편 이 입장에서 볼 때 교육은 자선적인 행위이다. 따라서 열등한 사람들이 최선의 성과를 올릴 수 있는 방법을 찾는 것이 중요하다.

2) 속진(速進)과 지진(遲進)

성취의 문제는 시간의 함수라는 입장이 있다. 하루 종일 책상머리에 앉아 책과 씨름하는 아이가 있는 반면 기회만 나면 밖에 나가 놀려는 아이가 있는데 이들의 성취도에 큰 차이가 없는 경우를 흔히 볼 수 있다. 이 입장에 따르면 성취도는 특정한 과제를 완수하는데 '필요한 시간'과 '투여한 시간'의 함수라는 것이다. 가능한 한 필요한 시간을 줄일 수 있도록 하고 투여한 시간이 많아질 수 있도록 해야 한다고 본다.

$$\text{학습결과} = f\left(\frac{\text{학습에 투여한 시간}}{\text{학습에 필요한 시간}}\right)$$

필요한 시간을 결정하는 요소는 학습자의 적성, 수업 이해 능력, 수업의 질 등이고, 투여한 시간을 결정하는 요소는 학습 기회와 학습자의 지속력 등이다. 다른 운동은 잘 익히는데 유독 수영을 배울 때는 남들보다 더딘 사람이 있다. 읽기나 듣기 능력이 남들보다 좋은 사람이 있는 반면에, 한참을 들여다보아야 그 뜻을 이해하고 아주 천천히 그리고 자세히 말해 주지 않으면 그 뜻을 잘 파악하지 못하는 사람이 있다. 노련한 교사로부터 수업을 받으면 뭔가 정리되는 느낌이 드는 반면, 경험이 부족한 교사로부터 수업을 받고 나면 더욱 혼란스러워지는 경우가 있다. 여건이 좋은 사람들은 정규 수업 이외에도 과외를 받기도 하지만, 그렇지 못한 사람들은 정규 수업조차도 제대로 받기 어려운 경우도 있다. 어떤 사람은 집중력과 끈기가 있어서 한 가지 과제에 몰두하는 시간이 많은 반면에, 틈만 나면 딴 짓을 하고 싶어 하는 사람들도 있다. 이상의 것들이 학습 결과를 결정하는 주요 변수들이다.

이 관점에서 눈여겨보아야 할 점은 학습자의 적성이나 이해 능력 등이 학업 성취를 직접적으로 결정하는 것이 아니라, 다만 학습에 필요한 시간을 결정하는 요소에 불과하다는 것이다. 필요한 시간에 따라 투여한 시간이 많아지면 누구나 목표를 달성할 수 있는 것이다. 최선의 수업은 학습에 필요한 시간을 최소로 하고, 반면에 학습에 투여한 시간을 최대로 하여 이들이 구성하는 함수 값을 크게 하는 것이다.

3) 독특한 문제해결 방식

인간은 각자가 독특한 능력을 갖고 있다는 관점이 있다. 이 입장에서는 각자의 문제해결 방식이 다를 뿐 기본적으로 능력에 우열이 있는 것이 아니라고 본다. 어떤 사람은 유능하고 또 어떤 사람은 무능해 보이는 것은 우리의 잘못된 시각에 연유한 것이라고 본다. 인간의 무한한 가능성 중에서 우리가 알아낸 것은 백사장의 모래알 하나에 불과하다는 것이다. 인간은 작은 우주에 비유될 만큼 무궁한 존재이고 아직 밝혀내지 못한 것이 너무나 많다는 것이다. 우리가 알고 있는 알량한 지식을 가지고 특정인을 규정하는 것은 무리라고 본다.

예를 들어 아이들이 초등학교에 들어가서 수의 셈을 배우는데, 이미 그 아이들은 초등학교에 입학하기 전에 나름대로 터득한 덧셈 뺄셈에 관한 법칙을 갖고 있다. 가게에서 사탕이나 과자를 사면서 터득했을 수 있고, 또는 설날에 집안 어른들로부터 받은 세뱃돈을 세면서 배웠을 수도 있다. 정규 교육에서 접하는 셈법이 자신의 독특한 셈법과 일치한다면 별 문제가 없겠으나, 불행하게도 이들이 다르다면 문제가 발생한다. 이때 각 학습자의 독특한 문제해결 방식을 존중하는 교사의 태도가 필요하다. 교과서에 실린 셈법은 수 발달의 초기 단계에 있는 대부분의 아이들이 그렇게 하리라는 가정하에서 만들어진 것일 뿐이다.

2. 개인차 - 유전과 환경

인간에게 개인차가 존재한다는 것을 대부분이 동의한다. 그러나 그 개인차가 왜 존재하는지에 대해서는 합의된 결론이 없다. 인간은 성숙의 시간표에 의해 변화되는 것뿐이라는 유전론의 입장과, 외부의 자극에 의해 학습이 가능하다는 환경론이 있다. 각각을 지지하는 증거는 많이 있다. 그러나 상대방 입장을 무력화시킬 만한 증거는 아직 발견되지 않았다. 앞으로도 발견되기는 어려울 것 같다. '피를 못 속인다' 는 말이 사실인가 아니면 '나뭇가지가 구부러지면 나무도 기울어진다' 는 말이 더 정확한가? 지도자는 타고나는 것인가 아니면 만들어지는 것인가? 인간이 '개과천선(改過遷善)' 할 수 있는가 아니면 표범은 그 반점을 바꿀 수 없는가?

그렇다면 교육을 해야 할 우리들은 어떤 입장을 견지해야 하는가? 유전적인 요인에 의해 모든 것이 결정된다고 한다면 교육이 해야 할 것은 아무것도 없다. 한편 환경에 의해 모든 것이 변화될 수 있다고 한다면 교육의 가능성을 지나치게 평가하는 것이다. 유전적인 요인에 의해 결정되는 부분도 있을 것이고, 나머지는 환경에 의해 결정된다고 믿는 것이 바람직하다고 본다. 그 믿음을 뒷받침할 증거를 애써 찾을 필요는 없다. 유전적인 요인에 의해 인간의 99%가 결정되어 있다고 하더라도 나머지 1%를 최대화시키기 위해 부단한 노력을 경주하는 것이 중요하다. 이는 교육이란 '증거에 의해 이루어지는 것이 아니라 신념에 의해 가능하다' 는 뜻이기도 하다.

3. 지적 특성과 교육

교육에서 중요시되는 인간의 지적 특성에는 지능과 감성지능, 창의성, 인지 양식 등이 있다.

1) 지능

지능이 교육에서 어떤 위치를 차지하는지를 알아보기 위해서 지능의 여러 정의를 살펴보는 것이 필요하다. 지능이란 '학습할 수 있는 잠재 능력'이라는 정의가 있다. 지능이 학업 성취도를 결정하는 중요한 요소라는 점을 강조하는 정의이다. 이러한 정의에 입각해서 작성된 지능 검사에서 높은 점수를 얻은 사람은 당연히 높은 학업 성취도를 보일 것이다. 이때 우리가 주목해야 할 것은 지능이 높기 때문에 학업 성취도가 높은 것이 아니라, 학업 성취도가 높은 사람들이 높은 점수를 얻도록 지능을 정의하고 그 정의에 입각해서 지능 검사를 제작했다는 것이다. 따라서 이 정의에 따르면 지능이 높은데도 불구하고 학업 성취도가 낮든지, 아니면 지능은 낮은데도 불구하고 학업 성취도가 높다면 지능과 학업 성취도 중 어느 하나가 잘못 정의되고 측정되었다고 보아야 할 것이다.

'새로운 상황에 적응할 수 있는 능력'으로 지능을 정의하기도 한다. 이는 곧 문제 사태를 해결하는 능력과 같은 것이다. 주어진 과제를 해결하는 차원이 아니라 생소한 사태에 직면해서 익숙하지 않은 환경을 이용하여 만족스러운 상태로 변화시킬 수 있는 능력을 말한다. 보통 사람들이 예상하지 못한 기발한 아이디어를 창안한다든지, 미개척 분야의 사업을 성공적으로 일으킨다든지, 일반인들이 상상하지 못한 것을 고안하는 등의 능력이 여기에 해당한다. 이 정의에 따른 지능이 높은 사람들은 일반인들의 눈에는 비범하게 혹은 괴상하게 보일 수도 있다.

'추상적 사고 능력'을 지능으로 정의하기도 한다. 추상적 사고의 직접적인 증거는 찾기 어렵다. 가장 그럴듯한 간접적인 증거가 언어 능력과 수리 능력이다. 구체적인 사물을 통해 사고하는 수준 이상의 고차적인 사고 능력이 여기에 해당한다. 전통적인 인문주의 교육에서 국어, 수학, 영어와 같은 도구 교과를 강조하는 이유는 바로 지능에 관한 이러한 정의와 관련이 있다. 언어나 수와 같은 상징 기호를 이용한 사고와 구체적인 사물을 통한 사고는 다르다고 본다. 초기 단계에서는 구체적인 사물을 이용한다든가 행동이나 그림 등을 통해 사고하지만, 궁극적으로 인간은 상징적인 형태로 표상하기 때문에 고차적인 사고는 반드시 언어나 수와 같은 상징 기호를 이용한 것이어야 한다고 본다.

2) 감성 지능(EQ)

동서양을 막론하고 예로부터 우리는 인간의 정신을 이성과 감정으로 나누어 설명해 왔다. 그중 이성은 바람직한 것으로, 감정은 혼란스럽고 통제할 수 없는 것으로 여겨왔다. 비적응적이고 부정적인 의미보다는 적응적이고 유용한 생물학적 기능으로 정서를 보는 시각이 19세기 후반부터 나타나기 시작했다. 20세기에 들어오면서 정서가 대뇌의 통제를 받는다는 여러 이론들이 제안되기도 했고, 정서를 관장하는 신경 실체를 보다 구체적으로 밝힘으로써 정서를 신경과학적 입장에서 조명할 수 있는 근거를 마련하기도 했다. 정서는 동기적 기능뿐만 아니라 인지적 기능도 동시에 갖고 있어서 정보 처리를 잘할 수 있도록 하는 데도 중요한 기능을 한다는 것이다. 정서는 유기체의 총체적 경제성을 유지하는 데 매우 중요한 기능을 하며, 정서를 이성과 대립되는 것으로 보았던 재래의 견해와는 달리 정서 그 자체로서 높은 수준의 지능이 된다고 보는 것이다(장현갑, 1997).

가드너(H. Gardner)는 인간의 지적 능력을 언어 능력, 논리 능력, 공간 이해 능력, 운동 능력, 음악 능력, 개인 간 능력, 개인 내 능력 등 7가지로 구성된다는 다지능 이론을 제안하였다. 이 요인들 중 개인 간 능력과 개인 내 능력을 합쳐 개인 능력이라고 불렀는데, 이 개인 능력은 전통적인 지능 이론에서는 제안된 바 없는 요인으로서 정서적 능력을 포함하고 있다. 이 능력에는 남을 이끌어 가는 지도성, 우정을 나누고 유지하는 인간관계 능력, 갈등이나 분쟁을 해결하는 능력 등이 포함된다.

정서 지능이란 개념을 처음으로 사용한 사람은 살로베이(P. Salovey)와 메이어(J. Mayer)이다. 그들은 정서 지능을 크게 정서의 평가와 표현, 정서의 조절 및 정서의 활용으로 3분하였으며, 이 3대 요인 밑에 각각 몇몇 하위 요인으로 이루어진다고 보았다. 그러나 이들의 정의는 정서와 사고와의 관련성에 대해서 소홀하였기 때문에 나중에 다음과 같이 수정하였다: 정서 지능은 '정서를 정확하게 지각하여 평가하고 표현하는 능력; 정서의 사고 촉진 능력; 정서 및 정서와 관련된 지식을 이해할 수 있는 능력' 이다.

그 후 골맨(O. Goleman)은 가드너의 견해와 살로베이와 메이어의 견해를 포함시켜 정서 지능을 다섯 가지 요인으로 나누어 설명하고 있다. 첫째는 정서의 자각 능력, 즉 자신의 감정을 관찰하고 이를 살피는 능력이다. 둘째는 정서의 관리 능력, 즉 자신의 정서를 적절하게 관리할 줄 아는 능력이다. 셋째는 자신의 감정을 동기화시킬 수 있는 능력, 즉 목표에 충실하게 자신의 정서를 유도해 낼 수 있는 능력이다. 예컨대 욕구 만족을 지연시키거나 충동을 조절할 줄 아는 능력이 이에 해당한다. 넷째는 타인의 정서를 정확히 인지하여 공감할 줄 아는 능력, 즉 남의 감정이나 관심사를 민감하게 살피고 배려할 줄 아는 능력이다. 다섯째는 인간관계를 잘할 줄 아는 사회적 기술 능력, 즉 감정 표현을 잘 조절함으로써 인간관계를 보다 잘 유지할 줄 아는 재능이다.

3) 창의성

창의성은 참신한 아이디어를 창안하는 능력, 새로운 사태로 변경 조작하거나 특별한 관계로 창안하는 능력을 말한다. 지능이 수렴적 사고(convergent thinking)를 많이 포함한다면 창의성은 발산적 사고(divergent thinking)에 가깝다. 창의성은 무언가 만들어 낼 수 있어야 하고, 기존 체제에 변화를 유도하되, 가치 있어야 한다는 조건들을 갖고 있다. 본래 용도 이외의 가능한 쓰임새를 찾아내는 등 요소와 개념을 자유롭게 관련짓는 능력, 예컨대 장비가 부족한 등반 도중에 산 주변의 물건들을 이용하여 의식주를 해결하는 능력 등이 여기에 해당한다. 또한 사고의 유창성, 융통성, 독창성 등이 창의성을 구성하는 요인들이다.

창의성이 높은 사람들의 특성은 개방적이고, 개념적 모호성도 인정할 줄 안다. 자신의 가능성을 믿으며 사소한 것에 동요되지 않는다. 인지 양식 중에서는 장 독립적인 양식을 갖는 사람들이 많으며, 자녀 양육 태도에서는 관용적인 편이다. "창조의 근원은 자유이다."라는 사르트르의 말처럼 지적 자율성이 보장될 때 창의적인 사고가 가능하다.

창의성과 지능의 관계는 세 가지로 분류된다(이군현, 1991). 하나는 창의성을 지능의 하위 요소로 보는 입장이다. 지능의 다양한 정의 중 발산적인 사고 혹은 새로운 사태에 적응하는 능력 등이 여기에 해당한다. 창의성은 지능과 성격이 다른 것이라는 입장도 있다. 학업 성취와의 관련성 연구에 따르면, 지능은 학업 성취와 매우 높은 관련이 있지만 창의성은 학업 성취와 독립적이라는 것이다. 창의성은 지능과 다른 특성이기는 하지만 매우 관련이 높다는 의견도 있다. 지능이 낮으면 창의성도 낮지만, 지능이 높다고 해서 창의성이 모두 높은 것은 아니라는 입장이다. 지능이 낮을 때에는 창의성의 변산이 적지만, 지능이 높은 경우에는 창의성의 변산이 크다는 것이다. 즉, 지능이 높은 사람 중에는 창의성이 높은 사람이 있는 반면 낮은 사람도 있다는 것이다.

4) 인지 양식

교육과 관련된 인간의 지적인 특성 중 개인차가 분명한 것 중의 하나가 인지 양식이다. 대표적인 인지 양식 중의 하나가 장 의존적(field dependent) 인지 양식과 장 독립적(field independent) 인지 양식이다. 장 의존적인 인지 양식을 가진 사람들은 부분적인 모습을 자세하게 지각하는 데는 어려움이 있지만 전체적인 모습을 지각하는 데는 능숙하다. 이들은 사물의 요소적인 특성보다는 맥락적인 정보를 인식하는 능력이 상대적으로 높다. 대인 관계 능력이 뛰어난 편이며, 여자보다는 남자들이 많다. 학문으로 비유한다면 사회 과학 분야가 이들에게 적합한 편이다.

반면에 장 독립적인 인지 양식을 가진 사람들은 분석적인 지각에 능숙하고, 과업 지향적인 편이며, 여자들이 상대적으로 많다. 학문 중에서는 자연과학이 적합한 편이다. 일반적으로 발달 초기에는 장 독립적인 인지 양식을 보이다가 후기에는 장 의존적인 인지 양식으로 변하는 경향이 있으며, 인종 간에는 에스키모인이나 일본인들이 장 의존적인 편이며, 서구인들이나 한국인들은 장 독립적인 경향이 강하다.

한편 '충동적인' 인지 양식과 '반성적인' 인지 양식으로 구분할 수도 있다. 충동적인 인지 양식을 가진 사람들은 과업을 완수하는데 걸리는 시간이 적은 반면 실수가 많은 편이다. 반면에 반성적인 인지 양식을 가진 사람들은 느리고 조심스럽게 일을 처리하는 반면 정확도가 높은 편이다.

4. 정의적 특성과 교육

비지적 특성 중 학업 성취와 가장 밀접한 관련이 있는 것은 동기와 자아개념이다. 남들은 다 노는데 왜 어떤 아이는 열악한 조건을 마다하지 않고 공부를 계속하는가? 학교에서 꼴등하는 학생은 남다른 노력을 기울이는 데도 왜 그 수준을 벗어나지 못하는가? 이러한 의문점들이 교육에서 정의적 특성이 갖는 중요성을 시사해 준다.

1) 학습 동기

동기란 개인의 활동과 행동의 활발성을 증가시키기도 하고 감소시키기도 하는 요인으로서 개인 행동의 수준 또는 강도를 결정하는 심리적 구조이며 과정이다. 동기는 인간을 활성화하는 기본적인 욕구와는 달리 어떤 활동이나 과제에 특수한 것으로서, 그 종류도 많다. 그중 학교 학습과 가장 밀접한 관계를 맺고 있는 동기가 바로 성취동기이다. 성취동기란 도전적이고 어려운 과제를 완수하는 과정에서 만족을 얻으려는 기대라고 정의될 수 있다. 학교학습에서 성취동기는 학습 동기와 직결된다. 말을 물가로 끌고 갈 수는 있어도, 말에게 물을 먹일 수는 없는 것이다. 학교학습에서는 학습자의 동기가 그 어느 것보다 중요하다.

학습 동기를 유발하는 방안으로는 다음과 같은 것들이 있다:

- 학습 목표를 (집단의 욕구보다는) 개인적인 욕구와 결부시킨다.
- 학습 목표를 뚜렷하게 인식시킨다. 따라서 학습 목표는 구체적이고 실제적일수록 효과적이다.
- 개인의 흥미와 적성에 맞을 때 동기 유발이 잘된다.
- 자신의 학습 결과에 대한 정보를 수시로 피드백 받을 때 동기 유발이 잘된다.
- 벌보다는 칭찬이나 상이 동기 유발에 좋다.
- 긍정적인 자아개념을 가진 학습자일수록 동기 유발이 잘된다.
- 부분 해답을 제시했을 때가 완전한 해답을 제시하거나 해답 제시가 전혀 없을 때보다 동기 유발이 잘된다.
- 경쟁심이 동기 유발에 효과적으로 작용한다. 그리고 집단 경쟁보다는

개인 경쟁이 더 효과적이다.

2) 자아개념

비교적 장기간에 걸친 성공과 실패의 축적은 그 학생의 특정 교과에 대한 태도와 학교 및 학교 학습에 대한 태도를 결정할 뿐만 아니라, 학생으로서의 자신에 대한 관점을 형성하도록 이끌어 간다. 학교에서 일관성 있게 성공해온 학생은 자기 자신을 긍정적인 관점으로 보게 되는 반면, 계속 실패해 온 학생은 자기 자신을 부정적으로 보는 경향이 생긴다. 자기 자신에 대한 이러한 관점을 우리는 자아개념이라고 정의한다.

자아개념과 학업 성적 간에는 유의한 정적인 상관을 나타낸다. 대학 입학 전형 요소 중 고교 내신 성적이 다른 어떤 전형 요소보다 예언 타당도가 높다는 것도 그 증거 중의 하나다. "용의 꼬리가 되기보다는 뱀의 머리가 되는 것이 낫다."라는 말이 있다. 규모가 작은 학교라 하더라도 그 곳에서 항상 일등을 해 온 학생은 상급 학교에 진학해서 역시 잘할 수 있다는 것이다. 그러나 비록 명문 학교라 하더라도 그 곳에서 꼴등을 해온 학생은 그동안 형성된 부정적인 자아개념 때문에 진학해서도 역시 잘할 가능성은 높지 않다는 것이다. 전국 규모의 규준에 비추어 볼 때 명문 학교에서 꼴등하는 학생의 성적이 소규모 학교의 일등 학생보다 현재는 높다고 하더라도 위의 현상은 자주 나타난다.

5. 인간 발달

이 부분에서는 인간의 발달을 가능하게 하는 것이 무엇인지, 인간 발달의 일반적인 양상은 어떠한지, 그리고 발달이 교육에 주는 시사점은 무엇인지 등을 알아본다.

1) 성숙 · 학습 · 발달

인간의 변화 중 유전적인 요인에 의한 것을 '성숙' 이라고 하고, 환경에 기인한 것을 '학습' 이라 한다. 발달은 성숙과 학습이 상호작용을 이루어 나타난 결과다. 사람이 나이를 먹으면 키가 커지고 몸무게가 늘어나고 사리 판단이 잘되는 것 등은 성숙의 시간표에 의해 변화된 것이다. 아무리 잘 짜인 계획을 가지고 운동을 한다 하더라도 원하는 만큼 키를 크게 할 수는 없다. 세계적인 영재 교육 프로그램을 적용한다고 하더라도 어린이가 어른처럼 합리적인 판단을 하도록 변화시킬 수는 없다. 이러한 것들은 인간 변화 중 성숙이 차지하는 비중이 얼마나 큰지, 그리고 학습에 의한 변화에는 엄연한 한계가 있음을 보여 준다.

아동의 발달은 우리의 손에 달려 있어서 아동은 우리가 만드는 대로 된다고 생각하는 사람들이 많다. 행동주의 심리학자 왓슨(J. B. Watson)은 심지어 이런 말까지 했다. "나에게 갓 태어난 아이를 데려 오라. 천재를 만들어 달라면 그렇게 해 줄 것이요, 세계적인 음악가로 키워달라면 그것 역시 해 줄 것이다!" 매우 자신만만한 주장이다. 세계적으로 명성이 높은 예체능인들 뒤에는 어김없이 자식 교육에 열의가 남다른 부모들이 있다. 그 부모들은 아이의 나이와 상관없이 나름대로의 계획을 가지고 자식들을 교육시켰다. 그 결과 놀랄만한 재능을 보이는 자랑스러운 자식을 둔 훌륭한 부모가 되었다. 이러한 것들은 인간이 변화하는 데 학습이 얼마나 큰 영향력을 행사하는지를, 그리고 성숙의 시간표라는 것이 별 것 아니라는 짐을 보여 준다.

인간의 변화를 발달의 측면에서 보는 사람들은 또 다른 견해를 갖고 있다. 아이들이 어른들을 깜짝 놀라게 할 만큼 갑자기 어려운 단어를 사용한다든지, 친구들끼리 구구단을 줄줄 외운다든지, 텔레비전에서 본 가수를 멋지게 흉내 내는 것 등을 보곤 한다. 가르친 바 없는 것들을 어린아이들은 어떻게 할 수 있게 된 것인가? 단어의 사용, 구구단의 암기, 가수의 흉내 등은 키가 커지거나 몸무게가 늘어나는 등의 생물학적인 성숙과는 다른 것들이 아닌가? 바로 이러한 것들이 발달에 의한 변화다. 여기에는 성숙의 요인이 전제되어 있다. 갓 태어난 영아가 말을 하거나 구구단을 외울 수는 없다. 그럴 만한 나이가 되었기 때문에 가능한 것이다. 여기에는 학습의 요인 또한 포함되어 있다. 부모나 교사가 계획적으로 가르치지 않았다 하더라도 우연한 기회에 배울 기회를 가졌음에 틀림없다.

2) 발달의 일반 원리

인간 발달은 인종, 문화, 성 등에 따라 개인 간 차이가 있겠지만 대체로 다음과 같은 일반 원리를 따라 발달하는 것으로 인식되고 있다(정원식 외, 1992). 우선 발달은 성숙과 학습의 상호작용의 산물이라는 점이다. 성숙은 생물학적 성장의 결과로 나타나는 변화를 지칭하며, 학습은 주로 경험의 결과로 나타나는 변화를 뜻하는데, 인간의 발달은 이 모든 것이 함께 상호작용하면서 이루어진다는 것이다.

연령이 높아지면서 발달 과정에 대한 예언이 어려워진다. 발달의 계열을 통과하는 것에는 개인차가 있으나 대부분의 아동들이 따라가는 계열 그 자체는 상당히 비슷하다. 이 순차적 계열은 성숙 요인의 지배를 많이 받는 아주 어린 아동들의 경우에 더 명백히 나타난다. 그러나 아동들이 성장함에 따라 경험의 종류가 변하고 환경이 변화하므로 그의 발달 경향과 행동은 예측이 점점 더 어려워진다.

발달은 전체적인 반응에서 특수한 반응으로 분화한다. 초기의 아동이 물건 하나를 잡을 때에 손가락 하나만을 움직이는 것이 아니라 두 손과 두 발은 물론 입 모양과 눈동자까지도 함께 움직인다. 어른들이 물건을 잡는 행동과는 다르다. 아동 초기에는 특수한 반응이 아직 분화되지 않았기 때문이다. 발달이 장기적으로는 연속적이지만, 단기적으로는 불규칙적이다. 인간의 발달을 장기적으로 관찰하면 거기에는 점진적인 연속성이 있다는 것을 발견할 수 있으나, 어떤 특정한 기간을 한정해 보면 급작스러운 변화 혹은 퇴행 등이 나타나는 것을 볼 수 있다.

또한 발달 속도에는 개인차가 있다. 어떤 아동은 발달 속도가 빠른 반면, 또 어떤 아동은 발달 속도가 느린 경우를 볼 수 있다. 한 아동 내에서도 언어 능력의 발달 속도와 수리 혹은 다른 능력의 발달 속도 간에 차이가 나는 경우를 볼 수 있다.

3) 인간 발달과 교육

인간 발달의 개념은 교육 목표의 설정, 교육과정 편성, 교수-학습 등의 기초가 된다. 그중 준비도(readiness) 개념은 인간의 교육에서 최적의 시기가 있음을 지적해 준다. 혼자 서지도 못하는 아이에게 걸음마를 가르치는 것은 설사 가능하다고 하더라도 효과적이지 못하다. 아동의 발달 단계에 따라 적절한 교육이 실시되어야 함을 보여 준다.

결정적 시기(critical period)라는 개념은 교육에서 초기 경험의 중요성을 일깨워 준다. 유전적인 형질이 인간 변화의 모든 것을 결정하는 것이 아니라, 첫 번째 경험이 어떠했느냐에 따라 변화의 모습이 달라진다는 것이다. 이 개념은 새끼 오리의 각인(imprinting) 현상을 관찰하면서 나타났다. 결정적 시기를 놓친 사람이 외국어를 배울 때 아무리 열심히 한다고 해도 원어민과 유사한 수준으로는 실력을 키울 수가 없다. 그는 언어 발달의 결정적 시기를 놓쳤기 때문이다.

인간 발달은 질적으로 전혀 다른 어떤 단계를 거치는데, 단계마다 완수해야 할 발달 과업(developmental tasks)이 있다. 그 단계에서 발달 과업을 완수하지 못했을 때 다음 단계의 발달이 완전할 수가 없다. 소위 문화 실조(cultural deprivation)의 개념이다. 영양실조에 걸린 사람이 나중에 아무리 영양가 있는 음식을 먹어도 정상적인 수준으로 회복되기 어려운 것처럼, 문화 실조에 걸린 사람은 커서 아무리 좋은 교육 여건에 놓인다 하더라도 정상인의 수준에 도달할 수 없다는 것이다.

6. 학습

학습이란 무엇이며 학습이 일어나기 위해서는 어떤 조건이 필요한지를 알아본다. 특히 자극-반응 이론과 인지이론으로 구분하여 이들의 차이점과 학습의 일반 원리를 서술한다.

1) 학습의 정의

학습이란 연습의 효과로 나타나는 비교적 영속적인 행동의 변화를 말한다. 이는 자극과 반응의 결합으로 조건화된 것일 수도 있고, 학습자의 인지 구조가 성립 혹은 변용된 것을 의미하기도 한다. 운동장에서 놀다가도 시작 종이 울리면 재빨리 교실에 들어가 공부할 자세를 갖추는 학생들은 조건화 방식으로 학습된 것이다. 한 자리 숫자의 곱셈을 마친 학생이 두 자리 수의 곱셈을 잘할 수 있게 되었다면 인지 구조의 변용으로 학습된 것이다.

학습이 일어나기 위해서는 학습 동기, 사태의 감지, 외부의 자극에 대한 반응, 반응에 따른 강화나 보상 등의 조건이 있어야 한다. 인간인 이상 억지로 학습을 하게 할 수는 없다. 강제적인 방법을 동원하더라도 학습자의 동기가 발생하도록 해야 학습이 비로소 가능하다. 학습자가 학습 사태를 인지해야 한다. 외부에서 오는 자극이 무엇이고, 학습자인 나는 어떻게 할 수 있는지를 의식하지 못하는 상태에서는 학습이 일어날 수 없다. 외부에서 어떤 형태로든 자극이 주어질 때 그것에 반응해야 학습이 일어난다. 자극에 따른 반응이 만족스러울 때 강화나 보상이 따르고, 만족스럽지 못할 때는 벌이 따를 수 있다. 보상이 따르면 그 반응을 조장하는 방향으로, 벌이 따르면 억제하는 방향으로 학습이 일어날 것이다.

2) 학습이론

학습이론은 행동주의 심리학에 기초한 자극-반응 이론과 인지심리학에 기초한 인지학습이론으로 대별된다. 이들은 여러 면에서 차이가 있다. 우선 인식론적 측면에서 볼 때, 자극-반응 이론은 과학적 실재론에, 인지이론은 과학주의적 상대주의에 기초한다. 과학적 실재론은 원인-결과의 자연 법칙이 모든 실재에 적용된다고 본다. 우주는 거대한 기계와 같아서 원인을 분명히 하면 결과는 예측될 수 있다고 본다. 존재하는 것은 질이 아니라 양이기 때문에 측정 가능하다고 보고, 공개적으로 증명 가능한 데이터만을 인정한다. 한편 과학주의적 상대주의는 절대적인 실재를 긍정하지도 부정하지도 않는 입장이다. "궁극적인 진리가 있는가?" 라고 물으면서 끊임없이 변화하고 수정하는 것뿐이라고 말한다.

[그림 4-2] 역전 가능한 전경-배경의 예(검은 얼굴 쌍으로 볼 수도 있고 흰 꽃병으로 볼 수도 있다-왼쪽. 똑같은 윤곽을 가지고 있으나 모양이 다른 두 대상들로서 한 윤곽이 두 얼굴을 나타낸다-오른쪽)

실재론의 측면에서 볼 때, 자극-반응 이론은 '그 자체로' 존재한다고 가정하는 반면, 인지이론은 그 자체가 존재한다기보다는 그것을 인식한 우리들의 '해석'으로 구성된다고 본다. 실재론을 좀 더 자세히 살펴보면, 환경에 대해서 자극-반응 이론은 객관적이고 물리적인 용어로 표현 가능하다고 보는 반면, 인지이론은 심리적으로 존재하는 것이어서 객관적으로 표현될

〈표 4-1〉 자극-반응 이론과 인지학습이론

이론	자극-반응 이론	인지학습이론
심리학적 배경	행동주의 심리학	인지심리학
인식론적 배경	과학적 실재론: 기계론적 · 인과론적 세계(우주)관	과학주의적 상대주의: 궁극적인 진리는 변화하는 것일 뿐
실재론적 배경	'그 자체' 로 존재-객관적으로 존재	개개인의 '해석' -심리적으로 존재
학습	S-R의 조건화: 학습자의 조건반사	학습자의 사고 · 직관의 개발
동기화	학습자가 갖고 있는 유기체 충동(경향성, 본능 등)	학습자가 생활공간에서 겪게 되는 불균형의 산물(긴장 감소)

수 없는 것이라고 본다. 지각에 대하여 자극-반응 이론은 마치 사진 찍기와 같이 객관적으로 존재하는 것을 있는 그대로 담아내는 것이라고 보는 반면에, 인지이론은 지각하는 사람의 선택적인 조직화, 관련성, 관계성 등에 의해 서로 다른 지각이 이루어진다고 본다. 상호작용에 대하여 자극-반응 이론은 원인-결과의 고리 속에서 순서적이고 수동적인 상호작용이 존재한다고 보는 반면에, 인지이론은 인간과 심리적 환경과의 동시적이면서 상호적인 관계가 존재한다고 본다. 경험에 대하여 자극-반응 이론은 조건화 과정이라고 본다. 이때에 학습자의 사고나 직관이 개발될 필요가 없다는 것이다. 반면에 인지이론은 인간과 그가 지각한 환경과의 동시적이고 상호적인 관계에 의한 산물로 본다. 이때에 학습자의 사고와 직관은 필수적이다.

동기화에 대해서도 자극-반응 이론과 인지이론은 견해를 달리한다. 자극-반응 이론에서 동기는 학습자가 갖고 있는 유기체적 충동과 다름 아니다. 이는 이미 설정된 경향성으로부터 나오며, 사전 자극화의 결과로 어떤 행동을 하도록 하는 것이다. 현재 이렇게 행동하는 것은 이미 과거에 그렇게 경향지어졌다는 것이다. 한편 인지이론은 동기를 학습자가 생활공간 내에서 겪게 되는 불균형의 산물로 본다. 학습자가 장애물을 극복하고 목적을 향해 나아감으로써 긴장을 해소하는 경향성이라고 본다. 이 이론은 학습자가 가진 현재의 역동적인 심리 상태에서 동기가 발생한다고 본다. 이들을 대비해서 정리하면 〈표 4-1〉과 같다.

3) 학습의 원리

학습을 조직할 때에는 여러 가지 점들을 고려해야 한다. 우선 학습 과제의 전체를 한꺼번에 다룰 것인지 아니면 부분별로 다룰 것인지를 결정해야 한다. 어떤 과제는 전체적인 논리적 구조와 순서를 중요시해야 할 필요가 있을 것이고, 또 어떤 과제는 부분의 단순한 기억을 강조할 필요가 있을 것이다. 수의 체계를 배울 때는 전자에, 구구단을 배울 때는 후자에 속한다고 볼 수 있다.

일정한 시간 동안 집중해서 학습해야 할 경우가 있다면, 시간을 분산해서 학습하는 것이 효과적일 때가 있다. 이는 학습자의 연령 수준, 학습 과제의 성격 등에 따라 결정되어야 할 것이다. 또 기억과 망각과의 관계도 고려해야 할 것이다. 초등학교 학생들에게는 분산식이 적당하지만, 대학원생들에게는 집중식이 더 좋을 것이다. 단편적인 사실들을 기억해야 할 과제인 경우에는 분산식이, 전체적인 관계를 조망해야 할 과제인 경우에는 집중식이 적절한 것이다. 발달 단계에 따라 망각이 시작되는 시기가 다르므로 기억이 최대화되는 순간까지 집중하는 것이 바람직하다.

학습이 잘 이루어지기 위해서는 동기 부여가 적절해야 한다. 동기 부여 방식에는 보상과 벌이 있는데, 일반적으로 벌은 그 효과의 장기성과 지속성이 보상보다 못한 것으로 알려져 있다.

대부분의 학습 결과가 학습자에게 의미 있는 것이겠지만, 경우에 따라서는 무의미한 것일 수도 있다. 기계적인 암기(rote memory)가 무의미 학습의 예이다. 무의미 학습은 유의미 학습에 비해 망각률이 높다. 따라서 파지율은 낮을 수밖에 없다.

학습은 전이가가 높은 것일수록 바람직하다. 하나를 일러주면 하나만 아는 것이 아니라 열을 알 수 있도록 해야 한다. 전이 중에는 정적 전이만 있는 것이 아니라 부적 전이도 있다. 예를 들어, 영어를 배운 사람이 외국어의 일반 원리를 익혀서 다른 외국어, 예컨대 독일어를 배우는 데 수월했다면 정적 전이가 발생한 것이다. 반면에 영어를 배운 후 영어와 어법 체계가 다른 독일어를 배우는 데 오히려 곤란함을 느꼈다면 부적 전이가 발생한 것이다.

함께 토론할 주제

(1) 체벌은 절대 금지되어야 한다는 주장과 필요에 따라 허용되어야 한다는 주장이 있다. 두 주장의 합리적인 이유와 문제점을 논의해 보자.
(2) 초등학교를 졸업한 학생이 우리 글을 모르고 기본적인 셈도 하지 못하는 경우가 있다. 이러한 문제의 책임은 어디에 있다고 보는지 논의해 보자.
(3) 유전자 조작으로 인간을 복제하는 기술이 교육에 미칠 영향을 논의해 보자.

참고문헌

이군현(1991). **교육심리학**. 서울: 박영사.

임규혁(1997). **(학교학습효과를 위한) 교육심리학**. 서울: 학지사.

장현갑(1997). 정서지능 개관. **한국심리학회 1997년도 동계연구세미나 발표집**. (사단법인)한국심리학회.

정원식, 이상로, 이성진(1992). **현대교육심리학**. 서울: 교육출판사.

황정규(1984). **학교학습과 교육평가**. 서울: 교육과학사.

더 읽어볼 책

장상호(1995). **PIAGET의 발생적 인식론과 교육**. 서울: 교육과학사.

Bruner, J. 이홍우 역(1990). **교육의 과정**. 서울: 배영사.

Cronk, L.(1992, January/February). On human nature: Old dogs, old tricks(늙은 개 낡은 재주). *The Science*, 13-15.

Dawkins, R.(1986). *The blind watchmaker*(눈먼 시계공). New York: Norton.

Rousseau, J. J.(1994). 에밀. 서울: 선영사.

Skinner, B. F. 이정호 역(1985). 심리학적 이상 사회. 서울: 심지.

Sternberg, R. J. 하대현 역(1991). 신지능이론. 서울: 교문사.

함께 볼 만한 비디오

『Summer Hill 학교 리포트』, KBS 제작, KBS 교양 제작국.

『Modern Times』, Charles Chaplin 연출, Twentieth Century Fox, 1992년.

제5장
교육의 사회적 접근

1. 교육에 대한 사회적 접근의 필요성

이 장의 주요한 목적은 사회적 관점에서 교육현상을 이해하고, 설명할 수 있는 틀을 제고하고자 하는 데 있다. 말하자면, 교육현상을 사회적 관점에서 기술·분석·설명하는 데 중점을 두고자 한다. 그런데 사회학적 방법에는 한 가지만 있는 것이 아니다. 그것은 논자, 대상을 포착하는 방법, 그리고 분석방법에 따라 달라지게 마련이다. 교육적 사실을 사회학적 방법으로 연구하는 데는 다양한 시각이 필요하다. 왜냐하면 사회 현상을 보는 시각은 여러 사람들의 관점에 따라 달라질 수 있기 때문이다. 또한 교육은 의식적이든 무의식적이든 간에 그 내용, 형태 및 과정에 있어서 특정 결과에 기여하게 된다. 이것은 교육이 중립적일 수 없고 가치지향적인 성격을 지닌다는 것을 의미한다. 따라서 현대사회에서 교육의 실재를 밝히고 그 속에 내재되어 있는 사상이 무엇인가를 밝히고자 할 경우에, 그 주된 관점이 어디에 있는가를 중심으로 사회학적 이론들을 구분하는 경우가 대부분이다. 그런데 사회학적 이론들을 구분할 때 패러다임(paradigm)이라는 용어를 사용하기도

하고, 전망(perspective)이라든가, 지향(orientation) 또는 접근(approach)이라는 접미어를 단 채 사용하기도 한다. 교육적 사실을 사회학적 방법으로 분석, 기술하는 데 있어서 패러다임이 구체적으로 어떻게 이용될 수 있겠는가라는 문제에 대해서는 다음과 같은 진술문이 유용하다고 본다.

> 사회과학자나 교육학자들은 사회변화 및 교육변화의 기본 이론에서조차 의견의 일치를 보지 못한다. 단지 그들에 의해서 선택되는 것은 임의적인 것으로 간주될 수밖에 없다. 그러나 종합화에 대한 요구, 상호배타성 및 비판적 종합화에 대한 요구는 아직까지는 이론(異論)의 여지가 있다고 볼 수 있다. 그러나 공유된 가치와 연구의 경향 사이의 관계성 및 진단적인 것과 규범적인 속성을 지니는 것들 사이의 관계성을 규명하는 데는 패러다임이 유용하게 사용될 수 있다(Paulston, 1977: 34).

쿤(T. Kuhn)의 정의에 따르면 여기서의 패러다임은 다음과 같이 이해된다. 즉, '하나의 패러다임은 과학의 내부에 있는 주제에 대한 근본적인 표상이다. 그것은 무엇이 연구되어야 하며, 어떤 질문이 제기되어야 하며, 그 질문이 어떻게 제기되어야 하며, 그리고 얻어진 답을 해석하는 데 어떤 규칙이 수반되어야 하는가를 밝히는 데 기여한다. 패러다임은 하나의 과학 내부에서 가장 넓은 일치의 단위이며, 하나의 과학 공동체와 다른 것을 구분하는 데 기여한다. 그것들은 범례(examplars), 이론, 그리고 그것의 내부에 존재하는 방법과 수단들을 포괄하고 규정하며 상호 관련성을 지운다' (Ritzer, 최재현 역, 1987: 520-521).

이와 같은 의미를 지니는 패러다임은 교육과 관련하여 다음과 같은 질문에 대하여 선별적으로 유용하게 적용될 수 있다고 본다. 첫째는, 우리가 인생을 60으로 생각했을 때 거의 1/3을 정규 학교교육을 받으며 보내게 되었음에도 불구하고 현대사회에서 교육에 대한 요구가 증대되고 있고 실제적으로 교육도 확대되고 있는 이유는 무엇인가라는 질문이다. 말하자면, 우리가 교육을 받는 시간이 왜 그렇게 많은가. 그리고 산업화된 나라의 교육제도는 과거에 비해서 왜 그렇게 규모가 확대되어 왔는가 하는 문제다. 두 번째의 문제는 우리 자신들이 경험하여 왔고, 또 경험하고 있는 바와 같이 교육의 장에서 어떤 학습자는 특정한 교육에 대하여 보다 많은 교육적 효과를 내고, 보다 많은 교육을 받게 되는 반면에 왜 어떤 학습자는 도중에서 탈락하고, 열등생이 되는가, 그리고 교육의 장에서의 상호작용은 어떻게 일어나며 그것이 교육에 어떠한 영향을 미치는가 등과 같은 것을 지적할 수 있다.

이때, 첫 번째 문제를 분석 · 설명하는 데는 사회제도와 관련시키는 것이 필요하다. 여기에 대한 해석으로서는 다음의 두 가지가 있을 수 있다. 그 하나는 교육이 여러 가지의 사회적 욕구를 만족시키는 기능과 다른 사회제도 및 사회활동에의 공헌을 강조하는 것이다. 나머지 하나는 교육이 서로 상충되는 사회집단 사이의 투쟁이라든가 억압의 수단으로서 어떻게 이용되는가 하는 점과 이들 사회집단의 상대적인 위치 관계에 어떻게 영향을 미치는가라는 점을 강조한다.

두 번째 문제는 왜 어떤 학생은 성공하고 어떤 학생은 실패하는가 하는 것이다. 이것에 대해서는 물론 여러 가지 해석이 있을 수 있지만 학생의 일상적인 경험을 중시하는 입장에서 해석할 수 있다. 즉, 어떤 학습자가 교육받는 것을 그만둘 것인가 아니면 계속할 것인가, 또 학급에 어느 정도로 순응하고 공부하는가는 기본적으로 교육이 그에게 있어서 무엇인가라는 것에 의해서 좌우될 수 있다고 생각된다. 예컨대, 많은 학습자들이 교육의 장에 편입되는 것은 노동시장에서 교육 이수 자격증이 주는 금전적인 이익 때문이라고도 생각할 수 있다. 또한 보다 학습효과가 높은 자는 타인이라든가 교육지도자로부터 칭찬을 받기도 하며 동료들의 선망의 대상이 되기 때문이라고도 볼 수 있는 것이다. 또한 교육자와 학습자의 상호작용에 의해서 학급에서의 우열이 생길 수도 있고 교육 내용에 따라서도 차이가 날 수 있다는 것이다.

이상과 같은 각기 다른 질문에 대하여 교육의 사회적 접근은 보다 잘 설명할 수 있을 것이라고 이해되고 있다. 다음에서 이들에 대한 이해의 폭을 넓혀보고자 한다.

2. 교육에서의 사회적 패러다임

쿤이 언급한 바와 같이 한 때 군림하던 패러다임이 위기를 맞게 되면 그것이 과학혁명으로 귀결되어 새로운 패러다임이 출현하게 된다. 그것은 누적적이라기보다는 혁명적이다. 교육사회학보다도 사회학 내부에서 한발 먼저 패러다임의 전환이 일어났다. 사회적 패러다임의 전환은 교육에도 영향을 미쳤다.

이제까지 교육학의 영역에서 주장되어 온 각 이론에 대한 패러다임 유형은 대체적으로 네 가지로 구분할 수 있다(Beder, 1994). 그에 의하면 기존의 교육 관련 이론들은 과학의 성격을 객관적-주관적 차원으로 나누고 사회의 성격을 규제-급진적 변화 차원으로 나누어서 네 가지의 패러다임으로 분류하였다. 이 네 가지 패러다임은 기능주의 패러다임, 해석주의 패러다임, 급진적 인본주의 패러다임, 그리고 급진적 구조주의 패러다임이다. 이를 도식화하여 나타내면 다음의 [그림 5-1]과 같다.

여기서 각 패러다임의 개요를 설명하면 다음과 같다.

번서, 기능주의적 패러다임은 사회를 기능적으로 상호 관련된 부분들로 구성된 체제라고 본다. 즉, 사회가 구체적으로 실재하며 질서를 부여하고 규제되는 상태를 지향하는 체제적 특성을 지닌다고 가정한다. 그러므로 사회는 질서와 안정을 지향하고 있다고 할 수 있다. 사회의 통합을 위한 가치와 전통적인 형태가 일반적으로 지지된다. 사회의 여러 기관들이나 제도들은 그 사회의 통합에 기여하고 서로 밀접하게 관련되어 있다. 그래서 사회에서 가장 두드러진 가치는 사회의 단위에 따라 다양하다. 현존 제도를 통해 수행되는 사회통제는 개인이나 사회 모두에게 필요하고도 유일한 것으

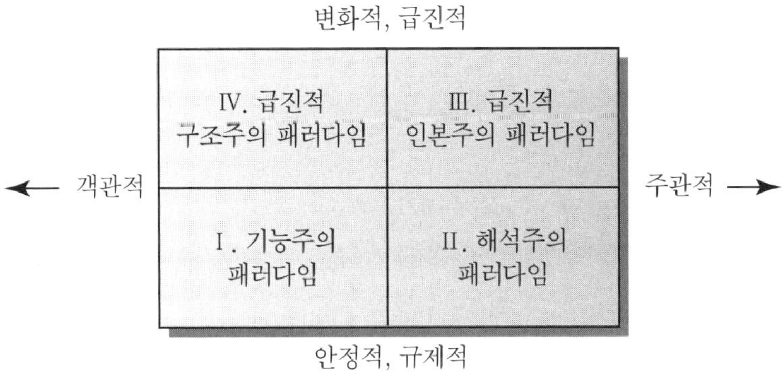

[그림 5-1] 교육에서의 사회적 패러다임 유형

로 간주된다. 이 관점에서는 개인의 발전과 반성이 현재의 규범과 가치에 동조함으로써 가장 잘 성취될 수 있다고 본다. 또한 일탈행동은 보통 바람직하지 않은 것으로 간주된다. 사회변동은 사회에 내재해 있는 잠재력의 점진적인 전개를 의미한다.

해석적 패러다임은 사회를 미시적이고 개인적인 수준에서 개념화하고자 한다. 이 패러다임은 사회를 있는 그대로 이해하고자 하며 주관적인 경험의 수준에서 사회 세계의 근본 성격을 이해하고자 한다. 또 개인적인 의식과 주관성의 영역에서 행위의 관찰자로서가 아니라 참여자의 시각에서 사회를 설명하고자 한다. 이 해석주의적 관점은 일상 세계의 본질을 이해하는 데 관심을 갖는다. 즉, 이것은 지적 사회학이나 현상학 등의 영향을 받아 자명한 것(taken for granted)으로 받아들여지고 있는 일상적인 지식에 대해 회의를 가져보는 입장을 취한다. 따라서 사회화, 역할, 교환, 실재에 대한 개인적 규정을 통하여 그것과 사회적 환경과 개인의 관계에 초점을 맞춘다.

급진적 인본주의 패러다임은 해석주의 패러다임과 마찬가지로 사회적 실재가 어떻게 사회적으로 창조되고 유지되는가를 강조한다. 그러나 이 시각은 실재의 창조과정이 인간의 정신을 통과하고, 제약하고, 통제하는 심리적, 사회적 과정에 의해서 영향을 받는다는 견해에 기초를 두고 있다. 즉 인

〈표 5-1〉 교육에 대한 사회학적 패러다임의 기본 특징 비교

구분	기능주의적 패러다임	갈등주의적 패러다임	해석적 패러다임
1. 목표	• 체제적 접근에 의한 사회적 일반이론의 정립	• 체제적 접근에 의한 사회적 일반이론의 정립	• 사회가 만들어낸 인간에 대한 이해
2. 기본 가정	• 사회의 구성요소들은 지속적 안정된 구조 • 모든 사회는 요소들의 잘 통합된 구조 • 제 요소는 기능수행하고, 체제유지에 공헌 • 가치합의에 기초하여 사회질서의 유지	• 사회변화의 편재성 • 사회의 갈등과 긴장인정 및 강조 • 사회요소는 사회해체와 변동에 기여 • 억압과 강제성에 근거하여 사회질서 유지	• 개인이 사회보다 우선 • 인간의 소망과 요구 인정 • 사회적 구성물로서의 인간 존재 • 기본과정으로서의 사회화 인정
3. 인간 본성	• 이원적 인간으로서 집단의 선을 위해 욕구를 자제하는 반자기중심성 • 수동적 인간관	• 노동적 인간관	• 능동적 인간관 • 의미의 창조자
4. 가치	• 사회적 선: 균형, 안정, 권위, 질서, 양적인 성장	• 자율, 변화, 행동, 질적 성장으로서의 자유	• 사회질서의 기본가정에 초점 • 인간 소망과 욕구인정
5. 분석 형태	• 경험적 연구 • 중다인과 관계 • 객관성의 정도보장 • 사회구조	• 역사적 모델 • 변증법 • 사회의 내재적 갈등 적용 • 관찰자의 관심에 관한 • 유동성	• 객관적, 양적 방법 불신 • 질적, 해석적 절차의 습득과 전달에 초점 • 참여관찰법 • 문화기술지 방법
6. 사회 문제	• 아노미 • 정치적, 경제적 문제	• 정치, 경제적 문제 • 소외	• 산업화 • 개인의 의미 문제
7. 대표 인물	• T. Parsons • E. Durkheim	• K. Marx, C. Mills • M. Weber • S. Bowles & H. Gintis	• S. Simmel • M. Young

출처: Horton(1966), Kinloch(1977)을 인용하여 재정리.

간의 본성에 내재하는 잠재 가능성으로부터 인간이 어떻게 소외되는지에 관심을 갖는다.

급진적 구조주의 패러다임은 급진적 인본주의 패러다임과 마찬가지로 사회가 잠재적으로 지배하는 힘에 의해 예측될 수 있다고 본다. 그러나 이 패러다임은 사회에 견고하고 구체적이며 실재하는 구조라고 볼 수 있는 물질적 개념과 관련되어 있다.

이상과 같이 간단히 살펴본 네 개의 주요한 사회학적 패러다임 중에서 기능론적 패러다임과 급진적 구조주의 패러다임은 사회적, 문화적 수준에서 구조(structure)와 과정(process)을 분석하는 데 가장 적절한 모형이다(권두승, 1990; Jeffries & Ransford, 1980). 반면 해석적 패러다임과 급진적 인본주의 패러다임은 미시적 수준의 분석에서 사회적 행위와 상호작용의 의미를 분석하는 데 유용한 모형이다. 그런데 대체적으로 여기서 언급한 급진적 구조주의와 급진적 인본주의는 통합적으로 갈등주의적 패러다임으로 불린다. 이들 기능주의, 갈등주의, 그리고 해석적 패러다임의 본질적인 차이점을 요약하면 〈표 5-1〉과 같다.

3. 기능주의적 패러다임과 교육

1) 기본 가정

기능주의적 패러다임(functionalist paradigm)은 뒤르켐(Durkheim), 머튼(Merton) 그리고 파슨스(Parsons)와 같은 19세기 후반과 20세기 초반의 여러 이론가들에 의해서 생성된 것으로 구조-기능론, 합의, 균형이론으로도 불린다. 이것은 여러 현대 사회학 이론 중에서 장기간에 걸쳐 지배적인 지위를 차지해 왔었다. 이 패러다임의 기본 성격을 제시하면 다음과 같다.

① 사회는 상호 관련된 부분들로 구성된 체제로써 전체적(holistically)으로 조망되어야 한다.
② 사회 구성요소들 간의 인과관계는 복합적이고 상호적인 것이다.
③ 통합은 결코 완전하지는 않지만 사회체제는 기본적으로 동적인 균형(dynamic equilibrium)의 상태에 있다.
④ 동적인 균형 상태에서 기능장애, 긴장 및 일탈현상이 장기간 존속하게 되지만 결국은 스스로 해소되거나 혹은 제도화되기에 이른다.
⑤ 일반적으로 변화는 점진적이고 적응적인 형태로 일어나며 우발적이고 혁명적인 형태로는 일어나지 않는다.
⑥ 변화는 기본적으로 다음의 세 가지에 의해서 일어나는데, 그것은 체제 외에서의 변화에 대한 체제의 적응, 구조적 · 기능적 분화를 통한 성장, 그리고 사회 내의 성원 및 집단에 의한 창의 혹은 혁신(innovation)이다.
⑦ 사회적 통합이 가장 중요하므로 한 사회에서 기본적인 요인은 가치에 관한 합의이다. 가령 전체 사회 및 분화구조의 기반에는 사회체제 내의 성원이 바람직하다고 생각하는 합의의 목표 혹은 여러 원리가 있다.

이들 사회체제의 분화구조 및 개인과 관련한 기능주의의 기본 가정은 사회 및 인간에 대하여 다음과 같은 관점을 받아들이고 있다. 이상적인 사회상은 능력 개발이 보상된 사회이고 자유로운 이동의 사회이며, 계층 간의 신분적 차등이 없으며, 자율적인 선택이 보장된 사회이고, 부분 간의 기능이 아주 다양한 사회이다. 가령 직업적 역할이 귀속되는 것이 아니라 성취되는 업적주의 사회, 전문가 사회, 그리고 민주사회의 이상이 강조된다(Hurn, 1976).

이상적인 인간상 역시 능력 있는 인간이고, 시장적 인간이며, 자율화된 인간이고 생각의 폭이 다양한 인간이며, 그리고 모든 것을 긍정적으로 평가하는 인간이다. 이를 보다 자세히 설명하면 다음과 같다.

첫째로 개인의 능력만큼 위로 올라갈 수 있는 통로가 열려 있고, 둘째로 개인의 재능만큼 시장적 가치를 지닌 자격을 획득할 수 있으며, 셋째로 노력만큼 성취라는 과실을 차지할 수 있는 가능성이 보이고, 넷째로는 개인을 평가하는 모든 기준들이 획일적이 아니라 다양하고, 그리고 다섯째로 그 어떤 사회적 보상도 귀속적인 것이 아니라 개인의 자율적 선택에 의해서 결정된다.

2) 교육에 대한 기능주의적 설명

기능이론에서 보는 교육은 다음 세 가지로 설명될 수 있다(Myer, 1976: 55-77).

첫째, 교육은 학생의 지식과 능력을 개발하고 현대사회에서 필요로 하는 가치 및 지향을 내면화하도록 한다(사회화 기능).

둘째, 교육은 개인이 획득한 지식 및 능력에 따라 지위를 할당 · 배분한다(선발 · 배분 기능).

셋째, 교육은 능력 있는 자를 육성하여 사회에 필요한 인재를 공급하고 업적주의에 의거하여 지위를 할당하여 그 결과를 정당화함으로써 사회를 유지하고 발전시키기 위한 합리적인 기관이다(정당화의 기능).

기능주의자들은 교육이 사회의 공동문화를 유지하고 사회구조에 대해 적절한 인간자원을 제공하며 사회가 잘 조정된 전체로서 유지 · 발전되는 데 기여한다고 본다(Blackledge & Hunt, 1985).

이와 같은 입장을 통해 기능주의자들은 학교교육이 형성되고 확대되어 온 이유를 다음과 같은 차원에서 설명하고 있다.

첫째, 기능주의는 교육의 확대가 거대화된 사회와 그 경제체제가 지닌 일반적인 특성 및 요구로부터 생긴 것이라고 본다. 기능주의는 산업혁명 후의 전통적 사회화의 위기와 이것에 대체되는 새로운 직업이 요구하는 지식 및 능력—구체적으로 3R'S(읽기, 쓰기, 셈하기)의 습득, 지시에 순종하며 시간을 준수하고, 업적주의 사회에 대응하는 지식 및 능력—을 습득하게 하는 기관으로서 학교가 출현하였다고 설명한다. 기능주의는 중등교육의 급속한 발전을 20세기 초반 이래로 조직의 거대화에 따른 정신노동자의 팽창의 결과로 본다. 그리고 그것은 제2차세계대전 이후 급속히 발전한 고등교육의 확대를 전문적·기술적 직업의 급속한 증가에 부응하는 것으로 파악한다.

둘째, 기능주의는 현대 산업사회가 직업구조가 바뀌고 급속히 도시화되면서 전통적인 가치, 규범이 다양화됨에 따라서 동질한 문화를 전달하고 유지할 필요로부터 학교가 확대·발전되었다고 본다. 여기에서 주목할 것은 산업사회가 요구하는 인지기술과 도덕적 일체감의 형성을 필요로 하게 되었다는 점이다. 현대의 산업사회는 사회적 분업이 고도로 발달한 사회이다. 그러나 만약 사회구성원이 공통적인 가치 및 규범의 내면화를 거부하게 된다면 사회의 존속과 발전은 어떻게 될 것인가?

셋째, 기능주의는 학교교육을 기회의 평등을 보장하기 위한 장치로서 파악하고자 한다. 오늘날의 사회는 지위, 수입, 권력, 심리적 만족감 등의 면에서 결코 평등한 사회라고 볼 수 없다. 그러나 민주주의 사회에서는 이러한 다양한 지위 및 직업이 모든 사람에게 개방되어야 한다. 즉 기회의 평등이 요청되고 있다. 그러므로 교육은 기회의 평등을 기하고, 그것을 통하여 사회적 평등을 달성하기 위한 평형장치로서 파악되어야 한다. 또한 기회의 평등은 인재를 적재적소에 배치하는 것을 가능하게 하고 그것에 의한 조직의 효율적 운영을 가져올 수도 있는 것이다. 현대사회는 재능에 의한 인간의 선발과 배분을 위한 효율적인 기제가 필요하다. 따라서 될 수 있는 한 교육의 기회를 확대함으로써 많은 사람들이 학교교육을 받게 할 필요가 있다.

이상을 요약해서 말하면 기능주의적 관점에서는 아동의 사회화를 담당하던 전통적 체제가 붕괴하고, 현대사회가 인지기술과 도덕적 일체감을 요구하며, 현대사회의 궁극적인 기능인 평등주의와 민주주의 사상의 보급 등으로 인하여 학교교육의 확대에 대한 일반인의 지지가 높아졌다고 설명하고

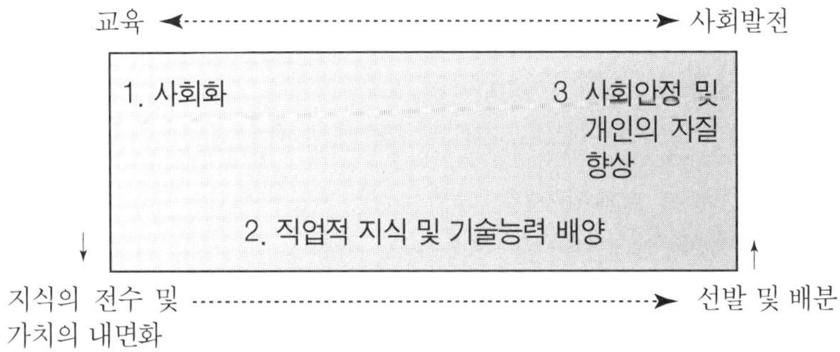

[그림 5-2] 기능주의적 입장에서 본 교육의 기능

있다(Hurn, 1976). 기능주의적 입장에서 보는 학교교육의 기능을 요약하여 제시하면 [그림 5-2]와 같이 나타낼 수 있다.

3) 교육에 대한 기능주의적 설명

기능주의적 관점에서 보면, 학교교육은 교육기회의 불평등, 학교교육의 비능률성 및 비직절성, 교육인구의 증가와 이에 따른 자원의 압박 등으로 인하여 그 한계가 있다고 비판받고 있다(Coombs, 1968; Ahmed, 1975). 이와 같은 학교교육에 대한 비판은 기존의 학교교육에 대한 보완적, 보충적 기능을 수행할 수 있는 교육체제를 강조하게 된다. 그런데 교육은 학교교육과는 다른 구조적 특성을 가졌기 때문에 학교교육의 한계를 어느 정도 극복할 수 있다고 인정되고 있다.

특히 교육은 그것이 갖는 융통성, 다양성, 실제성 등으로 인하여 ① 교육기회의 확대를 통하여 기회균등에 이바지하며, ② 새로운 가치 및 태도 등을 보다 융통성 있는 교육체제로 하여금 신속하게 전달할 수 있고, ③ 부족한 교육자원을 효율적이고도 능률적으로 운용할 수 있고, ④ 보다 광범위한 인간잠재력의 계발을 통하여 경제발전에 기여할 수 있다고 여겨진다(권두승,

1991). 말하자면, 기능이론은 교육을 통하여 기존의 학교교육이 지니고 있는 비효율성과 비능률성을 극복하고 학교교육의 보완적, 보충적 기능을 수행할 것을 강조한다. 특히 기능주의는 종전에 학교교육으로부터 소외를 받았거나 혜택을 받지 못하였던 자 또는 변화하는 사회에 있어서 적절한 가치 태도, 지식, 기술을 필요로 하는 자에게 교육의 기회를 확대함으로써 결과적으로 능력군(pool of ability)을 개발하고, 생산성 향상 및 사회적응에 기여하도록 하여 사회정의의 구현과 동시에 사회의 유지 · 발전을 도모할 수 있다는 데에서 교육의 의의를 찾고자 한다.

4. 갈등주의적 패러다임과 교육

1) 기본 가정

갈등주의적 패러다임(conflict paradigm)은 기능주의적 패러다임의 전제를 전면적으로 부정한다. 마르크스(Marx), 베버(Weber), 다렌도르프(Dahrendorf), 코저(Coser), 그리고 갈퉁(Galtung) 등에 의해 발전된 이 패러다임은 모든 사회에는 갈등이 편재하고, 사회변화는 불가피하며, 사회의 구성요소는 사회의 유지보다는 해체에 기여하고, 사회는 그 구성원의 동의에 의해서가 아니라 강제에 의해서 통합되고 갈등현상은 비정상적인 것이 아니라 사회에 공헌하는 것으로 본다. 즉 갈등이론은 인간이 소유하고자 하는 것은 제한되어 있고 인간의 소유욕은 무한하기 때문에 이와 같은 모순을 해결하기 위해 인간이나 집단 간에 언제나 긴장과 갈등이 생기는 것은 불가피한 것이라고 가정한다. 따라서 이와 같은 관점은 사회를 개인 및 집단 간의 끊임없는 경쟁의 연속으로 파악하고 있다. 갈등론자들의 이론에 비친 사회구조는 기능론자들이 보는 사회구조와 는 처음부터 정반대다. 앞서 언급한 바와 같이 기능론자의 사회구조가 집단 및 개인 간의 합의, 화해, 조정 및 힘의 균형이라는 통합적 요인들에 의해서 이루어지고 그 통합적 요인들의 상호작용과 상호적응에 의해 안정된 체계로 그 구조가 지향 및 유지되어 가는 것이라고 한다면, 갈등론자의 그것은 갈등, 대립, 불일치와 불균형이라는 불통합적 요인들에 의해서 끊임없이 구조해체의 위협에 직면해 있는 불안정된 구조를 펼치고 있고, 마침내는 다른 구조로의 구조전환의 과정을 부단히 겪어나가지 않으면 안 되는, 안정이라는 정적 상태는 결코 존재할 수도 상상할 수도 없는 사회구조를 상정한다. 예컨대, '민사법'에 대해서도 기능주의자들은 사회통합을 견고히 하는 것으로 보는 데 반하여 갈등론자들은 한 집단이 타 집단의 희생을 바탕삼아 이익을 꾀하여 규제를 책정하고 그것을 유지하려는 것으로 해석한다.

갈등주의적 패러다임의 이와 같은 기본 성격은 다음의 세 가지 가설에 기반하고 있다.

첫째, 모든 사람들은 그들에게 공통적인 다수의 기본적인 '이해'를 가지고 있다는 것이다. 둘째, 모든 갈등은 사회구조 및 사회적 관계의 중핵으로서의 권력과 이것을 획득하기 위한 투쟁으로부터 생긴다. 즉 불평등하게 분배되는 권력 때문에 갈등이 생긴다는 것이다. 셋째, 가치와 사상은 사회의 전체적인 통합과 목표에 대한 수단이 아니라 스스로의 목적을 달성하기 위해서 각 집단에 의해서 이용되는 투쟁의 무기라는 것이다.

우리는 갈등론자들이 흔히 이데올로기라든가 정통성의 문제에 큰 비중을 두는 것을 알고 있다. 이와 같은 갈등이론의 기본원리는 갈등이론가들에게 공통적으로 나타나는 특성이고 또 이 이론을 발전시키는 것이라고 할 수 있지만 갈등이론은 그것이 지향하는 바에 따라 여러 가지로 분류가 가능하다. 다만, 여기에서는 교육을 포함한 평생교육의 문제를 규명하기 위한 논의의 편의를 위해 마르크스주의적 전통에 뿌리를 두고 있는 급진적 인본주의(radical humanist paradigm)와 급진적 구조주의(radical structuralist paradigm)의 두 가지 차원으로 나누어 설명하고자 한다.[1)]

2) 급진적 인본주의의 관점과 교육에 대한 설명

급진적 인본주의(radical humanist paradigm)는 주관주의적 입장에서 사회의 급진적인 변화를 강조한다. 이 패러다임의 밑바닥에 깔린 가장 기본적인 생각의 하나는 '인간의 의식은 자신과 상호작용하는 이념적인 상부구조(ideological superstructure)에 의해서 지배되며 이들은 자신과 자신의 참된 의식과의 사이에 인지적인 쐐기(cognitive wedge)를 박는다'는 것이다(Burell & Morgan, 1990: 38). 이와 같은 쐐기는 소위 허위의식이라고 하는 것이며, 이는 진정한 인간성의 실현을 방해하거나 억제하는 것이다. 이와 같은 관점에서 이론가들의 주요 관심사는 기존 사회제도가 초래한 인간발전의 제약으로부터 인간을 벗어나게 하는 데 있다. 이와 같은 입장에서 개인들은 그들이 살고 있는 세계를 창조하고 유지하며 이 주관적 세계에 대한 비판에 주된 관심사를 보인다는 것을 강조한다. 이들은 사회제도를 소외된 것으로 보고 인간들을 현존하는 사회유형에 결속시키는 심리적 굴레와 속박에서 벗어나도록 도와주어 그들의 충분한 잠재력을 실현하는 방법을 천명하는 데 관심이 있다. 따라서 이와 같은 입장에서는 인간의 의식(consciousness)에 역점을 두고 인간의 의식을 자유롭게 하고 그 잠재력을 충분히 실현하는 데 교육의 목표를 둔다.

이러한 관점을 가장 잘 반영하고 있는 것으로 니에레레(Nyerere)의 다음과 같은 말을 들 수 있다.

1) 급진적 구조주의자들과 급진적 인본주의자들은 다음의 세 가지 측면에서 서로 다르다. ① 급진적 인본주의자가 기존 사회에서의 개인적 자유의 가능성에 관심을 두는 반면 급진적 구조주의자는 계급에 의한 인간의 형성과 계급구조적 사회의 인간에 대한 제한성에 강조점을 둔다. ② 급진적 인본주의자는 교육을 포함한 사회문화적 상부구조가 있다고 보는 반면 급진적 구조주의자는 상부구조가 하부구조에 의해 조건지어진다고 본다. ③ 급진적 인본주의자는 상부구조의 의식변화(예를 들면, 노동계급의 의식화 등)를 통해서 혁명이 추진될 수 있다고 보지만 급진적 구조주의자는 혁명이 노동계급과 자본가 사이의 적대감이 위기에 다다를 때 가능하다고 본다(Kneller, 1987: 201).

> 그러므로 발전이야말로 사람을 위한, 사람에 의한, 그리고 사람의 것이다. 이것은 교육에서도 똑같이 적용될 수 있다. 교육의 목적은 사람을 무지의 제약과 한계성, 그리고 의존성으로부터 해방시키는 것이다. 교육은 인간의 육체적, 정신적 자유를 증대시키고 그들 자신에 대한 통제력을 키우고, 그들의 생활, 그리고 그들이 살고 있는 환경을 통제하는 능력을 기르는 것이다. 그러므로 교육은 그것으로 인하여 생성된 아이디어나 교육을 통하여 머릿속에 떠오른 아이디어를 반드시 해방시키는(liberated) 것이어야 하며, 교육을 통하여 습득한 기술도 인간을 자유롭게 하는 것이어야 한다. 이밖에는 그 어느 것도 교육이라고 볼 수 없다. 노예의 근성을 가르치고 제 기능을 못하는 센스를 유발시키도록 가르치는 것은 결코 교육이 아니다. 그것은 인간의 마음에 대한 공격일 뿐이다. 이는 교육이야말로 사람으로 하여금 그들 스스로를 계발시키도록 도와주는 방향으로 행해져야 한다는 것을 의미한다. …교육은 사람의 내면적인 변화와 그 사회의 변화를 촉구하는 것이어야 한다(Nyerere, 1983: 34-36).

그런데 일리치(Illich), 라이머(Reimer), 프레이리(Freire) 등은 기존의 교육체제가 사회의 불평등 현상을 반영하고 그릇된 현실을 왜곡시키거나 감추는 역할을 담당함으로써 결국은 인간의 진정한 해방에 기여할 수 없다고 보고 새로운 교육체제 및 교육방법을 주장한다. 예컨대, 라이머(Reimer, 1986)는 '학교란 학생을 보호하는 기능, 사회역할의 선별기능, 원리 혹은 사상을 주입시키는 기능, 지식과 기술을 개발시킨다고 하는 통상적 의미의 교육기능을 수행함으로써 폐쇄된 기술사회를 강화하는 작용, 즉 사회통제를 위한 효율적인 기구'라고 보았다. 그래서 그는 학교제도라는 것은 지배제도로서가 아니라 현실에 대한 비판적 의식을 통해서 민주적인 사회건설을 위한 인간교육의 기회를 제공하는 네트워크로서의 역할을 수행해야 한다고 강조함으로써 학교제도의 변혁을 강조한다. 또한 굿맨(Goodman, 1964)은 학교가 하나의 세계관에 인간을 매몰시키는 세뇌 기능을 수행한다고 보고 학생들의 자유로운 사고와 표현을 보장하기 위해서는 퇴교와 복학이 자유롭게 행해질 수 있는 제도, 그리고 통제와 관리의 분산화를 강조하고 있다.

그리고 일리치(Illich, 1971)는 '학교란 계급사회를 영속화시키고 개개인을 각각의 사회적 위치에 배치하고, 사람들의 특정 역할을 공인하고, 다수를 희생해서 소수인들에게 독점권력을 부여하는 기구' 라고 비판한다. 그는 사람들을 기만적이고 억압적인 제도로부터 자유롭게 하기 위하여 학교제도가 독점화되는 것을 폐지할 것을 주장한다. 그리고 그는 탈학교의 대안으로서 교육의 새로운 관련 구조인 학습망(learning web)을 제시했다. 이것은 학습자를 제도적 속박으로부터 벗어나게 하고 진정한 인간성의 발현을 위해 만민이 평등하게 배울 수 있고 동시에 가르칠 수 있는 권리를 보장해 줄 수 있는 조직망이다. 일리치가 제시한 학습망은 네 가지 차원, 즉 ① 교육 대상물에 대한 문의 봉사, ② 기술교환, ③ 동료집단구성, 그리고 ④ 교육자들에 대한 대규모 문의 봉사로 구성되어 있다(1971: 112-113). 하지만 이러한 그의 주장은 학교교육의 폐지와 그에 따른 학습망의 구축만으로도 인간의 자유를 확보할 수 있다고 하는 점에서 매우 유토피아적이라고 비판받고 있다(Manners, 1975).

이들 탈학교론자들의 주장을 간략히 나타내면 다음의 〈표 5-2〉와 같다.

〈표 5-2〉 탈학교론자들의 주요 주장

구분	학교교육에 대한 비판	강조점	대안	출처
Goodman	학교의 세뇌기능, 집단에의 동조	개개인 자유의 육성 통제와 관리의 분산	퇴교 및 복학의 자유	Compulsory Miseducation (1964)
Reimer	학교의 통제기능	대중의 비판적 인식 및 의식을 통한 민주사회의 건설	교육자원의 재분배(교육독점배제, 교육기회의 개방, 권력분권화)	School is Dead(1970)
Illich	가치의 제도화 작용	제도 의존형 인간으로부터의 탈피	학습망 (상호교육의 네트워크)	Deschooling Society (1970)

이들 탈학교론자들은 공교육제도를 주로 비판하면서 외적 혹은 내적 형태의 어떤 규제에도 구속당하지 않는 완전한 개인적 자유를 주장하고, 그 자유를 구사할 수 있는 인간의 육성에 교육의 중점을 둔다. 따라서 이들은 종종 무정부주의적 유토피아주의 또는 무정부주의적 개인주의자들이라고도 불린다(Paulston, 1977). 이들 탈학교론자들이 국가나 정부의 통제로부터 교육을 벗어나게 함으로써 개인의 자유와 자율성을 증진시키려 했던 것에 반해, 프레이리로 대표되는 마르크시스트 인본주의는 자본주의의 정치, 경제에서 사회주의 국가로 혁명적 변화를 거침으로써 자유롭고 자율적인 인간을 육성하고자 하였다(Darkenwald & Merriam, 1986). 프레이리(1970)는 학교란 '사람들로 하여금 그들 인생의 참다운 사회적 실체에 눈뜨지 못하게 하여, 불평등한 현실을 있는 그대로 강제적으로 수용하게 하는 순화기구로 작용함으로써 계급 없는 사회의 도래를 저해하는 사회제도'라고 비판하였다. 그에 의하면 교육의 참된 목적은 개개인이 그들 자신과 자신의 삶을 새롭게 보고 그것을 변형시킬 수 있게 함으로써 사람들이 더 충만한 삶을 영위할 수 있게 하는 것에 있다(Freire, 1970). 따라서 프레이리는 개인의 사회실재에 근거를 둔 의식의 형성을 위한 비판적 교육을 강조한다. 이에 따라 그는 소위 은행저금식 교육(banking education)을 거부하고 교사와 학생 간의 대화 내지는 인간화에 대한 탐구로부터 이루어지는 문제제기식 교육(problem-posing education)을 강조한다. 그는 이것을 통해 비판적 사고를 개발하고, 인간의 자각화(conscientization)를 기할 수 있다고 본다. 이것은 반성적 사고(reflection)와 행동(action)이 결합되는 행동정식(praxis)을 통해 나타나게 된다.

이와 같이 급진적 인본주의는 사회변동을 초래할 수 있는 교육의 역할에 초점을 맞추고 교육을 통하여 개인의 해방과 비판의식의 함양에 기여할 수 있어야 한다고 강조하고 있다. 그런데 현존하는 교육체제들은 변화의 도구로 사용되기 어렵고 교육 자체가 더욱더 인간의 의식을 자유롭게 하고 그 잠재력을 충분히 실현하는 데 방해가 되고 있기 때문에 교육제도는 변혁되고 또 그 새로운 대안적 교육방법이 모색되어야 한다는 것을 강조하고 있다. 특히 그 대안적인 체제로서의 교육은 어느 정도 사회체제 밖에서 행해질 수 있는 구조적 융통성을 지니고 있기 때문에 이와 같은 기능을 보다 더 잘 수행할 수 있을 것으로 기대된다.

그러나 급진적 인본주의는 교육에 있어서 개인의 자유와 평등, 그리고 정의를 강조하고 있음에도 불구하고, 그 전개 과정에서 국가나 정부의 통제로부터 교육을 벗어날 수 있다고 보았다는 점에서 무정부주의적이며, 단지 학교교육의 폐지나 교육방법만의 변혁만으로도 인간을 해방할 수 있다고 강조한다는 점에서 이상주의적이며, 기존 사회구조에서 통용되고 있는 일반적 가치와 상충되는 경우 또는 지배집단의 이데올로기와 대립되는 경우에는 언제나 사회적 통제나 간섭을 받게 된다는 점에서 그 실현성이 의문시되고 있다. 또한 지나치게 개인적인 측면만을 강조하기 때문에 사회적 조직 및 정치적 행동에는 그 한계가 있어서 단기적으로는 개인의 의식 형성에는 기여할 수 있으나 구조적 제한으로 인한 사회구조적 변혁은 도모할 수 없다는 점, 그리고 개인의 사회적 지위, 수입의 증진이나 지위상승에는 실제로 기여하지 못한다는 점에서 비판을 받고 있다(권두승, 1991: 46; LaBelle, 1987: 201-217; Gintis, 1972: 70-96; Paulston, 1977: 370-395 참조).

3) 급진적 구조주의의 관점과 교육에 대한 설명

급진적 구조주의(radical structuralist paradigm)는 객관적인 입장에서 급진적인 사회의 변화를 지지한다. 그래서 이 관점은 구조적 갈등, 지배양식, 모순, 박탈 등의 규명에 관심을 둔다(Burell & Morgan, 1990: 40). 급진적 인본주의자들이 급진적 비판의 기초로서 '의식'의 형성에 교육의 중점을 두고 자신들의 시각을 형성하고 있는데 반해, 급진적 구조주의자들은 사회적 세계 안에 있는 구조적인 관계의 변화에 관심을 집중시킨다.

급진적 구조주의 패러다임 안에는 광범위한 논쟁이 존재하고 있다. 즉 일부 논자들은 사회의 내부적 모순에 직접 초점을 맞추는가 하면, 다른 논자들은 권력관계의 구조와 분석에 집중하기도 한다. 그러나 모든 논자들의 공통점은 현대사회는 기본적인 갈등에 의해서 특징지어지며, 그러한 갈등은 정치적, 경제적 위기를 통해서 급진적인 변동을 발생시킨다는 것이다. 그와 같은 변동을 통해서 인간은 그들이 사는 사회구조로부터 해방될 수 있다는 것이다(Burell & Morgan, 1990: 40).

이와 같은 입장에서는 형식적 학교교육이 위계화된 사회의 불평등 구조를 반영하는 지배구조의 한 부분으로 파악된다. 따라서 급진적 구조주의의 관점에 따르면 학교교육 체제는 주로 자본주의 체제에 의해 통제되는 순응적인 생산노동자를 길러내고 단지 선별과 할당의 기능만을 수행한다고 비판받는다.

예컨대, 볼스와 긴티스(Bowles & Gintis, 1976)에 따르면 교육체제는 불평등한 사회의 경제구조를 반영할 뿐만 아니라 그것을 재생산하고 정당화하고 있다고 지적하고 있고, 알튀세(Althusser, 1971)는 학교가 각 계층의 아동을 받아들여 지배 이데올로기로 포장된 특정한 기능적 지식과 지배 이데올로기를 순수한 상태에서 주입시키는 이데올로기적 국가기구로 작용한다고 비판하고 있다. 풀란차스(Poulantzas)도 학교는 정신노동과 육체노동 간의 분화를 재생산함으로써 국가 이데올로기기구의 일부로 작용한다고 비판하고 있다(Sapiro, 1980: 321-331).

즉, 이들은 교육체제의 변화를 단지 사회적, 경제적 변화의 결과로서만 파악하고자 하는 경향이 있으며 학교교육 체제는 신성한 의미의 국가 사회 발전에 부적절하다고 강조한다. 따라서 인간의 해방을 도모하고 정의로운 사회를 건설하도록 사회구조를 변화시키는 도구로서 기존의 학교교육을 사용하기는 부적절하다고 주장한다. 그런데 구조적 사회변혁은 복잡한 현상으로서 사회적, 정치적, 경제적 요인들이 서로 얽혀 있기 때문에 교육에만 의존하여 사회변혁을 달성하려는 것은 거의 불가능하다. 따라서 실제 교육목표로서 급진적인 변화를 지지하는 교육학자는 거의 없다. 그래서 사회변혁의 필요성을 깨달은 사람들이 주체가 되어 보다 정의로운 사회를 건설하기 위한 집합적이고 조직적인 행동을 하고 실천하도록 하는 데 주로 관심을 두는 입장이 여기에 해당된다.

요약하면 이 관점에서는 사회 내의 갈등과 변동을 통해서 인간을 그들이 사는 사회의 구조적 제약으로부터 벗어날 수 있도록 하는 교육의 집단적 측면을 강조하며, 그 결과 인간의 해방과 그 잠재적 역량을 신장하고자 하는 데 그 중점을 둔다. 그러나 이와 같은 변혁지향적인 교육은 국가나 지배집단으로부터 언제나 구조적 간섭과 통제를 받게 됨으로써 그 실시에 어려움이 있다.

5. 해석적 패러다임과 교육

1) 기본 가정

이 해석적 패러다임(interpretive paradigm)은 세계를 있는 그대로 이해하고 주관적 경험의 수준에서 사회적 세계의 기본 성격을 이해하는 데 관심이 있다. 이 패러다임은 사회적 세계를 그에 관련된 개인들에 의해 창조되는 뚜렷한 사회과정으로서 본다. 또한 사회적 실재란 그것이 한 개인의 의식 밖에서 어떤 존재를 갖는 것으로 인식되는 한 그것은 다만 일련의 제 가정으로 이루어지는 하나의 망(a network of assumption)으로서, 그리고 사람들에 의해서 상호주관적으로 공유된 의미들에 불과한 것으로 간주된다(Burrel & Morgan, 1990: 34-35). 해석적 접근법은 다음과 같은 점에서 기존의 기능주의 및 갈등주의적 패러다임과 같은 규범적 패러다임과는 구별된다. 해석적 접근은 ① 구조-기능주의에 반대, ② 개인을 의미의 창조자로 보는 능동적 인간관, ③ 문제 자체가 사회적 카테고리를 설명함과 동시에 사회질서에 초점, ④ 객관적 카테고리의 사용과 수량화에 불신, ⑤ 해석절차의 전달과 인식에 중점을 두는 것에 그 공통점이 있다(Blackledge & Hunt, 1985: 233; Bernstein, 1975: 176).

이것은 종래의 제 패러다임과는 기본적으로 이질적인 사회관, 인간관 그리고 접근방법을 바탕으로 하고 있다. 해석적 접근의 기본 가정은 다음과 같이 여섯 가지로 요약할 수 있다(Blackledge & Hunt, 1985: 234-236).

첫째, 일상활동(every activity)은 사회적으로 구성된다. 즉, 사회의 모든 측면은 일상생활에서의 개개인들의 행위로부터 추출할 수 있다는 것이다.

둘째, 일상활동은 결코 전체적으로 부과되지 않는다. 즉, 거기에는 언제나 자율(autonomy)과 자유(freedom)가 있다. 그러나 이것은 개인의 일상활동이 그의 사회적 배경에 의해 전혀 영향을 받지 않는다는 것은 아니라, 어느 정도 스스로 활동할 수 있다는 것을 의미한다.

셋째, 일상활동을 이해하기 위해서는 인간이 그들의 행위에 부여하는 의미(meaning)를 파악해야 한다.

넷째, 일상활동은 다른 사람들과의 상호작용(interaction)으로 이루어진다.

다섯째, 상호작용의 결과, 행위자는 서로의 이해와 해석을 공유하게 되고, 이것은 의미의 계속적인 교섭(negotiation) 과정을 통하여 이루어진다.

여섯째, 주관주의적인 접근(subjectivist approach)을 사용한다.

2) 교육에 대한 해석주의적 설명

해석적 패러다임의 기본 가정에서 알 수 있듯이 여기에서는 교육이 단순히 건물과 교사, 학생, 교장이나 교육행정조직이 있다고 해서 이루어지는 것이 아니라고 본다. 거기에는 교사와 학생 사이의 상호작용이나 행위자의 의미와 동기, 지식의 분배 및 결정 과정 등 다양하고도 복잡한 활동들이 개입되어 있다고 보는 것이다. 이와 같은 접근은 결국, 평범한 일상생활을 중요시하여 교육은 교사, 학생, 교장, 장학사 등의 일상적인 활동들을 통해서 이루어진다고 보고, 교육을 이해하기 위해서는 먼저, 이들의 행동과 거기에 내포된 의미를 이해해야 한다는 것을 강조하고 있다. 그리고 이들의 입장에서는 교육을 변화시키기 위해서는 교육과 관계되는 일상생활을 변화시켜야 한다는 것을 강조한다.

교육연구에 있어서도 해석적 패러다임은 교실 상황에서 각 개인의 의도와 동기, 학교 내에 존재하는 공유된 의미체계, 교육적 지식의 구성 및 전달 등 학교의 내적 작용에 대한 이해의 폭을 넓히는 데 공헌하였다(송병순, 1992: 180; 정우현, 1990: 257-258). 다시 말해서, 그것은 교육활동 전개에 있어서 그동안 암흑상자로 간주해 왔던 학교의 내적 과정을 연구의 초점으로 하여 교사-학생, 학생-학생, 교사-교사, 교사-교장 사이의 상호작용, 학교 및 교실의 문화 등에 대한 이해를 용이하게 하는 데 이바지하였다. 특히 지식사회학적 방법론을 통해서 이제까지 자명한 것으로 여겨져 왔던 일상적인 학교지식에 대해 비판을 가함으로써 교육의 매개체인 지식의 사회적 가치를 문제시하고, 교육내용의 공정성 · 정당성 · 자율성에 대한 새로운 설명을 하는 데 기여하였다. 따라서 해석적 패러다임은 교육활동의 내적 과정에 대한 연구의 지평을 넓힘으로써 교육의 본질적인 기능을 우리에게 일깨워 주었다는 데 그 의의가 있다.

6. 교육현상에 대한 사회적 접근에 대한 재고찰

앞에서 살펴본 바와 같이 현대에 있어서 교육에 대한 사회학적 접근의 주된 흐름은 ① 사회구조나 사회발전의 결정요인을 균형에 의해서 분석하고, 규명하려는 기능이론, ② 사회구조와 사회발전의 결정요인을 갈등의 입장에서 규명하려는 갈등이론, ③ 인간이 만들어낸 사회적 구성물을 있는 그대로 받아들이는 것이 아니라 그 내용을 밝히고자 하는 해석적 접근의 세 가지로 분류된다. 그러나 여기서 우리가 이해해야 할 것은 이 이론적인 전망들이 상호대립적인 것이 아니라 오히려 상호보완적인 입장에서 해석될 수 있다는 점이다. 즉 이들 교육에 대한 세 가지 사회학적 접근은 교육과 관련된 여러 현상들을 포괄적으로 제시 또는 설명하는 것이 아니라 부분적으로 제시 · 설명하고 있는 것이다.

엄격히 말하면 교육현상에 대한 세 가지 접근은 모두가 교육현상을 분석하기 위해서 유용하고도 필요한 모델이며, 각각의 '타당성'을 지닌 모델이기도 하다. 우리는 안정과 변동, 통합과 갈등, 기능과 역기능, 가치합의와 강압의 양면성 및 인간의 역동적인 상호작용을 이해하지 않고서는 사회를 이해할 수 없듯이 교육현상 또한 이해할 수 없을 것이다. 따라서 우리가 취해야 할 태도는 구체적인 교육현상이나 문제를 이해하려고 할 때 각각의 이론적 전망이 어떻게 필요한가를 찾아야 하는 것이다. 예컨대, 기능주의는 거시적인 입장에서 보다 통합되고 안정된 균형사회를 강조하고 갈등주의는 그와 같은 입장에서 변동과 긴장을 중심으로 사회를 이해하기 때문에 교육현상의 양면성을 보는 데 적절할 것이고 미시적인 입장에서의 해석학적 입장은 학교 및 교실에서의 인간 상호작용과 인간행위의 역동성의 의미를 분석하는 데 더욱더 적절한 모형이라고 할 수 있을 것이다.

이상에서 살펴본 바와 같이 교육의 사회적 패러다임은 우리의 교육현상을 분석, 기술, 설명함에 있어서 상호보완적일 수 있다. 이것은 이 이론들 모두가 유용하게 사용될 수 있지만 어느 하나도 전부를 설명할 수는 없기 때문이다. 가령 어느 특정 패러다임은 어느 현상을 설명하는 데는 적절하지만 다른 현상을 설명하는 데는 부족하다. 이와 마찬가지로 각각의 사회학적 전망은 우리들의 세계의 어떤 부분을 명확하게 하고 무엇인가의 해답을 줄 수 있지만 다른 부분의 해석에 있어서는 다른 방법에 의해서 이루어져야 한다는 것이다. 인간은 현상을 보는 데 객관적일 수 없다는 한계를 가지고 있다. 결국 인간은 현상을 보는 데 있어서 주관에서 벗어날 수 없으며, 현상을 설명하기 위해 구축된 이론들도 이와 마찬가지로 이론가의 주관에 의한 것이며, 따라서 각각의 이론은 그 한계를 갖기 마련인 것이다(오욱환, 2003).

함께 토론할 주제

(1) 현대사회에서 학교는 사회평등을 위한 사회적 장치인가? 아니면, 불평등을 고착화시키기 위한 사회제도인가?

(2) 최근 교육을 받는 기간이 점점 더 증대되고 있는 이유는 무엇인가? 정말로 교육을 받아야 할 지식이 증대되었는가? 아니면, 그 요인이 무엇이라고 생각되는가?

(3) 교실에서의 교사와 학생의 상호작용이 강화되거나 촉진된다면, 아니 그 반대의 현상이 강화된다면 우리 교육은 어떠한 모습으로 나아갈 것인가?

(4) '교육은 그 사회의 역사적, 사회적, 문화적 반영물이다.' 라는 말이 지니고 있는 의미는 무엇인가? 이와 관련하여 현재 우리 사회의 '교육열'을 나타나게 한 우리 사회의 역사적, 사회적 배경은 무엇인가?

(5) '시험'이란 무엇인가? 그리고 그 기능은 무엇인가? 시험의 사회적 기능에 대하여 논하여 보자.

참고문헌

권두승(1991). 교육사회학 이론과 패러다임에 관한 일고찰. 명지전문대학 교육문제연구소, 교육문제연구, 제5집, 45-75.

권이종 외(2003). 신교육사회학 탐구. 서울: 교육과학사.

김신일(2005). 교육사회학. 서울: 교육과학사.

박상원 외(1990). 교육학개론. 서울: 집문당.

송병순(1992). 현대 사회와 교육. 서울: 양서원.

오욱환(2003). 교육사회학의 이해와 탐구. 서울: 교육과학사.

이규환(1987). 비판적 교육사회학. 서울: 한울아카데미.

정우현(1990). 교육사회학연구. 서울: 교육과학사.

차경수 외(1998). 교육사회학의 이해. 서울: 양서원.

한준상(1996). 신교육사회학. 서울: 학지사.

Blackledge, D., & Hunt, B. (1985). *Sociological interpretations of education*. London: Croom Helm.

Bowles, H., & Gintis, S. (1976). *Schooling in capitalist America*. N.Y.: Basic Books.

Burell, G., & Morgan, G., 윤재풍 역(1990). 사회과학과 조직이론. 서울: 박영사.

Freire, P. (1970). *Pedagogy of the oppressed.* N.Y.: Herder and Herder.

Goodman, P. (1964). *Compulsory mis-education.* Harmondsworth: Penguin.

Hurn, C. (1976). *The limits and possibilities of schooling.* Boston: Allyn and Bawn.

Illich, I. (1971). *Deschooling society.* N.Y.: Harper and Row.

Kneller, G. F. 저, 안인희 역(1987). 현대교육사상. 서울: 서광사.

Reimer, E. 저, 김석원 역(1986). 학교는 죽었다. 서울: 한마당.

더 읽어볼 책

오욱환(1984). 학교에서 배우는 것과 가르치는 것: 한 사회학적 논의. 교육학 연구. 서울대학교 교육연구소.

Feinberg, W., & Soltis, J. F., 고형일 외 역(1990). 학교와 사회. 서울: 도서출판 풀빛.

Woods, P., 손직수 외 역(1998). 학교사회학: 상호작용론적 견해. 서울: 원미사.

함께 볼 만한 비디오

SBS프로덕션, 「아! 서울대 대한민국 학벌공화국」. 뉴스추적 제154회(2001.1.28)

추천 사이트

한국교육개발원: www.kedi.re.kr

한국교육학회: www.kse.or kr

제3부
교육의 실천적 이해

교육의 실천적 이해는 현장성을 이해하기 위한 것으로 교육행위가 일어나는 과정(목표 설정, 내용조직, 교수-학습, 교육평가)과 생활지도 및 학교행정과 관련된 문제들, 그리고 교사와 교직에 관하여 살펴보고자 한다.

제 6 장 교육의 과정

제 7 장 교육공학의 이해

제 8 장 생활지도와 상담

제 9 장 교육과 행정제도

제10장 교사론

제6장
교육의 과정(過程)

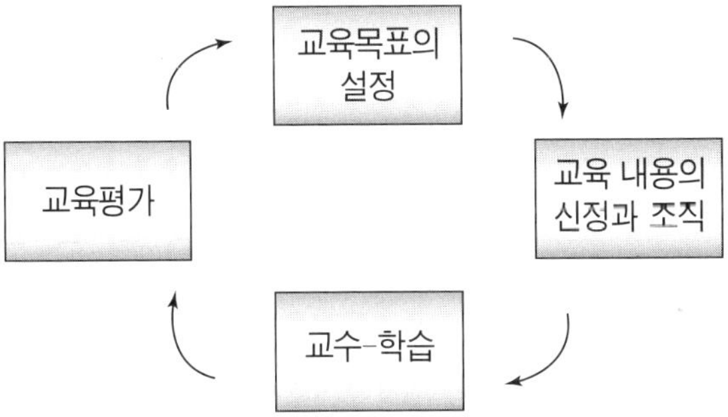

1. 교육목표의 설정

1) 목표 설정의 필요성

교육목표는 교육의 전체 과정을 방향 짓고 규제하는 역할을 한다. 이것 없이는 교사가 무엇을 가르쳐야 할지, 어떤 교육과정을 채택해야 할지, 어떤 교육 자료를 투입해야 할지, 어떤 준거에 의해 학생의 성취를 평가해야 할지 결정하기 어렵다. 교육이 진행되어 감에 따라 때로는 예상하지 않았던 긍정적인 혹은 부정적인 성과가 나타나기도 한다. 이 같은 예기치 않았던 결과를 모두 교육목표에 담을 수는 없다. 가능한 한 사전에 이러한 것들을 예상하여 교육목표를 진술하고 계획하는 일이 필요하다.

2) 일반적 목표와 구체적 목표

『교육과정』에는 교과 목표, 학년 목표, 수업 목표 등이 있는데, 이들은 진술의 세분화와 명시성의 정도에 따라 일반적 목표와 구체적 목표로 나뉜다. 목표의 진술 내용과 표현이 추상적이고 포괄적이어서 일반성의 수준이 높으면 일반적 목표라 하고, 반면에 진술 내용과 표현이 구체적이고 명시적이어서 명시성의 수준이 높으면 구체적 목표라고 한다. 수업의 계획을 짜고 그 목표에 입각한 수업을 진행하며 수업 과정을 평가하기 위해서는 일반적 목표보다는 구체적 목표가 유용하다.

구체적 목표의 진술 조건은 ① 관찰될 수 있는 행동으로 표현되어 있고, ② 그 행동은 교사의 행동이 아니고 학습자의 행동으로 묘사되어 있으며, ③ 수업 과정에서 일어나는 행동이 아니고 수업의 최종 성과인 도달점 행동으로 진술되어 있을 것을 요구하고 있다.

학습을 통해 변화시키고자 하는 행동을 관찰될 수 있는 외현적 행동(overt behavior)으로 진술한 목표를 관찰 가능한 목표 또는 행동목표라고 한다. 예컨대, '구별한다, 짝 짓는다, 계산한다, 열거한다, 고른다' 등과 같은 행위동사는 직접 관찰될 수 있는 동작을 묘사하고 있으므로 그러한 동사를 사용해서 진술된 목표는 '행동목표' 에 속한다. 반면에, '안다, 이해한다, 파악한다, 감상한다' 등과 같이 직접 관찰될 수 없는 내재적 행동(covert behavior)으로 진술된 목표를 '관찰 불가능한 목표' 또는 '일반적 목표' 라고 한다. 가령 "관성의 법칙을 안다." 라고 하면 관성의 법칙을 개념적으로 이해하는지, 이와 유사한 다른 법칙과 구분 지을 수 있는지, 또는 실제 생활에 적용할 수 있는 수준까지 알고 있는지가 분명하지 않다. 그 이유는 '안다' 와 같이 직접 관찰될 수 없는 내재적 행동을 묘사하는 동사를 사용한 목표이기 때문이다.

수업 목표가 "일차 방정식을 풀 수 있게 한다." 라고 진술된 경우와 "일차 방정식을 풀 수 있다." 라고 진술된 경우를 비교해 볼 때, 전자는 '할 수 있게 한다'와 같이 교사의 행동으로 진술되어 있으며, 후자는 '할 수 있다'와 같이 학습자의 행동으로 진술되어 있다. 수업 시간에 교사가 학생으로 하여금 무엇을 어떻게 할 수 있도록 한다는 것도 중요하지만 그것은 어디까지나 수업의 수단 행위에 지나지 않는다. 교사가 어떻게 하겠다고 해서 학생이 반드시 그렇게 되는 것은 아니기 때문이다. 수업 활동의 목적은 학생이 무엇을 어떻게 '한다' 또는 '할 수 있다'라는 사실에 귀착되므로, 행동목표라고 했을 경우 그것은 반드시 학습자의 행동으로 진술되어야 한다.

교수-학습 과정에 임하는 학습자의 초기 조건을 '출발점 행동'이라고 하듯이, 학습 활동을 통해서 학생들에게 최종적으로 변화 또는 획득되기를 바라는 학습자의 행동을 '도달점 행동'이라 하며, 도달점 행동으로 진술된 목표를 '도달점 목표'라고 한다. 출발점 행동에서 도달점 행동으로 옮겨가는 과정에서 부가적으로 변화시켜야 하는 행동들이 있을 수 있다. 도달점 목표를 최종 목표 혹은 주목표라고 볼 때 이러한 것들은 중간 목표 혹은 하위 목표가 되는 셈이다. 이때 하위 목표의 진술 형식과 내용은 도달점 목표의 그것과 별로 다른 점이 없다.

하위 목표 또는 중간 목표가 학습자의 행동으로 진술되는 사례를 흔히 볼 수 있는데, 이러한 경우 중간 목표는 관찰될 수 없는 내재적 행동으로 진술되기 쉽다. 예를 들어 "학습자는 용어들의 의미를 배운다."라는 목표에서 '배운다'라는 동사는 특정 용어를 다른 용어와 '구분할 수 있다'거나 특정 용어를 말로 '표현할 수 있다'는 식으로 진술된 것과는 다르다.

3) 교육목표 구체화의 배경

전통적인 인문주의 교육에서는 교육의 과학성보다는 예술성을 강조했기 때문에 교육목표를 미리 설정하거나, 설정하더라도 구체적으로 진술할 필요성을 느끼지 못했다. 교사 주도의 전통적인 교실 수업에서는 어떤 면에서 볼 때 목표를 세분화해서 진술하는 것은 불필요할 수도 있다. 교사는 수업의 목표를 굳이 구체화하지 않더라도 그때그때의 상황에 따라 유연하게 대처할 수 있는 능력이 있다고 볼 수 있기 때문이다. 그러나 학급당 인원수가 증가하면서 교사가 감당할 수 있는 범위를 넘어서는 요즈음의 교육 상황에서는 필연적으로 학습의 개별화가 요청된다. 수업 활동의 상당 부분이 컴퓨터를 비롯한 첨단 매체로 이루어지면서 목표 상세화는 필요불가결한 일이 되었다. 인간과 달리 컴퓨터는 주어진 정보 안에서만 판단할 수 있기 때문에, 판단의 준거가 되는 수업 목표를 잘게 잘라서 입력할 수밖에 없다.

심리학이나 교육학에서 쓰고 있는 용어들은 대부분이 인간의 심리적 속성을 지칭하는 것들이다. 이러한 추상적 개념을 그 용어가 갖고 있는 개념의 속성을 기술한 사전적 정의에 의존할 것이 아니라, 개념의 속성을 외현적으로 표출해서 누구나 그것을 직접 관찰할 수 있고 측정할 수 있게끔 조작적으로 정의해야 한다는 조작주의(operationalism)는 교육목표의 상세화를 실질적으로 가능하게 했다. 이와 같이 조작주의는 행동주의 심리학의 체계화에 영향을 주었으며, 특히 인간 행동의 변화 과정과 결과를 조작적으로 정의하기 시작한 행동주의 학습심리학은 교육목표의 구체화를 촉진시키는 데 크게 공헌하였다.

아이즈너(E. Eisner)는 사전에 구체화한 목표를 '교수목표'라고 하고 이에 대비되는 다른 의미의 목표를 '표현 목표(expressive objective)'로 구분해서 사용하고 있다(남현우, 1993). 표현 목표의 가치는 학습 활동의 결과로 나타날 학생 행동을 구체화해 주는 것이 아니라 학생이 활동할 상태, 그들이 다룰 문제, 그들이 조사한 과제를 확인해 주려는 데에 있다.

세분화를 요구하는 교수목표와 세분화를 요구하지 않는 표현 목표는 다른 종류의 교육과정, 수업, 평가 절차를 요구하기 때문에 각기 독특한 역할을 할 가능성을 배제할 수 없다. 교수목표가 한 사회의 문화가 요구하고 탐구를 가능케 하는 기술이나 지식의 결실을 내포하고 있다고 한다면, 표현 목표는 이 같은 기술이나 지식이 학습 장면에서 사용되도록 정교화된 환경을 제공하는 셈이다. 교수목표는 '알고 있는 것'을 획득하는 데 강조점을 두고 있다면, 표현 목표는 그것의 정교화, 수정 및 새로운 것의 생산을 강조하고 있다고 볼 수 있다.

4) 목표의 진술 방법

교육목표가 적용되는 교수-학습 모형과 평가 모형에 따라 목표 상세화의 정도와 진술의 조건 및 방법이 조금씩 다르다. 학자마다 주장하는 내용이 조금씩 다른데 여러 견해의 공통점을 추출해 보면, 교육목표의 진술에서 반드시 갖추어야 할 네 가지 요건 A, B, C, D가 있다(강승호 외, 1998). A는 청중(audience) 혹은 학습자, B는 행동(behavior), C는 조건(condition), D는 정도(degree)를 가리키는 것으로 수락의 기준을 나타낸다. 일반적으로 교육목표는 학생의 행동으로 진술하되 교육 내용을 포함하며, 그 행동이 일어나는 조건 또는 상황을 명기하여야 하고, 그 학습의 결과로 나타난 행동임을 인정할 수 있는 기준 또는 표준이 명시되어야 한다는 것이다.

5) 목표이 분류

학생들에게 무엇을 어떻게 가르치고 평가할 것인지를 결정하자면 교육과정에 제시된 각 교과의 교과 목표나 학년 목표 등을 근거로 하여 교육목표를 확인한 다음 그것을 체계 있게 분류해야 한다. 교육목표를 분류하는 방식은 교과의 특성에 따라 다양할 수 있지만, 블룸(B. Bloom) 등의 분류 체계와 가네(R. Gagné)의 과제분석을 기초로 하는 분류 체계가 가장 많이 이용된다.

(1) 블룸 등의 목표 분류

타일러(R. Tyler)가 제시한 교육과정의 구성 원칙을 토대로 블룸(B. Bloom)과 크래스울(D. Krathwohl) 등은 교육목표분류체계(Taxonomy of Educational

Objectives)라는 이름 아래 교육목표를 내용과 행동으로 이원 분류하는 방법을 개발했다. 내용 영역은 가네의 과제분석 등을 이용하여 교과의 단원, 장, 항목 별로 다양하게 분류할 수 있는데, 모든 교과에 공통적으로 적용될 수 있는 분류 방식은 있을 수 없다. 행동은 지적 영역 · 정의적 영역 · 심리운동적 영역으로 분류된다. 지적 영역은 복잡성의 원칙에 의해, 정의적 영역은 내면화의 원칙에 의해 분류되었으며, 심리운동적 영역은 본질적인 애매함과 복잡함 때문에 여러 학자의 분류 노력에도 불구하고 아직 그 타당성과 실용성이 미흡한 실정이다.

블룸은 지적 영역을 지식과 지적 기능으로 나누고, 지적 기능은 이해력 · 적용력 · 분석력 · 종합력 · 평가력의 다섯 유목으로 나누었다. 이들은 복잡성의 원칙에 따라 위계적 순서를 갖고 있는데, 그중 지식과 이해력은 기초 정신 과정에 속하고, 나머지는 고등 정신 과정에 속한다고 보았다. 지식 없는 이해가 있을 수 없고, 무엇을 종합하자면 그에 필요한 지식, 이해력, 분석력이 선행되어야 한다는 것이다. 즉, 복잡성의 원칙(principle of complexity)이란 여러 가지 지적 영역의 행동목표를 단순히 나열하는 것이 아니라, 요구되는 지적 능력 및 작용으로 보아 가장 단순한 것에서부터 복잡한 것의 순으로 조직되는 것을 지칭한다. 이 원칙은 곧 지적 행동의 습득 과정에 비추어 보아서도 가장 학습하기 쉬운 것에서부터 가장 학습하기 어려운 단계로 분류하는 방식에도 적용된다.

정의적 영역의 교육목표를 분류하는 데 가장 중요한 기준은 내면화의 원칙(principle of internalization)이다. 가치 획득의 유형은 가장 낮은 인지의 단계에서 점차 높은 수준의 가치 단계로 옮아가는데, 내면화라는 것은 다른 사람 또는 일반 사회가 갖고 있는 아이디어나 가치 등을 자기 자신의 것으로 받아들여 통합하는 것을 말한다. 이 내면화는 일정한 단계를 거치는데, 처음에는 자신이 인지한 어떤 것을 불완전한 상태 또는 잠정적으로 받아들이다가 나중에는 기존의 가치 체계와의 갈등 상황을 극복하면서 서서히 자신의 것으로 조직하여 확신에 찬 새로운 태세를 확립해 나간다. 이 기준에 따라 다섯 가지의 목표를 분류한 것이다.

(2) 가네의 목표 분류

가네에 따르면 모든 학습 과제 또는 내용은 위계적으로 구성되어 있고 그 위계는 일정한 방법과 절차를 거쳐 분석될 수 있으며, 따라서 학습 과제는 학습 위계가 지시하는 순서에 따라 계통적으로 가르치고 배워야 한다는 것이다. 이 주장을 실현시키고자 가네는 학습 위계를 찾고 그것을 토대로 수업을 전개시킬 수 있는 수업 모형의 개발에 주력하였다. 그러나 블룸 등과 같이 교육목표를 분류하고 진술하는 일에는 크게 관심을 기울이지 않았다. 학습내용, 즉 학습 능력(learning capabilities)을 밝히고 더 세분화된 하위 내용 단위의 위계와 계열을 확인하고 분석하기 위한 방법으로 가네가 발전시킨 과제분석(task analysis)은 목표 진술과 깊은 관련이 있다. 또한 그가 제시한 여덟 가지 학습 능력에 상응하는 학습 유형(types of learning)은 바로 지적 영역의 교육목표를 분류하는 항목으로 사용될 수 있는 요건을 갖추고 있다.

2. 교육과정

1) 교육과정의 의미

교육목표가 설정되면 그 목표를 달성하기 위해 학생들에게 무엇을 경험하게 할 것인지를 생각하게 된다. 그 경험을 선정하고 조직하는 것을 교육의 과정 속에서 교육과정(教育課程: Curriculum)이라고 한다. 학교교육의 교육과정에서 대부분을 차지하는 것이 지식이기 때문에, 여러 가지의 지식 중 학습자의 발달 수준에 맞는 것을 선정하는 작업과, 선정된 지식들을 학생들이 경험하기 좋도록 조직하는 작업이 주가 된다.

학교 교육과정은 "학습자에게 교육적 성취를 의도하여 학교에서 유효할 수 있도록 지식, 사고의 양식, 경험 등 문화 내용을 재구성한 모든 수준의 계획이다."(곽병선, 1991)라고 정의될 수 있다. '교육적 성취'를 편의상 지적인 성취, 정의적인 성취, 심리운동적인 성취로 구분할 수 있는데, 모든 교육적 성취가 반드시 세 가지로 구분되어야 한다는 뜻은 아니고, 이들이 하나로 통합될 때 오히려 바람직하다고 할 수 있다. '유효할 수 있도록' 하기 위해 교육과정 구성에서는 계열성을 중시한다. 계열성 있는 교육과정을 구성하기 위해 타일러 등은 종적으로는 계속성을, 횡적으로는 통합성이 유지될 수 있도록 하는 격자형(格子型) 교육과정을 제안했고, 브루너(J. Bruner) 등은 종적으로 계속성과 통합성이 유지되도록 하는 나선형(螺旋形: 달팽이 껍질 모양) 교육과정을 제안했다. '지식'에는 기술적 지식은 물론 규범적 지식도 포함되고, '사고의 양식'에는 창의적 사고, 비판적 사고, 탐구 기능 등이 포함되며, '경험'에는 역사와 가치 규범 등이 포함된다. 선정된 문화 내용을 단순히 나열하는 것으로는 부족하고 그것들을 학습자의 발달 수준에 맞게 '재구성'해야 하는데, 이때 기능적, 탈맥락적, 심리적 환원주의 등을 배격해야 한다. 지나치게 실용적인 가치만을 강조할 것이 아니라 문화 내용이 갖는 내재적 가치도 함께 고려해야 한다. 교육은 그 나라의 역사적 맥락을 떠나서 존립할 수 없기 때문에 우리 교육의 역사와 풍토를 충분히 감안한 교육과정이 되도록 노력해야 한다. 우리의 문화 내용 중에는 세계의 보편적인 기준에 비추어 볼 때 가치가 덜 하더라도 그 자체로 독특하면서도 가치 있는 것들이 있다. 이러한 면을 외면한 채 일반적인 기준이나 일정한 틀에 맞추려고 하는 시도는 우리만의 독특한 문화 내용이 가진 가치를 상실하게 할 위험이 있다.

2) 교육과정의 구성 요소

학교에서 학생들이 무엇을 공부하고 생각하고 학습하도록 할 것인지를 결정할 때 고려해야 할 요소들이 있다. 교육과정 내용의 대부분이 지식이기 때문에 지식은 어떻게 성립하는지, 누가 지식의 선정과 배분을 통제해야 하는지, 학교에서 가르쳐지는 지식은 누구를 위한 것인지, 전이가가 높은 지식은 어떤 것인지, 가르쳐진 지식이 평가 과정에서도 중요한 지식으로 간주되는지 등이 교육과정을 구성할 때 고려해야 할 주요소들이다.

지식의 성립에 관한 것은 교육과정의 인식론적인 측면으로서, 이성적인 추론으로 성립한다는 합리론적인 입장과 감각적인 경험으로 성립한다는 경험론적인 입장이 있다. 지식의 선정과 배분에 관한 것은 교육과정의 정치적 측면으로서, 중앙 집중식과 지방 분산식 또는 절충식 중 어느 것이 과연 바람직하고 효과적인지에 대한 논의가 있어야 한다. 누구를 위한 지식인지는 교육과정의 이념적 측면으로서, 교육이 수월성을 추구할 때와 평등을 추구할 때, 엘리트 교육을 표방할 때와 대중 교육을 표방할 때 교육과정의 내용은 달라질 것이다. 지식의 전이가는 교육과정의 기술적 측면으로서, 교수-학습에 효과적인 내용이 무엇인지를 판단하는 주요 잣대이다. "하나를 알면 열을 깨우친다."라는 말이 있듯이, 가능하면 전이가가 높은 지식이 교육과정에 우선적으로 포함되어야 할 것이다. 평가와의 관련성은 교육과정의 공정성 측면으로서, 가르친 것을 평가하는 경우와 가르친 것 이외의 것을 평가하는 경우는 공정성 측면에서 다르다. 가르쳐진 것 이외의 것이 평가될 때는 교육의 효과가 교육 외적인 요인, 예컨대 부모의 사회 경제적 배경 등에 의해 좌우될 가능성이 커진다. 그런 만큼 그 교육은 공정하지 못한 것이다.

3) 교육과정의 개념

(1) 학습자와의 거리에 따른 구분

첫째, 학습자와 가장 먼 거리에 있으나 교육과정의 골격이 되는 것은 '사회적 수준'의 교육과정이다. 교육과정이 개정될 때 교육부에서 발간하는 각 급 학년의 『교육과정』 총론과 각론이 여기에 해당한다. 국가는 새로운 교육과정의 개정 중점과 구성 방침, 편제와 단위 배당 기준, 편성 운영의 기본 지침 등 교육과정의 큰 줄거리를 제시한다. 둘째, 교육과정 편성과 운영 계획 등 세부적인 사항은 지방 교육청이나 단위 학교에서 재량을 가지고 계획한다. 이것이 '기관 수준'의 교육과정이다. 셋째, 학습자와 가장 가까운 거리에 있는 것이 '수업 수준'의 교육과정이다. 교사가 계획한 교육과정 혹은 학습자들이 교실 수업에서 경험한 교육과정 등이 여기에 해당한다.

중앙 집중식 교육과정 체제에서는 사회적 수준의 교육과정이 먼저 정해진 다음 기관 수준과 수업 수준의 교육과정이 결정된다. 반면에 지방 분산식 교육과정 체제에서는 수업 수준 혹은 기관 수준의 교육과정이 먼저 결정된 후에 이들을 종합한 사회적 수준의 교육과정이 구성된다.

(2) 학습자에게 경험된 정도에 따른 구분

어떤 교육적 성취를 기대하면서 사회, 기관 또는 교사 수준에서 교육과정을 계획할 수 있다. 이것이 '의도된' 교육과정이다. 의도된 교육과정은 교실에서 학생들에게 전달이 되는데, 이것이 '전개된' 교육과정이다. 의도하여 전개된 교육과정이 학생의 경험으로 구현된 것을 '실현된' 교육과정이라 한다. 의도한 대로 전개되는 것은 아니며, 전개된 대로 실현되는 것 또한 아니다. 따라서 이들 중 가장 중요한 것은 '실현된' 교육과정이다. 아무리 좋은 의도를 가지고 잘 전개되었다고 하더라도 반드시 바람직한 경험을 하게 된다고 볼 수는 없다.

(3) 표면적 교육과정과 잠재적 교육과정

교육과정은 기본적으로 국가 및 사회, 학교 또는 교사의 계획과 의도에 관계되는 것으로 정의되어 왔다. 그러나 학생들이 경험하는 것에는 이러한 계획과 의도와는 관련이 적거나 없는 경험들이 많다. 학교나 교사가 의도한 바와 관련된 경험으로 구체화된 부분이 표면적 교육과정이라면, 의도하지 않았으나 은연중에 갖게 되는 경험을 잠재적 교육과정이라 한다.

'잠재적'이라는 것은 '숨겨져 있는' 또는 '구체화되지 않은'이라는 뜻을 갖고 있다. 이 용어는 기우제를 관찰한 사회학자에 의해 제안되었다. 기우제의 표면적 기능은 당연히 비가 오도록 하는 것이다. 그러나 기우제를 지낸다고 해서 비가 올 수 있도록 기후 조건을 변화시킬 수는 없다. 기우제를 지내는 사람들이 바보가 아닌 이상 무모한 짓을 반복할 리는 없다. 그럼에도 불구하고 왜 아직까지도 인간들은 기우제를 지내는가? 그것이 사회학자가 가진 의문이었다. 거기에는 숨겨진 기능이 있었다. 비가 절실한 사회에 비가 오지 않으면 민심이 흉흉해지고 급기야는 지도부의 부덕을 탓하는 지경까지 이르게 되고, 사회의 질서가 와해되는 경우도 생길 수 있다. 이때 지도자들이 경건한 자세로 기우제를 지냄으로써 민심을 수습하고 사회의 통합을 유지하려는 것이다. 그것이 기우제의 잠재적 기능이다.

교육도 겉으로 내거는 표면적 기능이 있지만, 드러나지 않은 잠재적 기능이 있을 수 있다. 교육의 잠재적 기능을 교육과정의 측면에서 볼 때 잠재적 교육과정이 되는 것이다. 잠재적 교육과정은 지적인 면보다는 정서적인 면에, 교과보다는 학교의 문화 풍토와 관련이 깊고, 학생들에게 장기적이고 반복적으로 영향을 주므로 항구적이다. 잠재적 교육과정은 교사의 지적 영향보다는 인격적인 감화와 관련되고, 바람직한 내용만 있는 것이 아니라 바람직하지 않은 내용도 포함된다. 잠재적 교육과정을 표면적 교육과정으로 구체화시킨 것 중에는 특별 활동과 자치회 활동 등이 있다. 그런데 표면적 교육과정으로 학교교육의 잠재적 기능을 완전히 수용한다는 것은 불가능하다. 특별 활동 시간이 정규 교육과정에 편성되어 있어도 비공식적인 특별 활동이 학교 나름대로 이루어지고 있고, 자치회 활동이 공식적인 조직으로 편성되어 있어도 또래집단이 형성되어 나름대로의 질서를 유지하고 있는 것 등이 그 예이다.

(4) 영(零) 교육과정

교육과정을 구성하는 주체가 의도적으로 특정한 내용을 축소하거나 배제할 수 있다. 예를 들어 역사 교육에서 지배층의 활동상이나 역할에 비해 피

지배층인 민중의 그것에 대해서는 거의 언급이 없거나 애써 축소되어 있다. 역사를 배우는 지금의 우리들 대부분은 과거 지배층의 후손이 아니라 역사에서 보잘것없이 묘사되고 있는 민중들의 후손들이며, 우리의 자손도 그 범주에서 크게 벗어나지 않을 것인데도 불구하고, 역사 교육에서는 '우리의' 역사를 소홀히 한다.

또 다른 예로 일본은 유럽의 여러 나라보다 우리와 모든 면에서 매우 밀접한 관계를 갖고 있기 때문에 학교교육에서 당연히 비중 있게 다루어져야 할 것이지만 실상은 그렇지 않다. 식민 통치를 받았던 쓰라린 경험을 피해의식으로 남기기보다는 의연하게 승화시켜 일본을 좀 더 잘 알아야 한다. 정규 학교 교육과정에서 일본을 의도적으로 배제하는 동안 그들의 좋지 못한 문화가 우리의 후미진 곳으로 스며들고, 이들을 접한 분별력이 없는 어린 학생들이 역설적으로 일본을 흠숭하는 부작용을 낳고 있다.

자연 과학 분야에서도 영 교육과정의 예를 찾아 볼 수 있다. 우리는 과학적인 문자와 인쇄술 등으로 찬란한 문화를 꽃피워 온 선진국임에도 불구하고, 우리의 물리학, 수학, 화학, 생물학, 지구과학은 교육에서 찾아보기 어렵다. 모두가 외국의 것을 받아들인 것들뿐이다. 이러한 교육과정으로 문화적인 자부심이 있는 국민을 길러내기는 어려울 것이다.

4) 교육과정의 역사적 고찰

전통적인 교육과정은 학문의 논리적인 체계를 강조하는 면이 강하다. 그 학문의 지식들을 학습자들이나 교사가 어떻게 전달하고 학습할 것인지는 차후의 문제라고 생각하였다. 교과가 갖는 본질적인 가치는 그것이 어떻게 활용될 것인가와는 독립적으로 존재한다고 보았다. 이러한 교육과정을 '교과' 중심 교육과정이라고 부른다. 이 교육과정 유형은 후술하는 경험 중심 교육과정 지지자들이 기존의 교육과정을 비판하기 위해 소급해서 명명한 것이다. 죽기 위해 태어난 불행한 운명을 갖고 있다.

"구슬이 서 말이라도 꿰어야 보배"라는 말이 있다. 학문의 논리성이 아무리 잘되어 있어도 그것이 학습자의 경험으로 이어지지 않는다면 교육에서는 무의미하다(학문 그 자체로서는 의미가 있지만). 그래서 교과의 가치는 학습자들에게서 경험이 이루어졌을 때 비로소 가치를 갖는다고 보는 입장이 있다. 학문의 체계성과 논리성보다는 학습자의 흥미와 발달 단계에 맞는 내용이 중요하다고 보는 이 입장을 경험 중심 또는 아동 중심 교육과정이라고 부른다. '경험' 중심 교육과정은 후술하는 학문 중심 교육과정에 의해 비판되는데, 비판의 주된 부분은 이들이 경험의 의미를 정확히 이해하지 못했다는 것이다. 학교교육에서 경험한다는 것은 다름 아닌 교과를 경험하는 것일진대, 지나치게 아동 중심에 치우쳐서 아동이 경험하는 것은 모두 교육적으로 가치 있는 것이라는 식으로 확대하고 말았다. 결과적으로 아동들을 방종으로 이끌어서 각 발달 단계의 아동들이 마땅히 배워야만 하는 것을 간과하고 말았다.

교과 중심 교육과정은 교과의 논리를 강조하다 보니 그것이 어떻게 경험되는지를 간과했고, 경험 중심 교육과정은 아동의 흥미에 따른 자유로운 경험을 강조하다 보니 정작 경험해야 할 교과 내의 중요한 것들을 놓치고 말았다. 교과의 가치를 아동들이 효율적으로 경험할 수 있다면 가장 이상적일 것이다. 이러한 바람이 '학문' 중심 교육과정으로 나타났다. 교과 중심 교육과정이 학문의 논리성에 따라 교과의 내용을 구성했다면, 학문 중심 교육과정은 학습자의 경험이 용이하도록 구성했다는 점이 다르다. 학문의 내용을 꿰뚫는 몇 개 안 되는 핵심적인 아이디어를 이들은 '지식의 구조'라고 명하고, 그 지식의 구조를 발달 단계에 맞게 재구성하는 노력을 기울였다. 그 모습이 달팽이 껍질과 같다고 해서 나선형 교육과정이라고도 한다. 지식의 구조를 학습자들이 경험하기 좋도록 하기 위해, 학습 초기 단계에서는 동작을 중심으로, 어느 정도 성장한 후에는 그림을 통해, 그리고 추상적인 학습까지 가능한 단계에서는 언어나 수와 같은 상징적인 기호들을 통해 경험하도록 한다(이홍우, 1992).

"벼는 익을수록 고개를 숙인다."라고 한다. "모든 학문은 인간을 지향한다."라고도 한다. 그러나 교육을 많이 받은 사람이 적게 받은 사람보다 반드시 더 인간적이라고 말하기는 어렵다. 그것이 현실이다. 왜 이러한 현상이 발생하는가? 인간은 지적인 존재이면서 동시에 정서적인 면과 의지적인 면을 함께 갖고 있다. 이들이 별개로 존재하는지는 논외로 하더라도, 과거의 교육과정이 정서적인 면과 의지적인 면을 지적인 면에 비해 상대적으로 홀대했다는 데서 그 이유를 찾는 부류들이 나타났다. 지 · 정 · 의가 조화롭게 형성된 소위 전인을 육성하는 것을 목표로 삼는 이들을 '인간' 중심 교육과정 주의자들이라고 한다. 이들은 사회 발전을 위한 인재를 양성하는 데 초점을 두는 교육의 사회적 기능보다는 인간화를 비롯한 교육의 목적적 기능을 강조한다. 이들은 표면적 교육과정 못지않게 잠재적 교육과정의 중요성을 강조한다. 교육의 수월성이나 효과성보다는 학생들의 소외 현상이나 정서 불안 등을 고려한 인간적인 환경 조성을 중시한다. 교사와 학생 간의 인간적인 관계를 강조하면서 교사는 학문을 거래하는 경사(經師)이기보다는 인간 됨됨이를 중시하는 인사(人師)가 되어야 한다고 본다.

5) 지식관과 교육과정의 유형

교육과정 내용의 대부분은 지식으로 구성되어 있다. 교육과정을 이해하기 위하여 지식은 과연 무엇이고, 그 지식은 어떻게 성립되는지, 즉 지식관에 따른 교육과정의 유형을 살펴보는 것이 필요하다. 일반적으로 지식은 전통 문화 유산으로 계승 발전되는 것으로 인식되었다. 수없이 많은 세대를 거치면서 인간의 지혜가 잘 축적되고 세련되어 지금의 고전이 되었다고 본다. 이 고전이야말로 가장 참된 지식이고, 따라서 학교교육은 이 고전을 중심으로 이루어져야 한다는 것이다. 시대가 바뀌면서 이 고전이 재해석될 수는 있어도 시대에 따라 그것이 변한다든지, 또는 전혀 새로운 것으로 새롭게 탐구될 필요는 없다. 이러한 입장에 기초한 것이 교수요목을 강조하는 교과 중심 교육과정이다.

이러한 고정된 지식관은 듀이(J. Dewey)의 프래그머티즘(실용주의와는 다름)이 나타나기 전까지는 세계 모든 나라의 교육에서 중심에 있었다. 동양의 사서삼경(四書三經)이나 서양의 7자유과(seven liberal arts), 즉 3학(문법, 수사학, 변증법)과 4과(산수, 기하, 천문, 음악)는 장수를 누린 대표적인 교과다. 이 교과들을 학습함에 있어서 새롭게 탐구하거나 발견할 일은 거의 없다. 이 교과들을 잘 아는 교사가 학생들에게 효과적으로 전달하는 것이 중요하다. 이때 가장 효과적인 지식 전달 방법이 주입식이다.

프래그머티즘은 전통적인 지식관과 다른 입장을 표명했다. 유일한 진리를 확신하기도 어렵고 그것을 좇는 것이 과연 가치 있는 것인지에 대한 확신도 갖기 어렵다는 것이다. 이제 지식은 '누군가에 의해 밝혀진 것'이 아니라 '찾아 나가는 과정 그 자체'라고 보는 것이다. 따라서 교육과정은 생명력을 잃은 지식 쪼가리를 담고 있는 그릇이 아니라, 무엇인가를 찾아나가는 과정을 경험하고 탐구하도록 하는 것이어야 한다. 즉, 교육 내용은 '지식의 덩어리'가 아니라 '탐구 과정'이어야 한다는 것이다. 이러한 것이 경험 중심 또는 탐구 중심 교육과정이다.

지식관이 변화함에 따라 교육 방법도 달라지기 시작했다. 이미 발견된 지식을 가장 효과적으로 전달하는 방법이 무엇인지를 아는 것은 중요하지 않다. 무언가를 찾아 나가는, 즉 각자가 가지고 있는 문제를 해결해 나가는 방법을 어떻게 규명하고, 미숙한 점이 있는 학생에게 교사는 어떤 도움을 줄 것인지가 중요하게 되었다. 교육 평가도 각자가 가지고 있는 문제해결 방법으로 학습을 해 나가는 과정, 즉 구성하는 과정을 그대로 밝혀낼 수 있는 방안, 즉 수행평가를 필요로 하게 되었다.

6) 교육과정의 개발 전략

교육과정 개발 전략은 여러 가지가 있다(박도순, 홍후조, 1998). 그중 타일러는 '8년 연구'를 통하여 '합리적' 교육과정 개발 모형을 제안하였다. 이 모형은 논리적이면서 체계적인 교육과정 개발을 유도하기 위하여, 교육 기관에서 교육과정과 수업 프로그램을 해석하고 분석하기 위한 이론적 근거로서 제시된 것이다. 타일러에 따르면 교육과정과 수업은 하나의 과정이며, 이를 계획하기 위해서는 다음의 네 가지 질문에 답해야 한다는 것이다.

- 학교에서 달성하고자 하는 교육목표는 무엇인가?
- 수립된 교육목표를 달성하는 데 유용한 학습 경험을 어떻게 선정하는가?
- 효과적인 수업을 위해 선정된 교육 경험은 어떻게 조직할 수 있는가?
- 학습 경험의 효과성은 어떻게 평가할 수 있는가?

타일러의 모형은 교육목표, 교육 경험의 선정과 조직, 당초 세운 교육목표가 어느 정도 달성되었는지 등을 알아보는 데 가장 적합한 모형이다. 이 모형에 따르면, 타일러는 교육과정 개발의 과제를 위의 네 가지 물음에 대한 논리적이고 계열적인 대답으로 보았다.

교육과정은 현실의 보다 구체적인 장면에서 연구가 이루어지고 개발되어야 한다는 생각으로, 교실 수업의 주요 구성 성분인 학습자, 교사, 교재, 환경을 중심으로 탐구되어야 한다는 슈왑(J. Schwab), 워커(D. Walker) 등의 '숙의(熟議)' 모형이 나타났다. 이 모형은 교육과정 개발 참여자들이 ① 다양한 견해를 표방하고 공통된 합의 기반을 모색하는 토대 다지기 단계, ② 다양한 대안을 검토하고 가장 그럴듯한 대안을 선택하는 숙의 단계, ③ 선택한 대안을 실천 가능한 것으로 구체화하는 설계 단계를 자연스럽게 거치면서 교육과정을 개발하는 것이다.

7) 교육과정의 통합

교육과정 통합의 필요성은 다음의 세 가지 측면에서 제기된다(김종서 외, 1997). 하나는 인식론적 측면이다. 지식의 폭증에 대비해서 교육과정을 통합할 필요가 있다는 것이다. 기하급수적으로 증가하는 지식과 정보를 세분화된 교과로 담기에는 한계가 있으므로, 전통적인 분과주의보다는 공통점이 있는 내용들을 묶는 작업이 필요하다는 것이다. 현행 교육과정에서 물리, 화학, 생물, 지구과학 등을 통합한 '과학', 정치, 경제, 사회문화 등을 통합한 '사회' 교육과정 등이 그 예다.

두 번째는 심리적 측면이다. 교육과정을 통합하는 것이 학습 동기를 높일 수 있고, 학습한 것을 적용하는 데도 용이하며, 인격 발달에 도움이 된다는 것이다. 실제의 삶을 둘러보면 배운 사람들일수록 인격적으로 성숙되어야 하는데 그렇지 못한 사람들이 많다. 초·중등 교육과정보다 고등 교육과정은 그 분과 정도가 더 심한데, 높은 수준의 교육을 받은 사람들의 인격이 통합되지 못하는 이유 중의 하나가 교육과정의 형태에 있다는 추론이 가능하다. 따라서 교육과정을 통합시킴으로써 학생들의 인격을 통합하고, 더 나아가 사회의 통합을 이루자는 것이다. 현행 교육과정의 '바른생활', '즐거운 생활', '슬기로운 생활' 교과 등이 그 예다.

세 번째는 사회적 측면이다. 교육과정의 통합은 다학문적 접근을 가능하게 하고, 이는 사회 문제를 해결하는 데 더 효과적이라는 것이다. 특정 사회 문제를 해결하기 위해 오직 하나의 학문 체계로는 불가능한 경우가 대부분이다. 하나의 사회 문제를 해결하는 데는 여러 학문의 다양한 이론이 적용되어야 비로소 가능하기 때문이다. 현행 고등학교 교육과정의 일반선택과목 중 '인간사회와 환경', '정보사회와 컴퓨터', '생활과 과학' 등이 좋은 예다.

3. 교수-학습

교육목표가 설정되고, 교육과정이 결정되면 교수-학습(Teaching & Learning), 즉 수업이 이루어진다. 이 부분에서는 수업설계, 수업 과정에서 고려해야 할 하위 변수들, 수업의 주요 방법, 수업의 효율성을 제고하는 데 필요한 매체, 그리고 수업의 일반 원리를 설명한다.

1) 수업설계

수업설계는 교육과정 수준, 과목 수준, 수업 수준에서 고찰해 볼 수 있다. 교육과정 수준에서는 현재 상태와 이상적인 상태 간의 격차에 관한 요구분석이 중심이 된다. 이 수준에서 고려해야 할 것은 교육 요구, 목적 및 우선순위를 분석하기, 교사와 시설 등을 포함한 교육 자원의 활용 가능성과 제한점, 매체를 비롯한 수업 전달 체제를 분석하는 것, 교육과정과 과목의 범위와 계열 및 연도별 계획을 분석하는 것 등이 있다.

과목 수준에서는 과제 분석이 중심이 된다. 이 수준에서는 과목의 구조와 순서를 결정하고, 선수 학습 과제를 확인하기, 과목의 목표를 분석하기 등이 포함된다.

수업 수준은 목표를 정립하는 단계, 학습 자료를 개발하는 단계, 수업을 실시하고 관리하는 단계로 구분된다. 목표 정립 단계에서는 행동목표를 정의하고 상세화하기, 평가 기준을 정의하고 도구를 작성하기, 수업 계획을 작성하고, 선수 학습을 진단하기 등이 이루어진다. 학습 자료 개발 단계에서는 학습 자료와 매체를 선정하고 개발하기, 형성평가 도구를 개발하고 피드백 전략을 형성하기 등이 이루어진다. 수업 실시 및 관리 단계에서는 수업을 실시하고, 설계안을 보급하고, 종합적인 효과 평가를 실시하는 등의 과정이 이루어진다.

2) 수업 과정의 하위 변수

수업에서 고려해야 할 하위 변수들 중 학습 과제 변수가 있다. 학습 과제를 행동 차원과 내용 차원으로 구분해 볼 때, 행동 차원에서는 지적인 과제, 정의적인 과제, 심리운동적인 과제 등으로 나눌 수 있고, 내용 차원에서는 용어, 사실, 절차, 법칙, 이론 등으로 나눌 수 있다. 행동 차원을 지적 · 정의적 · 심리운동적으로 나누는 것은 이해의 편이를 위한 것이지, 모든 학습 과제가 반드시 세 가지로 나누어진다는 뜻은 아니다. 내용 차원도 교과의 성격에 따라 다양한 방식으로 구분될 수 있다.

학습자 변수가 있다. 학습자 변수도 편의상 지적인 투입 행동과 정의적인 투입 행동으로 구분해 볼 수 있다. 지적인 투입 행동에는 학습 적성, 일반지능, 선행 학습 정도, 즉 학습 결손 정도, 학습 양식 등이 있을 수 있다. 정의적 투입 행동에는 학습 동기, 학습 흥미, 학습에 대한 자아개념 등이 있을 수 있다.

수업 행위 변수가 있다. 여기에는 수업 절차, 수업 활동, 수업 매체, 수업 조직 변수 등이 포함된다. 수업 절차 변수는, 예를 들어 수업 목표를 설정하고, 출발점 행동을 진단하고, 수업을 실시하고, 평가하여 그 결과를 피드백 하는 과정 등이 그것이다. 수업 활동 변수는 교사 주도의 수업이냐 아니면 학생 주도의 수업이냐의 문제다. 수업 조직 변수는 학생 조직과 교사 조직의 문제다. 학생 조직은 집단 또는 개인, 혼성 여부, 능력별 조직 여부의 문제가, 교사 조직은 학급 담임, 교과 담임, 팀 티칭의 문제 등이 있을 수 있다.

3) 학습이론과 수업설계이론

수업설계는 처방적 행위로서 교육 내용을 효과적이고 효율적이며 매력적으로 전달하기 위한 일련의 과정이다. 교수이론과 학습이론은 서로 밀접하게 관련되어 있다. 따라서 어떤 학습이론에 입각해서 교육 내용을 설계하는가에 매우 다른 수업 방법이 적용될 수 있다. 이 장에서는 주요 학습이론이 되고 있는 행동주의, 인지주의, 구성주의의 학습이론 및 원리를 살펴보고 수업설계를 하기 위하여 어떻게 적용할 수 있는가를 알아보고자 한다.

(1) 행동주의

① 학습관

행동주의에서는 관찰 가능한 행동의 변화에만 초점을 맞추고 있다. 이와 같은 행동의 변화는 외부에서 주어진 자극에 대한 반응이라고 본다. 즉, 행동주의 학습이론에서의 학습이란 자극-반응의 연합에 의한 행동의 변화로 간주된다. 따라서 행동주의에서는 어떤 학습을 유발시키기 위해서는 그것에 상응하는 자극요인이 주어져야 한다고 본다. 예를 들어서, 초등학교에서 학생들이 숙제를 잘해 오면 선생님의 칭찬이 들어가 있는 스티커를 발급하는 것도 행동주의적 관점에 따른 방법 중의 하나다. 숙제를 해 온 학생은 자신의 숙제에 대한 보상으로 선생님으로부터 스티커를 받을 것이다. 선생님께 받은 스티커는 굉장히 큰 보상이고 그 학생은 다음에도 숙제를 잘해 오면 이런 상을 또 받을 수 있을 것이라고 생각하기 마련이다. 그래서 그 초등학생은 숙제를 더 잘하게 되는 것이다. 이와 같이 행동주의에서는 자극-반응의 연합을 중요하게 생각하고 있다.

② 학습원리

행동주의에서 중요한 학습의 원리는 강화의 법칙, 효과의 법칙, 연습의 법칙이다. 강화의 법칙이란 제공된 보상(자극)과 기대되는 행동 수정(반응)의 연결강도를 높이는 방법을 의미한다. 자극과 반응의 연합의 횟수가 증가됨에 따라 연합의 강도는 커지고 일정 횟수 이상 증가하면 연합의 강도가 형성된다고 보는 것이다. 효과의 법칙이란 행동의 반응에 연합되어 있는 자극이 긍정적이라는 것을 깨닫게 될 때 더욱 강화(긍정적 보상)를 받기 위해서 노력하게 된다는 것이다. 마찬가지로 어떤 행동에 대해서 부정적인 자극(예: 벌)이 주어졌다면 그런 부정적인 자극(강화)을 받지 않기 위해서 그 행동을 하지 않게 된다는 관계도 성립한다. 이러한 효과의 법칙에 따르면 학습 도중 주어지는 피드백의 성격을 파악함으로써 학습내용에 대한 행동을 높일 수 있다. 마지막으로 연습의 법칙이란 학습은 강화와 함께 계속적이며 단계적인 반복 연습을 통해서 강화될 수 있다는 것이다.

③ 수업설계에의 시사점

행동주의에서는 관찰 가능한 행동목표를 학습 결과로 진술해야 한다고 생각한다. 행동주의는 관찰 가능한 행동의 변화에만 초점을 맞추었기 때문에 학습의 결과 역시 관찰될 수 있는 행동이어야 한다고 보았다. 따라서 학습목표 역시 관찰 가능한 행동으로 제시되어야 한다고 생각하였다. 또한 행동주의에서는 학습의 결과는 세밀한 행동들로 세분화되어야 한다고 본다. 수업 내용을 효과적으로 조직화하기 위해서는 학습자가 쉽게 해결할 수 있는 작은 묶음의 단위로 학습내용을 제공하여 학습자들이 그 내용을 충분히 습득한 이후에 점진적으로 큰 묶음 단위의 학습내용을 제공해야 한다고 보았다. 즉, 학습내용은 단순한 것에서 복잡한 것, 구체적인 것에서 추상적인 것으로 단계적인 절차에 의해 진행될 때 학습자는 효과적인 학습을 할 수 있다고 보았다.

(2) 인지주의

① 학습관

행동주의가 자극-반응이라는 연결을 강조한 반면에 인지주의에서는 학습 과정을 강조하였다. 특히, 인지주의에서는 사람들이 갖고 있는 지식의 구조에 관심을 가졌다. 새로운 정보가 들어올 때, 그 새로운 정보의 구조가 이미 알고 있던 지식의 구조에 적절하게 연결될 수 있어야 효과적인 학습이 이루어진다고 보았다. 인지주의 학습이론에서는 스키마라는 개념을 강조하고 있다. 스키마는 일종의 지식 구조다. 예를 들어서, 우리들은 식당이라는 개념을 떠올리면 한식, 중식, 양식 등과 같은 식당의 유형과 음식을 먹을 수 있는 곳이라는 기능적 특성을 생각하게 된다. 또한 식당에는 요리사, 종업원, 계산하는 사람 등으로 구성되어 있다는 것을 알고 있다. 이러한 내용들이 식당이라는 개념을 중심으로 형성되어 있는데, 이것이 바로 식당에 대한 스키마다.

인지주의는 이와 같이 지식의 구조를 강조하고 있기 때문에 효과적인 학습이 일어나기 위해서는 학습자가 이미 갖고 있는 지식의 구조에 잘 연결될 수 있도록 학습내용을 제공해야 한다고 본다. 따라서 새로운 학습내용은 이전에 학습된 내용과 의미 있게 연결되도록 제시되어야 한다. 학습에 앞서 학습과 관련된 내용을 미리 소개하여 새로운 학습을 이미 알고 있는 내용과 연결되도록 도와주는 노력이 필요하다. 새로운 학습내용이 학습자의 기존 인지 구조에 생소한 경우 학습자 자신의 인지 구조에 통합하는 것이 힘들며 학습도 비효율적으로 일어나게 된다.

② 학습원리

인지주의에서 강조하는 학습원리 중에서 이 장에서는 유의미화와 정보의 조직만을 중점적으로 다룬다. 유의미화는 전달하려는 학습내용이 학습자에게 유의미한 정보가 되도록 만들어 주어야 한다는 것이다. 즉, 정보가 유의미할수록 기억하기 쉬워지며 학습자가 가진 지식의 구조와 경험 및 준비도와 연결시켰을 때 더욱 효과적인 학습이 된다는 것이다(백영균 외, 2003). 정보의 조직이란 전달될 학습내용이 위계적인 질서에 따라 잘 정리되어 있을 때 효과적인 학습이 된다는 것이다. 특히 전달되는 학습내용의 단위가 너무 커지면 학습자의 정보 처리 능력에 과부하가 발생하기 때문에 쉽게 학습할 수 없다. 따라서 학습내용이 순차적으로 연결되면서 학습자가 이미 알고 있는 지식 구조에 적합하도록 구조화되어야 한다.

③ 수업설계에의 시사점

인지주의의 학습원리는 학습내용의 계열화가 중요하다는 점을 보여 주고 있다. 학습자가 이미 알고 있는 지식이 무엇인지를 파악하여 그 지식 구조에 적질하게 연결될 수 있도록 학습할 내용을 구조화시켜야 한다. 학습자가 학습할 준비가 되어 있을 때 효과적인 학습이 가능하기 때문에 학습 준비도가 매우 중요하다. 또한 인지주의에서는 학습 과정에 초점을 두고 있기 때문에 제공된 학습 정보가 학습자의 인지 구조에 적합하도록 만들어 주는 것이 중요하다. 이와 같이 학습자의 인지 구조를 정확하게 이해하기 위해서는 학습자의 지식 수순이나 동기 수준을 파악하기 위한 학습자 분석이 매우 중요한 역할을 하게 된다. 또한 학습내용을 정확하게 분석해야만 학습자의 학습에 적합한 수업 계열을 결정할 수 있기 때문에 수업 내용에 대한 분석 역시 중요하다. 그 밖에도 인지주의적 접근은 학습자의 인지 과정에 중요한 영향을 미칠 수 있는 주의 집중이나 지각의 원리 등을 활용하여 수업설계 과정을 구성해야 함을 강조하고 있다.

(3) 구성주의

① 학습관

구성주의 학습이론은 학교교육의 문제점을 극복하고자 제안된 새로운 학습 패러다임이다. 구성주의는 행동주의나 인지주의와는 다른 학습관을 갖고 있다. 행동주의와 인지주의는 객관주의적 인식론에 근거하고 있다. 객관주의적 인식론에서는 이 세상에 존재하는 지식은 사람에 따라서 다르게 인식될 수 있는 것이 아니라 모든 사람들에게 동일하게 인식된다고 가정한다. 그렇기 때문에 배워야 할 학습 결과가 사전에 구체적으로 결정되어야 한다고 가정한다. 또한 구체적으로 결정된 학습 결과에 부합되는 학습내용 역시 사전에 결정될 수 있다고 가정한다. 이러한 행동주의와 인지주의에서의 학습관은 가르쳐야 할 지식이 모든 학습자에게 '똑같이 전달'될 수 있다고 생각하기 때문에 가능한 것이다.

그러나 구성주의에서는 모든 지식은 개별 인식 주체에 의해서 구성된다고 가정한다. 따라서 학습해야 할 의미의 내용은 학습자에 따라서 서로 다르게 해석될 수 있다고 생각한다. 구성주의의 입장에서는 학습자가 개별적으로 해석한 것만이 실제적인 현실이고 의미가 있다고 본다. 객관주의에서는 주어진 학습내용에 대해서 학습자가 원래 의도와 다르게 해석하고 의미를 부여한다면 그것은 잘못된 수업방법에 의해서 옳지 않은 개념이 학습된 것이라고 본다. 그러나 구성주의에서는 학습내용에 대한 본질적인 이해는 학습자 개인의 해석에 의한다고 본다. 따라서 학습자의 본질적인 이해를 돕기 위해서는 학습자가 이해하기 쉽도록 상황적 고려를 해 주어야 한다. 학습자가 학습내용을 제대로 이해하려면 실제적인 학습 상황이 주어져서 학습해야 할 내용을 제대로 배울 수 있어야 하기 때문이다.

② 학습원리

구성주의에서 주장하는 학습에 관한 기본 가정은 다음과 같이 정리될 수 있다(백영균 외, 2003). 첫째, 지식은 인식의 주체에 의해서 능동적으로 구성된다. 지식은 누군가에 의해서 전달되는 것이 아니라 학습자 자신의 인식에 의해서 구성된다는 것이다. 강의를 일방적으로 받기보다는 학습자 스스로가 학습내용에 보다 친숙하게 접근할 수 있도록 해 주어야 한다. 학습자의 능동적인 학습 행위에 의해서 학습해야 할 지식의 내용이 구성된다는 것이다.

둘째, 지식은 맥락(상황)이다. 지식은 그것이 습득된 상황과 밀접히 관련된다고 보았다. 학습자가 습득한 지식은 그것이 학습된 맥락과 개인의 선수지식, 경험 등에 따라 다르게 학습된다. 따라서 보다 실제적이고 현실감 있는 학습 상황을 제공해 주는 것이 효과적인 학습을 위한 관건이 된다.

셋째, 지식은 사회적 협상을 통해 이루어진다. 구성주의에서는 학습자에 의한 능동적인 지식 구성 과정을 강조한다. 학습자들이 저마다의 인식방법에 의해서 학습내용을 주관적으로 구성하게 되고 학습한 상황에 따라 상이하게 지식을 구성한다. 그러나 다른 사람들과의 끊임없는 상호작용을 통하여 학습한 지식에 대한 재해석을 하기도 하며, 학습한 지식의 실질적인 내용의 이해가 가능해진다.

이러한 구성주의의 학습 원리를 정리해 보면 다음과 같다(김동식, 박인우 역, 2003). 첫째, 구성주의에서는 교수보다 학습을 강조한다는 점이다. 어떤 지식을 전달할 것인가에 초점을 두고 있기보다는 학습자들이 어떻게 학습할 수 있도록 만들어 주기 위한 것이다. 둘째, 학습자의 활동과 사고를 강조한다. 구성주의에 입각한 수업설계에서는 학습자가 능동적으로 지식을 구성할 수 있도록 사고 과정을 촉진시키는 데 중점을 두고 있다. 특히 고차적 사고 과정을 활성화시키기 위하여 안내적 수업 방법을 사용하는데, 이러한 특징은 종전의 수업설계 방법이 지시적 형태로 학습내용을 구성했던 것과는 매우 다른 것이다. 끝으로, 구성주의에 입각한 수업설계에서는 학습자로 하여금 실제 세계의 복잡성과 구체성을 이해하도록 격려하고 안내한다.

③ 수업설계의 시사점

구성주의 수업설계이론은 그동안 수업설계 방법의 주류를 구성하였던 행동주의나 인지주의적 수업설계에 대한 대안을 제시하고 있다는 점에서 매우 중요한 시사점을 주고 있다. 특히, 학습 맥락에 대한 강조는 교실 수업에서 학습한 내용을 실제 상황에서도 쉽게 활용할 수 있도록 하기 위한 것이다. 따라서 수업설계에서 학습 맥락을 어떻게 구현할 것인가는 매우 중요한 문제로 부각되었다. 아울러 구성주의적 수업설계에서는 학습자들의 능동적 학습 과정을 강조하기 때문에 학습자에 의한 학습 자료의 활용이 중요하다. 이와 같은 특징을 반영하기 위하여 수업설계 과정에서 다양한 형태의 교수-학습자료가 학습자에게 충분히 제공될 수 있도록 배려해 주어야 한다. 효과적인 학습을 위해 수업 과정의 계열화가 중요한 것은 사실이지만, 구성주의적 관점은 수업설계 과정에서 학습자가 능동적으로 교수-학습자료를 활용하여 문제해결력과 같은 고차적 인지 능력을 향상시킬 수 있도록 배려해야 함을 시사하고 있다.

4) 수업 방법

역사적으로 수업 방법은 다양하게 존재해 왔다. 그중에서 대표적인 강의식 수업 · 개별화 수업 · 탐구식 수업을 살펴본다.

(1) 강의식 수업

강의식 수업은 고대 희랍 시대의 철학자들이 서로의 지식을 나누어 갖기 위한 방법으로 사용된 이후 현재까지 사용되고 있다(변영계, 김영환, 1996). 특히 15세기 초 중세의 대학에서 주된 수업 방식으로 활용되었다. 이때에는 교육의 실용적 가치를 외면한 교양 교육을 주로 실시하던 때였으므로, 지적인 내용을 주입하는 수단으로서 강의식이 가장 적당한 방법으로 여겨졌다. 뿐만 아니라 이 당시에는 종이가 귀해서 교사만이 교재를 가질 수 있었기 때문에 강의법이 주를 이루게 된 것으로 보인다. 그러나 교양 교육을 위주로 하던 주지주의 교육이 비판을 받기 시작하고, 실생활의 대비를 중요시하는 실용주의 교육 철학이 대두됨에 따라 강의나 암송을 통한 방법만으로는 학습자의 욕구를 충족시켜 줄 수 없게 되었다. 이와 때를 같이하여 코메니우스(Comenius)가 『세계 도회』를 만들어 당시의 언어 중심의 학습이 갖는 한계를 극복하려 하였고, 페스탈로치(Pestalozzi)가 노작주의 수업 방식을 제창하여 교육 방법을 개선하려 노력하기도 하였다.

오랫동안 수업법의 독점적 위치를 차지해 왔던 강의식은 학습자들의 실생활과 동떨어진 내용을 가르치고, 학습자들이 능동적으로 참여할 수 없다는 비판과 함께 그 위치가 대단히 약화되었다. 따라서 오늘날은 강의식 수업을 개선하기 위하여 다양한 학습 매체, 수업 보조물 등을 사용하고, 발문을 통한 학습자의 동기 유발을 시도하는 동시에, 설명 기법을 개선하는 등의 시도가 이루어지고 있다.

강의식 수업은 주로 교사의 해설이나 설명에 의해 이루어진다. 즉, 언어를 통한 학생과 교사의 상호작용이 주된 교수-학습 모습이다. 교사의 설명만으로 이루어지는 수업은 실패하기 쉽다. 강의식 수업이 성공적으로 자리잡기 위해서는 교사와 학습자 사이의 상호작용이 일방통행의 형태에서 벗어나 쌍방 간에 주고받는 커뮤니케이션 형태가 되어야 한다.

강의식 수업은 학습자에게 유의미한 학습과 아울러 기계적인 학습이 일어나게 할 수도 있다. 강의식은 교사 중심의 수업 형태기 때문에 교사가 수업 내용을 철저히 분석하고 학습자가 쉽게 이해할 수 있도록 제시해야 한다. 다른 수업 방식에 비해 학습자의 참여나 토의가 제한될 수 있으므로 학습자의 능동적인 참여가 없으면 이해되지 못한 학습의 형태가 생겨날 수도 있다.

강의를 통해 교사는 학습자에게 자신이 갖고 있는 지식이나 정보 등을 전달할 수 있다. 여기서 교사는 언어적 상호작용을 통하여 학습자로 하여금 지식, 정보 등을 받아들여 축적할 수 있도록 하는 기술을 지니고 있다고 본다. 이 경우 교사는 학습자의 인식 능력에 맞는 적합한 어휘, 속도, 제스처 등을 통하여 이야기해야 하며, 교사가 보내는 것과 학습자가 수용하는 것이 일치하도록 노력해야 한다.

(2) 개별화 수업

수업의 가장 원시적인 형태는 개인 수업이다. 교육의 기회가 귀족의 자제에게만 한정되지 않고 일반 평민의 자제에게까지 확대되면서 다수를 대상으로 하는 학교가 나타나고, 공업화와 도시화로 인해 다인수 학급이 나타났다. 복지국가를 지향하면서 의무 교육 기간이 연장되고, 무시험 입학 전형의 확대로 능력상 이질 집단이 형성되었다. 게다가 현대의 행동주의 심리학을 중심으로 한 교육의 과학화 운동은 다인수 학급 내에서 개인 학습자의 요구와 능력에 맞는 수업을 가능하게 하였다.

학습자들의 최종 목표는 동일하게 하되 그 목표에 도달하는 과정과 방법은 각자의 능력과 특성에 맞게 선택하여 적용한다는 것이 개별화 수업의 요체이다. 여기에는 행동주의 심리학에 기초한 프로그램 학습이나, 컴퓨터의 발달로 가능해진 컴퓨터 보조 학습 등이 활용된다.

개별화 수업은 '어떤 인간, 개인도 두 명이 같을 수 없다.'는 가정에 기초하고 있다. 인간에 관한 이러한 기본적 가정으로부터 다음의 몇 가지 가설이 도출되었고, 학습에서의 개인차에 관한 현대의 많은 심리학적 연구결과에 의해 이들 가설이 충분히 검증되었다.

- 학습자 개인들은 상이한 학습 진도를 보인다.
- 학습자 개인들은 공부하는 기술에서 상이하다.
- 학습자 개인들은 서로 똑같은 방법으로 문제를 해결하지 않는다.
- 학습자 개인들은 상이한 흥미 경향을 가지고 있다.
- 학습자 개인들은 상이한 학습 동기를 가지고 있다.
- 학습자 개인들은 특정 시점에서 똑같은 학습 준비도를 가지고 있지 않다.
- 학습자 개인들은 특정 시점에서 똑같은 학습 능력을 가지고 있지 않다.

개별화 수업은 학습자의 필요와 특성에다 수업을 적응시키는 하나의 수업 형태라고 할 수 있다. 이 형태는 가장 이상적인 것일 수도 있고, 종래 수업의 어떤 국면을 변화시킴으로써 개별 수업의 일부를 실천하는 형태일 수도 있다.

(3) 탐구식 수업

탐구식 또는 발견식 수업은 '학문' 중심 교육과정에서 강조하는 교육 방법이다. 이 방식에 따르면 수업을 통하여 학습자들은 지식의 조각을 배우는 것이 아니라 각 학문의 중심을 꿰뚫고 있는 핵심적인 아이디어인 '지식의 구조'를 배운다는 것이다. 지식의 구조를 가르친다는 것은 곧 지식을 가르치되, 학생들로 하여금 그 지식 분야에 종사하고 있는 학자들이 하는 일과 비록 수준은 다르더라도 본질상 동일한 일을 하도록 한다는 의미다(이홍우, 1992). 학자들이 하는 일은 각각의 관심 분야를 '탐구'하는 일이다. 각각의 관심 분야를 탐구할 때 학자들은 그 일의 한 부분으로서 반드시 개별적인 사실들을 '일반적 원리'에 비추어 이해한다. 그리고 그 '이해'는 기억과 적용의 기초가 된다. 학생들이 물리학의 구조를 배운다는 것은 곧 '물리학자답게', 다시 말하면 물리학자들이 물리학을 탐구하는 것과 동일한 방법으로 배운다는 뜻이다.

이 방법의 원류를 거슬러 올라가 보면 소크라테스의 아이디어와 만난다. 소크라테스의 대화법이 나타내는 가장 명백한 특징은 학생이 모르는 것을 가르쳐 주는 것이 아니라, 학생으로 하여금 자신의 지적 탐구를 통하여 스스로 발견하도록(또는 회상하도록) 하는 것이다. 수업은 학습자들이 주도하고, 학생들은 지식과 정보를 축적하는 것이 아니라 각자의 인지 구조를 재구성하는 데 주력한다.

첨단 학자가 하는 동일한 일을 학습자가 탐구하도록 하기 위해서는, 학자와 학습자의 수준 차이를 메워주어야 한다. 그 일이 탐구식 수업에서 교사가 해야 할 몫이다. 이때 교사는 발달 단계에 따라 수준이 다른 표상 방식을 이용한다. 초기 학습자들에게는 소위 '작동적 표상'이 적합하다. 세 살짜리 꼬마가 아빠와 시소(seesaw) 탈 때를 가정해 보자. 꼬마의 반대편 끝에 아빠가 앉으면 시소는 움직이지 않는다. 이때 꼬마는 아빠에게 투정을 부릴 것이다. 꼬마가 보는 앞에서 아빠는 한 칸 앞으로 다가 앉는다. 그래도 움직이지 않으면 더 한 칸 다가앉는다. 비로소 시소가 움직이고 재미를 느낀다. 다음 기회에 또 시소를 탈 경우가 생기면 아마 그 꼬마는 아빠가 반대편 끝에 타지 않도록 주의를 줄 것이다. 이 꼬마는 비록 어른 수준은 아니더라도 '평형의 원리'를 학습한 것이다. 초등학생 정도에게 평형의 원리를 가르칠 때에는 천평 저울을 그림으로 표현하여, 어떨 때 균형을 이룰 수 있는지를 충분히 알게 할 수 있을 것이다. 이것이 '영상적 표상'의 예이다. 중고등학생 정도가 되면 굳이 시소를 타거나 그림을 그려보지 않더라도 기호를 가지고 평형의 원리를 설명할 수 있을 것이다. 이때에 비로소 '상징적 표상'이 사용되는 것이다. 평형의 원리를 발견한 학자도 아마 처음에는 꼬마가 시소를 타는 것과 유사한 경험을 통하여 단서를 포착했을 것이다. 그것을 종이 위에 또는 머릿속에 영상으로 그려봤을 것이고, 최종적으로는 기호로 표현하여 학계에 보고했을 것이다. 따라서 탐구 학습은 학자가 연구하는 것과 본질상 같은 일을 하는 것이다. 우리가 이해한다는 것은 상징적으로 머릿속에 표상한다는 뜻이기 때문에, 궁극적으로 상징적 표상을 이용해야 하는데, 발달 단계에 따라서는 작동적 표상이나 영상적 표상을 보조 수단으로 사용하여 훌륭히 학습할 수 있는 것이다.

5) 수업 매체

언어와 수가 중심을 이룬 수업 자료에 시청각 수업 매체들이 등장하게 된 배경은 고전 인문주의에 반발한 경험주의에 있다고 볼 수 있다. 경험주의자들은 교과서에 삽화를 그려 넣는다든가, 오관을 통한 직접 경험을 강조하는 것, 아동의 흥미와 노작을 중시하는 것 등이 특징적이다. '함으로써 배운다'는 진보주의 교육 운동, 자극-반응 학습이론을 주창하고 교수 기계를 만들어 낸 행동주의 심리학, 그리고 컴퓨터의 발달 등도 그 배경에 있다.

어떤 매체를 수업에 도입할 것인지는 수업 내용이나 학습자의 수준 등에 따라 결정되어야 할 것이다. 최첨단의 매체만을 강조하는 태도는 옳지 못하다. 항상 효과적인 특정 매체는 없다고 보아야 한다. 원시적인 매체만을 고집하는 것도 옳지 못하지만, 값비싼 고급의 첨단 매체가 없기 때문에 교육이 효과를 거두지 못한다고 푸념하는 것도 바른 태도는 아니다.

6) 수업 원리

좋은 수업이 이루어지기 위해서는 우선 목표가 적절해야 한다. 즉, 목표가 배우는 학습자의 발달 단계에 맞는 것이어야 한다는 뜻이다. 교육목표는 교사의 철학적 판단을 통해 설정되어야 한다. 체계화된 교과를 전수하는 것을 강조할 것인지, 현재의 삶을 위한 경험의 재구성을 강조할 것인지, 미래의 삶을 준비하는 것을 강조할 것인지가 결정되어야 한다.

두 번째로 수업의 과정이 적절해야 한다. 즉, 수업 목표와 수업 방법이 일치해야 하며, 가능하면 수업이 개별화되어야 한다. 지적 수준이 높은 학생에게는 언어적 방법이, 지적 수준이 낮은 학생에게는 비언어적인 방법이 적절할 것이다. 어른에게는 자기 주도적인 탐구식이, 어린이에게는 설명식이 적합할 것이다. 또한 잠재적 교육과정이 존재한다는 것을 염두에 두고 이를 고려하는 수업이 이루어져야 한다. 수업 매체를 선정하고 수업 환경을 조직하는 것도 중요하다.

4. 교육평가

1) 평가의 정의와 모형

평가의 주요 기능이 무엇인지에 대해 견해를 달리하는 학자들은 각각 독특한 평가 모형을 제안하고 평가를 정의했다(강승호 외, 1998). 그중 하나가 '목표지향 모형'이다. 교육의 과정이 교육목표를 설정하고, 그 목표를 달성하기 위해 필요한 교육 내용을 선정하여 조직하고, 그것을 가르치고 배우며, 마지막으로는 평가하는 절차로 이루어지는데, 이때의 평가는 주로 처음에 설정한 교육목표가 얼마나 달성되었는지를 판단하는 것이다. 이 모형은 매우 체계적이고 합리적인 평가 절차를 제공한다는 장점을 갖고 있다. 문제는 이 교육목표가 많은 노력을 기울여서 성취해야 할 만한 가치가 있는지에 대해서는 물음을 던지지 않는다는 점이다.

교육목표의 가치에 대해 애써 외면하거나 아예 관심을 두지 않는 이 모형은 두 번째 모형인 '가치 판단 모형'을 제안한 학자들에 의해 비판을 받는다. 평가는 근본적으로 어떤 사상(事象)의 좋고 나쁨을 따지는 가치 판단의 과학이라고 여긴다. 한마디로 평가는 좋고 나쁜 것을 분간하는 일이다. 평가는 가치의 판단 그 자체이지, 그것이 무엇을 위해 쓰이느냐 하는 것은 별개의 문제인 것이다. 평가의 주된 기능은 가치를 판단하는 것이므로 평가자는 적극적으로 교육목표 등의 가치 판단에 비중을 두어야 한다고 본다.

세 번째 모형은 '의사결정 지원 모형'이다. 이 모형은 평가를 의사 결정자가 판단하는 데 필요한 적절한 정보를 획득하고, 기술하고, 제공하는 과정이라고 본다. 이 모형에서 평가자의 역할은 의사결정자의 판단을 도울 수 있는 정보를 수집하여 제공하는 데 있는 것이다. 예를 들어 새로운 학제를 어떻게 구성할 것인지를 판단하기 위해 평가가 이루어질 때, 최종적인 의사결정을 하는 사람은 교육부의 관리다. 평가자는 기존의 학제나 외국의 우수사례 등을 평가하여 의사결정자에게 제공해 줄 뿐 스스로 판단할 필요와 권한이 없다.

최근에는 객관성을 강조하고 수량적인 방법을 따르던 전통적 교육 평가의 접근 방식에 대한 비판적 견해가 일기 시작했다. 전통적 평가가 복잡한 교육 상황을 인위적으로 단순화시켜 통제하려고 하거나, 객관성이라는 원칙을 내세워 평가에 참여하고 있는 사람들의 개인적인 판단과 영향을 무시하고 있다는 것이다. 이러한 비판을 제기하고 있는 사람들은 교육 평가의 이론 분야에 다양한 대안들을 제시하고 있다. 그중의 하나가 네 번째 모형인 '조명적 평가 모형'이다. 교육 평가는 학습 결과로 나타나는 학생들의 행동 변화에 초점을 두기보다는 교육 프로그램이 실제로 학교 상황에서 어떻게 전개되고 있는지, 특정한 상황 조건에 의해 프로그램이 어떻게 영향받고 있는지, 프로그램과 직·간접으로 관련된 사람들이 그것에 대해 어떻게 판단하고 있는지, 그리고 학생들은 프로그램에 의해 어떻게 영향받고 있는지 등에 초점을 두어야 한다는 것이다. 이들은 평가를 다음과 같이 정의한다: 평가 연구는 교육의 과정과 절차에 관련된 요소들을 명료화하여 보여 줌으로써 교육의 개선을 가져오고자 노력하는 사람들에게 도움을 주고 빛을 밝혀 주는 것이다.

2) 평가의 유형

학업 성취도 검사나 지능 검사 등은 학생들이 가진 역량을 최대한 발휘할 것을 요구한다. 이들 능력 검사는 학생들의 '최대' 수행을 측정하는 데 목적이 있다. 한편 성격 검사, 태도 검사 등은 학생들이 다른 사람들과는 다른 자신만의 독특하면서도 일관성 있는 어떤 행동 특성을 갖고 있는지를 알아보는 데 목적이 있다. 이들 인성 검사들은 학생들의 '전형적인' 수행을 측정하는 데 적합하다.

평가는 판단을 수반한다. 판단의 기준이 무엇이냐에 따라 평가의 유형이 구분된다. 각급 학교의 선발 시험은 지원자 중에서 우수한 학생을 골라내는 데 목적이 있다. 누가 우수한지를 판단하는 기준은 상대적인 비교에 있다. 아무리 우수한 지원자라 하더라도 그보다 더 우수한 지원자가 있으면 탈락될 수밖에 없다. 이러한 경우를 상대 평가 또는 규준 지향 평가라고 한다. 한편 교실 평가에서 한 차원 높은 다음 단계로 진급할 것인지를 판단할 때에는 어떤 절대적인 기준을 필요로 한다. 수업 전에 이미 설정되어 있는 수업 목표가 그 기준이 될 수 있다. 이러한 것을 절대 기준 평가 또는 준거 참조 평가라고 한다.

수업 과정에서는 여러 목적으로 평가가 이루어진다. 주로 수업 전에 학습자의 수업 준비 상태를 알아보는 '진단평가'가 있다. 수업이 이루어지는 과정에 학생들이 어떤 어려움을 겪고 있는지를 알아보는 '형성평가'가 있다. 일정한 단원의 수업이 끝난 다음 소기의 목적을 달성했는지를 판단하기 위한 '총괄평가'가 있다.

평가의 대상이 학생 개인의 특성일 때가 있고, 교육과정과 같은 어떤 프로그램일 때가 있을 수 있다. 특정인의 능력을 가늠하거나, 상급 학교 진학의 합격과 불합격을 결정하거나, 개인의 적성과 인성을 알아보는 것 등은 '학생평가'에 해당한다. 반면에 한 개인의 특성을 알아보는 것 이상으로 어떤 프로그램의 적용 정도, 참여자의 영향, 그 프로그램을 시행한 결과, 시행과정의 환경 등을 알아보는 것 등은 '프로그램 평가'에 해당한다. 학생평가의 결과는 그 개인의 문제로 귀착될 가능성이 크며, 이 점이 학교학습 평가의 부정적인 시각을 낳고 있다. 성적의 높고 낮음, 진학의 성공과 실패, 인성의 선함과 악함 등은 개인의 문제라기보다는 그러한 결과를 낳게 한 프로그램의 탓으로 보는 시각이 필요하다. 프로그램 평가에서는 교육과정은 적절했는지, 교사들은 학생에게 적합한 인물인지, 학교의 물리적 환경과 심리적 환경은 적절했는지 등이 학생의 개인적인 특성과 함께 평가된다.

3) 평가관

평가의 대상이 어떤 모습으로 실재하는지(실재론), 그것을 아는 데 평가자가 어떤 역할을 하게 되는지(인식론), 그 실재를 알아내는 최선의 방법은 무엇인지(방법론)에 대해 견해를 달리하면 전혀 다른 평가가 이루어질 수 있다.

평가의 대상을 단일 실재로 보느냐 아니면 구성 실재로 보느냐는 평가의 양상을 달라지게 한다. 예를 들어, '국어 능력'이 단일 실재라고 보면 점수 또는 어떤 기호로 표현할 수 있을 것이다. 반면에 구성 실재라고 본다면 비교적 긴 문장의 서술이 수반되어야 표현이 가능할 것이다. 인간의 심리적 속성은 물리적 실재와는 달라서 쉽게 관찰되거나 표현될 수 없다. 그럼에도 불구하고 간단한 점수로 심리적 속성을 표현할 수 있다고 보는 것은 행동주의 심리학의 실재론, 즉 '모든 것은 양으로 존재한다. 양으로 존재하는 한 측정할 수 있다.'는 주장에 바탕을 두기 때문이다.

실재를 알아내는 데 평가자의 가치가 배제되어야 하느냐 아니면 가치 맥락 속에서 이루어져야 하느냐의 문제가 있다. 평가의 대상이 평가자의 인식과는 독립해서 존재한다고 본다면, 평가는 객관적으로 이루어져야 하고, 따라서 평가자의 가치는 배제되어야 한다. 결과적으로 객관식 검사가 선호되는 것이다. 반면에 평가의 대상은 평가자의 인식과 독립해서 존재할 수 없고, 평가자의 가치는 배제될 성질의 것이 아니라 적극적으로 포함되고 더 나아가 연구의 대상이어야 한다는 입장이 있을 수 있다. 학교 학습에서 교사와 학생 간의 상호작용 과정과 결과가 평가의 대상이 되는 경우가 대부분인데, 이때 평가자인 교사의 가치가 배제된 상태에서 이루어진 평가가 과연 참 평가가 될 수 있느냐고 반문할 수 있다. 이러한 경우의 평가 방법은 주관식이 선호될 수밖에 없다.

단일 실재를 가정하고 평가자의 가치를 배제하는 입장에서는 평가를 통하여 인과 관계를 발견하고 미래의 행동을 예견할 수 있다고 생각한다. 인간에게 존재하는 개인차를 극대화하여 인간을 규정하고 판정하려 한다. 상급 학교 선발 시험이나 각종 자격시험, 표준화 심리 검사 등이 이러한 견해에 치우쳐 있다. 반면에 구성 실재를 가정하고 평가자의 가치 맥락 속에서 참 평가가 가능하다는 입장은, 평가를 통하여 학습자를 이해하고, 평가 대상의 진면목에 대해 변증법적 지양을 통해 합의해 나가는 것이라고 본다. 인간은 현실성보다는 가능성이 크다고 보고, 개인 간에 엄연히 존재하는 차이를 '0'으로 떨어뜨리거나 개인차의 원천을 밝혀서 이를 없애려고 노력한다. 학교 학습 평가가 이러한 견해에 바탕을 두고 있다고 볼 수 있다.

4) 평가 도구의 질 판단 기준

평가 도구의 질을 판단할 때 기준이 되는 것으로는 '타당도'와 '신뢰도'를 들 수 있다. 즉, 평가 도구가 재려고 의도한 것을 정말로 그리고 오차 없이 재고 있는지를 알아보아야 한다. 키를 알아보려면 신장계로 재야 하고, 몸무게를 알아보려면 체중계로 재야 한다. 마찬가지로 국어 능력을 알아보려면 국어 능력 검사를 사용해야지 단순한 철자법을 묻는 검사나 문법 지식을 묻는 검사는 적합하지 않다. 정말로 재려고 의도한 것을 재고 있을 때 도구의 타당도가 높다고 한다.

몸무게를 재는 데 정확한 체중계를 이용하지 않고 잴 때마다 무게가 달라지는 체중계를 이용하면 진짜 몸무게를 가늠하기 어렵다. 마찬가지로 국어 능력을 오차 없이 잴 수 있는 정확한 도구는 역시 국어 능력을 신뢰할 수 있게 측정할 수 있으나, 오차가 많은 도구는 잴 때마다 일정하지 않은 국어 능력을 나타내 보인다. 측정할 때마다 일정한 값을 나타내 주는 정도를 신뢰도라 한다.

측정 도구가 인간 자체일 때의 신뢰도를 '객관도'라 한다. 예를 들어 실기 평가에서는 평가자의 눈을 통해 측정이 이루어진다. 이때 측정의 도구는 다름 아닌 평가자 자체다. 평가자가 얼마나 일관성 있게 평가해 내느냐의 정도는 평가가 얼마나 객관적이냐에 달려 있다.

함께 토론할 주제

(1) '수준별 교육과정'을 특징으로 하는 제7차 교육과정의 적용 가능성에 대하여 논의해 보자.

(2) 규모가 큰 학급에서 적용할 수 있는 개별화 수업 방안에 대해 논의해 보자.

(3) 열린 수업과 수행 평가가 기존의 학교교육을 어떤 면에서 개신해 줄 수 있다고 보는지 토론해 보자.

참고문헌

강승호, 김명숙, 김정환, 남현우, 허숙(1998). **현대 교육평가의 이론과 실제.** 서울: 양서원.

곽병선(1991). **교육과정.** 서울: 배영사.

김동식, 박인우 역(2003). **멀티미디어와 학습: 설계 및 개발.** 서울: 피어슨.

김종서, 이영덕, 황정규, 이홍우(1997). 교육과정과 교육평가. 서울: 교육과학사.

남현우(1993). Eisner의 예술적 교육 비평에 대한 제 논의. 교육논총 23집. 고려대학교 교육대학원.

박도순, 홍후조(1998). 교육과정과 교육평가. 서울: 문음사.

백영균, 박주성, 한승록, 김정겸, 최명숙, 변호승, 박정환, 강신천(2003). 교육방법 및 교육공학. 서울: 학지사.

변영계, 김영환(1996). 교육방법 및 교육공학. 서울: 학지사.

이홍우(1992). 교육과정탐구. 서울: 박영사.

더 읽어볼 책

김용운(1990). 동양의 과학과 사상. 서울: 한길사.

이홍우(1996). 교육의 목적과 난점. 서울: 교육과학사.

Tylcr, R., 진영은 역(1996). 교육과정과 수업 지도의 기본 원리. 서울: 양서원.

함께 볼 만한 비디오

KBS 영상 프로덕션, 「현장다큐 선생님-10부작」. 2002년.

제7장
교육공학의 이해

정보통신 기술의 급속한 발달로 인하여 현대사회는 지식정보사회로 빠르게 변화하고 있다. 이러한 세계적인 변화의 추세에 맞추어 우리나라는 이미 1997년에 '교육정보화 기반 구축 3개년 계획'(1997~1999)을 추진하였고 1998년에는 초중등학교 교육정보화 종합계획(1998~2002)을 실시하였다(교육인적자원부, 2003). 정보화 사회로의 빠른 변화에 따라서 학습자들의 정보의 이해, 선택, 정리, 창조, 전달 등이 더욱 중요하게 되었고, 이와 더불어 교육공학의 적용 및 활용에 대한 관심 또한 지속적으로 증대되고 있다. 그러나 이와 같이 교육공학을 정보화의 측면에서만 강조하는 것은 좁은 의미로 이해하려는 관점이다. 왜냐하면 교육공학은 정보통신 기기나 교수매체의 활용만을 강조하는 학문분야가 아니기 때문이다.

오히려 교육공학은 교수 및 학습 활동을 촉진시키기 위한 방법을 탐구하는 학문으로, 매체의 활용을 포함하여 효과적이고 효율적인 교수 환경을 설계, 개발, 적용하려는 학문으로 보아야 한다. 이러한 관점에서 보면 교육공학은 크게 보아서 교수설계분야와 교수매체의 활용분야로 구분될 수 있다. 첫째, 교수설계분야는 체제이론을 바탕으로 교수학습 과정을 효과적으로

운영하기 위하여 교수 및 학습에 필요한 자원을 효율적으로 배치, 운영, 관리하기 위한 일련의 과정이다.

1970년대 이후부터 체제이론이 교수설계분야를 구성하는 중심이론이 되고 있다. 체제이론 혹은 체제적 접근방식은 교육공학을 과학적 학문으로 발전시키는 데 큰 공헌을 했다. 체제적 접근방식은 교수학습과정을 통합적이고 전체적인 관점에서 이해하려는 것이다. 즉, 교수학습과정에 관련되어 있는 요소들은 서로 분리될 수 있는 것이 아니라 유기적으로 연결되어 있다는 관점이다. 따라서 효과적이고 효율적인 교수설계를 하기 위해서는 교수학습과정에 투입되는 제반요소들을 고려해야 한다는 입장을 취하고 있다.

둘째, 매체의 활용은 교육공학의 체제이론과 더불어 매우 중요한 역할을 차지하고 있다. 매체 활용분야는 시청각교육에 뿌리를 두고 있으며, 교수매체의 설계, 개발, 적용을 다룬다. 교수매체의 활용은 의사소통이론을 기반으로 발전했으며, 1980년대 이후 컴퓨터를 활용한 교육방법은 교육공학에서 큰 관심을 받고 있다. 매체를 의미하는 media는 원래 라틴어에서 파생된 단어로 매개체 혹은 중간물이라는 의미를 갖고 있다. 즉, 의사를 전달하는 사람과 그 내용을 전달 받는 사람을 연결해 주는 다리의 역할을 하는 것이 매체다. 최근 들어 정보통신기기 및 컴퓨터의 발달로 새로운 교수매체의 설계에 대한 다양한 이론들이 등장하고 있다.

이 장에서는 교육공학을 이해하기 위하여 우선 교육공학이라는 학문의 역사적 발달과정과 정의에 대하여 살펴볼 것이다. 그리고 교육공학을 구성하고 있는 영역과 관련성에 대하여 알아보고자 한다. 그런 다음에는 교수설계 및 교수매체의 활용분야에서 교육공학이 어떻게 적용되고 있는가를 설명할 것이다. 또한 각 분야를 구성하고 있는 모형과 이론 등을 소개함으로써 교수설계 및 교수매체의 활용이 교육현장에서 어떻게 사용될 수 있는가를 살펴볼 것이다. 마지막으로는 교육공학의 최근 동향에 대해서 알아보고자 한다. 특히, 멀티미디어나 인터넷을 교육공학의 입장에서 어떻게 활용할 것인가를 다룰 것이며, 정보화 사회를 위하여 우리나라에서 진행 중인 교육공학의 접근에 대하여 논의하고자 한다.

1. 교육공학의 정의와 영역

1) 교육공학의 역사

교육공학의 정의와 영역을 살펴보기에 앞서 오늘날 교육공학이 태동된 역사를 알아볼 필요가 있다. 여기에서는 교육공학 분야의 이론을 정립해온 미국 교육공학의 역사적 발달과정을 통하여 학교학습에 대한 교육공학의 역할을 살펴볼 것이다. 그런데 교육공학의 역사적 발달과정을 알아보기 위해서는 교수매체 분야와 교수설계 분야를 구분할 필요가 있다. 앞서도 설명한 바와 같이, 교육공학은 교수매체 분야와 교수설계 분야로 구분될 수 있기 때문이다.

① 교수매체의 발달과 교육공학의 역사

교수매체가 학교학습에서 활용되기 시작한 것은 20세기 초반부터다. 사진이나 박물관 전시물 등과 같은 시각 매체가 교육에 활용되기 시작하였다. 이와 같은 시각 매체의 활용은 기술발달과 밀접히 관련되어 있다. 즉, 영화 제작 등과 같은 시각 매체의 제작기술이 활용되면서 교육용 자료가 생산되기 시작한 것이다. 본격적으로 시각 교육이 강조되기 시작한 것은 1920년대 무렵이며, 1932년에는 시각교육을 위한 시각 교수국(Department of Visual Instruction)이 창설되기에 이른다. 이 무렵 무선방송, 녹음, 발성영화 영역에서의 과학기술이 발전하면서 시각 교육에 대한 관심은 시청각 교육으로 확장되었다. 특히, 라디오는 교육적 활용 가능성이 매우 높은 매체로 관심을 끌기도 했다.

교수매체의 효과성이 크게 부각되기 시작했던 계기는 제2차세계대전이었다. 즉, 군대에서 훈련용으로 개발된 시청각 장치들은 제2차세계대전 중에 높은 교육효과를 갖고 있는 것으로 각광을 받았다. 예를 들어서, OHP, 슬라이드, 음성장치 등은 작전이나 훈련에서 매우 탁월한 효과를 보였다. 이와 같은 결과로 말미암아 효과적인 교수-학습 방법에 대한 관심이 높아졌으며, 전쟁 후에는 학교교육을 위하여 시청각 장치의 사용에 대한 관심이 집중되었다. 시각 교수국이 1947년에 시청각 교수국(Department of Audio-visual Instruction)으로 확대된 것도 이와 같은 추세를 보여 주는 것이다.

1950년대에 들어서면서 시청각 교수에 대한 이론이나 모형이 등장하게 된 것도 시청각 교육에 대한 사람들의 관심이 높았다는 것을 보여 준다. 쉐넌과 위버(Shannon & Weaver)의 통신이론을 적용하여, 교수매체에 의한 의사소통 과정을 모형화하였다. 그동안 교수매체는 정보를 전달하는 것으로만 인식되었는데, 이때부터 학습자와 교수자와의 의사소통 과정을 형성해 주는 장치로 인식되기 시작하였다.

1970년대에 들어서면서 체제적 교수설계 이론이 소개되기 시작하였고 교수매체의 활용은 비로소 교육공학적인 입장에서 운영되기 시작하였다. 체제적 교수설계 이론의 도입은 교육공학에서 매우 중요한 역할을 하게 되는데, 그동안 시청각 교수(audiovisual instruction)라는 명칭이 주로 사용되어 왔으며, 70년대를 거치면서 교육공학(educational technology 혹은 instructional technology)이라는 명칭이 사용되기 시작하였다.

1980년대에 이르면 컴퓨터가 중요한 교수매체로 등장하게 된다. 개인용 컴퓨터가 보급되기 시작하면서 컴퓨터의 교육적 활용에 대한 관심은 매우 고조되었다. 또한 1990년대부터 인터넷이 폭넓게 활용되면서 컴퓨터의 교육적 활용은 다시 한 번 도약하는 계기가 되었다. 최근의 디지털 기술의 발달은 교수매체의 역할을 더욱 넓혀 주고 있다. 특히, 컴퓨터는 일방적으로 이루어지던 의사소통의 방향을 상호작용적으로 바꾸는 데 지대한 역할을 하게 되었다. 컴퓨터에 의한 상호작용은 여러 가지 형태로 교육에서 활용되고 있는데, 학습자와 교육내용과의 상호작용, 학습자와 교수자와의 상호작용, 학습자 간의 상호작용이 가능하게 되었다.

② 교수설계 이론의 발달과 교육공학의 역사

교수매체가 미시적인 관섬의 교육공학적 의미를 갖고 있다면, 교수설계는 거시적인 관점에서 교수-학습과정을 설계하기 위한 것이다. 교수설계에 대한 이론은 제2차세계대전을 거치면서 발달하게 된다. 전쟁기간을 거치면서 훈련의 효과성을 높이기 위한 여러 가지 접근이 이루어졌는데, 이러한 과정을 통하여 교수설계의 이론들이 등장하게 된다. 즉, 이 기간 동안 심리학자들을 중심으로 학습의 효과성을 높이기 위한 방법과 절차에 대한 과학적인 이론들이 연구되기 시작하였다. 1940년대와 1950년대를 거치면서 행동주의의 영향을 받은 교수설계 이론들이 나타나게 되었다. 특히, 학습행동에 대한 분석 및 평가 방법들이 발달하기 시작하였으며, 인간의 학습을 증진시키기 위한 원리들이 밝혀지기 시작하였다.

이러한 교수설계에 대한 이론들은 1960년대를 지나면서 개별학습을 위한 교수절차에 대한 연구가 활발하게 진행되었다. 대표적인 것이 프로그램 교수(programmed instruction)이다. 이것은 개별학습자의 학습속도에 따라서 진행될 수 있도록 구성된 교수절차로, 학습자에게 적합한 학습계열을 구성하고 학습자가 자신의 학습속도에 따라서 학습을 할 수 있도록 만들어 주기 위한 것이었다. 또한 행동적 목표 진술, 학습내용의 분석, 학습목표의 상세화, 준거지향 검사 등의 개념들이 발달하게 되었다.

1970년대는 체제적 교수설계 이론이 도입된 시기이며, 다양한 교수설계 모형이 개발되었다. 대표적인 교수설계 모형이라고 할 수 있는 딕과 캐리(Dick & Carey)의 교수설계 모형도 이 시기에 개발된 것이다. 군대에서는 체제이론에 입각한 교수설계 모형들이 적극적으로 적용되기 시작하였으며, 대학에서는 교수효과를 높이기 위한 교수개발 센터들이 설립되기 시작하였다. 이러한 센터들은 교수설계 모형을 적용한 효과적인 수업을 만들기 위한 노력의 일환이었다. 특히, 1970년대를 거치면서 교수설계나 교육공학을 위한 미국의 대학원 과정들이 많이 나타나게 되었다. 교수매체의 발달역사를 함께 고려해 볼 때, 1970년대는 현대적 의미의 교육공학이 기틀을 마련한 시기라고 볼 수 있다.

1980년대에 들어서면서 교수설계 이론들은 더욱 정교화되기 시작하였다. 인지심리학의 발달은 교수설계 모형을 뒷받침해 줄 수 있는 이론들을 발달시켰으며, 특히 컴퓨터의 활용은 교육공학의 발전에 더욱 큰 기여를 하게 되었다. 이 시기를 통하여 인지심리학에서 밝혀진 다양한 학습 원리들을 교수설계 모형에 적용하기 위한 노력들이 경주되었다.

1990년대를 거치면서 교수설계에 대한 새로운 시각이 등장하게 되는데, 바로 구성주의적 관점이다. 구성주의의 관점을 취하고 있는 교수설계 이론 혹은 모형의 주장을 정리해 보면, 복잡한 학습과제의 제공, 학습자에 의한 학습과정 촉진, 문제해결력의 증진, 협력학습에 대한 강조 등을 들 수 있다. 즉, 학습자들이 스스로 지식을 구성할 수 있도록 교수-학습 상황을 최적화해야 한다는 것이다. 구성주의의 관점은 교수설계 절차나 관점에 매우 큰 영향을 미쳤으며, 지금까지도 교수설계를 위한 중요한 이론적 근거가 되고 있다. 최근 들어, 인터넷의 등장과 다양한 디지털 미디어의 출현은 전통적인 교수-학습 환경에서는 생각하기 어려웠던 새로운 교수-학습 환경을 제공하고 있다. 대표적인 예가 바로, 원격교육이나 e-러닝이라고 할 수 있는데, 이러한 새로운 교수-학습 환경에 적합한 교수설계 이론에 대한 연구가 활발하게 진행되고 있다.

2) 교육공학의 정의

교육공학은 그동안 여러 학자들에 의해서 정의되어 왔는데, 개념정의가 이루어진 시대적인 특징들을 반영하고 있다. 그중에서 현재까지 가장 널리 인용되고 있는 정의는 1994년 미국교육공학회(AECT)에 의한 정의이다(Seels & Richey, 1994). 실스와 리치(Seels & Richey)는 교육공학을 다음과 같이 정의

하고 있다.

"Instructional Technology is the theory and practice of design, development, utilization, management and evaluation of processes and resources for learning."

이 정의에 따르면, '교육공학은 학습을 위하여 과정과 자원을 설계, 개발, 활용, 관리, 평가하는 이론과 실제'라고 할 수 있다. 이 정의를 다시 구체적으로 세분화해 보면, ① 목적, ② 대상, ③ 활동영역, ④ 실천성으로 나누어 볼 수 있다.

① 목적: 위의 정의에서 설명되고 있듯이 교육공학의 목적(for learning)은 학습을 위한 것이다. 효과적이고 효율적인 학습이 일어날 수 있도록 하기 위한 것이 교육공학이라는 의미다. 물론 교육공학에서 의미하는 학습이 학교학습만을 제한적으로 지칭하는 것은 아니며, 교육공학은 교수목표 혹은 학습목표가 수반된 모든 학습상황을 전제로 하고 있다.
② 대상: 교육공학은 학습이 일어나기 위한 과정과 자원(process and resources for learning)을 대상으로 한다. 학습을 위한 과정이란 학습목표를 달성하기 위하여 이루어지는 활동을 의미한다. 즉, 학습에 필요한 계획을 세우고 효과적인 학습 성취를 위한 연구 및 개발을 의미한다. 학습을 위한 자원은 학습을 촉진시키기 위해서 활용되는 지원체제를 의미하며, 교수-학습 자료, 학습 환경 등을 포함하는 개념이다.
③ 활동영역: 교육공학의 활동영역은 설계, 개발, 활용, 관리, 평가(design, utilization, management and evaluation)로 구분될 수 있다. 설계는 실제 교수-학습이 이루어지기 이전에 학습을 촉진시키기 위하여 계획하는 단계라고 볼 수 있다. 개발은 설계된 내용을 바탕으로 학습에 필요한 내용을 제작하는 것을 의미한다. 활용은 개발된 학습자원을

실제 운용하는 것이며, 학습을 촉진시키기 위한 과정 및 자원을 적절하게 관리하고 평가하는 활동이 뒤따르게 된다.

④ 실천성: 교육공학은 이론에 그치는 것이 아니라 실천성을 강조하는 실용분야다(theory and practice). 교육공학의 활동영역에 개발 및 활용이 포함된 것도 같은 맥락이라고 볼 수 있다.

3) 교육공학의 영역

교육공학의 이론과 실제가 적용되는 영역을 알아보기 위하여 교육공학의 정의(Seels & Richey, 1994)에서 설명된 설계, 개발, 활용, 관리, 영역을 구체적으로 살펴볼 필요가 있다. 이 다섯 가지 영역은 서로 독립적으로 존재하는 영역이 아니라 서로 유기적으로 연결된 영역으로 교육공학의 이론과 실천을 구성하는 역할을 담당한다. [그림 7-1]은 교육공학의 영역을 도식화하여 표현한 것이다.

① 설계영역

설계는 효과적인 학습 환경을 구성하기 위한 일련의 계획단계로서 학습을 촉진시키기 위한 구체적인 실행계획을 수립하는 것이다. 설계영역의 모체는 교수설계 분야로서 효과적인 학습을 달성하기 위한 처방적 활동을 준비하는 것이다. 처방적 활동이란 학습효과를 높이기 위하여 학습자나 교수자에게 필요한 의도된 교수-학습의 조건을 마련하는 것이다. 설계영역은 교수체제설계, 메시지 디자인, 교수전략, 학습자 특성으로 세분화된다.

교수체제설계(Instructional Systems Design)는 교수-학습의 과정을 유기적으로 연결된 체제로 인식하고 분석, 설계, 개발, 실행, 평가의 단계에 따라서 교수-학습과정을 조직화하는 과정이다. 교수체제설계는 교육공학 분야의 가장 핵심적인 이론이며 방법론적 기초를 구성한다. 분석단계는 학습자에 대한 분석 및 교수내용 분석 등을 실시하는 것으로 교수체제를 구성하기

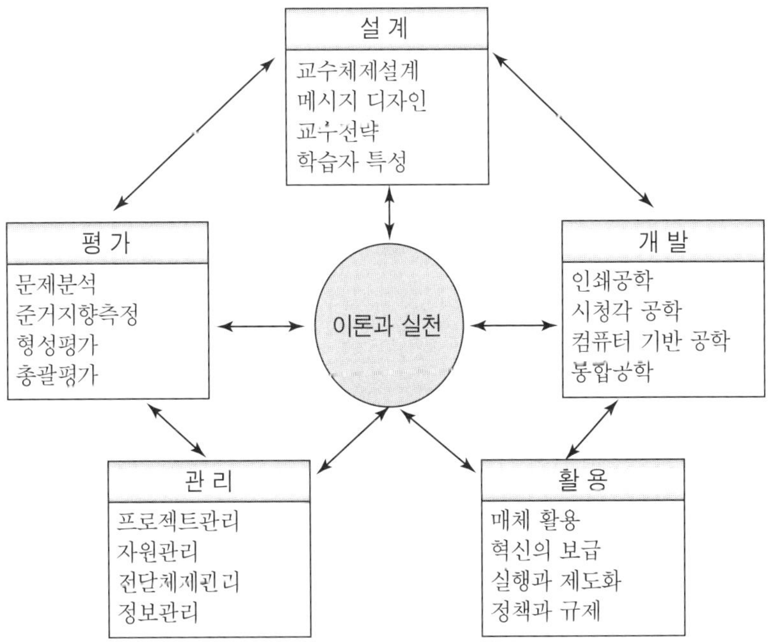

[그림 7-1] 교육공학의 활동영역

출처: 백영균 외(2003). 교육방법 및 교육공학.

위한 기초단계이다. 설계단계는 구체적인 교수전략 등을 고려하여 학습내용 및 교수과정을 구체화하는 것이다. 개발은 설계에서 이루어진 계획에 따라서 교수학습 과정을 제작하는 과정이며, 실행 및 평가는 교수체제를 직접 운영함과 동시에 교수체제가 적절하게 설계 및 개발되었는가를 점검하기 위한 것이다.

메시지 디자인은 학습내용을 어떠한 형식으로 전달할 것인가를 설계하는 것으로, 전달될 학습내용의 물리적 형태의 조작을 의미한다. 메시지 디자인은 학습자의 인지과정과 밀접히 관련되어 있으며, 메시지 디자인이 어떻게 되어 있는가에 따라서 송신자(교수자) 및 수신자(학습자)의 의사소통이 달라질 수도 있다.

교수전략은 수업활동을 전개하기 위하여 단위 수업을 어떻게 계열화할 것인가를 의미한다. 학습내용의 계열화는 가르칠 내용의 순서를 뜻하는데, 학습자 특성, 학습내용, 학습상황에 따라서 교수전략은 바뀔 수 있다. 가장 바람직한 교수전략은 의도했던 교수목표에 효과적으로 도달할 수 있도록 해주는 것이다. 학습자 특성은 교수설계를 할 때 고려해야 할 중요한 요소 중의 하나다. 학습자 특성은 교수-학습과정에 영향을 미치는 연령, 지능, 사회경제적 배경 등과 학습자의 선수지식이나 동기수준 등과 같이 학습상황에 직접적으로 영향을 미치는 요인들로 구성된다.

② 개발영역

개발영역은 설계된 교수학습내용을 구체적으로 실현하기 위하여 실제로 제작하는 것을 의미한다. 개발영역은 인쇄공학, 시청각 공학, 컴퓨터 기반 공학, 통합공학으로 세분화된다. 인쇄공학은 가장 전통적인 의미의 교수매체로서 책, 사진, 그림 등이 이에 해당된다. 시청각공학은 가장 보편적인 시청각매체를 의미하는 것으로 필름, 슬라이드, OHP자료, 텔레비전, 비디오 등이다. 이러한 매체들은 투사 혹은 비투사매체로 구분되기도 한다. 일반적으로 시청각매체는 미리 정해진 순서에 따라서 정보를 제시한다.

컴퓨터기반 공학은 컴퓨터를 사용한 교육매체를 의미하는데, 전통적인 시청각매체와는 달리 학습자의 요구에 따라서 학습내용의 제시순서가 바뀔 수도 있다는 장점을 갖고 있다. 또한 시청각매체는 학습자에게 일방적으로 학습내용을 전달하지만, 학습자는 컴퓨터와 다양한 상호작용을 경험할 수 있다. 최근 들어 컴퓨터의 발달 및 보급에 힘입어 컴퓨터기반 공학이 교육공학의 주요 탐구영역으로 부각되고 있다.

③ 활용영역

활용영역은 설계 및 개발된 교수-학습 자료나 매체를 학습자들의 학습과정에 직접적으로 연결시키는 활동을 의미하며, 매체활용, 혁신의 보급, 수행과 제도화, 정책과 규제의 세부영역으로 구분될 수 있다. 먼저 매체의 활용은 교수-학습의 효율성을 높이기 위하여 교수환경에 적합한 매체를 선정하기 위한 것이다. 매체 선정을 하기 위해서는 학습자의 특성, 학습목표의 성격, 활용 여건 등을 고려해야 한다. 동일한 교수목표라고 하더라도 효과적인 학습을 달성하기 위해서는 학습자의 특성이나 선수지식의 정도에 따라서 서로 다른 매체를 사용해야함을 의미하는 것이다.

혁신의 보급은 로저스(Rogers, 1962)에 의해서 제안된 것으로 새로운 교수방법이나 매체가 도입되었을 때 이러한 방식이 적절하게 받아들여지도록 촉진시키는 것을 의미한다. 아무리 좋은 아이디어가 있다고 하더라도 그것을 활용해야 하는 개인이 적극적으로 수용하지 않으면 별다른 효과를 기대할 수 없기 때문에 혁신의 보급은 교수방법의 변화를 위해서 매우 중요한 이슈가 되기도 한다. 실행은 교수자료나 매체를 실제 교수-학습현장에 적용하는 것을 의미하며, 제도화는 새롭게 보급된 교수-학습 자료와 매체가 제대로 활용될 수 있는 문화적인 정착을 뜻한다. 실행과 제도화는 혁신의 보급과도 밀접한 관련을 갖고 있다. 정책과 규제는 교육공학의 확산 및 제한을 위한 제도적 장치를 의미한다. 교육방송이나 e-러닝의 활용을 장려하기 위한 정책의 운영은 교육공학의 산출물을 확산시키기 위한 것이며, 저작권법 등의 활용은 올바른 교수매체의 개발 및 확산을 보장하기 위한 규제의 대표적인 예라고 할 수 있다.

④ 관리영역

관리영역은 설계, 개발, 활용의 과정 및 교육공학의 산출물을 감독하고 학습을 위한 자원의 적절한 배분이 이루어지도록 하는 일을 의미한다. 관리에 해당되는 세부영역은 프로젝트 관리, 자원관리, 전달체제 관리, 정보 관리 등이 있다. 프로젝트 관리는 교수설계를 위한 기획, 분석, 설계, 개발, 활용 등의 과정을 계획하고 점검하는 것이다. 이 과정에는 예산의 수립 및 프로젝트 진행에 대한 평가도 포함된다. 자원관리는 효과적인 교수-학습체제의 구축을 위하여 필요한 자원들을 적절하게 분배하는 기능을 갖고 있다.

여기에서 의미하는 자원은 인적 자원을 포함하여 시간, 물품, 시설 등의 물적 자원도 포함하고 있다.

전달체제 관리는 개발된 교수-학습 자료가 학습현장에 적절하게 전달될 수 있도록 감독하기 위한 것이다. 필요한 기자재가 적절하게 전달되지 않는다면 충분한 교육적 효과를 기대할 수 없으며 하드웨어뿐만 아니라 교수-학습과정에 필요한 소프트웨어의 전달 역시 중요한 항목이다. 정보관리는 학습을 위한 자원을 제공하기 위해 정보를 기획하고 조정하여 통합하여 저장하고 관리하는 기능을 의미한다.

⑤ 평가영역

평가영역은 개발된 교수-학습 자료의 적절성을 결정하기 위한 것이다. 평가영역의 활동에는 학습자의 요구나 교수환경을 충분히 고려하여 개발되었는가의 여부, 학습목표의 달성이 쉽도록 개발된 것인지 등에 대한 것들이 포함된다. 평가영역의 세부영역은 문제분석, 준거지향 검사, 형성평가와 총괄평가가 있다.

문제분석은 교수-학습용 자료나 매체를 개발하기 위해서 교수자나 학습자의 요구를 분석하고 의사결정을 하기 위한 것이다. 예를 들어서, 학습부진이 나타나고 있는 학습상황이 있을 때 새로운 교수자료를 설계 및 개발하는 것이 적합한 것인가를 결정하는 것이다. 문제분석을 하기 위해서는 요구분석이 필요한데 요구분석 결과에 따라서 구체적으로 어떠한 해결방법을 선택할 것인지를 결정하게 된다.

준거지향 검사는 학습자의 학습 성취를 측정하기 위한 방법이다. 일반적으로 절대평가라고 불리는 것으로, 학습자가 사전에 설정된 학습 성취에 도달했는가를 측정하여 학습의 성공 여부를 판단하게 된다. 준거지향 검사의 결과에 따라서 교수-학습 자료의 효과성을 측정하게 되는데, 만약 학습자들의 학습 성취 정도가 지나치게 낮을 경우에는 수정 및 보완과정이 수반되어야 한다.

형성평가와 총괄평가는 학습자들의 학습과정을 점검하고 단위학습의 성공 여부를 측정하기 위한 평가방법이다. 형성평가는 학습들이 학습과정에서 필요한 학습내용을 제대로 습득하고 있는가를 측정하는 것이고, 총괄평가는 한 단위의 교수 프로그램을 실시한 이후에 나타나는 학습자들의 성취결과를 측정하는 것이다. 형성평가와 총괄평가의 결과를 바탕으로 교수 프로그램의 적절성을 판단하게 된다. 즉, 형성 및 총괄평가를 실시한 결과, 학습자들의 학습성취 수준이 낮게 나왔다면 적합하지 않은 교수-학습과정이 적용되었다는 의미가 된다.

2. 교수설계

이제까지 우리는 교육공학의 역사와 정의에 대하여 살펴보았으며, 교육공학의 활동영역에 대해서 알아보았다. 교육공학의 활동영역에 대한 내용은 교육공학자들이 참여하고 있는 제반영역을 포괄적으로 검토한 것으로, 학습을 중심으로 한 교육공학의 역할 및 기여에 대한 것이었다. 이제는 교육공학의 핵심적인 역할이라고 할 수 있는 교수설계이론 및 모형에 대하여 살펴보고자 한다. 교수설계는 학습을 촉진시키기 위하여 교수-학습내용을 조직화하는 일련의 과정을 말하는데, 학습과 직접적으로 관련된 요소들을 구체화하는 활동이라는 점에서 교육공학의 핵심적인 분야라고 할 수 있다.

1) 교수설계의 정의

교수설계는 기대되는 학습 성과를 달성하기 위하여 최적의 내용 구성 및 교수-학습 방법을 계획하고 구체화하는 절차를 의미한다(백영균 외, 2003). 즉, 학습자의 학습활동에 직접적으로 활용되는 교수-학습 자료들을 체제적으로 구성하여 학습목표의 달성을 촉진시키기 위한 과정이다. 교수설계 활동은 집을 설계하는 과정과 비슷하다. 집을 지을 때 주거공간을 최적화하기 위하여 건축에 필요한 외장재뿐만 아니라 실내를 꾸미기 위한 가구의 배치 역시 중요하다. 집의 겉모습을 구성하는 환경적인 요소도 중요하지만 집에 살게 될 사람의 취향에 따라서 같은 가구라고 하더라도 배치하는 방식에 따라서 매우 다른 분위기를 만들어낼 수 있다. 교수설계도 이와 마찬가지로 학습과정을 최적으로 촉진시키기 위해서는 교수환경과 같이 전체적인 구성도 중요하지만 학습자의 특성을 반영한 구체적인 교수방법을 동시에 고려해야 한다.

2) 교수설계의 구성요소

교수설계는 학습활동에 관련된 자료, 활동, 정보, 자원, 평가 등을 체제적으로 구체화해야 하는데, 교수설계를 구성하는 요소는 교수상황과 교수방법으로 구분된다. [그림 7-2]에서 보는 바와 같이, 교수상황은 교수조건 및 교수성과로 구분되며, 교수방법은 조직전략, 전달전략, 관리전략으로 구성된다(조미헌 외, 2004).

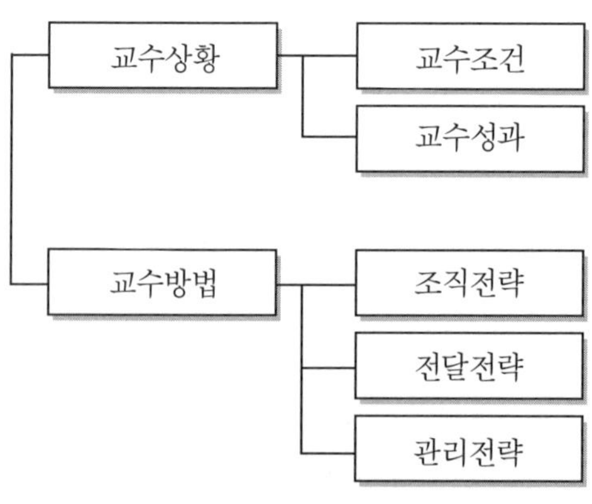

[그림 7-2] 교수설계의 구성요소

출처: 백영균 외(2003). 교육방법 및 교육공학.

① 교수상황

교수상황은 교수조건과 교수성과로 구분된다. 첫째, 교수조건은 학습에서 다루어지는 학습내용의 특성, 학습자 특성, 학습 환경, 제한조건으로 구성된다. 학습내용의 특성을 파악하는 것은 매우 중요한 과정으로 학습내용이 무엇인가에 따라서 가르치는 방법이 달라져야 한다. 만약 학습내용이 정보를 기억해야 하는 것이라면 정확한 정보전달이 이루어지도록 해야 할 것이다. 또한 학습내용이 어떤 개념들 간의 관계를 파악하는 것이라면 학습해야 할 개념들이 어떻게 인과성을 갖고 있는가를 설명해야 할 것이다. 학습자의 특성은 학습자가 갖고 있는 지식의 수준, 동기화의 정도, 선호하는 학습방법을 의미한다. 아무리 좋은 교수방법이 있다고 하더라도 학습자들이 선호하지 않거나 학습자의 지식 수준에 적합하지 않다면 효과적인 교수는 어려울 것이다. 학습 환경은 실제 교수-학습과정이 일어나는 조건을 의미하는데, 학습 집단의 규모나 학습 장소와 같은 외부적인 환경을 의미한다. 끝으로 제한조건은 교수-학습과정을 실시하기 위하여 필요한 인력, 비용, 시간 등의 조건을 의미한다.

둘째, 교수성과는 교수과정에 대한 평가를 의미하는 것으로 교수의 효과성, 효율성, 매력성으로 구분된다. 교수의 효과성은 학습자들이 의도한 학습내용을 얼마나 잘 성취하였는가에 따라서 달라진다. 만약 모든 학습자들이 목표로 하였던 학습내용을 습득하였다면 그 교수활동은 매우 효과적이었다고 할 수 있다. 따라서 교수의 효과성을 측정하기 위해서는 학습자들의 학습목표 도달 정도에 대한 평가가 중요한 역할을 한다. 반면에 효율성은 교수활동에 투입된 시간 및 비용의 정도를 의미한다. 교수의 효과성이 같다고 할 때, 교수활동의 설계를 위해 투입된 시간과 비용이 적을수록 효율적인 교수라고 할 수 있다. 교수의 매력성은 교수활동이 끝난 뒤에도 학습자들이 교수내용에 대해서 어느 정도 만족하는가를 의미한다.

② 교수방법

교수방법은 조직전략, 전달전략, 관리전략으로 구분된다. 첫째, 조직전략은 가르쳐야 할 학습내용을 어떠한 순서로 제시할 것인가를 결정하는 것이다. 이는 가르쳐야 하는 내용의 난이도나 구조에 따라서 학생들에게 가르쳐야 하는 순서가 달라져야 한다는 것이다. 조직전략은 종종 미시적 조직전략과 거시적 조직전략으로 구분되기도 하는데, 미시적 조직전략은 단위 학습내용을 제시하는 순서를 결정하는 방법을 의미한다. 미시적 조직전략은 수업시간 1차시의 설계와 같이, 차시 수준에서의 수업 절차에 대한 것이다. 예를 들어서, 미시적 차원의 조직전략은 효과적인 수업을 위해서 학습자의 흥미, 학습내용에 대한 이해, 적용 방법을 촉진시키기 위한 절차를 의미한다. 거시적 조직전략은 학기 혹은 대단원의 학습계열을 결정하는 것이다. 즉, 거시적 조직전략은 여러 차시로 구성된 학습내용들을 제시하는 순서를 결정하는 방법을 뜻한다.

둘째, 전달전략은 교수자가 학습내용을 학습자에게 전달하기 위하여 사용하는 구체적인 수업방법이다. 예를 들어서, 소집단 토론이나 협동학습방식은 학습자들끼리의 토의에 근거한 학습내용 전달전략을 선택한 것이라고 할 수 있다. 전달전략을 수립하기 위해서는 학습자에 대한 분석, 학습내용에 대한 이해, 학습목표의 상세화가 필요하다. 교과의 특성과 학습 환경에 따라서 적합한 전달전략을 수립하는 것은 매우 중요한 과정이다.

셋째, 관리전략은 학습자의 성적관리나 평가시기의 결정 등과 같이 전체적인 수업의 진행과정을 점검하는 것이다.

3) ADDIE 모형

교수설계모형은 이론적 근거에 따라서 여러 가지 종류가 있으나, 모든 교수설계모형은 기본적으로, 분석(analysis), 설계(design), 개발(development), 실행(implementation), 평가(evaluation) 요소로 구성되어 있다. ADDIE 모형은 교수설계를 위한 가장 일반화된 모형이라고 할 수 있다. ADDIE라는 말은 분석, 설계, 개발, 실행, 평가에 해당되는 영어단어의 앞글자를 조합하여 만든 것이다.

첫째, 분석단계는 교수설계를 시작하는 첫 단계에서 실시하는 것으로 학습자의 특성, 출발점 행동에 대한 파악, 사전지식의 정도, 학습 환경에 대한 분석 등을 포함하고 있다. 학습자 특성은 연령, 집단의 크기, 학습방법에 대한 선호 등을 의미한다. 출발점 행동은 학습하게 될 내용을 이해하기 위하여 기본적으로 알고 있어야 하는 지식을 의미한다. 출발점 행동을 정확하게 진단할 수 있어야, 교수의 효과성을 높일 수 있다. 사전지식은 실제 수업에서 배우게 될 내용을 의미한다. 출발점 행동을 모두 갖춘 학습자 중에는 학습할 내용에 대해서 미리 알고 있는 경우도 있을 수 있다. 또한 그 반대로 출발점 행동을 갖춘 학습자라고 하더라도, 학습할 내용에 대한 사전지식이 거의 없을 수도 있다.

둘째, 설계단계는 분석단계를 통하여 알게 된 내용을 바탕으로 실제적인 교수과정을 구성하기 위한 것이다. 설계단계에서 가장 중요한 것은 학습목표의 선정 및 상세화다. 학습목표를 선정하고 상세하를 하기 위해서는 학습내용에 대한 구체적인 분석결과에 근거해야 한다. 학습내용을 정확하게 이해함으로써 교수활동을 통하여 최종적으로 학습자들이 성취해야 하는 학습목표를 결정할 수 있다. 이러한 과정을 거쳐서 일단 학습목표를 결정하게 되면, 그 학습에 적합한 교수매체와 교수방법을 선택하게 된다. 교수매체의 선정은 가르치려는 학습내용의 특징, 성취해야 할 학습목표의 내용, 학습자의 특성, 교수-학습 환경에 따라서 달라질 수 있다. 예를 들어서, 컴퓨터를 활용하여 어떤 교과를 가르치는 것이 가장 효과적인 방법이라고 하더라도, 컴퓨터 등을 사용할 수 있는 교수-학습 환경을 구비할 수 없다면 컴퓨터는 적합한 교수매체가 될 수 없다. 또한 이 단계에서는 교육방법 및 교수계열을 결정해야 하는데, 교수-학습이론 및 설계이론에 입각하여 학습내용과 학습자에게 가장 적합한 교수전략을 구성해야 한다.

셋째, 개발단계는 설계단계에서 구성된 내용을 실제적으로 구현하는 단계다. 교수활동에 필요한 교수-학습 자료를 개발하고 제대로 활용할 수 있는가를 확인해 주어야 한다. 개발단계는 분석 및 설계단계에서 구상한 교

〈표 7-1〉 ADDIE 모형의 구성요소와 구체적인 행동

	설명	구체적인 활동
분석 Analysis	이 단계의 목적은 교수설계를 하기 위한 기초자료를 수집하여 분석하기 위한 것이다. 이 단계에서는 누구와 무엇을 어떤 환경에서 가르쳐야 하는가를 파악해야 한다.	• 요구분석 • 학습자분석 • 학습환경분석 • 과제분석
설계 Design	구체적인 교수-학습 목표 및 내용을 선정하고 이것을 달성하기 위한 최적의 교수학습 방법 및 전략을 선택하게 된다. 또한 학습결과를 측정하기 위한 평가도구도 개발되어야 한다. 설계단계에서 결정된 교수전략 등을 바탕으로 교수매체를 선정하게 된다.	• 학습목표진술 • 평가도구의 설계 및 개발 • 교수전략 및 계열화 • 교수매체의 선정
개발 Development	분석 및 설계를 토대로 하여 실제 교수-학습 상황에서 사용될 자료를 개발하게 된다. 교수설계과정에 대한 형성평가를 실시하여 효과적, 효율적, 매력적 교수설계가 구성되었는가를 점검해야 한다.	• 교수자료 개발 • 형성평가 • 교수자료의 수정
실행 Implementation	개발된 교수설계과정을 실제 적용하여 운용하는 단계로서 교수자료 및 전략의 설치, 사용, 유지, 관리 등의 활동이 포함된다.	• 설치 및 사용 • 유지 및 관리
평가 Evaluation	교수설계의 마지막 단계는 전체적인 교수활동에 대한 성과를 평가하는 것이다. 이 단계의 평가를 거쳐서 교수-학습 활동은 최종적으로 완성되는 것이다.	• 교육성과에 대한 총괄평가

수-학습활동을 활용 가능한 형태로 만들기 위한 것이다.

넷째, 실행단계는 개발된 교수-학습 자료나 교수전략을 수업상황에 적용하는 것이다. 실행과정을 통하여 개발단계에서 고려하지 못했던 것을 수정 및 보완할 수 있다. 개발된 교수-학습 자료를 실제로 실행하기 위해서는 수업상황에 직접 투입해 보아야 할 필요가 있다. 교수-학습 자료나 교수전략의 투입결과를 평가한 이후에 수정해야 할 사항이 발견되면, 즉각적인 수정을 실시해야 한다. 이와 같은 평가활동은 형성평가적인 성격을 갖고 있다.

최종적으로 교육성과에 대한 총괄평가가 시행되어야 한다. 즉, 교수설계에서 목표로 했던 최종적인 학습목표가 어느 정도 성취되었는가를 확인하고, 전체적으로 교수과정의 효과성, 효율성, 매력성을 점검해야 한다.

ADDIE 모형에서 설명하고 있는 다섯 가지 요소들은 순차적으로 진행되기는 하지만, 근본적으로 언제든지 수정 및 보완이 가능하다. 예를 들어서 개발단계에서 어떤 문제점이 발견되었다면, 분석 혹은 설계 단계를 다시 시행할 수도 있고 보완할 수 있다. 이런 특징 때문에 ADDIE 모형과 같은 체제적 설계모형을 지속적인 수정 및 보완이 가능한 순환적인 구조로 설명하기도 한다. 〈표 7-1〉은 ADDIE 모형에 근거한 다섯 단계의 설명 및 각 단계별로 실시되는 구체적인 활동을 정리한 것이다(조미헌 외, 2004).

4) 교수설계모형의 특징

이상에서 살펴본 바와 같이 교수설계는 교육공학의 핵심 분야로서 수업을 계획하고 전개하기 위한 체계적인 구체화 과정이다. 교수설계모형은 어떤 학습이론이나 교수이론에 기초하는가에 따라서 여러 가지 형태로 나타날 수 있으나 대체로 다음과 같은 특징을 갖고 있다.

첫째, 교수설계모형은 교수목표를 구체적으로 제시하여야 한다. 일반적으로 교수목표는 행동적인 용어로 기술되기 위하여 구체화되어야 한다. 그러나 교수목표를 구체적으로 제시한다고 해서 항상 행동적인 용어로 표현되어야 한다는 의미는 아니다. 그보다는 교수목표를 구체적으로 제시해 주어야 어떤 사람이 보더라도 같은 의미로 해석할 수 있다는 의미다(윤정일 외, 2002). 즉, 교수목표를 구체적으로 제시함으로써 학습자들은 성취해야 할 학습목표가 무엇인가를 명확하게 알 수 있으며, 교수자의 입장에서도 어떤 것을 가르쳐야 하는가를 명확하게 알 수 있다.

둘째, 교수설계모형은 처방적인 성격을 갖는다. 처방적이라는 것은 목표 달성을 위해서 의도적으로 조직화된 일련의 활동을 의미하는 것이다. 성취해야 할 학습목표의 달성을 위하여 교수내용을 효과적으로 조절해야 함을 의미한다(백영균 외, 2003). 교수설계의 목적은 학습자가 성취해야 할 학습목표에 도달할 수 있도록 만들어 주는 것이다. 따라서 학습자의 학습 성취와 관련이 없는 내용들은 교수내용에 포함되지 말아야 한다.

셋째, 교수설계모형은 학습효과를 최대화시킬 수 있는 교수매체와 교수방법을 선택해야 한다. 어떤 상황에서도 항상 효과적인 교수매체나 교수방법은 없으며, 학습자의 특성과 교수상황에 적합한 교수매체와 교수방법을 선택할 때 학습효과를 높일 수 있다. 즉, 교수매체와 방법은 절대적인 효과성을 가졌다기보다 의도하는 목표와 내용에 따라 상이한 효과성을 보인다(윤정일 외, 2002).

또한 리써와 뎀시(Reiser & Dempsey, 2002)는 교수설계의 특징을 다음과 같이 정리하고 있다.

- 교수설계는 학습자 중심이다: 학습자 중심이라는 뜻은 모든 교수활동은 학습자의 수행에 초점을 맞추고 있다는 것이다. 교수활동은 궁극적으로 학습자의 학습활동을 촉진시키기 위한 것이다.
- 교수설계는 목적 지향적이다: 교수설계의 과정은 학습자의 성취와 교수자의 기대를 충족시키기 위하여 최선의 교수-학습방법을 기획하는 것이다.
- 교수설계는 실제적인 수행향상을 목적으로 한다: 교수설계는 학습자들

이 단순한 지식을 암기하도록 하는 것을 목적으로 하지 않는다. 교수설계의 목적은 오히려 실제 상황에서 필요한 지식이나 기술을 습득하도록 하기 위한 것이다.

- 교수설계는 측정 가능한 성취에 초점을 둔다: 어떤 교수목표가 설정되었다면, 학습의 결과로서 의도했던 수행을 학습자가 실제로 할 수 있는가를 측정할 수 있어야 한다.
- 교수설계는 이론으로 그치는 것이 아니라 실증적인 결과를 바탕으로 한다: 교수설계의 결과는 언제나 실증적인 자료에 근거해서 평가되어야 한다. 교수설계의 효과를 측정하기 위한 다양한 데이터들은 교수설계 초기단계부터 시작해서 적용 및 마지막 평가단계에 이르기까지 지속적으로 수집된다.
- 교수설계는 기본적으로 관련 분야의 전문가들이 팀을 구성하여 진행된다: 교수설계는 1인의 교수설계자에 의해서 이루어질 수도 있지만, 교수설계의 범위, 과제의 난이도, 기술적인 복잡성 때문에 여러 전문가가 협력하여 교수과정을 설계하게 된다.

5) 구성주의와 교수설계

교육공학의 역사에서 살펴본 바와 같이, 1990년대 이후로 구성주의에 대한 관심이 높아지고 있다. 구성주의적 관점을 갖고 있는 이론가들은 전통적인 교수설계이론이 문제해결능력과 같은 고차적인 학습능력의 향상에 크게 기여하지 못했다고 주장한다. 구성주의자들은 전통적인 교수-학습이론을 객관주의라고 부른다. 이와 같이 구성주의나 객관주의라는 명칭은 지식의 존재를 어떻게 규정하는가에 따른 인식론적인 구분이다.

객관주의는 지식이란 불변성을 갖고 있는 객관적인 실체라고 인식한다. 따라서 객관주의의 관점에서는 의미 있는 학습이 일어나기 위해서는 우선 객관적으로 존재하는 지식을 습득한 이후에 그 지식을 적용하는 방법을 배워야 한다고 본다. 지식이 객관적으로 존재한다는 의미는 지식이 활용되는 맥락과 상관없이 그 지식의 고유한 의미가 전달될 수 있다는 것이다. 그러나 구성주의에서는 지식은 지식을 구성하는 학습자에 따라서 다르게 형성되는 것이기 때문에 지식이 활용되는 맥락을 강조해야 한다고 주장한다. 그렇기 때문에 구성주의에서는 지식 형성의 과정을 중요하게 여기고 있으며, 지식의 맥락이 학습의 성패를 결정하는 중요한 요인이라고 본다. 구성주의들이 갖고 있는 지식에 대한 가정을 살펴보면 다음과 같다(변영계, 이상수, 2003).

- 지식은 경험으로 구성된다.
- 지식은 외부세계가 아닌 인간의 마음에 존재한다.
- 지식은 능동적인 특성을 가지고 있다.
- 성찰이 지식습득의 핵심요소이다.
- 학습은 세계에 대한 개인적 해석을 의미한다.
- 학습은 경험에 바탕을 둔 능동적인 의미형성 과정이다.
- 학습은 다양한 관점에서 협력적인 의미협상 과정을 통해 생성된다.
- 학습은 고립된 환경이 아닌 맥락적 환경에서 일어나야 한다.

지식이 경험으로 구성된다는 의미는 학습자 스스로가 자신의 경험에 근거하여 지식을 구성한다는 뜻이다. 이때 중요한 것은 학습을 경험하는 맥락이다. 즉, 지식이 활용되는 실재적인 상황을 경험해야만 지식이 갖고 있는 의미를 깨닫게 되며, 자기경험의 일부분으로 이해할 수 있다는 것이다. 그렇기 때문에 지식은 외부세계가 아닌 학습자의 마음에 존재한다고 가정하는 것이다. 또한 구성주의자들에 따르면, 학습자가 자신의 지식을 구성하기 위해서는 탈맥락적으로 제시된 지식을 암기하는 것이 아니라, 성찰의 과정을 통하여 자신의 것으로 만들게 된다고 주장한다. 또한 다양한 관점을 통하여 지식에 대한 심층적인 이해를 하게 된다고 본다. 그렇기 때문에 구성주의에서는 사회적 협상이나 협력적 학습활동을 강조하게 된다.

3. 교수매체

초기 교육공학은 시각 자료를 교육적으로 활용하기 위한 방법을 모색하면서 발전하였다. 기술이 발달하면서 시각자료뿐만 아니라 청각적인 요소가 함께 사용된 시청각 자료가 사용되기 시작하였다. 오늘날 시청각 자료는 교수-학습과정에서 학습자의 학습이해를 돕기 위한 학습보조매체로써 널리 사용되고 있다. 교수설계모형이 교육공학에서 매우 핵심적인 부분을 차지하고 있는 것은 사실이지만, 교수매체의 사용 및 효용성에 대한 부분도 중요한 위치를 차지하고 있다. 이 절에서는 교수매체의 개념, 유형 및 특징, 교수매체 선택모형에 대하여 살펴보자.

1) 교수매체의 개념

매체는 중간을 의미하는 'medius'라는 말에서 유래하였다. 즉, 사람들 사이의 메시지를 전달하기 위한 것이 매체라는 것이다. 이런 맥락에서 교수매체는 교수-학습과정에서 교수자와 학습자와의 의사소통을 돕기 위한 것이다. 보다 구체적으로 보면 교수매체는 일반적으로 교수-학습과정을 촉진시키기 위하여 사용되는 교수-학습 자료를 의미한다. 교수매체는 학습자에게 보다 생생하고 유의미한 학습 경험을 전달함으로써 교수성과를 높이기 위하여 사용되는 것이다. 교수매체의 역할은 다양하게 정의될 수 있다. 첫째, 교수매체는 교수활동에 필요한 다양한 요소들을 학습자들에게 조직적으로 제공하기 위하여 사용되는 것이다(이종연, 2004). 둘째, 교수매체는 교수-학습과정에서 교사로부터 학습자에게로 학습내용을 전달하는 수단, 즉 학습과정에 자극을 부여할 수 있는 사물이나 구성요소이다(박숙희, 염명숙, 2002). 셋째, 교수매체는 교수-학습의 과정에서 교수자와 학습자, 학습자와 학습자 간의 의사소통을 위해 사용되는 매개수단으로도 정의

된다(윤정일 외, 2002).

2) 교수매체의 유형과 특징

교수매체는 시각매체, 청각매체, 시청각매체, 상호작용매체로 구분되는데, 각 유형별 교수매체의 종류를 구분하면 〈표 7-2〉와 같다(이종연, 2004).

〈표 7-2〉 교수매체의 분류 및 종류

분류		종류
시각매체	비투사매체	그림, 모형, 디오라마, 실물, 사진, 그래프, 포스터, 만화, 칠판
	투사매체	필름, 슬라이드, OHP, 실물화상기
청각매체		카세트테이프, 음반, 오디오, 라디오, 녹음기, 건축, CD
시청각매체		VTR, 영화, 텔레비전
상호작용매체		멀티미디어, 쌍방향 TV, 컴퓨터보조수업, 상호작용 비디오, 인터넷

① 시각매체

시각매체는 사진이나 그림과 같이 시각적인 정보만을 전달할 수 있는 매체를 의미한다. 시각매체는 사용하는 장비의 투사성 여부에 따라서 비투사매체와 투사매체로 구분된다. 먼저 비투사매체는 광학장비의 도움 없이 시각자료만을 제시할 수 있는 것으로, 그림, 모형, 디오라마, 사진, 그래프 등이 이 유형에 속한다. 투사매체는 광학장비를 사용하여 전달하려는 정보를 제시하는 방식을 의미한다. 필름, 슬라이드, OHP, 실물화상기 등이 이 유형에 속한다.

② 청각매체

청각매체는 소리만을 전달할 수 있는 매체를 의미하며, 카세트테이프, 음반, 오디오 등이 이 유형에 속한다. 청각매체는 다른 매체에 비하여 비교적 제작이 쉽고 관리 및 사용 방법도 쉽다는 특징을 갖고 있다.

③ 시청각매체

시청각매체는 시각정보와 청각정보를 동시에 제공할 수 있는 매체를 의미한다. 비디오나 텔레비전 혹은 영화와 같은 것이 이 유형에 속한다. 시각매체나 청각매체에 비하여 제작이 쉽지 않다는 난점을 갖고 있으나, 최근에는 휴대용 촬영기가 발달함에 따라서 시청각매체의 제작도 점차 쉬워지고 있다.

④ 상호작용매체

상호작용매체는 교수자-학습자, 학습자-학습자 혹은 시스템-학습자와의 상호작용이 일어날 수 있는 매체를 의미한다. 대체로 컴퓨터 등을 활용한 멀티미디어나 인터넷 기반 학습에서 이와 같은 상호작용성이 크게 부각되고 있다. 상호작용매체는 다른 매체들이 학습자에게 일방적으로 정보를 전달하는 것과 달리 학습자의 반응을 유도할 수 있고 학습자 반응에 따라서 적절한 피드백을 제공할 수 있다는 점에서 많은 장점을 갖고 있다.

3) 교수매체의 분류

① 호반(Hoban)의 시각자료 구분

이제까지 살펴본 교수매체의 유형 구분은 주로 장치의 특성에 근거한 구분이다. 시각자료에 대한 관심이 고조되었던 1930년대에 호반(Hoban)이라는 사람은 최초로 다양한 형태의 시각자료를 구체성 및 추상성의 정도에 따라서 구분하였다. [그림 7-3]은 호반이 구분한 시각자료의 분류도다. 맨 위에 표기되어 있는 언어는 추상성이 매우 높지만 구체성은 매우 낮은 매체라

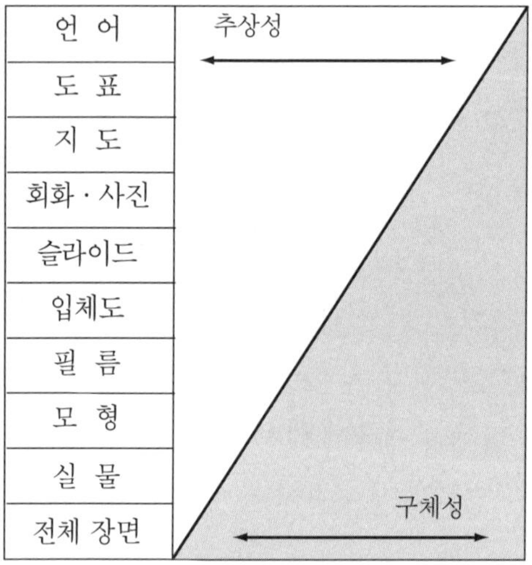

[그림 7-3] Hoban의 시각자료 분류

출처: 윤정일 외(2002). 신교육의 이해.

는 의미이다. 반면에 맨 마지막에 표기되어 있는 전체 장면은 매우 높은 수준의 구체성을 갖고 있지만 추상성은 극히 낮다. 전체 장면은 실물이 사용되는 현장의 장면을 보여 주기 때문에 실물만을 보여 주는 것보다 훨씬 구체성이 높아진다.

② 데일(Dale)의 경험의 원추

데일(Dale, 1969)은 호반의 시각자료 구분을 확장하여 경험의 원추를 주장하게 된다([그림 7-4]). 경험의 원추는 학습자가 교수활동을 통하여 경험할 수 있는 학습활동 등을 포함하고 있다. 예를 들어서, 견학, 시범, 극화된 경험 등은 호반의 구분에서는 포함되지 않았던 것들이다. 경험의 원추 꼭지점으로 올라갈수록 추상성이 높아지고 있음을 의미하며, 경험의 원추 아래쪽으로 내려올수록 구체성이 높아진다고 보았다. 호반은 시각자료만을 대상으로 구체성과 추상성을 구분했던 것이라면, 데일은 호반의 구분에 시청각자료들을 포함한 것이라고 할 수 있다.

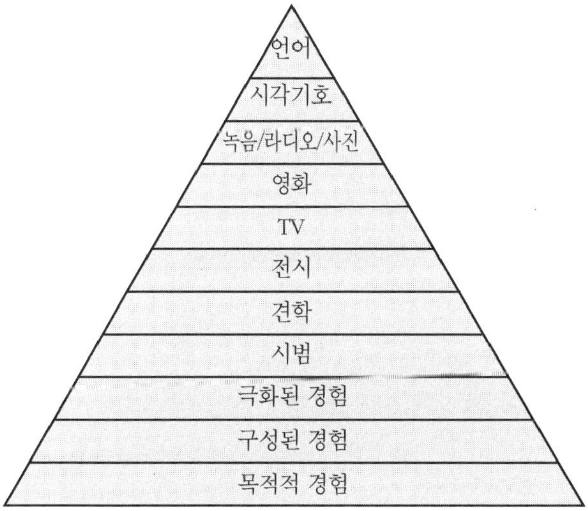

[그림 7-4] Dale의 경험의 원추

출처: 백영균 외(2003). 교육방법 및 교육공학.

4) 교수매체 선택모형: ASSURE 모형

교수성과를 높이기 위해서는 교수-학습 상황에 적합한 교수매체를 선택해야 한다. 교수매체의 적절성 여부에 따라서 교수의 효과성이 달라질 수 있기 때문에 교수매체의 선정은 교수설계에서 매우 중요한 과정이다. 교수매체의 선정은 대체로 설계단계에서 결정되는 경우가 많다. 즉, 교수전략을 수립할 때, 교수목표를 가장 효과적으로 달성할 수 있도록 교수-학습상황에 적절한 매체를 선정해야 한다.

적절한 교수매체를 선정하기 위하여 가장 많이 사용되는 모형으로는 ASSURE모형이 있다. 이 모형은 학습자분석(Analyze learners), 목표의 진술(State objectives), 매체와 자료의 선정(Select methods, media, and materials), 자료의 활용(Utilize media and materials), 학습자 참여유도(Require learner participation), 평가와 수정(Evaluate and revise)의 6단계로 구성되어 있다. ASSURE라는 모형의 이름은 이와 같은 6단계의 첫 글자로 구성되었다. 〈표

7-3〉은 각 단계별 특징과 활동을 정리한 것이다.

〈표 7-3〉 ASSURE 모형의 구성요소와 고려할 요인

	특징	고려 요인
학습자 분석 (Analyze learners)	매체를 활용하게 될 학습자의 특성을 파악하기 위한 것이다.	• 일반적 특성 • 구체적인 출발점 능력 • 선호하는 학습유형
목표의 진술 (State objectives)	학습자가 성취해야 하는 학습목표를 명확하게 설정하고 어떠한 학습결과가 기대되고 있는가를 확인하기 위한 것이다.	• 학습대상자 • 행동 • 학습의 조건 • 평가수준
매체와 자료의 선정 (Select methods, media, materials)	학습자 특성에 대한 분석과 학습목표를 명확하게 진술했으면 교수-학습효과를 높일 수 있는 교수방법과 매체를 선정해야 한다.	• 수업방법의 선정 • 매체선정 • 자료의 선택
자료의 활용 (Utilize media and materials)	교수과정에서 교수매체를 적절하게 활용하려면 수업장면에서 활용할 수 있는가에 대한 충분한 검토가 필요하다.	• 자료의 사전검토 • 환경 • 학습을 위한 사전준비 • 자료제시
학습자 참여유도 (Require learner participation)	학습자가 교수매체를 활용하여 학습한 내용을 직접 연습해 볼 수 있는 기회가 제공되어야 한다.	• 연습과 과제
평가와 수정 (Evaluate and revise)	학습자의 성취 정도와 전체적인 교수과정에 대한 평가를 실시하여 교수활동을 개선할 수 있어야 한다.	• 학습목표의 평가 • 매체와 방법의 평가 • 교수-학습과정의 평가 • 수정

출처: 박숙희, 염명숙(2002). 교수학습과 교육공학.

4. 컴퓨터의 교육적 활용

컴퓨터 역시 교수매체의 일종이기는 하지만, 최근 들어서 교육적으로 활용되고 있는 범위가 넓어지고 있으며 매우 전문화되는 경향을 보이고 있다. 따라서 컴퓨터의 교육적 활용에 대하여 구체적으로 살펴보고자 한다.

1) 컴퓨터보조수업의 유형

컴퓨터를 교육에 활용하려는 노력은 이미 1980년대부터 시작되었다. 최근 들어 컴퓨터의 사양이 고급화되고 인터넷이나 멀티미디어적인 기능이 강력해지면서 컴퓨터의 교육적 활용성에 대한 관심이 더욱 높아지고 있다. 컴퓨터는 학교 현장에서 여러 가지 목적으로 사용되고 있다. 가장 광범위하게 활용되고 있는 방법은 학습을 촉진하기 위한 교수-학습도구로 컴퓨터를 사용하는 것이다. 컴퓨터보조수업(CAI: Computer Assisted Instruction)이 대표적인 예이다. 그 밖에도 컴퓨터는 학습자의 성적관리나 행정 처리를 돕기 위한 용도로도 사용될 수 있다. 이런 범주에 해당되는 것들을 관리용 프로그램이라고 하며, 학습자의 성적을 처리하거나 학사관리를 위하여 개발된 소프트웨어들이 그 예이다.

컴퓨터보조수업을 위한 프로그램은 학습내용의 제시방법과 교수전략에 따라서 일반적으로 반복 연습형, 개인 지도형, 게임형, 모의 실험형, 하이퍼미디어로 구분된다(김동식, 박인우, 2004; 조미헌 외, 2004). 각 유형별 특징을 알아보면 다음과 같다.

① 반복 연습형

반복 연습형은 학습자가 숙달해야 할 학습내용을 반복적으로 연습할 수 있도록 도와주기 위한 것이다. 이 유형의 프로그램은 학습자에게 새로운 개념을 가르치기보다는 학습자들이 이미 배운 개념, 지식, 기술을 유지하고 신속한 수행이 가능하도록 만들어 주기 위한 것이다.

② 개인 지도형

개인 지도형은 학습자에게 새로운 개념이나 지식을 전달해야 할 때 많이 사용되는 방법이다. 개인 지도형 프로그램을 사용하는 학습자는 자신의 학습 속도에 따라서 프로그램의 진행 속도를 조절할 수 있다. 또한 학습자의 학습 진도나 지식의 수준을 고려하여 안내하는 내용이나 피드백이 달라지도록 설계되어야 한다.

③ 게임형

게임형 프로그램은 학습동기를 촉진시키기 위하여 게임의 흥미 요소나 경쟁 요소를 포함한 것이다. 게임형 프로그램은 개별학습자용으로 개발될 수도 있으나 소집단에 의한 팀 중심 활동으로도 개발될 수 있다. 일반적으로 게임형 프로그램은 아동용에 국한되는 것으로 여기는 경향이 많지만, 기업교육에서 성인 학습자를 대상으로 한 게임형 프로그램이 많이 개발되어 사용되고 있다.

④ 모의 실험형

모의 실험형은 컴퓨터를 활용하여 학습자가 실제와 유사한 상황을 재현해 볼 수 있도록 만들어 주기 위한 것이다. 모의 실험형은 실제와 유사한 상황을 재현해 볼 수 있기 때문에 학습자의 동기를 매우 높게 증진시킬 수 있다는 장점을 갖고 있다. 특히, 생명이 위험한 일이나 비용이 많이 드는 수행을 컴퓨터를 통하여 재현해 볼 수 있다는 점에서 매우 큰 관심을 받고 있는 유형이기도 하다.

⑤ 하이퍼미디어

하이퍼미디어는 학습에 필요한 내용을 학습자가 스스로 검색하고 탐구할 수 있도록 도와주는 프로그램이다. 이러한 특징 때문에 자료 제시형이라고 불리기도 한다. 이 유형의 특징은 학습자의 효과적인 자료검색을 돕기 위한 다양한 네비게이션 기능을 갖고 있다는 점이다. 또한 학습내용 중에서 중요한 개념이나 용어인 경우에 링크를 만들어서 부가적인 내용을 참조할 수 있다.

2) 인터넷과 원격교육

인터넷이 활성화되면서 웹을 이용한 교육이 각광을 받고 있다. 웹을 기반으로 한 교수-학습방법은 웹 기반 교수(WBI: Web Based Instruction) 또는 웹 기반 학습(WBL: Web Based Learning)으로 불리고 있는데, 기본적으로 원격교육의 일종으로 간주하고 있다. 원격교육은 먼 거리에 떨어져 있는 학습자들을 위하여 제공되는 교육형태를 의미하며, 장소나 시간의 제한을 받지 않고 교육을 실시할 수 있다는 장점을 갖고 있다. 이와 같이 컴퓨터를 기반으로 하는 원격교육은 최근 들어 포괄적인 뜻으로 e-러닝이라고 불리기도 한다. e-러닝은 디지털로 전환된 교수-학습 정보를 활용한 교육방법을 의미한다고 볼 수 있는데, 컴퓨터기반 학습을 포함하여 인터넷 등을 활용한 전반적인 교육형태를 지칭하고 있다. 여기에서는 인터넷에 기반을 두고 운영되는 원격교육의 특징과 장단점에 대해서 알아보자.

① 원격교육의 특징

원격교육은 교수자와 학습자가 직접 대면하지 않고 이루어지는 교육을 지칭하며, 전통적으로 인쇄매체, 방송매체, 오디오나 비디오 매체 등을 사용해 왔다. 최근 들어서 인터넷을 사용한 원격교육이 점차 보편화되고 있다. 이 장에서 의미하는 원격교육은 인터넷에 기반을 둔 교육형태를 지칭한다.

원격교육은 학습자가 직접 교실을 방문하지 않고 교육을 받을 수 있다는 장점 때문에 교육적 활용의 폭이 넓다. 첫째, 지리적 한계를 극복하기 위하여 사용하는 방법이다. 즉, 국토가 넓고 인구밀도가 낮은 지역에서 원격교육을 활용하면 효과적이다. 인구밀도가 낮기 때문에 학교를 설립해도 소수의 학생만을 수용할 수밖에 없는 상황에서는 원격교육이 효과적이다. 둘째, 시간적인 제약을 극복하기 위한 방법이다. 원격교육 방식은 생업에 종사해야 하기 때문에 수업에 참여할 수 없는 사람들을 위해서도 활용될 수 있다. 셋째, 먼 거리에 있는 교수자를 초빙해야 할 경우에도 원격교육은 효과적으로 활용될 수 있다. 즉, 거리가 멀기 때문에 강연자를 직접 초빙하기 어려운 경우에 원격교육 방식을 활용할 수도 있다.

원격교육은 거리 및 시간적인 제약을 극복해야 하기 때문에 일반적인 교실 수업과는 다른 특징을 갖고 있다. 첫째, 매체에 의한 의사소통 방법이다. 먼 거리에 있기 때문에 직접적인 의사소통을 할 수 없으며, 전화, 편지, 인터넷 등의 매체를 활용하여 의사소통을 해야 한다. 둘째, 항상 매체를 사용해야 하기 때문에 기술적인 지원이 필요하다. 원격교육에 참여하는 학습자나 교수자는 직접적인 대면을 하지 않고 매체에 의존한 의사소통을 해야 한다. 따라서 매체와 관련된 기술적인 문제가 발생하면 의사소통을 원천적으로 할 수 없게 되기 때문에 원격교육을 실행할 수 없다. 따라서 효과적인 원격교육을 수행하기 위해서는 기술적인 문제를 해결하기 위한 지원체계가 잘 갖추어져 있어야만 한다. 셋째, 설계 및 개발에 많은 시간과 비용이 투입되어야 한다. 원격교육은 교실 수업과 달리 즉시적인 피드백을 주고받을 수 없기 때문에 학습자가 학습내용을 잘 이해하고 있는가를 확인하기 어렵다. 그렇기 때문에 학습자가 학습내용을 잘 이해할 수 있도록 학습내용을 잘 조직화해야 한다. 결국 효과적인 원격수업을 하기 위해서는 설계와 개발에 많은 비용과 노력이 투자되어야 한다.

② 원격교육의 장단점

원격교육의 장점을 살펴보면, 다음과 같다.

- 시간과 공간적 제약성을 극복할 수 있다: 시간과 공간적 제약성을 극복할 수 있다는 점은 원격교육이 갖는 대표적인 장점이라고 할 수 있다. 특히, 학습자는 자신이 원하는 장소와 시간에 학습을 할 수 있어서 학습에 대한 자기주도성을 발휘하기 쉽다.
- 많은 학습자들이 동시에 수강할 수 있다: 원격교육에서는 공간적인 제약 없이 교육을 실시할 수 있기 때문에 한꺼번에 많은 수의 학습자가 참여할 수 있다.
- 비용면에서 경제적이다: 교실 수업과 다르게 많은 수의 학습자가 교육을 받을 수 있기 때문에 1인당 교육비가 비교적 저렴한 편이라고 할 수 있다. 원격교육을 위한 시스템을 구축하기 위해서 초기에 투입되는 비용을 제외하면, 교육 시스템을 관리하고 유지하는 데 상대적으로 저렴한 비용이 들어간다. 또한 원격교육을 위하여 개발된 수업 자료는 여러 번 반복하여 사용될 수 있기 때문에 교육비용을 낮출 수 있다.
- 최신 학습 자료를 사용할 수 있다: 특히, 인터넷을 기반으로 하는 원격교육은 수시로 최신 학습 자료를 전달할 수 있다. 교실 수업에서는 주로 인쇄형 자료를 이용하기 때문에 최신 자료를 제공하는 것이 쉽지 않다.
- 원 거리에서의 협력 학습이 가능하다: 원격교육은 여러 지역의 학습자가 함께 교육을 받을 수 있기 때문에 학습자들끼리의 협력 학습이 원활하게 이루어질 수 있다. 서로 다른 지역에 거주하고 있더라도 원격교육 시스템을 통하여 서로 협력할 수 있으며, 자료의 공유도 매우 쉽게 할 수 있다.
- 높은 상호작용을 할 수 있다: 상호작용은 교사와 학습자 혹은 학습자와 학습자 사이의 의사소통을 의미한다. 교실수업을 할 때 교사는 학습자와 매우 밀도 있는 상호작용을 할 수 있다. 그렇지만 교실수업에서의 상호작용은 수업이 진행되는 동안에만 상호작용을 할 수 있다는 제한점을 갖는다. 그러나 원격교육에서는 시간에 구애받지 않고 질문을 올

리거나 답변을 제공할 수 있기 때문에 더 높은 상호작용이 가능해 질 수 있다.

원격교육은 이러한 장점에도 불구하고 몇 가지 단점을 갖고 있다.

- 초기 투자비용이 많다: 원격교육을 시행하기 위해서는 초기에 투자해야 하는 비용이 많다. 시스템을 구축하고 교수-학습 자료를 개발하기 위하여 많은 비용이 투자되어야 한다는 것이 단점이다.
- 학습내용에 대한 평가가 쉽지 않다: 원격교육은 전적으로 학습자의 자기주도성에 의해서 학습이 이루어진다. 시공간적인 제한에 구애되지 않는다는 장점을 갖고 있는 반면에 학습자의 실제적인 학습활동을 확인하기가 쉽지 않다. 따라서 학습자가 어느 정도 학습을 하고 있으며 학습한 내용에 대한 평가가 쉽지 않다. 이러한 단점을 극복하기 위하여 다양한 평가방법이 시도되고 있다.
- 많은 지원부서가 필요하다: 원격교육은 교실수업과 달리 기술적인 지원이나 원격 매체를 관리하기 위한 지원부서가 있어야 한다. 기술적인 지원이라는 것은 각종 첨단 매체의 활용과 시스템의 관리를 의미한다. 원격교육에서 사용될 교수자료의 개발과 학습자의 접속을 도와주기 위한 지원도 필요하다. 그래서 원격교육은 일반적인 교육에 필요한 지원 이외에도 추가적으로 더 많은 지원부서가 있어야 한다.

3) 교육정보화와 ICT 활용교육

정보통신기술의 발달과 더불어 현대는 지식중심사회로 변모하고 있다. 이러한 시대의 변화에 맞추기 위하여 우리나라는 1997년에 교육정보화 종합계획을 발표하면서 학교현장에 정보통신기술을 활용하여 교육의 효과성을 높이려는 노력을 하고 있다. 특히 7차 교육과정에서는 모든 학습자들이 국민

공통 기본 교육과정에서 정보통신공학(ICT: Information and Communication Technology)에 관한 소양교육을 받도록 하고 있다. 이 계획에 따르면 학생들은 초등학교 1학년부터 주당 1시간씩 정보통신공학 교육을 체계적으로 시행하여, 고등학교를 졸업하는 시점에서는 모든 학습자들이 최소한의 ICT 활용 능력을 갖출 수 있을 것으로 기대되고 있다.

현재 교육인적자원부에서 추진하고 있는 ICT 활용영역은 1) ICT를 기초로 정보를 다루는 능력, 2) ICT 활용에 필요한 지식, 기능, 정보 윤리 등을 고르게 습득할 수 있는 내용의 선정, 3) 교과의 학습과 일상생활에서 당면하는 다양한 문제의 해결활동이 연계되도록 실용성을 강화, 4) 지역사회의 요구 및 학교의 교육 여건, 5) 학생의 능력 등을 반영하여 융통성 있게 적용으로 구분하여 살펴 볼 수 있다(교육인적자원부, 2003).

이상의 내용을 정리해 보면, 현재 우리나라에서 추진하고 있는 ICT활용 교육의 기본방향은 다음의 네 가지로 정리될 수 있다(백영균 외, 2003). 첫째, 효과적 교수학습목표 달성을 위한 정보통신공학의 도구적 활용이다. ICT 활용은 정보통신공학을 도구적 수단으로 활용하기 위한 것이다. 따라서 정보통신공학의 장점을 적극적으로 활용하여 교수학습목표를 효과적으로 달성하는 것이 중요하다. 둘째, 학습자의 자기주도적 학습능력의 신장시키기 위한 것이다. 정보통신공학의 발달로 학습자들은 자신의 학습을 증진시키기 위하여 다양한 학습정보들을 수집, 분석, 활용할 수 있게 되었다. 이러한 학습 환경을 바탕으로 학습자들은 스스로 문제를 해결하기 위한 자기주도적인 학습능력을 향상시킬 수 있을 것이다. 셋째, 교과의 특성 및 학습자의 정보통신 기술 수준을 고려해야 한다. 정보통신공학을 활용한 교수방법이 다른 매체를 활용한 교수방법에 비하여 대체로 효과적일 수 있다. 그러나 정보통신공학의 효과성을 충분히 살리기 위해서는 교과의 특성을 정확하게 파악해야 하며 학습자의 정보소양 능력을 감안해야 할 것이다. 넷째, 정보통신윤리의 자연스러운 습득을 유도할 수 있어야 한다. 정보통신기술의 발달과 더불어 지적자산에 대한 보호와 개인정보에 대한 관심이 높아지고 있다. 정보통신공학을 활용한 수업활동을 통하여 정보통신 활용에 대한 윤리 의식을 강화할 수 있을 것이다.

함께 토론해 볼 만한 주제

(1) 교육공학의 각 활동영역별로 사례를 들고 구체적인 역할을 논의해 보자.
(2) 교육공학의 역사를 통하여 시청각 매체가 어떠한 용도로 활용되었는가를 논의해 보자.
(3) ADDIE 모형에 따라서 교수설계를 실시할 때 각 단계별로 교사가 해야 할 것들을 조사해 보자.
(4) 교수매체 유형별로 실제 교과수업에서 활용된 사례를 찾아보고 장단점을 토론해 보자.
(5) 컴퓨터보조 수업의 사례를 찾아서 조사해 보고 전통적인 수업방식과 비교하여 장단점을 논의해 보자.
(6) 원격교육의 장단점을 고려하여 초·중등학교에서 원격교육을 활용할 수 있는 방법을 논의해 보자.

참고문헌

교육인적자원부(2003). 초중등교육정화백서. 교육인적자원부.

김동식, 박인우 역(2003). 멀티미디어와 학습: 설계 및 개발. 서울: 피어슨.

박숙희, 염명숙(2002). 교수학습과 교육공학. 서울: 학지사.

백영균, 박주성, 한승록, 김정겸, 최명숙, 변호승, 박정환, 강신천(2003). 교육방법 및 교육공학. 서울: 학지사.

변영계, 이상수(2003). 수업설계. 서울: 학지사.

윤정일, 허형, 이성호, 이용남, 박철홍, 박인우(2002). 신교육의 이해. 서울: 학지사.

이종연(2004). 교육공학의 이해와 적용. 서울: 원미사.

조미헌, 김민경, 김미량, 이옥화, 허희옥(2004). e-Learning컨텐츠 설계. 서울: 교육과학사.

Reiser, R. A., & Dempsey, J. V. (2002). *Trends and issues in Instructional Design and Technology*. New Jersey: Meririll and Prentice Hall.

Rogers, E. M. (1962). *Diffusion of Innovation*. NY. The Free Press.

Seels, B. B., & Richey, R. C. (1994). *Instructional technology: The definition and domains of the field*. Washington DC: Association for Educational Communications and Technology.

제8장 생활지도와 상담

생활지도는 교과지도와 함께 학교교육에서 주요 두 축을 구성한다. 본 장에서는 생활지도의 개념과 원리, 생활지도의 활동과 내용, 그리고 생활지도에서 가장 중요한 상담 활동에 대하여 설명한다.

1. 생활지도의 개념과 원리

1) 생활지도의 개념

생활지도란 학생 자신과 그를 둘러싼 현실 환경을 이해하여 건전한 적응이 가능하도록 돕는 활동을 말한다(이영덕, 정원식, 1994). 일시적인 해결이나 구체적인 행동의 변화보다는 인간의 전반적인 성장 발달을 촉진하여 각자가 자아실현할 수 있도록 돕는 행위를 말한다.

생활지도에서는 개인이 관심의 대상이 된다. 여기서 말하는 개인이란 학교 상황에서의 학생을 뜻하며, 보다 구체적으로는 정상적인 발달 과정에 있는 학생을 의미한다. 그러므로 생활지도에 있어서는 전체보다는 개인이 일차적인 관심의 대상이 된다.

생활지도는 자기 자신과 현실 환경의 이해를 돕는 활동이다. 이것은 개인으로 하여금 자기 자신에 대한 객관적인 이해에 의하여 자기 정체감을 확립하고, 아울러 자기 자신을 둘러싸고 있는 환경 조건에 대한 현실적인 이해를 할 수 있도록 돕는다는 것이다. 이와 같은 이해는 건전한 적응의 전제가 되는 것이다.

생활지도는 조력을 제공하는 것이다. 사람들이 문제에 직면했을 때 그 문제를 해결해야 할 주체는 본인이며, 생활지도는 전문적인 조력을 제공하는 것뿐이다. 이러한 관점은 자율적인 문제 해결에 의해 자기 지도력을 함양하려는 의도에서 비롯된 것이다.

생활지도는 의도적인 지도 활동이다. 학교교육에서 생활지도는 교과지도와 병행하는 비교과적 활동이며, 그러면서도 분명한 의도에 의하여 조직화된 교육 활동이라는 점이 강조되고 있다.

이렇게 볼 때 생활지도는 일부 소수의 문제아를 지도하는 방법이라고 생각하거나, 어떤 사건이 있을 때 그것을 해결하기 위한 수단이라고 생각하는 것은 생활지도의 의미를 제대로 인식하지 못한 결과라고 할 것이다. 생활지도는 모든 학생들의 성장 발달을 촉진하여 자아실현을 할 수 있도록 하는 중요한 교육 활동이라는 점을 인식할 필요가 있다.

2) 생활지도의 원리

생활지도는 종래의 훈육과는 크게 다르다. 사람을 지도하는 기본 관점에 있어서도 차이가 있지만은 방법 면에 있어서도 지도의 원리가 다르다. 훈육에서는 일방적인 규칙, 억압, 처벌을 중시하지만은 생활지도에서는 그렇지 않다(이영덕, 정원식, 1994).

생활지도는 모든 학생을 대상으로 한다. 지능이 낮고 공부를 못하는 어린이, 신체적인 결함이 있어서 사회적으로 고립되어 있는 학생만이 생활지도의 대상이 되는 것이 아니다. 지능이 높고 공부를 잘하며, 신체적으로도 정상적일 뿐만 아니라 건강하고, 사회적으로 잘 수용되어 있는 하생도 생활지도의 대상이 된다. 소수의 문제 아동에 국한된 지도보다는 오히려 정상적인 학생을 대상으로 그들의 개인적인 특징을 발견하고 신장시켜 주는, 보다 적극적인 지도가 강조된다.

생활지도는 처벌보다는 지도를 앞세운다. 과거의 전통적인 지도는 처벌 위주였다고 볼 수 있는데, 처벌은 인간의 행동을 일시적으로 중단시킬 수는 있어도 결코 근본적인 행동의 변화를 가져오기는 어렵다. 처벌이나 억압적인 방법보다는 아동을 이해하고, 좋은 점을 인정해 주면서 지도하는 것이 필요하다.

생활지도는 치료보다 예방에 중점을 둔다. 학교에서 일어나는 사건이나 흔히 볼 수 있는 개인적인 문제 등을 살펴보면, 조금만 예방지도를 했어도 그와 같은 사건과 문제는 일어나지 않았을 것이라고 후회하는 경우가 많다. 치료보다는 예방하는 지도가 보다 손쉽고 노력이 적게 든다.

생활지도는 과학적인 근거를 기초로 한다. 생활지도의 문제를 찾아내어 그 문제의 원인을 규명하고, 문제 해결을 위한 조치를 취하는 이 모든 것이 상식적인 판단에 기초해서는 안 된다. 왜냐하면 주관적이고 상식적인 판단이 큰 착오를 가져오는 경우가 많기 때문이다. 각종 심리검사는 비록 완전하지는 못하더라도 우리의 주관적인 판단을 시정해 줄 수 있는 중요한 역할을 한다. 그러니 과학적인 방법과 수단을 지나치게 절대시하거나 맹신하는 태도는 바람직하지 않다. 심리검사는 어디까지나 어떤 판단과 해석을 내리는 과정에서 보조적인 역할을 하는 것뿐이다.

생활지도는 자율성을 기본 원리로 한다. 모든 사람이 스스로를 다스리고 규율을 지킬 때에 진정한 민주 사회로의 발전이 이룩될 수 있다. 민주 교육은 그 모든 교육의 실제에 있어서 타율보다는 자율을 강조한다. 생활지도도 민주 교육이라는 테두리 내에 있다. 어린 학생들에게 자율을 기대하는 것은 지나치다는 주장도 있을 수 있다. 그러나 중요한 것은 결과가 아니라 과정이며, 자율적으로 생각하고 행동해 보는 경험이 더욱 귀중한 것이다.

2. 생활지도의 활동과 내용

지도해야 할 학생들의 문제 성격에 따라 지도 계획과 지도 장면을 다르게 구성해야 할 것이다. 또한 어떤 지도 기술을 적용할 것이냐에 따라서 생활지도 활동의 방법은 달라질 것이다. 지도 방법에 따라서 생활지도 활동을 분류하면, 학생 이해 활동, 정보 제공 활동, 상담 활동, 정치(定置) 활동, 추수(追隨) 활동 등으로 나눌 수 있다. 이 중에서 상담활동은 좀 더 자세히 살펴보기 위하여 제3절 및 제4절에서 다루고자 한다.

1) 학생 이해 활동

잘된 생활지도에는 정확한 학생 이해가 전제되어야 하는데, 그러기 위해서는 학생 조사 활동이 이루어져야 한다. 이때에는 학생의 가정환경, 출신 학교의 성적, 학업 적성 또는 지적 능력, 신체 및 정신 건강, 교외 생활, 학습 및 직업 흥미, 특수 능력, 성격, 장래 계획 등이 조사 대상이다. 조사의 주된 방법은 심리검사인데, 기타 필요하다고 생각되는 각종 도구가 동원될 수 있다.

2) 정보 제공 활동

정보 제공 활동은 학생들이 바라는 것과, 학생들에게 필요한 각종 정보 및 자료를 제공하여 학생들이 개인적 성장과 사회적 적응을 이루도록 돕는 활동이다. 이는 학생들로 하여금 그들의 제 문제를 해결하는 데 필요한 기본 지식을 갖게 하고, 자기 자신의 문제를 스스로 자율적으로 처리할 책임성을 기르며, 더 나아가 자기 발달을 촉진하고 그 장애 요인을 탐색하고 인식하도록 돕기 위한 것이다.

학생들에게 제공되는 정보에는 교육 정보, 직업 정보, 개인적 또는 사회적인 정보 등이 있을 수 있다. 교육 정보란 현재는 물론 장래에 있을 수 있는 여러 가지 교육 기회와 필요한 준비물에 관한 모든 형태의 자료를 말한다. 직업 정보란 직장, 직업, 직종에 관한 각종 자료를 말한다. 개인적 또는 사회적 정보는 개인 이해와 타인 이해에 관한 정보를 말하는데, 그중 사회적 정보는 대인 관계에 영향을 주는 인적 및 물리적 환경에 관한 정보들이고, 개인적 정보는 학생으로 하여금 자기 자신을 보다 잘 이해하고 다른 사람과의 관계를 개선하는 데 도움이 되게 하는 인간에 관한 정보를 의미한다.

3) 정치(定置) 활동

정치 활동이란 취업 지도, 진학 지도, 학과 선택 지도 등에서 자신과 진로를 정확하게 이해하여 자기 자신의 자리지움(placement)을 현명하게 선택하는 데 조력하는 활동이다. 이와 같은 정치 활동은 학교 학과 선택이나, 선택과목이나 특별 활동 반의 선택, 홈룸 활동이나 동아리 활동의 부서 선택 같은 교육적 정치와, 직장의 알선이나 직업 선택과 진로 선택, 부직 알선 같은 직업적 정치 활동으로 대별된다.

4) 추수(追隨) 활동

추수 활동은 지도를 받은 학생들의 추후 적응 상태를 항상 보살피고, 부적응에 대한 조력과 보다 나은 적응을 돕는 활동이다. 추수 활동은 면밀한 생활지도 계획의 일환으로 이루어지는 경우도 있으나 우발적으로 이루어지는 경우도 있다.

생활지도 과정에서의 지도와 조언이 어떤 결과로 나타나는지를 알아보고자 할 때, 또는 더 필요한 도움이 무엇인지를 알고자 할 때 이 활동이 필요하다. 사례 연구의 대상이 되었거나 집중적으로 교정 지도를 받고 있는 학생에 대한 추수 지도 활동이 있을 수 있다. 졸업생과 그 밖의 중퇴자에 대한 추수 지도도 있다. 졸업 예정자들 중 직장을 얻고자 하는 학생이나 상급 학교에 진학하고자 하는 학생들에 대한 추수 지도도 있다.

3. 상담 활동

생활지도 활동의 중심은 역시 상담 활동이다. 상담 활동에 대한 좀 더 자세한 내용을 서술하면 다음과 같다.

1) 상담의 개념

상담(counseling)은 이와 유사한 심리치료(psychic therapy)와 대비해서 이해하는 것이 편리하다. 상담과 심리치료는 내담자가 갖고 있는 문제의 심각성 정도에 따른 구분이지, 정상인 대상 또는 비정상인 대상의 구분이 아니다. 문제의 상황이 현실적인 불안일 경우에는 상담이, 신경증적 불안일 경우에는 심리치료가 필요하다. 조력 활동의 목표가 인간의 전반적인 성장과 발달일 경우에는 상담이, 장애를 제거하고 완화하는 것이 목표일 경우에는 심리치료가 적합하다.

2) 상담 이론

상담 이론 중 정신분석학적 접근은 인간 행동의 근원에는 무의식이 존재한다는 것을 가정한다. 무의식의 대부분은 본능들로 구성되어 있는데, 이 본능을 근원으로 하는 정신적 에너지는 신체적 에너지와 호환적 관계를 갖고 있다고 본다. 예를 들어 청소년들의 비행이 문제가 될 때, 외현적인 행동 그 자체가 중요한 것이 아니라 그러한 행동을 자아낸 내면의 동기가 밝혀져야 한다는 것이다. 청소년들의 비행에 대해 처벌하거나 선도하는 것은 일시적인 효과만 있을 뿐 근본적인 해결책이 되지 못한다. 비행을 저지르도록 충동한 무의식적 동기를 내담자들이 의식화하도록 도움으로써 근본적인 해결이 가능하다고 본다.

실존주의적 접근은 자기의 독특한 세계를 인정하고 이해하도록 돕는 것을 중시한다. 다시 말해 고민하는 인간 존재의 참 뜻을 이해하도록 하는 것이다. 정신적인 것을 의식화하여 자기를 객관화하고 책임질 수 있게 될 때 비로소 문제가 해결되었다고 본다. 예를 들어 무력감이나 무가치 감각에 젖어 있는 내담자에게는 인간의 존엄성을 인식하도록 돕는 것이 중요하다. 고독과 소외감에 시달리는 내담자에게는 그것들이 인간의 본래적인 속성이며, 오히려 고독하고 소외감을 느끼기 때문에 인간들은 보다 적극적인 자유를 구가할 수 있다는 점을 인식시키는 것이 중요하다.

특성 요인 중심 접근, 즉 지시적 상담은 상담자가 내담자에게 적극적으로 지시하고 앞으로의 바람직한 방향도 제시하는 것을 강조한다. 반면에 자아이론적 접근, 즉 비지시적 상담은 내담자가 상담을 요청할 때에는 이미 해결 방안을 갖고 있으며, 다만 상담을 통해 그 해결 방안을 확인하는 것에 지나지 않는다는 입장을 취한다. 따라서 상담자는 내담자의 말을 들어 주는 것만으로도 훌륭한 상담이 이루어진다고 본다. 오히려 상담자가 조언을 자제하는 것이 바람직하다는 것이다.

행동주의적 접근은 내담자들의 구체적인 행동을 대상으로 한다. 행동은 학습되며 조형될 수 있다는 입장을 취한다. 따라서 적절한 조건과 강화를 통해 바람직한 행동을 학습하는 것은 물론, 바람직하지 않은 행동을 소거할 수도 있다는 것이다. 예를 들어 시험 불안이 있는 내담자가 있을 때, 불안의 요소를 끄집어내어 완화시키거나 제거할 수 있다. 내담자가 성취하고자 하는 목표를 적절히 조절하도록 하거나, 시험 후 보상을 제공하여 시험이 쾌감을 줄 수 있음을 조건화시키는 것이다.

생태주의적 접근은 환경이 인간 행동을 결정한다는 입장에서 환경과 유기체의 관계를 강조한다. 예를 들어 부적응 행동을 보이는 아동이 있을 때, 그 아동의 개인적인 특성이나 문제로 보지 않고, 그 아동을 둘러싼 환경에 비정상적이고 병리적인 요소가 있는지를 밝히는 것을 중시한다.

3) 상담의 과정

상담이 이루어지는 과정을 보면 우선, 내담자가 자의로 상담을 요청하는지를 확인해야 한다. 마지못해 상담을 요청하는 내담자는 상담이 소기의 결과를 얻기 전에 그만둘 가능성이 많다. 그런 다음 상담 상황을 규정한다. 상담자가 만능이 아니며, 같이 노력하여 최선의 결과를 기대할 뿐이라는 점을 인식시킬 필요가 있다. 상담 상황에 대한 규정이 합의되면 내담자가 감정을 자유롭게 표현하도록 한다. 이때 라포(rapport)가 형성되어 있어야 하며, 상담자가 내담자의 부정적인 감정을 수용하고, 얽힌 감정들을 정리해 줄 필요가 있다. 그런 다음에는 내담자의 부정적인 감정과 긍정적인 감정의 충돌을 유도하는 질문을 한다. 예를 들어 아빠를 미워하는 내담자에게 "그래도 아빠에게는 이런 좋은 점이 있지 않습니까?"라고 질문을 한다. 또한 상담자는 내담자의 긍정적인 감정을 수용한다. 이때 주의할 것은 내담자의 긍정적인 감정을 칭찬하는 것과는 구분될 필요가 있다는 점이다. 이쯤 되면 내담자에게 자기 이해와 통찰이 생성된다. 그리고 의사결정의 길이 선명해지기 시작한다. 더 나아가 긍정적 행동을 취하기 시작한다. 이때 내담자가 긍정적인 행동을 하도록 외부에서 압력을 가해서는 안 된다. 상담이 더 진전되면 보다 완전한 자기 이해가 가능해지고 보다 통정된 긍정적 행동을 더 많이 하게 된다. 최종 단계에 다다르면 내담자가 상담의 종결을 희망한다.

4) 상담 관계

상담이 성공적으로 이루어지기 위해서는 상담 관계가 잘 형성되어야 한다. 상담 관계(rapport)는 수용, 공감적 이해, 일치의 3요소를 갖출 때 성립한다. 수용은 내담자 그 자체는 물론 인간의 제 특성을 받아들이는 것을 말한다. 이는 인간의 가치와 존엄성을 기반으로 한다. 공감적 이해는 감정이입(感情移入)적인 이해를 의미하는데, 내담자의 언어적 의미를 넘어 선 이면의 감정을 이해하고, 내담자의 궁극적인 동기를 이해하는 것을 말한다. 이때 상담자는 제3의 귀를 가져야 한다. 일치감을 갖기 위해서는 상담자와 내담자가 진지해야 하고, 상담 문제는 물론 상담의 진행 상황이 명료해야 하며, 다른 의도가 없이 순수해야 한다.

4. 사이버 상담

컴퓨터와 휴대폰 등의 보급이 확대되면서 상담의 방식도 이에 따라 변하고 있다. 전통적인 면대면 상담이나 전화 상담보다 사이버 상담(Cyber Counseling)이 더욱 보편화되고 있다. 사이버 상담은 말 그대로 가상공간에서 이루어지는 전문 상담을 말한다(임은미 외, 2000). 사이버 상담은 도움을 필요로 하는 사람, 즉 내담자의 문제를 해결하고 생각, 감정, 행동상의 성장을 위해 노력하는 상담 과정을 사이버 공간에서 수행하는 것을 말한다. 그렇기 때문에 대면 상담과 목적은 동일하되 그 목적을 이루기 위해 사용하는 매체가 다르고, 그 방법상의 특징으로 인해 전통 상담과 여러 가지 차이가 있다.

1) 사이버 상담의 특징

(1) 컴퓨터를 이용한 상담

사이버 상담의 가장 두드러진 외형적 특징으로는 상담자와 내담자가 실제로 만나서 상담이 이루어지는 것이 아니라 컴퓨터를 매개로 하여 상담자와 내담자가 의사소통을 한다는 점이다. 상담자는 내담자의 문제나 감정, 생각, 행동상의 특징을 단지 컴퓨터 모니터 화면에 올려진 문자나 영상을 통해서만 파악할 수 있다.

(2) 시간적 제약 극복

면대면 상담이나 전화를 이용한 상담의 경우 상담이 이루어지는 데는 시간적 제약이 있다. 우선 상담자와 내담자가 서로 시간이 맞아야 상담이 가능하다. 그러나 사이버 상담의 경우 즉시 이루어지는 채팅 상담을 제외하면, 어느 시간대에나 내담자가 상담실을 이용할 수 있다. 사이트에 올려놓은 상담 사례나 문제 해결에 도움을 받을 수 있는 다양한 자료, 음악 파일, 동영상 등은 상담자가 근무하지 않는 시간에도 내담자에게 개방될 수 있다. 또 내담자가 상담을 받고 싶을 경우, 자신이 편리한 시간에 도움을 요청하는 편지를 전자 메일로 상담실에 띄우면 상담자는 근무 시간에 답장을 작성해서 내담자의 E-Mail 주소로 발송할 수 있으며 내담자는 자신에게 편리한 시간에 답장을 열어 볼 수 있다.

(3) 공간적 제약 극복

면대면 상담에서는 주로 내담자가 상담실을 방문해야 한다. 이때 내담자는 상담을 받기 위해 상담실까지 가는 물리적인 거리를 고려해야 하고 상담자는 상담을 하기 위한 물리적인 시설을 갖추고 있어야 한다. 그러나 사이버 상담은 이러한 공간과 시간적인 고려 사항을 필수적인 요인으로 요구하지 않는다. 이로 인해 상담실과 멀리 떨어진 곳에 살고 있는 내담자도 사이버 상담을 받을 수 있다. 내담자는 개인 방에서, 학교에서 또는 PC방에서 언제든지 상담이 가능하다.

(4) 문자 중심의 의사소통

사이버 상담은 주로 문자를 통해 이루어진다. 내담자의 감정, 사고, 행동이 문자를 통해 상담자에게 전달되고, 내담자에게 보내는 상담자의 배려, 경청, 이해, 설명 등의 메시지가 문자를 통해 전달된다. 문자 중심의 의사소통은 전달하려는 내용이 간단하거나 모호하지 않은 경우에는 효과적으로 사용될 수 있지만, 내용이 복잡하거나 애매하고 다양한 정서적인 내용을 담고 있을 경우에는 제한적인 의사소통이 되기도 한다. 문자만으로 정서적인 표현이 어려운 상황에서 대안으로 문자를 조합한 이모티콘(emoticon)이 쓰이기도 한다. 예를 들면, ・ ・(눈웃음), ・_・(웃는 얼굴), ・_*(윙크) 등과 같은 것이 있다.

(5) 익명성

익명성이란 자신의 이름을 드러내지 않는 것을 말한다. 면대면 상담의 경우에는 내담자가 상담을 받기 위해서는 상담 신청서에 자신의 인적 사항을 기록하게 되어 있다. 면대면 상담에서는 상담자와 내담자가 실제로 얼굴을 마주할 뿐 아니라 상담 신청서에 표기된 직업, 주거 상태, 가족 상황 등의 정보를 보면서 상담을 하게 된다.

사이버 상담에서는 상대방의 목소리도 듣지 못하기 때문에 내담자의 진짜 성(gender)조차 모르는 상태에서 상담을 진행해야 하는 경우도 있다. 상담자가 상담 도중 내담자의 성, 이름, 신분 등에 대해서 물어볼 수 있지만 일부러 묻지 않거나 상담자가 물어도 내담자가 대답하지 않으면 내담자의 인적 사항이 거의 파악되지 않을 수도 있다.

2) 사이버 상담 방법

(1) 실시간 채팅 상담

채팅(Chat Rooms)은 통신망으로 연결된 컴퓨터에서 문자 메시지를 서로 교환하면서 상호 간에 대화를 하는 것을 말한다. 채팅 상담은 채팅 방식을 이용하여 상담자와 내담자가 대화를 나누면서 내담자의 문제 해결과 성장을 조력하는 과정이다. 채팅 상담은 메일 상담보다 상담자와 직접 대화하는 느낌을 받을 수 있으면서도 대면 상담과 달리 얼굴을 대해야 하는 두려움이 없기 때문에 내담자가 사적인 고민을 털어놓기가 용이한 장점이 있다.

(2) 영상 상담

전자 기술의 발전으로 이제는 음성과 영상을 별 불편 없이 인터넷상으로 주고받을 수 있게 되었다. 그리하여 이전에는 주로 문자 채팅에 의존하던 것이 얼굴을 보면서 보통 일상 대화하듯이 상담을 하는 것이 가능해졌다. 영상 상담이 발전하면 면접 상담과 사이버 상담의 장점이 합쳐져서 훨씬 효과적인 상담 방법이 될 것이다.

(3) 전자 우편(E-Mail) 상담

전자 우편(E-Mail)은 electronic mail의 약자로서, 한 명의 사람이 컴퓨터 통신망을 이용하여 다른 한 명 또는 여러 명의 사람에게 동시에 정보를 전달하는 시스템이다. 전자 우편을 통해 내담자는 자신의 고민 사항을 상담자에게 전달하고 상담자는 그에 대한 공감이나 해결책 등을 내담자에게 답장으로 전달함으로써 상담이 이루어진다. 다른 사람에게 내용이 공개되는 것을 꺼리는 내담자가 비밀이 보장되는 상황에서 이용할 수 있는 상담 형식이다. 상담자와 내담자의 일대일 관계에서 깊은 내용의 상담이 이루어질 수 있으며, 한 회로 끝나는 것이 아니라 몇 회에 걸쳐서 상담이 이루어질 수도 있다. 전자 우편 상담은 편지를 주고받는다는 면에서 기존의 서신 상담과 유사하지만 전달 속도가 매우 빠르고 편리하다는 점에서 다르다. 편지 내용을 봉투에 봉하거나 우표를 붙이거나 우체통에 갈 필요가 없고, 대개의 편지가 1～2분 내에 상대방에게 전달된다.

(4) 게시판 상담

게시판 상담은 사이버 상담실의 메뉴에 게시판을 개설하여, 내담자가 자신의 고민을 게시판에 올려놓으면 상담자가 답을 해 주고, 때로는 다른 제3자가 그 고민에 대한 답을 해 줌으로써 여러 사람과 함께 고민과 해결책을 공유할 수 있는 상담 형태다. 전자 우편 형식과 유사하면서도 전자 우편의 내용은 특정 내담자와 상담자가 주고받는 비밀 상담 형식인 반면, 게시판 상담의 내용은 다수에게 무제한적으로 공개된다는 점에서 차이가 있다.

(5) 데이터베이스(DB: Data Base)를 이용한 상담

데이터베이스는 하나의 조직 안에서 다수의 사용자들이 공동으로 사용하기 위하여 통합되고 저장된 운영 자료의 집합을 말한다. 인간의 문제를 이해하고 해석하고 해결해 나가는 데 도움을 줄 수 있는 여러 가지 자료들을 서버에 저장해 놓고 일반에게 공개하는 것을 '데이터베이스를 이용한 상담'이라고 한다. 문자 매체든 영상 매체든 상담 관련 정보를 저장해 놓고 이용자들이 언제든지 와서 읽고 볼 수 있는 형태로 운영되고 있다.

(6) 멀티미디어(Multimedia)를 이용한 상담

최근 들어 글과 그림, 영상과 소리 등 여러 가지의 매체를 사용하여 정보를 전달하는 매체인 멀티미디어의 사용이 급증하는 추세에 있다. 멀티미디어 구축이 가능한 개인용 컴퓨터들이 널리 보급되고 있으며, 정보 자료를 멀티미디어로 전환하는 기술이 발달함에 따라서, 사용자들의 다양한 욕구를 충족시키기 위한 멀티미디어의 사용이 점점 보편화되고 있다. 사이버 상담에서도 동영상이나 음악을 이용하여 더욱 재미있고 생생하게 자료를 꾸밀 수 있고, 정서 순화를 도울 수 있을 것이다.

3) 사이버 상담의 효과

(1) 풍부하고 용이한 정보 획득

사이버 상담의 큰 장점으로는 내담자가 자신의 문제 해결에 도움이 되는 풍부한 자료를 용이하게 찾아볼 수 있다는 데 있다. 면대면 상담이 한 명의 상담자와 깊은 관계 속에서 자신의 문제에 대한 통찰을 얻고 해결책을 찾아가고, 삶을 설계할 수 있는 장점이 있다면, 사이버 상담을 통한 풍부한 정보 획득은 내담자로 하여금 보다 넓은 조망을 가지도록 하는 데 도움이 된다.

(2) 신속한 상담 관계 형성

사이버 상담에서는 상대방이 실제로 어떤 사람인지 판단하기 어렵다. 이런 점만 생각하면 상담자와 내담자 간에 신뢰할 수 있는 관계를 형성한다는 것이 매우 어려울 것처럼 보이고, 그래서 사이버 공간에서 만나는 사람을 완전히 신뢰하기 어려운 면도 있다. 그러나 사이버 상담에서 익명성은 상담자와 내담자의 상담 관계에 있어 효과적인 면을 제공하기도 한다. 익명성으로 인해 상담자를 의식하지 않고 자신의 의견을 보다 자유롭고 솔직하게 표현할 수 있다. 따라서 사이버 상담에서는 대면 상담에서보다 시간과 노력을 덜 기울이고도 기본적인 상담 관계가 쉽게 맺어질 수 있으며, 상대방의 표정이나 모습과 같은 정보가 주어지지 않으므로 문자로 표현된 내용에 더 초점을 맞추고 상담을 하게 된다.

(3) 감정정화(catharsis) 기능

감정정화는 억압된 감정이나 심리적 에너지가 충분히 표현되고 방출되어 긴장이 완화되는 상태를 말한다. 내담자들이 일상에서 받는 스트레스로 인해 부정적 정서에 압도되어 있을 때 누구에겐가 자신의 감정을 쏟아놓으면

카타르시스를 경험하게 된다. 사이버 상담은 익명의 특성이 있어서 상대방이나 주위 환경의 방해를 받지 않고 자신의 감정과 생각을 있는 그대로 표현할 수 있는 장이 될 수 있다.

(4) 내담자의 자발적 참여

사이버 상담에서는 내담자가 익명으로 문자를 통해서 상담에 응하기 때문에 대면 상담에서 만나는 내담자보다 상담 과정에서 더 많은 통제력과 주도성을 갖게 된다. 자신에 관한 정보를 선택적으로 공개할 수도 있고, 언제든지 상담을 중단해 버릴 수도 있다. 상담자 쪽에서 보면, 상대적으로 통제권을 내담자에게 빼앗기는 느낌을 가질 수도 있다.

그러나 특히 청소년의 경우 대면 상담에서는 부모나 선생님의 권유로 억지로 상담실에 오게 되는 경우가 있지만, 사이버 상담에서는 내담자 본인이 문제의식을 가지고 해결하기 위해서 자발적으로 찾아오는 사례가 대부분이다. 이런 점에서 사이버 상담에서의 내담자들은 상담 동기가 높다고 볼 수 있으며, 이는 곧 사이버 상담의 큰 장점 중의 하나다.

함께 토론할 주제

(1) 상담 전담 교사를 별도로 지정하여 운영하는 방안과 학급담임 혹은 교과 담임 교사가 분담하는 방안 중 어느 것이 학교교육에서 더 효과적인지 논의해 보자.

(2) 학교에서 성공해 본 경험이 거의 없는 한 학생을 위한 상담 계획을 짤 때 어떤 점에 가장 유의해야 할 것인지를 논의해 보자.

(3) 청소년 비행이나 집단 따돌림(이른바 왕따) 현상을 학교에서 처리하지 않고, 오히려 학교 밖의 언론에서 자주 보도하는 것은 어떤 부작용을 낳을 수 있는지 논의해 보자.

참고문헌

이영덕, 정원식(1994). 생활지도의 원리와 실제. 서울: 교육과학사.

임은미, 이영선, 김지은(2000). 사이버진로상담 지침서(이메일 상담을 중심으로). 한국청소년상담원.

더 읽어볼 책

Freud, S., 오태환 역(1992). 정신분석 입문. 서울: 선영사.

Fromm, E., 한완상, 마상조 역(1990). 소유냐 존재냐. 서울: 전망사.

함께 볼 만한 비디오

장규성 연출, 『선생 김봉두』. 좋은영화사 제작, 2003년

Peter Weir 연출, 『죽은 시인의 사회(Dead Poets Society)』. Steven Haft 제작, 1989년

Ron Howard 연출, 『A Beautiful Mind』. Universal Pictures and DreamWorks Pictures 제작, 2001년.

추천 사이트

인터넷 상담 전문 사이트 카운피아: www.counpia.com

한국청소년상담원 사이버상담실: www.YouCoNet.or.kr

제9장
교육과 행정제도

교육학에 입문하고자 하는 사람이나, 초 · 중등 교사가 되기 위해 교사양성 교육을 받고 있는 예비교사들은 대체로 교육행정학이 공부하기 어렵고 딱딱하다는 인상을 갖고 있는 것으로 보인다. '교육'을 생각할 때 그것은 우선 교실에서 아이들을 가르치는 일을 떠올리게 되고, 나아가 그 가르치는 일에 필요한 학생과 교과에 대한 지식 그리고 잘 가르치는 방법이나 기술을 생각하기 때문이다. 또한 교육행정은 국가의 교육을 맡은 소위 '높은 사람들'이나 학교장이나 교감과 같이 학교의 '어른'들이 수행하는 역할이기 때문에, 예비교사들이나 평교사들에게는 아직 관심을 갖기에는 먼 '남의 나라 이야기' 쯤으로 인식하는 경향도 없지 않다.

그러나 현대의 교육은 사회적이고 공공적인 활동이다. 또한 교육활동은 국가 사회의 여러 부문들과 밀접한 관련 속에서 준비되고 운영되는 체계적이고 전문적인 활동이다. 현대사회에 있어 교육은 단순히 개인 차원의 일이 아니라 한 국가의 시민으로서 누려야 할 권리자 의무며, 이러한 국민적 권리자 의무는 사회 전체 혹은 국가의 책임하에 준비되어 실행된다. 또한 국가 사회는 국민의 교육에 관한 권리를 보장 · 강화하고 교육이념을 실현하기 위해 제도와 기구 및 그 운영규칙을 만든다. 필요한 공공재정을 투입하여 다양한 학교를 만들고, 교사를 양성 · 관리할 뿐 아니라, 학생들의 교육적 성취를 평가하여 소기의 책무를 다하고자 한다. 아울러 오늘날의 교육활동은 정치, 경제, 사회, 문화 등 넓은 의미의 사회현상과 밀접한 영향을 주고받으며 이루어지는 의도적이고 체계적인 활동이다.

이때 주목되는 점은, 교육행정 활동이 형식교육의 최일선에서 활동하는 교사들이나 미래의 예비교사들에게 직 · 간접적인 영향을 미치는 매우 현실적인 요인이라는 사실이다. 가까운 예를 들어, 일선교사들은 학교가 많이 변하고 있지만 단위학교 행정의 책임자인 학교장의 승인 없이는 학교에서 무엇 하나 제대로 하기 어렵다고 말한다. 학교장은 여전히 단위학교 경영의 중심이며 권력자다. 이렇듯 교육행정은 먼 나라의 남의 이야기가 아니라 바로 현장교사들의 가르치는 일과 조직 구성원으로서의 삶 그리고 학생들의 배우는 일에 큰 영향을 미친다. 물론, 교육행정에 관한 깊은 지식이나 경험이 없어도 개별교사들은 교실에서 자신의 교육관과 교육능력으로 학생들을 가르칠 수 있고 실제 가르치고 있기도 하다. 그러나 사회적 · 공공적 성격을 가진 현대의 교육과 단위학교 운영의 체계 그리고 일선 교사들의 일상적 삶을 이해하기 위해서 교육행정에 대한 기초적 지식은 필수적이다.

교육행정은 넓은 의미에서 교육학의 한 하위영역이며, 응용적이고 실천적인 학문이다. 교육행정은 인간과 학교조직 및 국가정책의 복잡성과 역동성을 이해하고자 하며 이를 위해 철학, 심리학, 사회학, 행정학, 정치학, 사회심리학, 인류학 등 여러 학문들의 의미 있는 연구결과를 응용하여 교육현상에 적용하기도 한다. 또한 교육행정은 교육현장의 구체적인 개선과 발전을 지향한다는 점에서 현장 지향적인 활동이다. 실천적인 학문이자 행위라는 의미에서, 교육행정은 역동적인 교육의 현실세계를 지탱하고 끌어가는 힘의 작용관계를 이해하게 하는 매력 있고 재미있는 학문이다.

이 장에서는 먼저 [그림 9-1]과 같은 모형을 제시하고, 이 모형에 기초하여 교육행정의 관심영역과 그 관계를 개괄적으로 설명하고자 한다.

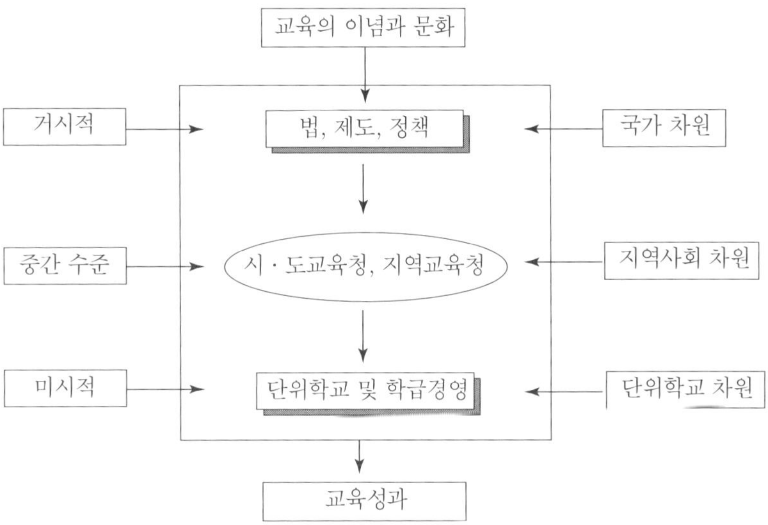

[그림 9-1] 교육행정의 이해 모형

1. 교육의 이념과 문화

교육의 이념은 시대와 사회에 따라 변화한다. 동 · 서양의 특정 시대와 사회의 지배적인 교육이념은 교육철학적인 탐구문제이며 교육사회학적 논쟁거리이기도 하다. 그러나 한 가지 분명한 사실은 모든 시대를 살아가는 사람들의 사회와 삶에 대한 가치와 열망이 다르고, 교육에 대한 기대와 바람도 역시 다르다는 점이다. 교육을 통해 길러내고자 하는 인간의 모습도 다르고, 사람들이 교육을 통해 이루고자 하는 목적도 다르다.

시대와 사회의 이념과 가치는 교육행정 활동의 중심적 가치와 지향점에 영향을 미치는 거시적인 요소다. 교육의 이념과 가치에 따라 다양한 교육제도가 확립되고 운영되기 때문이다. 예컨대, 근대 산업화시대의 교육이념이 계몽성과 사회적 · 산업적인 효율성을 중시했다면, 현대의 교육이념은 학습자 존중과 교육 운영의 평등 그리고 민주성을 강조한다. 전자가 교육의 국가 사회적인 가치를 우선했다면, 후자는 개인의 욕구와 다양성을 존중한다.

또한 국가 사회적인 교육이념과 사회 구성원들이 보여 주는 교육적 가치는 오랜 세월에 걸쳐 상호작용하며 하나의 독특한 교육문화를 형성한다. 교육문화는 교육에 대한 사람들의 기대, 가치, 행동양식 등의 이면에 있는 행동의 원리다. 교육행정은 그러한 교육문화를 반영하며 또한 변화를 견인하기도 한다. 예컨대, 학부모들은 자식을 낳으면 서울로 보내야 하고 내 자식이 잘되면 다른 것은 문제가 되지 않는다고 생각하는 경향이 있으며, 학교 행정가는 자신이 경영하는 학교가 최고이어야 하며, 교육정책 담당자들은 감독과 통제를 통한 교육의 효율성을 극대화해야 한다고 생각해 왔다. 이는 우리가 잘 알고 있는 우리나라의 획일적이고 권위적인 교육행정과 서울 중심의 경쟁적이고 출세 지향적인 교육문화를 일컫는 이야기들 중의 일부분이다. 교육행정은 이러한 문화에 반응하기도 하고, 때로는 교육문화가 갖는 문제점을 개선하기 위한 변화 주도적인 역할을 하기도 한다.

교육의 이념과 문화는 한 사회 국가의 교육법, 교육제도 및 교육정책에 스며들어 있다. 따라서 교육행정을 거시적으로 이해하기 위해서는 우선 모든 교육 관련 법의 법원인 헌법에 명시된 교육이념과 그것을 실천하기 위한 교육제도 및 교육정책에 관한 주요 내용을 파악해야 한다. 이는 교육행정 현상을 이해하기 위한 국가 사회적 수준의 커다란 줄기를 찾는 일이며, 교육에 관련된 각종 문제와 열띤 논쟁에 대한 해석과 판단 기준을 탐색하는 일이기도 하다.

2. 교육행정의 거시적 차원

1) 헌법과 하위 법규

헌법은 모든 법규의 최상위에 있는 최고의 법규범으로 교육법의 궁극적인 법원이 된다. 헌법의 기본원리는 민주주의, 사회적 시장경제주의, 문화주의, 평화주의다. 민주주의는 인간의 존엄과 가치를 구현하기 위하여 자유와 평등을 핵심사항으로 하며, 정치적 공동체로서의 원리다. 사회적 시장주의 혹은 복지국가의 원리는 계약자유를 내용으로 한 사적 자치의 원리와 개인의 재산권 보장이 중심내용이다. 문화주의는 문화 활동의 자유가 보장되고 문화가 국가로부터 보호 · 지원되는 원리다. 또한 평화주의는 대외정책의 기본원리다(표시열, 2002: 35-40).

우리나라 헌법은 9차에 걸친 개정 과정을 통하여 최근의 현행 헌법(1987년 10월 29일 제정)의 교육조항을 가지게 되었다. 교육에 관하여 직접적으로 규정하고 있는 「직접조항」은 31조에서 6항으로 나뉘어 규정되어 있고, 교육에 관하여 직접적으로 규정하고 있지는 않으나 직 · 간접적으로 관계 있는「간접조항」은 국제조약과 법규(제6조), 인권존중(제10조), 평등권(제11조), 거주 · 이전의 자유(제14조), 양심의 자유(제19조), 언론 · 출판의 자유(제21조), 학문 · 예술의 자유(제22조) 등 여러 조항들이 있다(안기성, 1988: 51-63).

헌법에서 교육에 관한 직접조항은 여섯 개 조항으로 구성되어 있으며 구체적인 내용은 다음과 같다.

첫째, 모든 국민은 능력에 따라 균등하게 교육을 받을 권리를 가진다(균등하게 교육을 받을 권리).

둘째, 모든 국민은 그 보호하는 자녀에게 적어도 초등교육과 법률이 정하는 교육을 받게 할 의무를 진다(보호하는 자녀에게 교육을 받게 할 의무).

셋째, 의무교육은 무상으로 한다(의무교육의 무상).

넷째, 교육의 자주성, 전문성, 정치적 중립성 및 대학의 자율성은 법률이 정하는 바에 의하여 보장된다(교육의 자주성, 전문성, 정치적 중립성 및 대학의 자율성 보호).

다섯째, 국가는 평생교육을 진흥하여야 한다(국가의 평생교육 진흥의무).

여섯째, 학교교육 및 평생교육을 포함한 교육제도와 그 운영, 교육재정 및 교원의 지위에 관한 기본적인 사항은 법률로 정한다(법률주의).

헌법에 직·간접적으로 명시된 교육이념에 따라 교육기본법, 초·중등교육법, 고등교육법, 사립학교법, 평생교육법, 지방교육자치에 관한 법률, 교육공무원법, 지방교육재정교부금법, 교원지위향상을 위한 특별법 등이 제정·운영되고 있다. 헌법의 이념과 하위법률에 대한 좀 더 깊이 있는 공부는 교육행정학 혹은 교육법 교과에서 이루어질 것으로 본다.

2) 교육제도

교육제도는 가족제도, 정치제도, 경제제도, 종교제도 등과 같이 기본적인 사회제도의 일부이며, 한 나라의 교육은 이 제도적 기반 위에서 정책이 구현되고 행정이 이루어진다. 특히 교육제도는 법제화를 통해 조직과 형태의 안정성과 형식성을 확보하게 되며, 국가 사회의 의도적 교육활동의 특정한 형식과 조직을 통해 비교적 안정되고 영속적인 형태를 갖추게 된다. 교육제도는 국가의 교육이념 및 교육목적을 달성하기 위한 국가적 차원의 인위적 장치로서, 교육활동(교육목적, 교육내용, 교육방법, 교육평가 등), 학생, 교원, 교육기관, 교과용 도서 그리고 조직·기구 등에 관한 표준을 총칭하는 개념이다(서울대 교육연구소, 1998: 762-763). 바꾸어 말하면, 교육제도란 국가 사회의 다양한 교육이 이루어지는 큰 틀이라고 할 수 있다. 교육제도는 분류하는 방법에 따라 여러 가지로 분류할 수 있지만, 역시 교육제도의 중심은 학교교육제도(학제)와 교육행정제도로 볼 수 있다.

6-3-3-4제로 표시되는 우리나라의 현행 학교제도는 여덟 차례의 개정을

거쳐 오늘에 이르렀다. 제정 당시의 5대 기본 원칙은 국민의 능력을 자유롭게 최고로 발휘할 수 있는 제도일 것, 교육기회가 균등한 제도일 것, 교육보급과 향상을 용이하게 달성할 수 있고 발전적 내용을 담은 제도일 것, 우리의 국가 사정에 적절한 제도일 것, 국제교육수준에 대응할 수 있는 제도일 것 등이었으며, 부분적인 제도 보완을 거듭해 왔지만 50여 년 동안 우리나라 교육의 기본구조를 형성해 왔다(서울대 교육연구소, 1998: 771).

또한 교육행정제도란 교육행정에 관한 일체의 작용이나 활동을 법률에 의해 구체적으로 조직화한 것(권기욱 외, 2000: 311)이며, 크게 중앙의 교육행정조직과 지방교육자치제도 및 단위학교의 행정제도로 대별된다. 또한 중앙의 교육행정제도는 대통령, 국무회의와 국무총리, 교육인적자원부로 구성된다.

현행 지방교육자치제도는 1991. 3. 8 법률 제4347호로 제정되고 2006. 12. 20 전문 개정된 '지방교육자치에 관한 법률(법률 제8069호)' 에 기초하고 있다. 지방교육자치제도는 시 · 도 의회에 교육 · 학예에 관한 의안과 청원 등을 심사 · 의결하는 상임위원회로서의 교육위원회와 시 · 도 교육 · 학예에 관한 사무의 집행기관으로서의 교육감을 두고 있다. 교육위원과 교육감의 임기는 4년이며 정당의 당원이 아니어야 한다. 또한 교육위원과 교육감은 모두 주민의 보통 · 평등 · 직접 · 비밀선거에 따라 선출하도록 하고 있다.

사실, 교육행정제도 부분에서 지방교육자치제도는 우리나라 교육민주화를 위한 숙원사업 중의 하나로 인식되어 왔다. 오늘날의 지방교육자치제도는 1952년 교육법 시행령 제정 및 지방자치의 실시에 따라 시 · 군 · 구 단위의 교육자치제가 출범하였으나, 5 · 16 군사쿠데타로 인하여 잠시 중단되고, 그 이후에는 명목상의 교육자치가 유지되어 오는 등 우여곡절을 겪어 왔다. 문제는 그러한 역사적 제도 변천과정에서 우리 교육에 만연된 중앙집권적이고 권위주의적인 감독 · 통제 중심의 관료적 교육행정의 폐해가 컸다는 점에 있다. 따라서 비민주적이고 비교육적인 오랜 교육행정 관행을 민주적인 분권과 자율 및 책무성을 근간으로 하는 지방교육자치제도를 통해 개선할 수 있다는 희망을 가져온 것은 자연스러운 일이다.

그러나 교육감과 교육위원 선거에서 나타나곤 하는 정치판을 빼닮은 과열 혼탁 선거양상은 교육주체들의 직접선거에 의한 지방교육자치제도가 진정 우리에게 적합한 것인지 의문을 갖게 하기도 한다. 우리는 이 문제를 지방자치제도를 시행하는 과정에서 볼 수 있는 일시적인 과도기적 진통쯤으로 보아야 할 것인가, 아니면 우리에게 보다 적합한 제도 창출을 위한 시험과정으로 인식하고 우리의 교육문화에 보다 적합한 새로운 제도를 모색하는 계기로 인식해야 할 것인가? 이는 연구와 탐색이 필요한 문제이며, 실제 학계에서도 논쟁과 모색이 끊이지 않는 사안이다.

3) 교육정책

우리는 일상생활 가운데, 고등학교 평준화정책이 어떤 문제가 있고, 7차 교육과정이 학교현장에 적용되는 과정에서 정책적으로 의도하지 않은 결과가 나타나고 있다거나, 교원정책이 변화해야 한다거나, 대학교육정책이 잘못되었다거나, 교육정책이 제대로 되어야 우리 교육이 변할 수 있다는 등 소위 교육정책에 관련된 이야기를 자주 듣고 있다. 이러한 현상은 교육정책이 우리의 일상생활과 학교현장 교육에 직접적인 영향을 주는 교육행정적 요소임을 잘 드러내고 있는 것이다. 그렇다면 교육정책이란 무엇이며, 교육정책을 어떻게 이해해야 할까?

우선 교육정책이란 학자들에 따라서 그 의미가 무척 다양하게 정의되어 왔지만, 대체로 사회적 · 공공적 · 조직적 활동으로서의 교육활동에 관하여 국민과 지방주민의 동의를 바탕으로 하면서 국가 또는 지방공공단체의 공권력을 배경으로 강행되는 기본방침 또는 지침을 의미하며 그것은 교육활동의 목적 · 수단 · 방법 등에 관한 최적 대안을 의도적 · 합리적으로 선택한 것(김종철 · 이종재, 1994: 151-152)을 말한다. 이러한 교육정책 개념에는 여러 가지 의미가 내포되어 있다. 첫째, 교육정책은 우연한 혹은 임기응변의 행동이 아니라 필연적인 결과를 수반하는 목표 지향적인 활동이며, 둘째, 일정한 과정 혹은 모형을 갖춘 활동으로 구성되고, 셋째, 단순한 의사가 아닌 실제적인 행위이며, 넷째, 법률 또는 권위를 근거로 하여 수행되는 활동이다(최희선, 1983: 3).

교육정책의 유형도 다양하게 구별할 수 있다. 우선 평생교육적 관점에서, 취학 전 교육정책, 학교교육정책, 성인교육정책 및 노인교육정책으로 대별할 수 있다. 또한 학교교육정책이라 할지라도 학교 수준에 따라 초등교육정책, 중등교육정책, 고등교육정책 등으로 구분할 수 있다. 윤정일 외(1996)처럼 사회적 쟁점이 되고 있는 정책을 중심으로 의무교육정책, 고등학교 평준화정책, 사학정책, 교육환경정책, 과외정책, 대학입학 전형제도, 대학평가 인정제, 대학총장 선임제도, 교원양성 및 임용정책, 교육재정정책 등으로 유형화해 볼 수도 있다. 그 외에도 정책의 내용에 따라 교과서, 교원, 교육시설, 교육재정, 교육환경, 학생복지 등의 여러 정책을 생각할 수도 있다. 또한 역사적인 관점에서 시대별로 교육정책을 다룰 수도 있다. 예컨대, 우리나라 개화기의 교육정책, 일제강점기의 교육정책, 미 군정기의 교육정책, 1960~70년대 경제개발시대의 교육정책, 1980년대 군사독재시대의 교육정책, 1990년대 민주화시대의 교육정책, 21세기 정보화와 지식기반사회의 교육정책 등 기나긴 시간의 여정에서 우리 교육에 큰 획을 남긴 역사적 시점을 중심으로 교육정책을 살펴볼 수도 있다. 바꾸어 말하면, 교육정책은 사회의 역사와 인간의 생애발달과정이라는 수직적 차원과 교육의 대상과 내용이라는 수평적 차원에 의해서 아주 다양하게 유형화할 수 있다.

또한 교육정책은 다양한 요인들에 의해서 영향을 받으며 의제화 · 결정 · 집행 · 평가의 순환과정을 거치는 역동적 현상으로 이를 그림으로 나타내면 [그림 9-2]와 같다. 우선 하나의 교육문제가 사회적 공공문제로 대두되어 정부의 주요 교육정책 대상으로 진입하는 과정에는 대통령, 교육인적자원부, 국회와 정당, 이익집단, 매스컴, 연구기관과 학계, 학부모 등 여러 교육 관련 주체들이 개입한다. 이어 관점과 이해를 달리하는 교육 관련 집단들 간

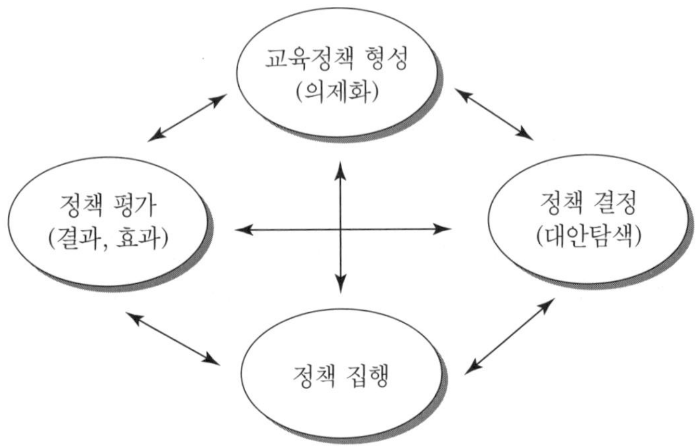

[그림 9-2] 교육정책 이해 모형

에 갈등이 발생하기도 하고, 이의 조정과정을 통해 하나의 교육정책이 결정 · 집행된다.

우리나라에서 교육정책 결정자는 대통령, 국회, 교육인적자원부장관, 교육위원회, 교육감, 교육장 등이다. 또한 청와대, 국무총리실, 재정경제원, 총무처 등과 같은 유관기관과의 협의를 거쳐 특정 교육정책의 시행에 필요한 예산과 인력을 배정받게 된다. 언론은 보도기능과 감독기능을 통해 교육정책을 해석하거나 비판하기도 한다. 이렇게 결정된 교육정책은 교육위원회, 교육청, 단위학교라는 교육정책 집행자를 통해 해석되고 집행수단이 결정된다. 한국학술진흥재단, 대한교원공제회, 사립학교교원연금관리공단 등의 기관도 해당 업무에 관한 교육정책 집행을 담당하고 있다. 이 중 교육인적자원부의 실장 · 과장이 중앙의 교육정책 집행에 대하여, 교육위원회의 국 · 과장과 교육구청 · 교육청의 과장 · 계장이 지방의 교육정책 집행에 대하여 중요한 역할을 담당하고 있다(김창곤, 1990).

최종적으로 하나의 교육정책은 능률성, 효과성, 충족성, 형평성, 대응성 등과 같은 준거에 의해 평가된다. 능률성은 정책목표를 달성하는 데 투입된 것과 산출의 비율을, 효과성은 가치 있는 결과의 성취 정도를, 충족성은 성과의 정도가 전체 욕구 수준에 어느 정도 부합하느냐를, 형평성은 비용과 편익이 여러 집단 사이에 동등하게 배분된 정도를, 대응성은 성취된 교육정책 결과가 교육과 관련된 집단의 요구, 선호, 가치 등을 만족시킨 정도를 의미한다(정일환, 2000: 190-191). 또한 일련의 순환과정을 통해 특정 교육정책이 지속적으로 존속 · 보완되거나 소멸될 수도 있다. 이와 같은 교육정책 현상에 대한 설명을 좀 더 이해하기 쉽도록 그림으로 나타내면 [그림 9-3]과 같다.

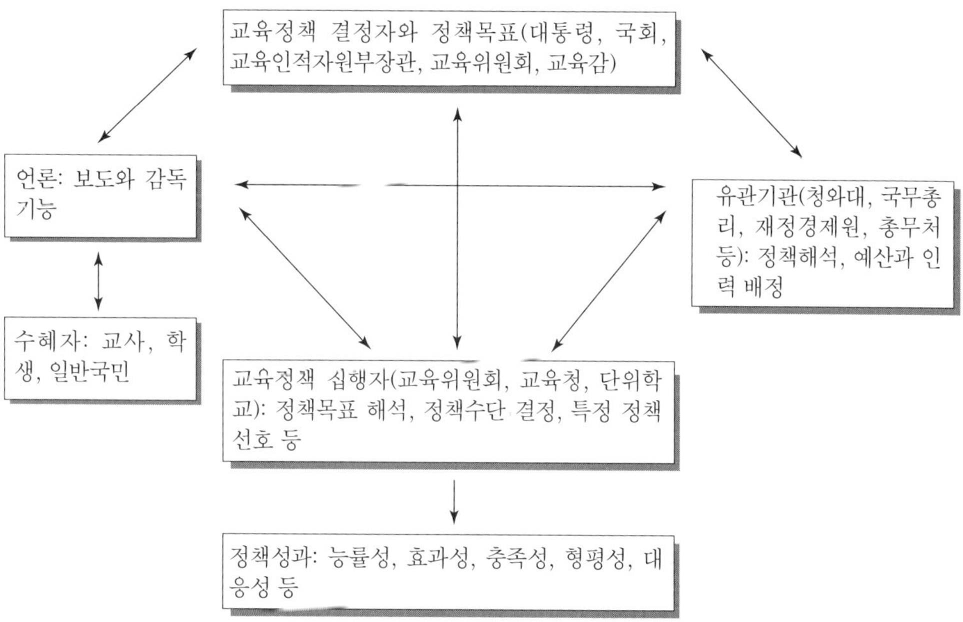

[그림 9-3] 교육정책 현상에 영향을 미치는 제 요인 간의 관계

출처: 김창곤(1990), 교육학 연구, 28(2), 47쪽 재구성.

오늘날과 같은 민주화시대에는 교육정책 결정과 집행과정에는 많은 집단이 참여하기 때문에, 예전 권위주의 시대에는 보기 힘들었던 교육정책 이념과 목표 및 집행과정에 적지 않은 이견과 대립이 생기고 있다. 이러한 현상은 우리 교육계의 발전을 위한 동력이 되기도 하고, 때로는 교육계의 불화와 반목 그리고 갈등을 유발하는 문제요인으로 작용하기도 한다. 따라서 교육계의 갈등해결이 중요한 정책문제로 대두되고 있다는 점에 주목할 필요가 있다.

그러한 의미에서 교육계의 첨예한 대립과 갈등을 야기했던 교원정년 단축정책, 교원성과급제도, 교육행정정보시스템(NEIS) 도입과정은 교육정책의 입안, 결정, 이의 제기, 타협과 조정 등의 흐름과 그 과정에서 파생된 갈등현상을 이해하기 위하여 조사하고 토론해 볼 만한 주제라고 판단된다.

3. 교육행정의 중간수준 차원

우리나라의 교육행정조직은 중앙교육행정기관인 교육인적자원부와 지방교육행정기관인 교육청으로 구성되어 있다. 지방교육행정기관인 교육청은 다시 시 · 도 단위의 광역교육청과 시 · 군 · 구 단위의 지역교육청으로 나눌 수 있다. 각 교육행정기관은 우리나라 전체의 교육과 행정의 관계 속에서 형성된 기본적인 역할과 기능에 따라 운영되고, 운영을 위한 조직구조와 편제가 법규에 근거하여 갖춰져 있다.

우리나라의 교육행정 환경 속에서 지역교육청은 교육행정이 이루어지는 위계구조 속에서 교육인적자원부와 시 · 도교육청 등 상급 교육행정기관과 단위학교 사이에 존재한다. 지역교육청은 교육행정기관의 하부에 위치하면서도 실제 교육활동이 이루어지는 단위학교와 직접적으로 연계되어 있기 때문에 교육행정의 최전선에 위치하고 있다고 볼 수 있다(유현숙 외, 1999: 47).

1999년 4월 현재 전국에는 16개 시 · 도교육청과 180개 지역교육청이 있으며, 이들 교육청이 관할하는 학교 수는 총 17,095개교, 학생 수는 6,294,081명으로 나타나고 있다. 이러한 방대한 규모는 단위학교 교육활동에 대한 지원을 핵심 업무로 하는 지역교육청의 역할을 잘 말해준다(유현숙 외, 2000: 74).

1) 시 · 도교육청

시 · 도교육청은 시 · 도의 교육 · 학예에 관한 사무의 집행기관으로 교육감을 설치하도록 하는 「지방교육자치에 관한 법률」에 의거하여 설치된다. 동 법에서는 교육감의 지위와 권한, 보조기관 및 소속 교육기관의 설치, 하급 교육행정기관의 설치 등에 관해 규정하고 있다. 그리고 과의 하부조직과 분장 사무에 관한 사항은 시 · 도의 교육규칙으로 정하고 있다(정진환, 1999: 45).

현재 시 · 도교육청의 하부조직은 각 시 · 도에 따라 약간씩 편제를 달리하고 있다. 교육청 조직의 특징은 학무와 관리업무를 구분하여 계선조직 위주로 편성되어 있다는 점이다. 학무국에서는 초 · 중등교육 전반에 대한 장학과 인사 및 학사업무를 중심으로 교육활동을 직접 담당하며, 관리국에서는 학교시설 · 재정 등 교육활동을 지원하도록 직제를 편성하고 있다.

2) 지역교육청

시 · 도의 교육 · 학예에 관한 사무를 분장하기 위하여 1개 또는 2개 이상의 시 · 군 및 자치구를 관할구역으로 하는 하급 교육행정기관(이하 지역교육청이라 함)을 두고 있다. 교육청에 교육장을 두어 장학관으로 보하고, 시 · 도의 교육 · 학예에 관한 사무 중 중학교 이하 각급 학교의 운영 · 관리에 관한 지도 · 감독, 기타 시 · 도의 조례로 정하는 사무를 위임받아 분장하고 있다(정진환, 1997: 47).

일반적으로 지역교육청의 직제는 세 가지 유형으로 나눌 수 있다. 첫 번째는 학무국과 관리국을 두는 지역교육청이 있고, 두 번째는 학무과 · 평생교육체육과 · 관리과 및 재무과를 두는 지역교육청이 있다. 세 번째는 기타에 해당하는 지역교육청으로써 학무과 및 관리과를 두는 교육청이 있다(김형관 · 오영재 · 신현석, 2000: 68-69).

지역교육청은 일선학교와 긴밀하게 연계되어 교육활동을 직접 지원하는 기능이 중심이 되어야 함에도 불구하고, 늘 권위주의적이고 행정편의주의적이며 감시와 감독 위주의 업무수행 행태를 보인다는 비판을 받아왔다. 단위학교를 감시하고 간섭하는, 귀찮고 부담만 주는 기관으로서의 이미지를 벗어나지 못하고 있는 것이다. 따라서 지역교육청은 향후 학교 교육활동에 대해 지원 중심적이고, 전문적이며, 민주적인 역할을 수행하는 기관으로 바뀌어야 한다. 이러한 관점에서 지역교육청의 바람직한 역할을 보다 구체적으로 제시하면 다음과 같다(유현숙 외, 2000: 76-78).

첫째, 지역교육청은 상위 교육행정기관과 단위학교 간의 조정 및 중재자로서의 역할을 수행해야 한다. 지역교육청이 교육행정체제 속에서 능동적으로 조정 및 중재자로서의 역할을 수행하기 위해서는 자율재량권이 우선적으로 확보되어야 한다.

둘째, 지역교육청은 학교교육의 전문적 조언자로서의 역할을 수행해야 한다. 국제화 · 정보화된 사회에서 교육이 경쟁력을 갖추려면 교육활동을 지원하는 행정이 전문화되어야 한다.

셋째, 지역교육청은 단위학교의 경영능력을 신장시키는 지원자로서의 역할을 수행해야 한다. 우리나라의 지역교육청은 일정한 장학을 통해 교육기능을 수행하고 있기는 하지만, 대부분 지역교육청 자체의 행정이나 단위학교에 대한 사무관리 위주의 행정에 치중하고 있는 실정이어서 이의 발전적 변화가 요청된다.

넷째, 지역교육청은 지방화시대에 요구되는 지역사회와 학교의 연결자로서의 역할을 수행해야 한다.

4. 교육행정의 미시적 차원

1) 단위학교경영

단위학교경영은 일반적으로 단위학교에서 교육활동에 참여하는 사람들이 교육목표를 달성하는 데 보다 효과적으로 일할 수 있도록 필요한 자원을 확보하고 여러 사람들의 노력과 자원을 조화롭게 결합해 나가는 활동(주삼환 외, 2002: 353)이라고 할 수 있다. 즉, 단위학교경영이란 단위학교 교육목표를 효과적 · 효율적으로 달성하기 위하여 학교경영의 틀을 확립하고, 인적 · 물적 자원을 확보하고 배분하며, 각 요소들이 원활하게 연계 작용할 수 있도록 이끄는 활동을 말한다. 좀 더 쉽게 설명한다면, 단위학교경영이란 하나의 학교 살림살이를 하는 것으로 비유할 수 있다.

하나의 학교가 유지되고 소기의 교육목표를 달성하려면 우수한 교사와 지원 인력을 확보 · 배치 · 평가 · 보상하는 일이 필요하고(인적 요소), 업무를 수행하는 틀과 규칙을 마련해야 한다(구조적 요소). 교육활동에 필요한 재원과 시설 그리고 기자재 등이 필요한 만큼 있어야 할 뿐 아니라 그것을 아끼고 적절하게 잘 활용해야 한다(물적 요소). 또한 학교 밖 세상의 변화에 민감하게 대응해야 하며, 학부모와 지역사회의 요구를 경청하여 학교운영에 반영해야 한다. 상급기관에서 내려오는 행정적 업무도 차질 없이 수행해야 한다(환경적 요소). 가족 몇이 생활하는 한 가정의 살림살이조차 잘 하기가 쉽지 않음에 비추어 생각해 볼 때, 하물며 해야 할 일도 다양하고 말도 많은 복잡하고 역동적인 학교조직을 잘 경영하기 위해서는 높은 전문적 능력과 남다른 지혜가 필요하다는 것을 쉽게 알 수 있을 것이다.

이와 같은 학교경영이 내포하고 있는 영역과 활동내용을 참고로 하여 여러분들이 이해하기 쉬운 간단한 모형을 두 가지 예시하면 [그림 9-4], [그림 9-5]와 같다. [그림 9-4]는 단위학교경영의 요소를 평면적으로 나타낸 것이

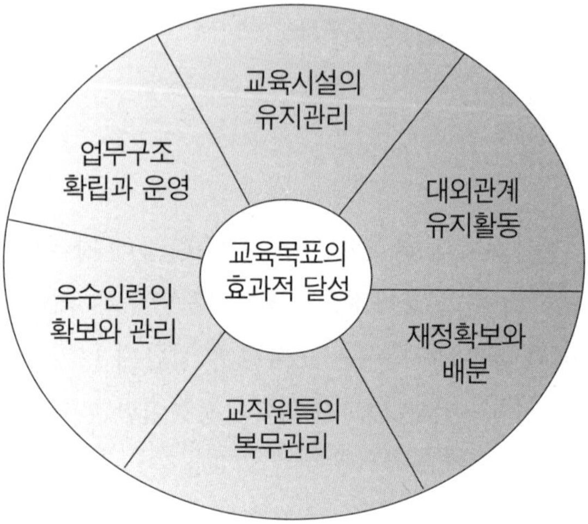

[그림 9-4] 단위학교경영의 구성요소

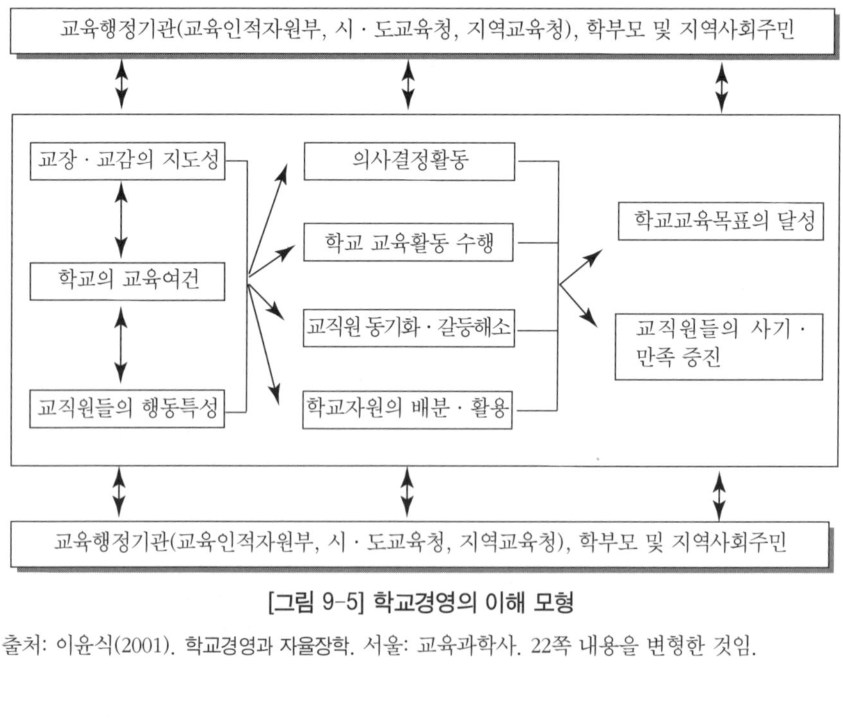

[그림 9-5] 학교경영의 이해 모형

출처: 이윤식(2001). 학교경영과 자율장학. 서울: 교육과학사. 22쪽 내용을 변형한 것임.

고, [그림 9-5]는 단위학교경영의 요소와 움직임 및 그 관계를 좀 더 역동적으로 표현하고 있다.

단위학교를 경영한다는 것은 단순히 주어진 인적 · 물적 · 구조적 · 환경적 조건을 효율적으로 관리하는 차원에 그치지 않는다. 학교 구성원들의 마음과 열정을 모아서 아직도 위계적이고 감독과 통제의 부정적 이미지가 많은 학교조직을 참여와 자율 그리고 책무성을 중시하는 공동체로 변화시키는 리더십이 필요하다(오영재, 2002). 이러한 의미를 갖는 단위학교경영을 이야기할 때 빼놓을 수 없는 것이 학교장의 역할이다. 학교장은 단위학교경영의 주도자이며 최종 책임자이기 때문이다. 그러나 최근 단위학교경영은 학교장 중심에서 학교운영위원회를 중심으로 하는 공동체 경영 개념으로 바뀌고 있는 점에 주목해야 한다.

따라서 아래의 교장에 대한 설명을 문제의식으로 하여, 학교장의 바람직한 역할에 대해서 조사하고 토론하는 기회를 가져보는 것이 단위학교경영의 영역과 그 변화 경향을 이해하는 데 도움이 될 것으로 보이며, 나아가 교육행정을 공부하는 재미도 더할 것으로 생각된다.

교장은 '학교'라는 '소 공화국의 대통령'이다. 교실과 교정을 영토로 삼고, 교사와 학생을 국민으로 삼아, '교육'이라는 국시를 달성하는 지도자이다. 그만큼 교장은 높고 귀한 존재이며, 막중한 책임을 진 존재이다. 교장의 자리는 존경과 도전, 아부와 험담, 고독이 함께 주어지는 묘한 자리이다. 교장은 교사들의 '꽃'이요 '꿈'이다. 교사들은 교장이 되고 싶어 한다. 그러나 아무나 교장이 될 수 없다. 교장이 되기 위해서는 '실력'이 있어야 하지만 '운'도 따라야 한다. 교장이 되기도 어렵지만 교장일을 잘하기는 더 힘들다. 예전에는 교장이 '뒷짐 지고 여기저기 왔다 갔다 하는 사람' 또는 '공문에 줄 긋고 도장이나 찍는 사람'으로 인식되기도 하였다. 그러나 지금은 사정이 다르다. 학교장 임기제, 학교장 경영책임제, 학교운영위원회 등 여러 제도가 새롭게 등장하면서 교장에 대한 학교 안팎의 압력과 기대가 동시에 커지고 있다(조용환, 1999: 346-347).

2) 학급경영

학급경영은 교육의 행정적 접근에서 가장 미시적인 수준의 내용이다. 학급은 교사와 학생들로 구성되며, 소속된 교사와 학생들의 상호작용에 의해 개인들 간의 관계성이 결정되고 변화되는 심리적 집단이다. 그리고 학생들에게 교육이 주어지는 집단의 상황이면서, 각자의 소속의식을 가지고 지속적으로 상호작용하는 소집단이라고 할 수 있다. 교사와 학생들은 학급에서 공식적 · 비공식적 지위와 역할을 가지면서, 교수–학습을 중심으로 하는 학습집단의 기능과 인간관계를 중심으로 하는 생활집단의 기능을 갖는다(권기욱, 1996: 12). 즉, 학급은 다양한 교육행정 활동이 최종적으로 귀착되고 거시적인 차원의 논의와 노력들이 수렴되는 아주 중요한 교육의 장이다. 학급에서 생활하며 공부하는 학생들에게 교육적으로 바람직한 변화가 일어나는데 기여하지 못한다면 그 어떤 미사여구로 교육행정을 정당화한다 할지라도 그것이 교육적으로 무슨 가치와 효용이 있을 것인가.

일반적으로 학급경영이란 중앙정부와 시 · 도교육청의 교육정책, 학교 내의 교장과 교감의 지도에 따라 담임교사가 학급을 관리하고 운영하는 활동을 말하며(주삼환 외, 2000: 385-387), 주요 활동은 다음과 같다.

① 교수–학습영역: 교과지도, 특수아 지도, 가정학습지도
② 특별활동영역: 학급활동, 클럽활동, 단체활동, 학교행사
③ 생활지도영역: 인성지도, 교우관계지도, 진로상담지도, 출결석지도
④ 교실환경영역: 교실환경 게시, 학급시설 및 비품의 유지관리, 청소지도
⑤ 학급사무영역: 학생부 기록, 각종 장부관리(출석부, 학급일지), 성적관리
⑥ 대외관계영역: 학부모 면담, 가정방문, 지역사회 협조 유도, 봉사활동 등

좀 더 구체적으로 일선학교에서 학급경영의 영역분류를 예시하면 〈표 9-

1〉과 같다. 〈표 9-1〉을 보면 교사들이 하나의 학급을 경영하기 위해 해야 할 일이 참 많다는 것을 알 수 있다. 실제 교사들의 삶과 문화에 관한 연구에서 밝혀진 것을 보면, 교사들의 일과가 매우 바쁘고 그 내용에 있어서는 다분히 반복적인 성격을 갖고 있음을 알 수 있다(오영재, 2001: 215). 그러나 학급경영이 이러한 과업의 수동적 · 반복적인 활동만을 의미하는 것은 아니다.

무엇보다 학급이라는 사회적 공간은 학생들의 다면적인 학습이 일어나는 교육적인 장이다. 학생들은 삶에 필요한 기술을 배우며, 교사와 학생들은 자신과 타인을 존중하게 되며 안정되고 긍정적인 학습경험을 얻을 수 있다. 학급활동을 통해 학생들은 자기능력에 대한 인식, 사회적 관계의 중요성 인식, 자기통제 능력, 의사결정 능력, 책임감과 봉사정신 등 사람이 사회생활을 성공적으로 수행해 나가는 데 아주 필요하고 중요한 사고방식과 능력 및 행위양식을 습득하게 된다(송경헌 외, 2000). 따라서 학급경영은 학생의 인격을 존중하고 개성을 발달시키는 '자유의 원리', 학급집단의 안전과 이익을 위하여 협동할 수 있도록 지도하는 '협동의 원리', 활동과 표현을 중시하는 '노작의 원리', 창조력과 상상력을 키우는 '창조의 원리', 학생들의 흥미를 우선하는 '흥미의 원리', 학생 · 가정 · 지역사회의 요구를 고려하는 '요구의 원리', 교사와 학생이 상호작용하는 '접근의 원리', 학급생활에 계획된 변화를 겨냥하는 '발전의 원리' (주삼환 외, 2000: 388-389)와 같은 교육적인 기준에 의하여 이루어져야 한다.

또한 학급은 교사들의 희망과 정성 그리고 아픔이 어린 곳이며, 교사로서 자신의 교육철학을 실천하는 장이다. 교사들은 자신의 교육관에 기초하여 교육목표를 세우고 그 실천과제를 설정한다. 또한 학급은 교사들이 교사생활의 승부수를 띄우는 곳이기도 하다. 자신이 맡은 학급의 학생들에게 희망을 걸고 그 아이들을 내 자식처럼 생각하고 보살피며, 그 아이들이 학업성취를 비롯한 다방면에서 다른 학급 학생들보다 뒤떨어지는 것을 싫어한다. 심지어 다른 학급 아이들과의 싸움에서 지고 오는 것도 못마땅해하기도 한

〈표 9-1〉 학급경영 영역별 과업의 예시

학습지도 경영	• 학습지도 준비: 지도안 작성, 교재연구, 교수자료 준비 • 교과지도: 주지 교과지도, 기술교과지도, 예 · 체능교과지도, 교과지도 평가 • 특별활동지도: 예체능활동지도, 취미활동지도, 기능신장지도 • 특수아지도: 지진아지도, 부진아지도, 장애아지도, 우수아지도 • 가정학습지도: 예습지도, 복습지도, 자습지도, 과제지도, 방학지도
생활지도 경영	• 인성지도: 정서안정지도, 사회성지도, 성격지도, 문제아지도, 행동누가기록과 지도 • 학급상 문제지도: 학교 · 학급생활의 적응지도, 성적부진아지도, 수업태도지도 • 진로 및 직업지도: 적성 · 흥미 · 능력에 맞는 진로지도, 직업선택지도, 1인 1기지도 • 건강지도: 안전지도, 위생지도, 급식 · 식사지도, 성교육, 신체 · 체질 · 체능검사 • 여가지도: 여가의 선택과 활용방법지도, 유용한 취미 · 오락 · 스포츠 지도, 놀이지도
환경 및 시설경영	• 게시물 관리: 아동작품 게시, 학습물 게시, 시사물 게시, 행사게시 • 시설관리: 칠판관리, 유리창관리, 전시대관리, 방송시설관리, 난방시설관리 • 비품관리: 책걸상관리, 음료대, 화분, 교수용품, 휴지통 관리 • 청소관리: 청소용구관리, 청소활동관리 • 물리적 환경관리: 채광, 통풍, 난방, 방습, 방음 관리 • 정신적 환경(풍토)관리
가정 및 지역사회 경영	• 가정과의 유대: 통지표 발송, 가정방문, 부모면담, 자모회 개최, 가정통신문 발송 • 지역사회와의 유대: 각종 홍보활동, 자매결연, 고아원 및 양로원 방문 • 지역사회자원봉사: 자원인사 초청, 현장견학, 각종 조사활동, 공공시설 이용 • 봉사활동: 마을청소 참여, 꽃길 가꾸기, 교실개방
사무경영	• 학사물관리: 생활기록부, 건강기록부, 출석부관리 및 입퇴학 처리 • 학습지도사무: 학급경영록 작성, 수업연구안 작성, 연수물 기록 • 아동기록물관리: 학급일지, 회의록, 관찰일지 관리, 일기장 및 학습장 검사 • 가정연결물관리: 통지표관리, 가정통신문관리, 가정환경조사표관리 • 각종 잡무관리: 저축관리, 제 성금관리, 각종 수집물처리, 각종 통계처리, 학급문고관리

출처: 박병량(1997). 학급경영. 서울: 학지사. pp. 28-29.

다. 교사들은 학급에서 때로는 부모처럼, 때로는 선생님으로서, 어느 경우에는 친구처럼, 학생들과 어울리면서 가르치고 스스로 배우는 과정을 통해 교육자로서의 기쁨과 보람을 느끼고 교단생활의 외로움과 고단함을 달래기도 한다.

함께 토론할 주제

(1) 우리나라 학교교육문화의 특징과 현행 공교육 위기 담론과의 관계를 논의해 보자.

(2) 다양한 교육주체들의 교육정책 결정과정에의 참여 추세가 가져올 긍정적인 점과 부정적인 점을 비교하여 검토해 보자.

(3) 현행 우리나라 지방교육자치제도의 문제와 개선방향에 대한 최근의 여러 주장들을 분석 · 종합하고 공통부분을 찾아보자.

(4) 학교운영위원회가 도입된 이후 학교에서 일어나고 있는 변화사례를 조사해 보자.

(5) 각자가 생각하는 미래의 바람직한 학교장 상에 대한 이미지를 여러 가능한 방법(글, 그림, 노래, 영상 등)으로 표현해 보자.

(6) 학급을 긍정적으로 변화시킨 학급경영 사례를 조사하여 그 변화를 가능하게 하였던 핵심요인이 무엇이었는지를 생각하여 발표해 보자.

참고문헌

권기욱(1996). 학급경영론. 서울: 원미사.

권기욱 외(2000). 교육행정의 이해. 서울: 원미사.

김종철, 이종재(1994). 교육행정의 이론과 실제. 서울: 교육과학사.

김창곤(1990). 교육정책 집행에 영향을 미치는 요인. 교육학연구, 28(2), 37-49.

김형관, 오영재, 신현석(2000). 신 장학론. 서울: 학지사.

박병량(1997). 학급경영. 서울: 학지사.

서울대 교육연구소(1998). 교육학 대백과사전. 서울: 하우동설.

송경헌 외(2000). 21세기 학급경영전략. 서울: 원미사.

안기성(1988). 헌법과 교육. 교육법학연구, 창간호, 27-74.

오영재(2001). 교단일기를 통해 본 중등교사들의 삶과 문화. 교육학연구, 39(4), 207-230.

오영재(2002). 학교행정공간의 기능과 구조에 관한 해석적 연구. 교육학연구, 40(5), 229-254.

오영재(2006). 한국 학교조직 질적 연구. 서울: 학지사.

유현숙 외(1999). 지역교육청 평가모형 개발연구. 한국교육개발원 수탁연구 CR 99-52.

유현숙 외(2000). 지역교육청 평가모형 개발연구. 교육행정학연구, 18(1), 69-95.

윤정일 외(1996). 한국교육정책의 탐구. 서울: 교육과학사.

정일환(2000). 교육정책론: 이론과 적용. 서울: 원미사.

정진환(1997). 지방 교육행정 체제와 조직의 발전. 교육행정학연구, 15(1), 33-56.

조용환(1999). 학교장의 삶과 일: 교장의 눈으로 본 학교문화. 질적 연구: 방법과 사례. 서울: 교육과학사.

주삼환 외(2000). 교육행정 및 교육경영. 서울: 학지사.

표시열(2002). 교육정책과 법. 서울: 박영사.

최희선(1983). 한국의 교육정책결정과정에 관한 연구. 서울대 박사학위논문.

더 읽어볼 책

배경내(2000). 인권은 교문 앞에서 멈춘다. 청소년 리포트②. 서울: 우리교육.

송경헌 외(2000). 성공하는 교사, 성공하는 학생을 위한 21세기 학급경영전략. 서울: 원미사.

안기성 외(1998). 한국 교육개혁의 정치학. 서울: 학지사.

이건만 · 오희진(1999). 영화로 읽는 교육학: 닫힌 학교 열린 꿈. 파주: 양서원.

이현청(2001). 미국교육의 반성: 미국이 아시아교육에서 배우고 싶어하는 것들. 서울: 원미사.

윤종건 외(2002). 전환시대의 한국교육행정. 서울: 원미사.

윤희기 역(2001). 아리스토텔레스가 제너럴모터스를 경영한다면. 서울: 도서출판 예문.

함께 볼 만한 비디오

KBS. 2000년 5월 학교이야기. 『추적 60분』. 2000. 5. 30.

SBS. 10대의 반란: 그리고 아무도 없었다. 『그것이 알고 싶다』. 2000. 7. 29.

제10장 교사론

1. 교사와 교직

1) 교사의 호칭

어떤 직업의 접미사는 직군의 사회적 신분을 나타내기도 한다. 조선시대에 공경대부(公卿大夫)와 사(士)는 사회적으로 높은 신분에 있는 양반 관료들을 지칭하는 표현이었다. 오늘날 변호사는 '사(士)'가, 그리고 판사, 검사는 '사(事)'가 붙어 있다. 반면에 교사와 의사는 '사(師)'로 표기되고 있다. 원래 사(師)는 스승이라는 뜻 이외에도 벼슬이나 군대의 우두머리[군사(軍師)], 신[神]과 같은 의미를 갖고 있다. 『논어』에 "옛 것을 깊이 이해하고 새로운 것을 안다면 사(師)가 될 수 있다."[1]라고 한 것도 어떤 의미에서는 아무나 사(師)가 되기 어렵다는 것을, 옛것과 새로운 것에 대한 역사적 의식을 갖고 있는 사람만이 다른 사람의 스승[師]이 될 수 있음을 말한 것일 수 있다.

1) '溫故而知新이면 可以爲師矣니라.' 『論語』(爲政 2-11)

원래 주(周)나라의 삼공(三公) 제도에서 유래한 사(師)는 태자의 교육을 담당하는 국가 최고의 직급으로 태사(太師), 태부(太傅), 태보(太保)의 한 역할을 말하고 있다. 우리가 스승을 높여 부를 때 사부(師傅)라 하는 것도 이와 같다. 특히 가의(賈宜)가 지은 『新書』「保傅篇」에 이르기를 "보(保)는 그 신체를 보전하는 것이요, 부(傅)는 덕의로 돕는 것이요, 사(師)는 교훈으로 인도하는 것이니, 이것이 삼공의 직책입니다."[2]라 하여 사(師)는 특히 교훈으로 키워 주는 존재임을 알 수 있다.

서양의 아리스토텔레스는 '육신을 낳아 준 어버이보다 더 귀한 사람이 영혼을 낳아 키워 주는 교사'라 하였다. 즉, 교사는 인간이 인간답게 성장하고 자랄 수 있도록 도와주고 길러 주는 존재라 할 수 있다. 군사부(君師父) 일체라는 표현 역시, 임금과 스승, 부모가 모두 자신의 지금을 있게 해 주는 존경할 대상으로 통합되어 표현되는 것이라 할 수 있다.

오늘날 교사를 지칭하는 호칭으로는 선생(님)과 함께 교사라는 용어를 많이 사용하고 있다. 사전적 의미에서 '선생'은 한 가지 기술이나 예능에 뛰어나 남을 가르치고 이끈다는 뜻(인생의 선배에 대한 경칭)이며, '교사'는 ① 학술기예를 가르치는 스승, 선생, ② 학교에서 소정의 자격을 가지고 학생을 가르치는 사람, 정교사, 준교사, 특수 교사 등, ③ 종교상의 교화를 맡은 사람[敎員]으로 되어 있다. 또한 '스승'이라는 단어는 학생에 대한 깊은 사랑과 모범을 보여 줌으로써 인격적 감화를 주는 교사에 대한 존칭이며, '교원'은 정규 교원양성과정을 거쳐 교사자격증을 취득한 교사에 대한 법률적 용어로, 『교육기본법』 제14조와 제15조에서도 교원이라는 용어를 사용하고 있다. 이 밖에도 과거에는 글방의 선생이라는 의미에서 훈장(訓長)이라는 표현을 사용하였고, 요즘 젊은 교사와 학생들 간에는 '샘' 혹은 '쌤'이라는 표현도 종종 나타나고 있다.

교사의 호칭으로 법률적 용어인 교원을 교사로 바꾸는 문제와 교사가 아

---

2) 『조선왕조실록』, 『태종실록』 002 01/08/22(戊寅)

닌 사람들에게도 흔히 선생님이라는 용어가 남발되는 것에 대하여는 앞으로 좀 더 심각하게 생각해 보아야 할 것이다. 특히 의료업계에서 간호사라는 표현은 전문직을 강조하면서 간호원이나 간호부를 대치하는 용어로 바뀌었다는 점은 교직의 전문성을 고려해 볼 때 참고할 만하다고 하겠다.

2) 직업으로서 교사

오늘날 교사의 직업적 특성을 고려할 때, 교사는 단순히 교과지식을 전수하는 '기술적 직업인'인가 아니면 바람직한 삶의 자세를 교육하는 '인격도야적 직업인'인가를 고민하게 된다. 때로는 정년이 보장되고 두 달여의 방학이 있는 매우 안정된 직장 정도로 받아들여지기도 한다. 그러나 중세 이래 서양에서 교사는 성직자(聖職者)들이 소명의식을 가지고 천직(天職)으로 생각하던 인격도야적 직업인이었고, 동양에서도 교사의 존재는 예언자적인 선견지명을 가진 존재로 스승, 랍비, 구루 등으로 불리며 존경받는 위치에 있었다. 그러나 19세기 공교육제도의 발달과 의무교육의 보편화로 교사에 대한 사회적 수요가 급격히 늘어나게 되고, 학교에서 가르치는 교과목이 세분화됨에 따라 교사는 점차 해당 교과지식을 전달하는 기술적 직업인으로 변질되어 왔다고 볼 수 있다. 교직의 성격에 대한 논의는 다음과 같다.

(1) 천직과 성직

교직을 천직이라 표현할 때가 있다. 하지만 이때 천직을 한자로 어떻게 표기하는가에 따라 다음 세 가지 의미를 가질 수 있다. 먼저 일에 대한 소명의식을 갖고 하늘이 내게 마련해 준 귀한 직업이라는 의미에서 교직은 '천직(天職)'이라 할 수 있다. 그러나 다른 직업에 비해 교직이 힘들고 사회적으로 제대로 대접도 받지 못한다고 생각한다면 '천직(賤職)'도 될 수 있다. 그리고 공립학교 순환근무 원칙에 따라 몇 년에 한 번씩 학교를 옮겨야 한다는 점에서는 '천직(遷職)'이라 할 수 있다. 최근 우리나라에서 교직에 대한 사회적 인식은 매우 높아지고 있다. 대부분의 선진 외국의 경우, 교직에 대한 사회경제적 지위가 높지 않아 교직을 지망하는 사람들의 수준이나 인기도가 상대적으로 낮은 것과는 대조되는 현상이다. 교직의 사회적 위상은 그 나라 교육의 미래와 직결되는 매우 중요한 문제라 할 수 있다. 그런 점에서 우리나라의 교육을 담보하는 교직에 우수한 인재들이 몰려들고 있다는 사실은 매우 긍정적인 현상이다.

교직은 또한 성직이다. 서양 근대 초기에 초등학교 교육이 보급될 당시에는 성직자들이 교사가 되어 학생들을 가르치고, 또 천직(天職)으로서 소명의식을 갖고 있었기에 교직은 '성직(聖職)'이었다. 하지만 오늘날 교직은 성스러운 직업이라는 의식보다는 교사들이 정성을 다하여 성실하게 근무하여야 한다는 점에서는 '성직(誠職)'이라 할 수 있다. 성(誠)이라는 글자는 말씀 언(言) 변에 이룰 성(成)으로 구성되어 있다. 즉 교직을 성직(誠職)이라 할 때에는 교사가 되고자 하는 사람들이 최소한 자신의 말과 행동이 일치하는 언행일치의 도덕성을 보여 주어야 할 것이다. 또한 최근에는 유아교육이나 초등교육을 담당하는 업무를 여성의 직업으로 간주하는 경향이 늘어가면서, 교직을 특정 성별이 집중되는 '성직(性職)'으로 보는 경향도 있다. 특히 전문대학 유아교육 전공자들의 거의 대부분이 여학생이며, 초등학교 교원을 양성하는 교육대학의 경우 입학 사정에서 특정 성별이 70% 이상을 차지할 수 없도록 제한함으로써 교직의 지나친 여성화를 막고 있다는 것도 이러한 현상을 대변하는 한 사례라 할 수 있다.

(2) 전문직 혹은 노동직

하지만 오늘날 교육학의 학문적 발달과 전문화에 힘입어, 교사를 전문적 직업인으로 대접하여야 한다는 목소리도 커져가고 있다. 즉 교사는 교육에 대한 전문지식과 자격증을 가진 '전문직업인'이라는 것이다. 반면에 교직은 해마다 정해진 교과목을 반복적으로 전달한다는 점에서, 또 비록 머리를 쓰는 정신적 노동을 하지만 정신노동과 물질적 노동의 구분 자체가 부당하고,

교원도 노동의 대가로서 보수를 받고 처우개선과 근무조건개선을 위해 노동자로서 권리와 의무를 주장하여야 한다는 입장도 있다. 이들에게 교사는 매시간 혹은 해마다 반복되는 기계적 지식 전달 작업을 수행하는 '단순노동자'에 불과할 수도 있다. 그런가 하면 교직은 해마다 새로운 학생들과 만나게 되므로 가르치는 내용은 비슷하지만, 가르치는 행위 그 자체는 항상 다른 마음으로 창조적 작업을 수행할 수 있는(혹은 수행해야 하는), 즉 자신이 하는 일을 마치 최고 가치지향의 작품을 만들 듯 노력하는 '예술적 근로자(artistic worker)'라 볼 수도 있다. 자신의 업무를 창조적 예술작업으로 승화시키며 자기 주도적으로 일하는 전문직업인이 될 것인가, 혹은 주어진 업무를 기계적·효율적으로만 잘 처리하는 기술적 직업인이 될 것인가는 교사의 철학에 달린 문제로 교사가 되려는 사람들이 교직에 대해 어떠한 가치관과 교육관을 가지는가에 따라 교직은 매우 다른 직업이 될 수 있다.

전문직으로서 교직을 판단할 수 있는 준거로 리버만(M. Lieberman)은 전문직의 직업적 특성에 대하여 다음과 같이 제시하고 있다.[3)]

첫째, 인간과 사회에 대하여 본질적으로 봉사하는 기능을 갖는다.
둘째, 직무수행에 있어서 고도의 전문적 지식과 고차적인 지적 기술을 요구한다.
셋째, 전문직은 장기간의 전문적 교육과 훈련을 필요로 한다.
넷째, 개인 및 직업집단 전체로서 자율성을 갖는다.
다섯째, 그들의 행위에 대하여 사회적 책임을 갖는다.
여섯째, 경제적 수입보다는 사회 봉사적 의무의 정신을 강조한다.
일곱째, 면허·가입·제명 등의 자체 규제권을 갖는 자율적 조직을 갖는다.
여덟째, 그들 자체의 윤리강령을 갖는다.

3) M. Lieberman, *Education as a Profession* (Englewood Cliffs, N.J.: Prentice-Hall, 1956), p. 25. 윤정일 외, 신교육의 이해(서울: 학지사, 2002), 468-469쪽 재인용.

결국 전문직으로서 교직은 위의 여덟 가지 준거와 관련되는 것으로, 전문직은 원리적 통찰을 할 수 있어야 하며, 장기간에 걸친 교육연한과, 자격증, 자율적 조직, 그리고 가장 중요한 윤리적 규범이 요구되며, 그런 면에서 교직은 전문직으로서 성격을 점차 강화하고 있다고 할 수 있다. 전문직업인으로서 교원의 윤리강령은 대한교육연합회(한국교원단체총연합회의 전신)가 1958년에 처음 제정한 「한국교원윤리강령」(1958.9.19)과 이를 1982년에 수정한 「사도강령」(1982.5.15) 등이 있다(〈부록 3, 4 참조〉).

교원의 사회적 · 경제적 지위를 향상시키고 전문성 신장과 교육전문가로서 교원들의 사회적 책무를 수행토록 하기 위해 교원단체 혹은 교원노조가 필요하다. 오늘날 우리나라의 교원단체로는 1947년에 설립된 대한교육연합회를 이어받은 한국교원단체총연합회(일명 교총, http://www.kfta.or.kr/)가 있으며, 교원노조로 전국민주노동조합총연맹(민주노총) 산하의 전국교직원노동조합(일명 전교조, http://www.eduhope.net/)과 한국노동조합총연맹(한국노총) 산하의 한국교원노동조합(일명 한교조, http://www.kute.or.kr)이 있다. 그리고 2006년에 들어와 새롭게 만들어진 '뉴라이트 교사연합' 과 '자유교원조합' (일명 자유교조) 등 5개 단체가 공존하게 되었다.

2. 교원양성과 교원평가

1) 교원양성

우리나라의 교원양성 제도는 주로 교육대학에서 초등학교 교사를, 그리고 사범대학에서 중등교사를 양성하는 이원제로 운영되고 있다.[4] 『초중등교육법』 제19조에는 학교에 두는 교원으로, 유치원에는 원장 · 원감 및 교

4) 한국교원대학교에서는 초 · 중등 교원을 모두 양성하고 있으며, 종합대학교 및 교육대학원에 설치된 교직과를 통해서도 해당 과목의 중등교사를 양성하고 있다.

사를, 초 · 중 · 고등학교 등에는 교장 · 교감 및 교사를 두도록 되어 있다. 단, 일정 규모 이하의 유치원과 학교에는 원감과 교감을 두지 않을 수 있도록 허용하고 있다. 제20조에 나타난 교사의 임무는 '법령이 정하는 바에 따라 학생 또는 원아를 교육한다.' 고 되어 있고, 또한 교장 · 원장 · 교감 · 원감 및 교사는 별도의 자격기준에 해당하는 자로서 대통령령이 정하는 바에 의하여 교육부장관이 검정 · 수여하는 자격증을 받은 자이어야 하며(『초중등교육법』 제21조 ①), 교사의 종류로는 정교사(1급 · 2급) · 준교사 · 전문상담교사 · 사서교사 · 실기교사 및 양호교사(1급 · 2급) 등(『초중등교육법』 제21조 ②)이 있다. (〈부록 2 참조〉)

이들 대학 이외에 교원양성을 목적으로 하는 기관으로는 대통령에 의하여 설치된 임시의 교원양성기관과 교원연수기관, 그리고 대학에 설치된 교육과, 그 밖에 대학에 개설하는 교직과정을 통해 교원양성 기능을 수행하기도 한다. 최근에는 교원양성을 인가받은 교육대학원에서 학부와 동일한 전공자에 한하여 교원자격증을 제공해 주고 있다. 교원양성을 교육대학과 사범대학 등의 목적대학에서 담당하는 제도는 교원의 수요를 감안하여 계획적인 교원양성이 가능하며, 또한 국민형성과 통합을 위한 양성교육 내용의 통제가 용이하다는 장점이 있다. 반면에 학령 인구가 감소하는 상황에서 목적대학의 정원을 어떻게 유지하여야 하는가는 앞으로의 과제라 할 수 있다. 즉 교직에 대한 선호도가 높은 시기에는 그다지 문제가 되지 않지만, 교직에 대한 선호도가 낮아지고 특히 교직에 진출할 수 있는 인원이 극히 한정되는 시기에 오면 목적대학 졸업생에 대한 취업문제와 교원지망자의 질 확보가 문제로 남을 수 있다.

사범대학이라는 표현은 프랑스의 Ecole Normal, 영어의 Normal School에서 온 것으로, 노말(normal)은 규범을 뜻한다. 즉 사범대학에서 양성하는 교사는 규범적인 교원으로, 이상주의적 측면에서는 바람직한 것으로 간주될 수 있지만, 현대사회와 같이 변동이 심하고 정상과 비정상의 구분이 모호한 포스트모던사회에서 '사범(師範)'이라는 용어를 계속 사용하여야 하는

가에 대한 의문도 제기되고 있다. 하지만 교사는 단순한 기능적 전문가와 비교될 수 없는 높은 도덕성을 요구받고 있다는 점에서 사범대학이라는 칭호는 여전히 의미가 있다.

최근 교원양성제도는 전문성을 강조하는 입장에서 4+2의 교육전문대학원 논의도 나오고 있다. 즉, 의학전문대학원이나 법학전문대학원처럼 교원양성도 학부에서는 다양한 전공을 4년간 습득하고, 2년간의 교사전문교육을 통해 교원을 양성하자는 논의다. 그러나 교원양성기간이 길어질 경우, 학비 부담은 결국 교사지망자의 사회경제적 지위가 직업 선택의 중요한 변수로 작용하게 될 우려가 있다. 따라서 당분간은 현재와 같은 4년제 교원양성과정과 이후 현직에서 받게 되는 교원연수를 통해 전문성을 신장하게 하는 방법이 바람직하다. 대신 점차 현재 한 달에 불과한 (중등교사) 교육실습기간을 늘림으로써 정교사로 채용되기 이전에 교육현장에 대한 실무교육을 강화하는 것이 필요하다고 생각된다.

2) 교원평가

최근 들어 교육계에서는 교원평가 문제가 중요한 쟁점으로 활발하게 논의되고 있다. 현재도 학년말에는 각 학교의 교장과 교감에 의해 근무평정이 이루어지고 있다. 그러나 평가결과가 비공개이며, 국·공립학교에서 장학사나 교감·교장 등으로 승진하려 하거나 인사이동 등과 관련해서 높은 점수를 받아야 하는 교사들에게는 중요한 관심사항이지만, 그저 묵묵히 학생들의 교수-학습에만 전념하는 교사들이나 대부분의 사립학교 교사들에게 근무평정은 거의 관심의 대상이 아니다. 학교 현장에서 실시되는 각종 교육연구대회에서 입상을 하게 되면 '유능한 교사'로 인정받아 좋은 근무평정 점수를 받을 수 있지만, 입상자가 반드시 학생들에게 '훌륭한 교사'인가는 또 다른 문제일 수 있다.

교원평가의 쟁점은 크게 다섯 가지로, 첫째 왜 평가를 해야 하는가?(교원평가의 목적), 둘째 누가 평가를 하는가?(교원평가의 주체), 셋째 무엇을 평가해야 하는가?(교원평가의 내용), 넷째 어떻게 평가를 할 것인가?(교원평가의 방법), 그리고 다섯째로 평가결과를 어떻게 할 것인가?(교원평가결과의 활용) 등이다. 이 중에서 가장 우선되어야 할 사항은 바로 교원평가의 목적임에도 불구하고, 종종 교원평가를 왜 하는가보다는 누가, 어떻게, 무엇을 평가하는가를 고민하는 경우를 쉽게 볼 수 있다. 하지만 교원평가의 목적이 중요한 이유는 '유능한 교사'와 '훌륭한 교사'를 놓고 교원평가를 한다고 할 때, 교원평가의 목적이 무엇인가에 따라 다른 결과가 나올 수 있기 때문이다. 즉, 훌륭한 교사는 일반적으로 스승으로서 존경할 만한 고매한 인품을 가진 사람을 지칭하는 반면, 유능한 교사는 학과 지도 능력이나 학급 통솔의 지도력에 있어서 우수하고 효과적이라는 의미를 갖고 있다.

또한 교원평가가 무능한 교사를 가려내어 교단에서 추방하거나 교정하려는 '수단지향적 평가'인지, 유능하고 훌륭한 스승을 찾아내어 포상하고 널리 사범을 삼으려는 '결과지향적 평가'인지, 혹은 현장의 교사들의 끊임없는 성장 · 발전을 돕기 위한 '발달지향적 평가'인지, 그리고 이 중에서 무엇을 가장 중시하고 있는지를 먼저 결정하여야 할 것이다. 하지만 교원평가는 구체적인 개념의 정의가 어려운 '교사의 인품'보다는, 그 성취 정도를 측정하기 쉬운 '교사의 기능성'에 초점을 맞출 가능성이 높다.

교원평가가 단순히 수업능력이 좋고 나쁜, 혹은 교과목에 대한 전문지식이 있고 없는, 혹은 학생에 대한 이해나 학급운영의 지도력 등과 관련된 유능-무능한 교사를 판단하고자 하는 것이라면, 의도한 교육목표와 그 달성 정도를 기준으로 평가하면 될 것이다. 하지만 교원평가가 어떻게 하면 교원을 성장시킬 것인가, 혹은 어떤 교사가 더 훌륭한 교육을 하고 있는가에 초점을 맞춘다면 단순히 교과 전문성이 뛰어나고 이를 잘 전달할 수 있는 기능적으로 뛰어난 '유능한' 교사보다, 학생들이 보다 생기 넘치고, 인간으로서 자신의 삶에 대한 흥미와 관심을 갖게 해 주는, 그리하여 적어도 자기 주변을 돌아보고 다른 사람들 혹은 자연과 함께 살아갈 수 있도록 이끌어주는 인격적으로 탁월한 스승을 찾아내는 평가가 되어야 할 것이다. 교원평가가 방법적 편의성을 추구한다면, 자칫 훌륭한 교사보다 유능한 교사를 우대하는 풍토를 조성하게 될 것이고, 이는 결과적으로 우리 사회에서 진정한 교육자보다는 지식의 장사꾼으로 전락한 소피스트와 같은 교사들만을 우대하는 왜곡된 분위기를 만들게 될 우려가 있다.

신상명은 교원평가에 참여하는 주체에 따른 장단점을 다음과 같이 설명하고 있다.[5)]

〈표 10-1〉 교원평가의 주체별 장단점

평가주체	장점	단점
상급자	전통적으로 익숙 보다 폭넓은 안목 소유 책임의식	권위적 자세한 내부사정 파악 곤란
동료	비교적 정확한 상황 파악 참여를 통한 공동체 의식 고양 실제 도움이 되는 정보제공	동료 간의 위화감 조성 우려 평가결과에 대한 책임의식 미흡 이해관계자로서 자기중심적 평가
학생 · 학부모	비교적 정확한 상황파악 수요자의 요구와 필요 반영 수용자에 의한 평가의 중요성 참여를 통한 소속감 증대 효과	요구사항이 개인적 평가자로서의 훈련 부족 집단의 분위기에 영향 교원들의 거부감 학부모로서 평가 반대급부의 두려움
본인	스스로 장단점 파악 개선요소 직접 확인 참여를 통한 공동체 의식 고양	스스로 약점 들춰내기를 꺼림 과대평가나 과소평가 경향 평가방법에 익숙지 않음 편견이 작용

5) 신상명, 교원평가의 쟁점과 발전방향, 교원평가, 어떻게 봐야 할 것인가!, 한국교원단체총연합회 교원정책현안 토론회, 2004. 2. 26. 참고로 용어 수정.

단순히 교과지식을 많이 알기보다는 이를 학생들에게 잘 전달하는 교사는 유능한 교사임에 틀림없다. 그러나 유능한 교사가 훌륭한 교사인가는 별개의 문제라고 할 때, 보다 바람직한 것은 학생들의 심리상태를 파악하여 교과 지식을 잘 전달하는 유능한 교사이면서 동시에 인간적으로도 훌륭한 교사가 되어 교육현장을 교육적으로 잘 이끄는 것이다. 앞으로 교원평가의 문제는 평가의 주체와 구체적인 평가내용과 방법, 그리고 평가결과의 활용 등 여러 가지 측면에서 고려되어야 할 것이다.

3) 교권과 교권침해

교원평가는 또한 교권침해 논란과 직결되는 문제라 할 수 있다. 교원평가를 실시하고자 하는 입장에서는 무능한 교사에 의해 이루어지는 비교육적 상황과 학생들의 교육받을 권리가 침해되는 사례를 들고 있으며, 교원평가를 반대하는 입장에서는 교원평가로 인해 교사들이 자율적으로 가르치는 교육권한이 침해될 것을 우려하고 있다.

일반적으로 교권은 '교사의 교육권' 혹은 '교사의 권리'로 이해된다. 「교권사건판례집」에 의하면, 교권은 ① 교원들이 전문적 지식과 능력의 소유자로서 권위를 인정받고, ② 부당한 간섭과 침해로부터 자신과 자신의 업무를 보호하고, ③ 그 전문직에서의 안정된 생활과 최대한의 능률을 기하기 위한 신분상의 보장을 받을 수 있는 조건을 주장할 수 있는 권리(한국교원단체총연합회, 1991)로 되어 있다. 그러나 다른 한편으로 교권은 '교육의 권리' (교육권)로, 즉 '교육에 직접 관계되는 사람들의 교육에 관한 권리와 의무 및 책임과 권한 관계의 총체' 로, 학교교육의 측면에서 어린이, 학생의 교육을 받을 권리와 부모, 교사, (학교)설립자, 국가의 교육을 할 권리로 나눠진다(강인수, 1988). 전자의 교사의 권리를 좁은 의미에서 교권이라고 한다면, 후자의 교육의 권리를 넓은 의미에서 교권이라 할 수 있다.

넓은 의미에서의 교권인 '교육의 권리' 는 크게 다음 네 가지로 나누어 볼 수 있다. 먼저 개개인의 교육을 받을 권리로 '수익권으로서의 교육권'이며, 헌법에 명시된 교육의 기회균등권이다. 즉 성별이나 인종·신분의 차별 없이 균등하게 교육을 받을 권리를 말한다. 두 번째로는 '친권적 교육권'으로 어버이가 자식에 대해 교육을 할 수 있는 권리이다. 자택교육[홈스쿨링]을 허용하는 경우는, 이러한 친권적 교육권을 보장하는 것이라 할 수 있다. 세 번째로는 '위탁권으로서 교육권'으로 교사가 진리의 대변자로서 공공기관이나 부모로부터 위탁받은 권리이다. 그리고 네 번째로는 (교육전문가로서) '자유재량 교육권'을 들 수 있다. 특히 교육권은 세속적 권리나 특정 종파주의 교육으로부터 자유로워야 한다. 즉 정치적·종교적 중립성의 보장과 일반행정에 대한 교육행정의 우위성, 외부로부터의 지배 혹은 간섭으로부터의 자유 등을 지킬 수 있어야 한다.

교권을 좁은 의미와 넓은 의미로 나누어 본다면, 교권침해라는 용어도 단순히 교사들의 권리가 침해되는 것뿐만 아니라, 교육의 권리가 침해되는 여러 가지 상황을 생각해 볼 수 있다. 즉, 학생의 교육받을 권리나 친권적 교육권이 침해받고 있는 것은 아닌지, 위탁권으로서 교육권이 침해 받는 것은 아닌지, 그리고 교육전문가로서 교사들의 자유재량 교육권이 침해받는 사례는 없는지 등 다양한 관점에서 교권을 고려해 보아야 한다.

3. 새로운 교육자상의 탐구

1) 교사에 관한 몇 가지 명제

초등학교와 중·고등학교를 거쳐 대학에 올 때까지 우리는 수많은 선생님들을 만나게 된다. 그중에는 우리들의 기억 속에 좋았던 선생님들이 계셨는가하면 때로는 그다지 좋지 않았던 기억의 선생님도 있게 마련이다. 우리 주변에서는 흔히 중고등학교 시절에 어떠한 선생님을 만나는가에 따라 인생의 진로가 완전히 달라지는 친구들을 종종 볼 수 있다. '교육의 알파도 교사요, 오메가도 교사'라는 말이 있다. 하드웨어적인 교육시설이나 소프트웨어적인 교육프로그램이 아무리 좋아진다고 하더라도, 궁극적으로 교육을 담당하고 실천하는 것은 바로 휴먼웨어인 인간, 즉 교사에게 달려 있게 마련이다.

교사와 관련된 또 다른 표현 중에 '교육의 질은 교사의 질을 넘지 못한다.'는 말이 있다. 그러나 다른 한편으로는 스승보다 더 훌륭한 제자가 나타나는 것을 청출어람(靑出於藍)이라 표현하기도 한다.[6] 그런데 과연 교육의 질이 교사의 질을 뛰어넘을 수 없다면, 어떻게 교사보다 더 훌륭한 제자가 나타나는 청출어람이 가능할 것인가? 이에 대해서는 다음 몇 가지로 생각해 보자.

먼저 '교육의 질은 교사의 질을 넘지 못한다.'는 명제를 고려해 보면 대체로 다음과 같은 네 가지 입장이 있을 수 있다.

첫째는 이러한 명제가 전적으로 '옳지 않다'는 입장이다. 사범대학을 지망하는 수험생들을 면접해 보면, 상당수의 학생들이 선생님도 풀지 못하는 수학문제를 더 잘 푸는 학생이 있다는 사례를 들어 이 명제는 잘못되었다고 지적하고 있다. 이러한 입장을 가진 사람들은 '교육'의 개념을 인간다움으로서의 가치 전수보다는 단순히 '학습' 능력에 한정하는 것이라 할 수 있다.

둘째로 이 명제는 자체의 진리 여부보다 반어법을 통해 교사교육을 강조

6) 『순자(荀子)』「권학편(勸學編)」에 "군자가 말하기를, 배움은 그쳐서는 안 되는 것이니, 푸른 물감은 쪽[藍]이라는 풀에서 얻었지만 쪽빛보다 더 파랗고, 얼음은 물로 만든 것이지만 물보다 더 차갑다." (君子曰 學不可以已 靑取之於藍而靑於藍 氷水爲之而寒於水)라 하였다. 그 후 중국 남북조 시대 북위(北魏)의 이밀(李謐)은 어려서 공번을 스승으로 삼아 학문을 하였는데, 열심히 노력한 결과 몇 년 후에는 스승의 학문을 능가하게 되었고, 공번은 더 이상 이밀에게 가르칠 것이 없다고 생각하여 오히려 이밀에게 자신의 스승이 되어주기를 청하였다고 한다. 공번의 친구들이 그 용기에 감탄하고 또한 훌륭한 제자를 두었다는 뜻에서 '청출어람'이라고 칭찬하였다고 하는데, 이와 유사한 표현으로는 '출람지예(出藍之譽)', '출람지재(出藍之才)' 등이 있다.

하려는 의도가 더 중요하다고 보는 입장이다. 이러한 표현을 사용할 때 '넘을 수 없다' 라는 말은 그 자체의 진정성보다는, '넘을 수 없다' 라고 생각될 만큼 교사의 질이 매우 중요하다는 것을 강조하고 있음을 알 수 있다. 즉, 진정으로 이 명제가 옳다고 믿고 말하기보다는(물론 화자에 따라서는 이를 진심으로 믿는 경우도 있겠지만) '교사의 질'이 중요함을 강조함으로써, 더 나은 교육을 위해 교사의 복지 향상이나 교사교육을 강화해야 함을 주장하는 것이라 할 수 있다.

셋째, 경우에 따라 이 명제는 '옳기도 하고, 그르기도 하다' 라는 입장이다. 예를 들어, 교사중심 교육일 경우에는 이 명제가 '옳을 수 있지만', 학생중심 교육이 이루어질 경우 '옳지 않을 수도 있다' 는 생각이다. 즉, 교육의 주체가 학생보다 교사 중심으로 이루어지는 전통적 교육방식에서는 교육에서 차지하는 교사의 비중이 매우 높았으므로, 이러한 명제가 옳다고 볼 수 있지만, 오늘날 학습자 중심의 탐구학습이나 교사-학생 간 상호적인 교육활동이 진행되는 경우, 이 명제는 옳지 않을 수도 있다. 이때 '교육' 은 '학습' 과 거의 같은 개념으로 이해되고 있다는 점에서 앞의 첫 번째 경우와 유사하다.

넷째, 이러한 명제가 전적으로 '옳다' 는 입장이다. 즉, 교육이라는 현상은 단순히 교사보다 수학 문제를 더 잘 풀 수 있는 학습 능력만을 의미하는 것이 아니라, 소크라테스식으로 말하면 '인간의 영혼에 대한 보살핌' 이다. 소피스트들이 선택한 기술적 효율성을 바탕으로 하는 지식의 전달보다 전인격적 만남을 통해 이루어지는 교육의 개념에서는 '훌륭한 스승 밑에서 훌륭한 제자' 가 나올 수 있는 것처럼, 결국은 교사의 질이 매우 중요할 수밖에 없다. 이때 인간 영혼에 대한 보살핌으로서 '교육' 은 지식의 전달과 배움이라는 '학습' 과는 동일한 개념이 아니다. 즉 어떤 문제를 잘 풀고 학습 능력이 뛰어난 학생이 나온다고 하더라도, 그것이 곧 교사의 질을 뛰어넘는 교육이 이루어졌음을 증명하는 것은 아니라는 것이다.

두 번째로 청출어람이라는 명제와 관련해서도 다음 세 가지 경우를 생각해 볼 수 있을 것이다.

첫째, 청출어람은 언제나 가능하다는 입장이다. 앞의 공번과 이밀의 사례에서 본 것처럼, 우리 주변에서 교사보다 뛰어난 제자의 경우를 종종 볼 수 있기에 청출어람은 가능하다고 보는 것이다. 게다가 교육(이때 교육은 교수-학습의 개념과 동일시)에 관여하는 요소는 단순히 교사만이 아니라 부모와 선배, 친구, 개개인의 학습동기와 목표의식 혹은 의도 등 다양하다. 그런 점에서 교사보다 뛰어난 제자가 나타날 가능성은 언제든 열려 있다.

둘째, 청출어람이 항상 가능한 것은 아니라는 입장이다. 어떤 특정 과목이나 분야에서는 교사보다 뛰어나다고 하더라도 또 다른 면에서는 끊임없이 스승의 지도를 받는 경우를 볼 수 있다. 예를 들어 세계적인 성악가나 운동선수라 하더라도 주기적으로 스승을 찾아가 자신에게 잘못된 점은 없는지 점검하고 조율을 받는 경우를 볼 수 있다. 특정한 기능면에서는 스승보다 더 뛰어난 세계적인 위치에 서게 되었다고 하더라도, 끊임없이 기본에 충실하려 하며 자기 점검을 받는다는 사실은 청출어람하기 어려운 훌륭한 코치와 스승의 존재가 있음을 부분적으로 보여 주는 것이다.

셋째, 청출어람은 불가능하다는 입장이다. 교육이라는 개념을 학습보다 포괄적이고 가치 지향적인 것으로 생각한다면, 기능적인 측면에서 청출어람하는 제자가 나타났다고 해도, 여전히 진정한 인간을 길러주는 교사의 존재는 남아있게 마련이다. 특히 교직을 천직(天職)으로 여기며 자신의 인생을 걸고 지어지선(止於至善)의 최고의 삶을 지향하는 이상주의적 교사들에게 청출어람을 이루어주는 제자가 나타날 수 있다는 것은 그 자체가 자신의 삶이 성공하였음을 보장해 주는 것일 수 있다. 따라서 진정으로 훌륭한 교사나 학생이라면 스스로가 최고의 삶을 살아가고 있기 때문에, 청출어람은 지어지선만큼이나 실현되기 어려운 하나의 이상이고 목표라 할 수 있다.

위의 두 가지 명제를 보면, 공번과 같은 스승이 스스로 제자 이밀에게 스승이 되어줄 것을 청하였다고 할 때, 이밀의 재능이 뛰어남을 주목한다면 청출어람이 가능하고 교육의 질이 교사의 질을 뛰어넘을 수 있다고 하겠지만, 오히려 제자를 스승 삼고자 청하였다는 공번의 비범함을 고려한다면, 여전히 이밀이 스승 공번을 전인격적인 면에서 뛰어넘어 청출어람을 이루었는가는 의문으로 남는다. 이밀과 같이 능력 있는 제자가 나올 수 있었던 것은 오히려 공번과 같은 훌륭한 스승이 있었기 때문이다.

다시 말하면 스승보다 더 뛰어난 제자가 나타난다고 할 때, 어떤 면에서 뛰어나다고 볼 것인가가 문제인 것이다. 단지 수학문제를 잘 푼다든가, 혹은 교사보다 돈을 더 많이 버는 직업을 가진 제자가 나타났을 때 청출어람이라는 표현을 써도 될 것인가? 특히 교직의 사회경제적 보상이 다른 전문직업군에 비해 상대적으로 낮은 상황에서, 교사보다 사회경제적 지위가 더 높은 학생들이 나올 가능성은 언제나 있다. 청출어람이나 교육의 질을 논할 때는 어느 순간이나 개개의 능력을 가지고 말할 수도 있지만, 오히려 인간으로서의 삶 전반에 대한 긴 평가를 통해 정말 훌륭한 제자가 나타난 것인지 살펴보아야 할 것이다.

2) 온고지신(溫故知新)하는 역사적 의식인

우리는 보통 교육이란 가르치는 사람(교육자)과 배우는 사람(피교육자)이 있어 어떤 목적이나 의도를 갖고 이루어진다고 생각한다. 교육은 교육자와 피교육자가 주어진 사회적 여건 속에서 목표를 세워 배우고 익히며 성장하여 독립적인 인간으로 완성되는 과정이라 할 수 있다. 오늘날처럼 교육이라는 용어가 일반화되어 '학습'과 거의 동일시 되며 학습활동에서 학생의 역할과 비중이 커져갈 때에는 교육의 질이 교사의 질에 그다지 영향을 받지 않게 되므로 청출어람은 너무나 당연한 것으로 생각될 수 있다. 그러나 교육을 교육자와 피교육자의 전인격적인 관계로, '영혼에 대한 보살핌' 이자 가치지향적인 것으로 본다면 청출어람은 그다지 쉽게 일어날 수 있는 일이 아니며, 교육의 질은 교사의 질을 뛰어넘는 것이 쉽지 않다는 생각을 할 수 있을 것이다. 이는 교육을 담당하는 교사의 교육적 가치관과도 직결되는 문제라 할 수 있다. 즉 교육의 질이 교사의 질을 넘지 못한다는 것을 진실로 받아들이는 교사라면, 단순히 자신이 가르치는 과목 하나를 잘 전달하는 것으로 자신의 역할을 축소시키기보다, 스스로 부단히 자기 성장을 통해 전인격적인 만남을 통해 진정으로 더 나은 교육을 이루기 위해 끊임없이 노력하지 않으면 안 될 것이다.

오늘날 인공지능의 연구와 관련된 로봇공학은 기계장치인 로봇이 스스로 걷고 말하고 판단할 수 있게 만들려고 노력하고 있다. 이런 점에서 로봇공학이 지향하는 바는 교육보다 학습에 해당하는 것이다. 하지만 인간이 로봇과 다른 점은 무엇을 배울 것인가에 대한 흥미와 관심이 있다는 점이다. 즉 개개인에게 주어진 서로 다른 조건과 환경 속에서 교사와 학생이 만나 서로 가르치고 배우면서 성장하는 교학상장(教學相長)의 상태를 이루게 된다.

사람은 자신이 지니고 있는 것을 역사적으로 전망하지 못한다면 이를 적절히 평가할 수 없다. 미래에 대한 예언적인 통찰력은 과거에 대한 철저한 이해와 지적인 해석에 달려 있다. 그렇기에 남을 가르치는 교사가 되려는 사람들에게는 과거에 대한 초시간적 이해가 더욱 중요하다. '옛것을 깊이 이해하고 새로운 것을 안다'(溫故知新)는 『논어』의 문장은 원래 스승이 될 수 있는 자의 자격을 논하는 것이었다.[7] 온고의 고(故)와 지신의 신(新)은 우리가 흔히 생각하듯이 과거로서의 '옛것'과 현재 우리 주변에 존재하는 것으로서의 '새것'이라기보다는, 과거로부터 현재에 이르기까지의 고(故)와 지금 현재에 아직 나타나지 않은 미래를 지칭하는 것으로서 신(新)의 의미라고 볼 수 있다. 이렇게 본다면 지신(知新)의 의미는 신제품이나 최신 유행의 경향을 알고 있다는 평범한 수준을 넘어서, 자신의 삶뿐만 아니라 다른 사람들의 삶에 직접 관여하고 영향을 미치는 예언적 통찰력을 의미한다.

한기언은 새로운 교육자상으로 21세기를 맞는 한국 교사의 역사적 사명

7) '溫故而知新이면 可以爲師矣니라.' 『논어』(爲政 2-11)

을 강조하며, 통찰성(洞察性)과 수월성(秀越性), 독창성(獨創性)을 지닌 대애정신(大愛精神)의 구현자를 제시하고 있다(한기언, 1994: 28-37 및 401-412 참고).

첫째 통찰성은 '투철한 역사적 안목'이라는 특성을 갖고, '인류문화와 교육 선철(先哲)에 대한 경외심과 깊은 조예(造詣)를 지닌 자'여야 하며, '인생의 참뜻에 대한 이해자요, 후회 없는 인생의 설계 및 실천의 향도자요 시범자'여야 한다고 보았다. 교사는 예민하고 투철한 역사적 안목으로, 자신의 삶뿐만 아니라, 피교육자의 인생에 지대한 영향을 끼치게 된다. 따라서 온고지신할 수 있는 빼어난 역사적 안목을 통해 시대의 흐름을 놓치지 않고 읽으면서도 동시에 인류의 나아갈 바를 바르게 판단할 수 있어야 한다.

둘째 수월성은 '탁월한 실력과 품격의 소유자'라는 특성으로, 교사는 자신이 가르치는 특정 과목에 정통하여야 할 뿐만 아니라, 자기수양을 통해 가르치는 내용에 새로운 생명을 불어넣을 수 있어야 한다. 교육자 되는 사람은 '공리권세를 초극하여 진리의 공도(公道)를 탐구하는 양심적 지성인'이며, '가르치는 것을 지겨워하지 않고 교학상장 신념을 고취(鼓吹)하는 인생의 구도자'여야 한다는 것이다. 즉, '문화의 재창조자'인 교사에 의해 문화재는 하나의 물건이 아니라 생명체로서 전달되고, 민족과 국가와 인류의 번영이 가능하게 되는 것이다.

그리고 셋째의 독창성은 '풍부한 교육학적 식견과 걸출한 인재배양'이다. 교사가 교육학에 관한 지식이 부족하거나 교육실천 행위로서 후진배양에 소홀하다면 진정한 교육자라 할 수 없다. 훌륭한 교사는 새로운 교육학이론을 창출하는 학문적 독창성과 교육실천의 개척자로서, 인류번영을 위한 인재배양에 한없는 희열을 느끼는 사회봉사자가 되어야 한다.

이렇게 볼 때, 교사가 되고자 하는 사람들은 교직이라는 한정된 직업인으로서 스스로를 한정하기보다 자기 자신과 학생의 영혼과 삶에 대해 큰 사랑을 지닌 대애정신의 구현자로 온고지신의 역사적 의식인이 되어야 한다. 또한 교육학은 교사가 되고자 하는 사람들만이 배워야 하는 과목이 아니라, 직장생활을 하려는 사람들이나 결혼하여 자녀를 낳아 기르게 되는 예비 부모들, 그리고 기본적으로는 인간존재와 인간의 삶에 대해 올바로 이해하고 스스로의 삶을 의미 있게 살려는 모든 사람들에게 필요한 기본 교양학문이다. 즉, 교육행위는 다른 사람과의 관계망(關係網) 속에서 끊임없이 진행되고, 개개인은 의도적 혹은 무의도적인 교육을 통해 개인적 · 사회적으로 적절한 삶을 영위하는 방법을 배우게 되며, 그 가운데에 온고지신의 역사적 의식인으로 대애지순(大愛至醇)의 교사 출현을 기대하게 된다.

함께 토론할 주제

(1) 교직의 성격이 역사적으로 어떻게 변천되어 왔으며, 오늘날 교직의 성격은 무엇인지에 대하여 논의해 보자.
(2) 다른 나라의 교원양성제도에 대하여 살펴보고, 우리나라의 교원양성제도의 개혁방향에 대하여 비교하여 검토해 보자.
(3) 교원평가의 중요 쟁점과 바람직한 교원평가의 모형에 대하여 논의해 보자.
(4) 넓은 의미에서 교권의 범주를 확인하고 교권침해 사례에 대하여 조사해 보자.
(5) 21세기 교육자상을 구체화하여 보고, 그 이유를 제시해 보자.

참고문헌

강인수(1988). 교육법연구. 서울: 문음사.
정우현(1995). 교사론. 서울: 배영사.
한기언(1994). 교사의 철학. 서울: 양서원.
A. W. 콤스 외, 김선양, 이민봉, 이현남 공역(1988). 교사교육의 혁신. 서울: 교육과학사.
S. Heck, & R. Williams 저, 황기우 역(1998). 21세기 교사의 역할. 서울: 원미사.
W. 콤스 저, 이원필 외 역(1981). 교사의 전문성. 서울: 배영사

더 읽어볼 책

미치 앨봄 지음, 공경희 옮김(2002). 모리와 함께한 화요일. 서울: 세종서적(주).
슈프랑거 저, 김재만 역(1976). 천부적인 교사. 서울: 배영사(배영신서 25).

오영재(2001). 교단일기를 통해 본 중등교사들의 삶과 문화. 교육학연구, 39(4), 207-230.

윤성범 편(1976). 동서사도론. 서울: 을유문화사.

A. S. 니일 저, 김정환 역(1992). 문제의 교사. 서울: 양서원.

함께 볼 만한 비디오

KBS 영상 프로덕션,『현장다큐 선생님-10부작』. 2002년.

제4부 현대 교육의 여러 과제

교육이 일어나는 장으로서 가정과 학교, 사회가 있다. 현대 교육에 있어서 다루어야 할 여러 과제로는 먼저 가정교육과 청소년 문제, 학교교육의 본질과 이를 대치하기 위한 여러 대안교육의 문제들, 그리고 산업사회에서 지식기반사회로 변화되는 시대에 요구되는 평생교육의 문제 등이 있다.

제11장 가정교육과 청소년 교육

제12장 학교교육과 대안교육

제13장 지식기반사회와 평생교육

제11장
가정교육과 청소년 교육

1. 가정과 가정교육

교육의 터전은 가정, 학교 그리고 사회이며, 이들이 수행하는 교육을 각각 가정교육, 학교교육, 평생교육이라 한다. 이들은 교육의 시대적 · 사회적 배경에 따라 그 내용과 방법은 부분적으로 차이가 있을 수 있지만, 역사적으로 어느 사회에서나 그 중요성이 강조되었으며, 사회적 · 정치적 · 경제적 환경에 따라 그 역할과 기능도 서로 다르게 변화하면서 발달하여 왔다.

가정은 개인이 태어나면서부터 접하게 되는 최초의 환경이자, 누적적인 경험의 제공처이다. 그리고 인간은 태어나는 것이 아니라 만들어지는 존재이다. 또한 인간은 다른 동물과는 달리 변화의 가능성이 매우 크다. 이와 같은 점에서 가정은 최초의 사회화 기관으로서 개인의 지적, 정서적, 운동기능적 영역, 나아가서는 전인적인 발달에 있어서 절대적인 영향을 미치고 있다. 이와 같은 의의를 지니는 가정에서의 교육은 다른 교육기관에서 실시되는 교육과는 구별되는 특성을 지니고 있다. 그 까닭은 가정교육은 철저한 개인학습 체제(tutorial system)이며, 교사(부모)-학생(자녀)의 비율이 가장 낮으며,

전일제이며, 전인격적인 만남을 통한 교육이며, 반복연습을 통해서 가르치며, 언제나 확인하고 피드백을 할 수 있으며, 교사(부모)들의 책임이 매우 강하기 때문이다.

이와 같은 교육적 특성을 지니는 가정은 퍼스낼리티를 형성하는 최초의 장으로서 아동 및 청소년의 기본적인 성격을 형성하는 데 있어서 중요한 역할을 담당하고 있다. 가정은 특히 학령 전 아동의 인지적, 정서적, 운동기능적 차원에 걸친 전인적인 발전에 있어서 매우 결정적인 영향을 미친다. 이것으로 미루어 보았을 때, 가정에서는 자연적 형성 작용이 의도적 형성 작용보다 강하게 반영되기 때문에 가정의 물리적, 문화적 환경을 비롯하여 부모 형제가 갖는 환경적 의의, 부모-자녀 관계 및 동료 관계는 인간의 인격형성에 중대한 의의를 갖는다. 또한 가정은 인지적, 정서적 발달에 있어서 가장 결정적인 영향을 미치고 있다. 그리고 그 영향은 누적적이다. 따라서 가정교육은 인격형성의 기초이자 인지적, 정서적 발달의 근본을 이루고 있는 것이다. 교육이 지향하고자 하는 바가 개인 및 사회의 삶의 질을 향상시키는 데 있다든가, 개인의 자아실현에 그 목표가 있다면, 가정보다 더 적절한 교육기관은 없다. 여기에 바로 전체 교육체제에 있어서 가정교육이 갖는 의의가 있다.

한편, 학교는 교육주체의 교육의도와 이에 반응하는 교육대상의 학습의지에 의해서 형성되는 의도적이고 계획적인 교육의 장이다. 학교는 일정한 목표를 달성하기 위해서 시설, 설비, 그리고 전문적인 교육자와 학습자가 효율적으로 조직된 인위적인 교육사회이며, 학교교육은 학교에서 행해지는 정형적(定型的)인 교육형태이다. 학교교육은 산업사회의 등장과 더불어 발전한 하나의 사회적 필요물로서 19C의 근대 학교의 성립과 함께 현대사회에서 없어서는 안 될 하나의 사회제도로 정착되어 왔다. 학교교육은 일찍이 듀이(Dewey)가 그의 저서 『민주주의와 교육』에서 언급한 바와 같이 학생의 환경을 조정하고 선택된 경험을 제공함으로써 개인의 성장을 도모하고, 나아가 사회의 연대성과 사회발전에 기여하는 사회적인 필요물이다. 이와 같은 점에서 학교교육은 다른 어떠한 교육보다도 공공성(公共性)이 강하고 의도적, 계획적, 형식적 그리고 제도적인 성격을 지니고 있다.

그동안 학교교육은 그 역사적 발전 과정상에 있어서 소수 지향적인 것으로부터 대중적인 것으로, 교육목적이 형이상학적인 것으로부터 실제적 · 실용적인 것을 중시하는 방향으로, 교육내용이 비직업적인 것으로부터 실리적인 것으로, 교육방법이 비합리적이고 억압적인 것으로부터 합리적이고 능동적인 것으로, 학교관리가 가정이나 교회로부터, 점차 국가의 관할로 변모해 왔다.

이와 같은 학교교육의 변화과정은 전 세계적인 추세다. 그런데 학교교육은 발선 과정상에 따라 가정교육, 평생교육과는 다른 다음과 같은 특징을 지니게 되었다(細谷俊夫外, 1990: 519).

① 공교육 제도(公敎育 制度)로서 확립되어 있으며, 일정단계까지는 의무교육(compulsory education)화되어 있다.
② 가정 및 직장과는 명확히 구분되는 일정한 시설(학교)에 있어서, 사회의 이해관계로부터 직접적인 영향을 받지 않는 상태에서 교육이 행해지고 있다.
③ 원칙적으로는 동일 연령층의 비교적 동질적인 학습자와 일정한 자격을 갖춘 교육자라는 두 종류의 인간 집단으로 구성되어 있으며, 이들 양자의 직접적인 접촉에 의하여 교수-학습의 과정이 전개되고 있다.
④ 명확한 의도적 교육하에 교육과정 및 학년 등의 조직 원리와 일정한 교육계획에 의해서 장기간에 걸쳐서 실시된다.
⑤ 수업 연한이 규정되어 있으며, 인간의 일생 가운데 비교적 초기에 해당되는 청소년기에 집중적으로 행해지고 있다.
⑥ 일정 과정을 수료한 자는 사회적, 국가적으로 일정한 자격을 인정받는다.

〈표 11-1〉 가정교육, 학교교육, 평생교육의 특성 비교

구분	가정교육	학교교육	평생교육
제도	사적, 비형식적, 비정형적	공적, 형식적, 정형적, 고정적(법적인 성격이 강하고, 전국적으로 통일된 교육과정이 존재, 융통성이 결여)	공·사적, 비형식적, 비정형적, 다양성, 융통성(지역적, 개인적 요구에 따라 가변성이 있음)
형태	부모중심적, 수동적	교사중심적, 수동적	상호교육, 능동적
관계	비형식적, 인격적, 자연적, 정의적	형식적, 인위적	다양
주체	부모(교육에 대하여 비전문가, 대체로 교육을 직업으로 하지 않는다.)	교사(교실 내에서는 원칙적으로 1인, 교육전문가, 교직자격이 필요)	반드시 전문 교사만이 아니라 모든 사람이 교사로서 활동이 가능(교육의 주체와 객체가 수시로 교대할 수 있음)
객체	분가 이전의 자식, 소수	학생(주로 청소년에 한정, 교육을 받는 것이 본업)	다양(교육을 받는 것이 본업이 아님)
참가	강제적	강제적	자발적
시간	장기간, 본업 이외의 시간, 수시 교육	한정적(일정한 재학기간, 주로 청소년층) 학년별, 학교급별	무한정, 전생애 여가시간 이용, 수시 교육
장소	한정, 소규모	한정, 중규모	무한정(임의 장소 가능) 규모 다양
학습내용	미분화, 비계통적 행동양식, 언어습득 중심 다양	계획적, 계통적 분화 중심 지적, 추상적, 문화적 교육과정에 근거	비계획적, 비계통적 구체적, 실용적 성격 다양성, 개성적, 실생활과 밀착

이상과 같은 특성을 지니고 변화해 온 학교교육은 문화의 전달을 통한 사회의 통합과 질서유지, 선발 및 배치, 사회변화 및 혁신의 기반 조성, 개인의 성장과 발달조성 등과 같은 기능을 수행해 왔다. 학교교육은 이와 같은 기능을 수행해 오면서, 이들 기능과 관련하여 학교교육을 제일로 여기는 신화(myth)를 만들어 냄으로써 학력주의 사회(學歷主義 社會)의 형성에 기여하였으며, 한편으로는 사회적 평등을 보장하는 기제로서 기능하기보다는 사회적 불평등의 재생산 내지는 정당화 기능을 수행하기도 하고, 그 목적의 달성을 위해 점차 획일성, 경직성, 폐쇄성을 나타냄에 따라 개인의 창의성을 형성하고 개발하기보다는 오히려 그것을 말살하는 역기능 현상을 초래하기도 하였다(Illich, 1970; Freire, 1972 등 참조).

이상에서 논의한 바를 중심으로 가정교육, 학교교육, 그리고 13장에서 언급하는 평생교육과의 특징을 간단하게 제시하면 〈표 11-1〉과 같다.

2. 가정교육의 문제점과 발전과제

전통적으로 가족은 원초적인 사회집단으로서 성적 기능, 생식적 기능, 경제적 기능, 교육적 기능, 사회적 지위의 부여 기능, 보호적 기능, 위안적 기능 등과 같은 역할을 수행해 왔다. 가족 구성원의 생활거처를 의미하는 가정은 개인에게 가장 기본적인 사회적 환경이다. 그런데 이러한 가정환경이 현대의 급격한 사회 경제적 변화에 따라 변화하면서 가족의 기능도 변화되고 있다. 가정환경을 둘러싼 변화로서는 가족 구성원의 고용패턴의 변화, 여성취업의 증가, 핵가족화, 결손가정의 증가, 청소년 비행의 증가, 부모의 과잉보호 또는 무관심의 증대, 자녀와의 대화 부족, 지역사회로부터 고립된 가정의 증가 등을 지적할 수 있다.

이와 같이 가정을 둘러싸고 있는 상황으로부터 가정의 교육적 기능이 약화되고 있다. 현대 가정이 나타내는 교육상의 문제점을 살펴보면 다음과 같다.

첫째, 아동 및 청소년의 발달환경이 점차 열악해짐에 따라 심리적, 정서적 발달에 심각한 영향을 미치고 있다. 가족규모의 축소, 결손가정의 증대, 모친의 취업률 증가 등으로 인하여 현대의 아동은 물질적으로는 풍요로울지 모르지만, 애정을 충분히 받는다거나 심리적인 만족을 누리고 있다고 보기가 어렵다. 자녀들은 부모와의 대화, 부모로부터의 인정이나 관심 등을 바라고 있지만, 부모는 그 요구에 적절히 반응하지 못하는 경우가 대부분이다. 특히 모성(母性)이 모성으로서 기능을 수행하지 못함으로써 모성실조(母性失調) 현상을 나타내는가 하면, 가부장적 권위의 상실로 인하여 부성실조(父性失調) 현상마저 나타남으로써 가정 내에서의 역할모형이 부재되고 있다. 이것은 결국 아동의 심리적, 정서적 발달 환경에 있어서의 문제점을 불러일으키고 있다.

둘째, 자녀교육에 있어서 부모가 자신감을 상실하고 있음으로써 가정 내에서의 역할모형이 부재한 상태다. 사회 및 가정의 가치관의 다양화와 정보의 대량화에 의해서 부모는 자녀의 교육에 대하여 자신감을 갖는 경우가 적은 편이다. 이것은 부모가 자녀의 역할 모델로서의 기능을 수행하지 못하도록 만듦으로써 자녀의 인격형성에 문제점을 던져 주고 있다.

셋째, 자녀에 대한 부모의 역할이 유동화(流動化)·약체화(弱體化)됨으로써 자녀의 교육에 악영향을 미치고 있다. 부모의 일관성 없는 행동, 권위의 상실, 과잉보호 현상 내지는 지나친 무관심 현상 등과 같은 것들은 아동의 주체적이고 통제적인 자기역량을 형성하는 데 저해요인이 되고 있다. 특히 마자(Maza)의 비행이론에서 보는 바와 같이 청소년들이 통제와 자유의 사이를 표류(drift)하는 경향을 나타내는 것은 성장과정에 있는 아동들에 대한 부모의 그와 같은 경향과 결코 무관하지 않다.

넷째, 부모의 교육관 내지는 자녀관이 올바르게 확립되어 있지 못함으로써 아동들을 어떻게 키우고, 가르치는 것이 가장 바람직한 것인가에 대하여 확신을 갖지 못하는 경우가 많다.

다섯째, 부모와 자녀와의 접촉 시간이 줄어듦으로써 자녀들이 또래집단(peer group)과 어울리는 시간이 증가하게 되고 이에 따라 또래집단의 미숙하고 비공식적인 규범이 자녀들의 행동에 강력한 영향을 미치게 될 우려가 있다.

여섯째, 도시화의 진전에 따라 지역사회의 상호원조가 점차 희박해져 감으로써 지역사회가 교육의 장으로 기능하지 못하고 있다. 이것은 결국 가정의 고립화 현상을 초래하게 되고 자녀의 자기중심적이고 이기주의적 성향을 더욱더 조장시킬 우려가 있다.

마지막으로, TV 등 매스미디어와의 접촉 시간이 증대됨으로써 부모와 자녀 간의 애정에 기반을 둔 대화보다는 비인간화된 매스미디어의 영향력이 증대되고 있다. 이것은 결국, 가족 간의 밀접한 대면관계(face to face)를 매스미디어가 대체해 버림으로써 가족 구성원 간의 인격적인 만남을 저해하고 있다.

위와 같은 요인들은 결국 가정의 교육적 영향을 감소시킴으로써 자녀의 전인적인 발달에 있어서 가정의 역할을 왜곡시키고, 심지어는 가정의 교육부재 현상을 초래할 위험이 있다. 이러한 현상을 바로잡고, 가정의 교육적 기능을 강화하기 위해서는 가족 구성원은 물론, 학교 및 사회의 교육적 역할이 중요하다고 판단된다.

이와 같은 문제점을 개선하고, 가정이 교육의 기반으로서의 기능을 수행하도록 하기 위해서 제기될 수 있는 가정교육의 과제를 몇 가지 제시하면 다음과 같다.

첫째, 부모가 자녀의 성장 발달의 과정을 이해하는 것이 필요하다. 말하자면, 자녀의 발달단계에 알맞은 교육을 할 수 있도록 자녀에 대한 기본 지식을 숙지하고 있어야 한다는 것이다.

둘째, 부모는 자기 자신의 가치관을 인식하고, 현대의 제반 지식을 활용하여 그 자녀를 지도할 필요가 있다. 부모는 자녀를 그들의 예속물이 아니라 독립된 인격을 가진 존재이며, 자녀에 대한 부모의 책임에는 한계가 있다는 것을 인식하고 가정, 학교 그리고 지역사회에서 부모와 자녀가 함께 주체성 있는 활동을 전개해 나갈 필요가 있다.

셋째, 자녀의 '정신적 권리'를 존중한다는 점에서 부모는 자녀에게 책임 있는 일을 하게 하고 그것을 지켜보는 것이 중요하다. 또한 현재의 아동 및 청소년들은 다른 연령 집단과 어울릴 수 있는 기회가 대단히 적기 때문에 인간관계의 경험이 부족하게 되는 경우가 많다. 따라서 유아기부터 다양한 연령집단과 함께할 수 있는 기회를 마련해 주는 것이 중요하다. 또한 부모와 자녀 간의 커뮤니케이션을 활발하게 하기 위해서 부모와 자녀가 공동으로 참가할 수 있는 활동의 장을 마련할 필요가 있다.

넷째, 부모로 하여금 자녀의 교육에 책임 있는 행동을 하게 하고 민주시민으로서 계속적인 재학습을 할 수 있도록 사회적 자원에서 체계적이고 정기적인 부모교육을 실시할 필요가 있다.

다섯째, 교육적 기능이 점점 더 약화되어 가고 있는 가정에 대하여 국가 및 지방수준에서의 교육적인 배려가 필요하다. 특히 관련 전문가(자원봉사자 포함)의 양성, 지역사회의 교육적 역량의 제고, 그리고 부모교육에 대한 공적 기관의 지원 등과 같은 것에 대한 지속적인 관심이 필요하다.

마지막으로, 아동의 건전한 발달을 보장하기 위해서, 그리고 부모교육의 관점에서도 가정과 학교, 가정과 사회의 협력이 중요하다.

따라서 현대사회에서 점차 약화되어 가고 있는 가정의 교육적 의의를 진작시키고 그 문제점을 해결하기 위한 노력이 모든 차원에서 강구되어야 할 필요가 있다. '세살 적 버릇이 여든까지 간다.' 라는 속담에서 볼 수 있듯이 가정에서의 인격과 학습능력의 형성이 바로 평생에 걸친 학습과 교육에 밀접히 연관되어 있다는 점에서 가정교육의 교육적 의의가 있다고 하겠다.

3. 청소년 교육

1) 청소년의 이해

청소년 집단은 지칭하는 목적에 따라서 다소 차이가 있으나 청소년기는 일반적으로 아동기와 성인기 사이에 해당하는 사춘기라 할 수 있다. 루소(Rousseau)는 『에밀』에서 "인간은 두 번 태어난다. 한 번은 존재하기 위하여, 다른 한 번은 살아가기 위해 태어난다."라고 말했다. 청소년기는 제2의 특징이 나타나며 신체적 · 심리적 · 정신적 변화를 가져오는 시기이기도 하다. 즉 청소년기는 감각, 사고, 지성, 감정 등과 같은 모든 영역에서 급속한 성장이 나타나고 자기를 확립하기 위하여 사회와의 접촉이 시작되는 시기이다. 청소년기의 경험은 인생에 있어서 변화와 성장을 의미한다. 그들은 자기 자신과 주변 환경에 의해 극적인 변화를 일으키는데 그 방식은 청소년 특유의 만용, 자기주장, 객기, 자유스러움, 감수성, 연민, 비판, 이상 등이 강하게 나타남과 동시에 좌절감, 불안, 반항 등과 같은 것도 나타나는 야누스의 모습을 보이는 것이다.

청소년기의 또 하나의 특징적인 현상은 수리능력, 유추능력과 같은 인지능력의 발달이다. 이것은 피아제(Piaget)가 말한 구체적 조작기의 사고방식에서 형식적 조작기의 사고방식으로 전이되는 과정이다. 청소년들은 추상적 · 형식적 개념을 구사함으로써 실제 경험과 유리된 사고를 하게 된다. 그리하여 그들은 추상적 사고를 통해서 실물과는 관련 없는 이론적 명제, 즉 가설을 다루는 능력을 갖게 된다. 실제적인 것과 가설적인 것의 차이를 지각하는 것이 그들로 하여금 현실에 반항하게 하기도 한다. 즉 그들은 이상적 가설과 현실을 비교하여 현실의 부조리에 반기를 들고 이상을 추구하는 것이다.

청소년기는 도덕성의 발달에도 질적인 변화를 보인다. 콜버그(Kohlberg)

가 지적한 바와 같이 성인이나 부모에 의존하는 아동기의 절대적 · 자기중심적 도덕관에서 벗어나 또래 집단에 의존하는 상대적 · 타인중심적 도덕관을 갖는 것이 청소년기의 특징이라고 하겠다.

이와 같은 특징을 가진 청소년기에는 달성해야 할 과업이 있다. 이것을 발달과업이라고 하는데 그 과업이 성공적으로 달성되어야 후일에 겪게 될 다른 과업도 잘 처리하게 된다. 그러나 만일 이에 실패하면 개인적으로 불행을 초래할 뿐 아니라 사회의 인정도 못 받고 후일에 겪게 될 다른 과업도 잘 처리할 수 없게 된다. 해비거스트(Havighurst)가 제시하는 발달과업은 다음과 같다.

첫째, 청소년기는 급격한 신체적 · 정신적 발달에 적응하고 남녀의 기능 · 역할을 인식하여야 한다.
둘째, 청소년기는 이성에 대한 새로운 교우관계를 성립하여야 한다.
셋째, 청소년기는 부모나 성인들로부터 정신적 독립을 요구하여야 한다.
넷째, 청소년기는 경제적 자립의 필요성을 인정하여야 한다.
다섯째, 청소년기는 직업 선택과 그 준비에 몰두하여야 한다.
여섯째, 청소년기는 시민으로서 필요한 지식, 기능, 태도를 습득하여야 한다.
일곱째, 청소년기는 사회적으로 책임 있게 행동을 실천하여야 한다.
여덟째, 청소년기는 결혼 및 가정생활에 대해 준비하여야 한다.
아홉째, 청소년기는 추상적 · 논리적 사고력을 배양하고 현실을 객관적으로 파악하는 태도 그리고 가치관을 확립하여야 한다.

이와 같은 발달과업에 비추어 볼 때, 청소년기는 인생에 있어서 매우 중요한 시기이다. 그러나 오늘날은 청소년기의 발달과업이 점차 연장되고 있다는 데 문제가 있다. 청소년들이 수행해야 할 사회적 · 경제적 · 가정적 역할의 시기가 사회 구조의 변화로 인해서 늦어지고 이와 반비례로 아동기의 신체적 발달은 빨라져서 예전보다 사춘기도 일찍 접어드는 경향을 보인다. 즉 청소년기가 이전보다 일찍 시작해서 늦게 끝나는 반면, 성인의 역할이나 책임이 유보되는 시기가 길어지는 현상이 일어나고 있다.

갈수록 급변하는 사회 구조 속에서 성장하는 청소년들은 과거의 성장 세대와는 달리 신체적 · 정신적 · 사회심리적 특성 및 과업이나 역할 수행, 행동 적응 및 결정, 자발적인 자아의 형성에 어려움이 많다고 하겠다. 앞으로 미래 사회의 다양한 변화 양상을 예측해 볼 때, 청소년들은 배움의 과정 기간이 더 길고 이전보다 더욱 길어진 주변인 신분을 갖게 되어 사회 참여에의 소외감 등으로 주체성 확립에 어려움을 겪게 될 것이다. 이러한 문제를 극복하면서 청소년기에 수행해야 할 발달과업을 성공적으로 달성하도록 도와주는 것이 청소년 교육의 과제일 것이다.

2) 청소년 교육의 의의

청소년 교육이란 평생교육적 차원에서 청소년을 대상으로 하는 교육의 목표를 달성하기 위해 짜인 구체적인 교육내용이다. 말하자면, 청소년 교육은 청소년 활동을 구체화하기 위하여 필요한 활동내용과 그에 관련된 자원과 조건 등의 제반 여건을 종합적으로 연결하여 단계적으로 자세히 편성해 놓은 것이라 할 수 있다.

일반적으로 청소년 교육은 '청소년의 건전한 발달과 사회적응을 조력하기 위한 목적으로 실시되는 다양한 청소년지도 활동을 보다 효과적, 효율적, 매력적으로 실현하기 위해 필요한 경험의 집합'이라고 볼 수 있다. 그런데 구체적 의미의 청소년 교육은 다음과 같은 다양한 뜻을 지니고 있는 개념으로 볼 수 있다.

① 지역사회에서 청소년이 이용할 수 있는 모든 학습활동
② 해당기관의 전체적인 청소년 교육에 대한 노력

③ 청소년들을 위하여 계획된 학습활동
④ 이와 같은 학습활동과 관련되는 사회적 책임
⑤ 특별활동 그 자체

이와 같은 의미를 지니고 있는 청소년 교육은 다른 일반교육과 달리 청소년의 성장과 삶의 과정을 체계적으로 조력하기 위한 수단으로 이해되고 있다. 청소년 교육이 지니고 있는 의의를 몇 가지로 나누어 제시하면 다음과 같다.

첫째, 청소년 교육은 지나친 입시 경쟁 및 폐쇄적인 교육 환경으로부터 오는 피로와 긴장을 완화시켜 주고, 기분을 전환시켜 주는 데 그 의의가 있다. 우리나라의 중등교육은 입시중심의 교육을 강화하고 있어서 대학에 진학하고자 하는 학생이나 비진학 희망자 모두에게 심한 정신적 스트레스를 유발하고 있다. 따라서 건전한 여가활동 내지는 단체활동을 통하여 입시경쟁의 압력에 의하여 가해진 육체적, 정신적 마멸 현상을 보완하고 회복시켜 줄 필요가 있다. 최근 강조되고 있는 생체 심리학, 대뇌 심리학의 연구결과들은 신체의 어떤 부분에 피로 상태가 일어날 때 다른 작업이라든가 운동을 시키면 피로 상태에 있는 부위가 아무것도 하지 않을 때보다도 훨씬 더 깊은 휴식에 들어가 회복이 빨라진다는 사실을 밝히고 있다. 그러므로 지적인 측면의 발달에만 강조되어 온 현대 입시위주의 교육으로부터 초래되는 청소년의 피로, 긴장 그리고 불안과 같은 현상으로부터 벗어나게 하고, 지식위주의 교육의 한계를 보완하고, 나아가서 그 교육적 효과를 제고하기 위해서도 정서적, 신체적 측면에서의 청소년 교육이 필요하다고 볼 수 있다.

둘째, 청소년을 대상으로 하는 교육은 획일적이고 경직적인 학교교육으로부터 벗어나 청소년으로 하여금 자기표현의 기회를 가질 수 있도록 해 준다는 데 그 의의가 있다. 이는 청소년 교육을 자기표현을 위한 자기투자로 보는 관점에서 출발한다. 인간은 누구나 타인과 구별되는 독자적인 개성을 지니고 있다. 모든 개인은 흥미, 요구, 취미, 습관 등을 달리하는 것이 보통이다. 그리하여 이것들의 강약이나 조화에 의해서 서로가 다른 개성을 이루고 독특한 개성을 형성하는 것이다. 그런데 오늘날 우리나라의 교육은 제도화된 틀 속에서 판에 박힌 듯한 인간을 주조하고 있다거나 획일적이고 경직적인 분위기 속에서 비인간적인 교육이 성행함으로써 마치 '교육의 기막소'라는 등의 극단적인 표현마저 들리고 있는 실정이다. 이와 같은 환경하에서 개인은 개인으로서가 아니라 하나의 군상에 지나지 않게 되고, 자기의 독특한 퍼스낼리티의 형성과 나아가서는 청소년들의 독창적이고 창조적인 청소년 문화의 형성에 그 한계를 드러내게 된다고 볼 수 있다. 특히 연장된 청소년기에 있어서 학생들이 소속하는 주요 집단이 학교라는 하나의 공간이고 보면, 심리적 지불연기(moratorium) 기간의 대부분을 학교 사회에서 보내는 청소년들에게 있어서는 학교 사회가 바로 동일연령으로 구성된 일종의 공동체이고 청소년 사회인 것을 감안하였을 때, 학교생활에 있어서 자유롭고 창조적인 경험, 즉 자기표현의 기회가 매우 중요하다는 것을 알 수 있다. 따라서 청소년 교육은 그 활동에 참가한 청소년으로 하여금 다양하고도 창조적인 지적, 정서적 그리고 운동 기능적 경험을 제공하여 청소년의 건전한 인격을 형성하고 바람직한 청소년 문화를 형성할 수 있도록 지원하는 데 그 의의가 있다.

셋째, 청소년들에 대한 학교교육 이외의 교육, 특히 단체 활동은 청소년들에게 공동체적 가치를 부여함으로써 연대감을 증진시키며, 무력감과 극단적인 이기심을 극복하고, 인간관계를 개선함과 동시에 사회적 자질을 향상시킬 수 있다는 장점이 있다. 특히 오늘날의 우리 사회가 과거에 비해서 물질적으로 풍부해진 것이 사실이지만, 그에 따라 정신적, 심리적으로도 만족할 만한 생활을 누린다고 보기에는 여러 면에서 어려움이 있다. 특히 현재의 중등학교 재학 청소년들은 1970년내와 1980~90년대의 고도 경제 성장의 덕택으로 과거 세대보다 풍족한 유년 시절을 보낸 세대이며, 특히 산업화의 진전과 더불어 사회가 개방화, 서구화되어 감에 따라 과거 가정의 전통적인 교육적 기능이 급격히 약화된 시기에 인격을 형성하여 온 세대다.

그리하여 이들은 입시 경쟁의 와중에서, 그리고 학부모들의 과보호와 때로는 세대 간의 갈등에 의해서 소위 3무주의(三無主義: 무기력, 무관심, 무책임)라든가 5무주의(무기력, 무관심, 무책임, 무감동, 무행동) 등과 같은 경향을 나타내 보이기도 하다. 또한 지나친 성적 위주의 교육으로 인하여 성적이 낮은 학생들은 패배주의라든가 스스로도 깨닫지 못하는 소외의식을 드러내고 있다는 것도 사실이며, 맹목적으로 특정한 사실이나 인기인에게 집착하는 경향을 나타내기도 한다. 그리하여 우리나라 청소년들에게 있어서 인생의 목표가 이기적인 경향으로 나타나고 있다는 것이 보고되었으며, 특히 학생집단의 경우 그러한 경향이 강하다는 것이 보고되고 있다(김순홍 외, 2003). 따라서 집단적인 교육을 통한 청소년 사회화 과정에 대한 원조는 청소년들로 하여금 사회구성원으로서의 소양을 갖출 수 있는 훈련의 기회를 제공해 주고, 인간관계의 개선을 기하고, 구성원 간의 결속감과 집단에 대한 귀속감을 조성함으로써 사회적 자질을 획득할 수 있다는 데 그 의의가 있다.

마지막으로, 청소년들에 대한 교육은 그들로 하여금 여가를 향유할 수 있는 능력을 제고시켜 다음 단계에 올 인생의 각 시기를 보다 윤택하게 영위할 수 있도록 해 줌으로써 인간다운 삶을 누릴 수 있는 기초를 제공한다는 데 그 의의가 있다. 말하자면, 집단활동이라든가 여가활동에 참가하고, 그것을 누릴 수 있는 방법을 습득케 한다는 데 그 의의가 있다는 것이다. 따라서 현대사회의 입시중심의 교육으로부터 잠시나마 벗어나 청소년들로 하여금 풍부한 인간성을 형성하도록 지원하기 위해서는 그들로 하여금 다양한 교육들을 보다 적극적으로 활용할 수 있도록 가정, 학교, 지역사회 그리고 국가적 차원에서 각각의 교육력을 강화하고 또한 상호 간의 조화와 균형을 통하여 그 효과를 극대화시킬 필요가 있다.

이와 같은 기본적인 의의를 지니고 있는 청소년에 대한 평생교육 차원의 교육활동은 자기 스스로에 의하여 전개되는 자기학습, 청소년 회관 · 문화시설 등의 이용, 청소년 단체 또는 특정 집단에의 가입을 통한 활동, 그리고 사회봉사활동 등과 같은 사회참가활동 등으로 구분할 수 있다. 여기서 자기

[그림 11-1] 청소년 교육의 영역과 의의

주도적 학습에 의하여 전개되는 청소년 활동은 학습자로 하여금 개별성과 자주성을 증진시키고, 시설이용을 통한 평생교육 교육에의 참가는 다양한 교육에 대한 선택성이 강하고 그것이 체계적으로 진행될 수 있다는 장점이 있다. 또한 단체 및 집단활동에의 참가는 참가한 청소년으로 하여금 사회성과 자발성이 증진되도록 도와주며, 사회봉사활동 등과 같은 사회참가활동은 타자에 대한 이해를 증진시키고 사회적 연대성을 증진시킬 수 있다는 장점이 있다. 이를 보다 요약해서 제시하면 [그림 11-1]과 같다.

2) 청소년 교육의 유형

청소년을 대상으로 하는 청소년 교육은 그들이 경험하고 활동하는 모든 생활영역에서의 문제에 대한 관심에서 비롯된 것이며, 교육활동의 궁극적 목적은 청소년의 전인적 성장발달로 함축될 수 있다. 따라서 교육활동의 수단이 되는 교육은 지금껏 학교교육에서 다루어져 왔던 인지적 영역 이외에 정의적, 신체적 영역의 활동을 모두 포함하는 것이어야 하며, 동시에 단순한 지식이나 기술의 습득만이 아닌 그들을 둘러싸고 있는 모든 환경, 즉 가정, 학교, 사회에서의 전 생활영역을 포함하는 다양한 내용들이 제공되어야 한다. 그러므로 청소년 교육은 학교교육의 규범적이고 필수적인 성격보다는 선택적이고 융통성이 강하며, 그 내용과 형식에 있어 다양하고 포괄적인 특성을 지니고 있다.

특히 청소년 교육이 그 대상이 되는 청소년의 다양한 요구와 특성을 반영하고, 그들의 자발적인 참여를 전제로 편성되는 것이라고 한다면, 그들에게 만족스러운 경험을 제공할 수 있는 교육의 개발은 교육활동의 성패 여부를 결정할 수 있는 중요한 변수임에 틀림없다.

청소년 교육의 이러한 특성과 중요성 때문에 이를 하나의 준거에 의하여 유형화하기란 그리 쉬운 일이 아니다. 실제로 이미 개발되어 실시되고 있는 교육을 살펴보면 다양한 영역에서의 활동을 포함하고 있으며, 기존 연구들에서도 여러 가지 준거에 의해 분류되어 왔음을 볼 수 있다. 청소년 교육의 유형화 준거에는 대체로 교육의 개발 주체, 구조화 정도, 구성 범위, 지도 내용, 청소년집단의 유형, 활동주체, 활동형태, 활동방법 등이 사용되어 왔다. 이제까지 나타난 연구의 결과에 따르면 청소년 교육은 〈표 11-2〉와 같이 분류되기도 한다.

여기서는 현재 우리나라에서 청소년을 주 대상으로 하는 교육기관, 단체 또는 시설 등에서 실시되고 있는 교육의 내용에 따라 유형화하고, 이들 특성 및 구체적인 교육 사례를 살펴보면 〈표 11-3〉과 같다.

4) 청소년 교육의 과제

청소년 교육은 청소년들의 학습 및 집단활동을 통하여 사회에 참여하는 기회를 부여하고 청소년기 최대의 과제인 자아정체감을 확립함으로써 개인의 심리적, 정신적인 성장을 촉진시키고, 사회적 태도 및 주체적인 실천적 능력을 형성하는 데 그 주요 의의가 있다. 그런데 현대의 청소년은 놀아야 할 '짬'도 없고 놀아볼 '꺼리'도 없고, 놀아줄 '판'도 갖지 못하다는 푸념 아닌 푸념을 듣게 된다. 따라서 현대사회에서 청소년의 활동성을 조장하고

〈표 11-2〉 청소년 교육의 유형 분류 사례

연구자	분 류 영 역	출처(연도)
권이종 외	자아계발 교육 봉사활동 교육 가정생활 교육 지역사회개발 교육 부모교육 교육 국민의식계발 교육 시민생활 교육 국제이해/평화교육 교육 레크리에이션 교육 심신수련활동 교육 문화활동 교육 청소년지도자 교육	청소년활동 교육 백과(1987)
김정명 외	심신단련활동 교육(체력단련, 자연체험활동) 자질계발활동 교육(기능연마, 감상, 탐구활동) 봉사활동 교육 사회성함양활동 교육(예절수양, 친교활동)	청소년활동 동기 부여 방안(1991)
박명윤 외	스포츠활동 자연체험활동 무예활동 과학활동 예능활동 자아계발활동 전통문화활동 봉사활동 예절수양활동 종합수련활동	청소년수련거리 실태조사 및 개발 방향연구(1991)
한승희, 구창모	자연체험활동 전통문화활동 스포츠활동 인간관계수련활동 문화활동 자아계발활동 봉사활동 과학활동 예절활동 캠프활동	청소년 수련거리 개발 기본계획(I) (1994)
청소년 기본법	문화감성활동(취미 · 특기활동, 문화답사활동, 민족예술활동) 과학정보활동(과학공작활동, 정보매체활동, 자연탐구활동) 봉사협력활동(사회봉사활동, 환경보존활동) 모험개척활동(모험극기활동, 탐험탐사활동) 직업준비활동(진로탐색활동, 직업세계탐색활동) 국제교류활동(세계문화이해활동, 국제교류체험활동)	청소년기본법 (1991)

〈표 11-3〉 청소년 교육의 유형별 구체적인 사례

내용별 유형	특성
자아계발 교육	자아계발활동 교육은 긍정적 자아정체감 형성 및 타인과의 바람직한 관계형성에 도움을 줌으로써, 건전한 성격발달과 사회성 함양을 목적으로 한다. 구체적으로 정서훈련 교육, 가치훈련 교육, 도덕성훈련 교육, 인간관계훈련 교육들이 포함된다.
시민의식 함양 교육	개인에게 자신의 권리를 찾게 하며, 전반적인 사회문제를 비판할 수 있는 능력의 함양을 목적으로 한다.
교양 및 여가 증진 교육	개인의 삶의 질을 높이고 자아발전 및 만족감을 높이기 위한 교육으로서 주로 교육을 받음으로써 얻을 수 있는 외형적, 가시적 성과보다는 내재 지향적인 가치 추구에 치중하는 교육을 의미한다. 예능, 문학, 과학, 스포츠 활동을 위한 동아리 또는 서클활동 형태로 이루어진다.
직업능력개발 교육	세분화, 전문화되어 가고 있는 직업세계에의 적응을 목적으로 한다. 올바른 직업관 형성, 직업의 선택 및 결정, 직무수행에 필요한 지식 및 기술의 습득, 직업의 유지 및 발전 등에 걸친 전 영역을 포함한다.
정보능력함양 교육	정보화시대의 정보능력함양과 바람직한 정보마인드 형성, 건전한 정보문화 육성을 위한 교육이다.
봉사활동 교육	공동체의식 함양 및 청소년들로 하여금 이웃과 지역사회에 대한 관심과 참여를 유도하기 위한 교육이다. 시설봉사 교육, 지역사회봉사활동 등이 포함된다.
자연체험활동 교육	자연을 이해하고 사랑하며, 야외 체험을 통한 모험심과 개척정신, 협동심 등의 배양을 목적으로 한다. 각종 탐사 및 캠프활동 등이 포함된다.
국제교류 교육	국제화, 세계화 시대에 맞는 국제감각을 배양하기 위한 교육으로 세계문화교류와 국제교류체험 교육 등이 포함된다.
문화활동 교육	올바른 문화적 정체성을 형성시켜 주기 위한 전통문화활동과 더불어 사회성원으로서의 공동규범 습득을 위한 예절관련 교육들을 모두 포함한다.
비행범죄 예방 및 재적응 교육	가치관 혼란, 이성 및 신상 문제, 폭력, 소외, 약물남용, 가출, 자살 등 청소년 자신과 주변환경 속에서 겪을 수 있는 문제를 스스로 해결하고 자신을 재발견할 수 있도록 도와주기 위한 교육이다.

자발성을 육성하며, 나아가 사회성을 함양하기 위해서는 우선 청소년들에게 보다 매력적이고, 가치 있는 교육을 개발 · 운영하도록 하고, 그를 통해 그들의 다양한 소질을 개발하도록 하는 것이 무엇보다도 중요한 사회적 과제라고 생각된다. 그럼에도 불구하고, 현재 우리나라의 각종 청소년 교육의 개발 및 운영에 있어서는 부분적으로 해결해야 할 과제가 있는 것으로 나타나고 있다. 이를 간단하게 제시하면 다음과 같다.

첫째, 현재 청소년 활동 분야에서는 어떤 내용과 목적을 지닌 프로그램이 가장 많이 개발되어 있고 빈번히 사용되고 있는지 분석해 보고, 이를 통해 최근의 청소년 활동 전반의 윤곽을 알아볼 수 있고 앞으로의 청소년 교육에서 부엇이 보완되어야 하는지를 파악하는 것이 중요하다.

둘째, 청소년 교육의 대부분이 문화감성 활동이라든가 모험개척활동 등과 같이 정서적, 운동기능적 영역의 태도 및 기능개발의 차원에 치중되어 운영되고 있는 실정이다. 이는 결과적으로 청소년지도자들이나 청소년에게 있어서조차도 교육이라고 하면 통상적으로 이러한 유형의 교육이 진행된다고 하는 관념을 지니게 될 수 있는 가능성이 있다. 따라서 청소년 교육이 이들 정서적, 운동기능적 영역의 교육뿐만 아니라 인지적 영역의 자질을 개발할 수 있는 다양한 교육이 개발되어야 할 필요가 있다.

셋째, 대부분의 청소년 단체라든가 시설의 경우 교육 개발의 과정이나 절차를 살펴보면, 체계적인 분석을 통하여 청소년 교육을 합리적으로 개발 · 운영하기보다는 타 단체나 시설에서 개발하여 운영하고 있는 교육들을 모방 답습하는 경우가 많다는 점이다. 이는 결과적으로 청소년 단체나 시설의 독특성, 말하자면 차별화된 교육의 개발과 운영을 가로막는 요인으로 작용하고 있는 실정이다.

넷째, 청소년을 위한 다양한 교육을 개발하고, 또한 청소년의 적극적인 참여를 보장하기 위해서는 무엇보다도 가정 · 학교 · 지역사회의 각 평생교육기관이 협력체제를 강화해야 할 필요가 있다는 것이다. 그런데 사실 이와 같은 지적은 물론 청소년 교육의 질적 향상을 가져오고 결과적으로 교육의 교육적 효과를 충분히 상승시킬 수 있다고 기대되지만, 문제는 그 실천의 방법에 있다고 할 것이다. 이제까지의 청소년의 교육은 일부 학교나 기관에서 보는 바와 같이 청소년 시설의 이용이라든가 평생교육 단체에게 완전히 일임하는 형식으로 진행되어 왔던 것이 사실이다. 따라서 이러한 차원으로부터 벗어나 보다 적극적으로 학교와 지역사회의 여러 평생교육기관이 서로 협력하여 교육력을 극대화할 수 있는 방안이 모색되어야 할 것이다.

마지막으로, 청소년이나 청소년지도자로 하여금 다양한 청소년 교육 프로그램을 개발하고, 그를 적극적으로 운영할 수 있도록 하는 유인체제가 필요하다. 최근 우리나라에서는 국가적인 차원이나 지방자치단체의 수준에서 청소년 교육 경진대회 등과 같은 것을 개최함으로써 새로운 교육의 개발이라든가 기존 교육의 창조적 변형 등을 지향할 수 있는 기회를 제공하고 있기는 하다. 그러나 이들 활동들이 대개 1회적인 차원에서 진행되는 경향이 강하고, 그 지원도 형식적인 차원에 그치고 있는 실정이다. 따라서 청소년이나 청소년지도자, 나아가 청소년단체 및 시설들로 하여금 다양한 교육을 개발하고 보급할 수 있는 지원체제를 강구할 필요가 있다.

함께 토론할 주제

(1) 현대 사회에서 가정이 수행하고 있는 기능을 살펴보고, 가정이 처한 현실을 교육적 관점에서 논의해 보자.

(2) 가정이 지니고 있는 의의를 과거 농경사회, 산업사회, 그리고 탈산업사회의 관점에서 이야기하여 보고, 이들 시대별로 가정이 지니는 의의를 논의해 보자.

(3) 현대사회에서 청소년 문제가 심각하게 야기되고 있는 원인이 어디에 있다고 보는가, 가정인가? 청소년 개인인가? 아니면 사회 전체의 문제인가?

(4) 청소년 교육이 지니고 있는 의의에 미루어 보아, 우리 사회에서 수행되고 있는 청소년 교육의 현실이 어느 정도인지를 살펴보고, 청소년 교육의 활성화를 위해서 필요한 조치는 무엇인지를 의논하여 보자.

참고문헌

권두승, 조아미(1998). 청소년세계의 이해. 서울: 문음사.

김도수(1986). 현대 가정교육의 과제와 방향. 한국평생교육기구 편. 평생교육과 가정교육. 서울: 이화문화출판사.

심순홍 외(2003). 한국 청소년의 삶과 의식구조. 광주: 사회연구사.

김재은(1983). 평생교육과 가정교육. 유네스코 한국위원회 한국평생교육기구 공편. 평생교육의 기초와 체제. 서울: 법문사.

한국평생교육기구 편(1986). 평생교육과 가정교육. 서울: 이화문화출판사.

한국청소년개발원 편(2003). 청소년 정책론. 서울: 교육과학사.

한상철 외(2003). 청소년 문제행동: 심리학적 접근 서울: 학지사.

더 읽어볼 책

장병혜(2005). 아이는 99% 엄마의 노력으로 완성된다. 서울: 랜덤하우스중앙

하마카타, 김은진 역(2001). 현직교사 문제부모를 말하다. 서울: 북아이.

한국청소년개발원 편(2003). 청소년정책론. 서울: 교육과학사.

Neill, A. S. 김영숙, 조정아 역(1992). 문제의 부모. 서울: 양서원.

Stephen, O. Walterse, 이소희 외 역(2003). 인터넷 중독의 이해. 서울: 김영사.

함께 볼 만한 비디오

『인형의 집으로 오세요: 10대 그 시절의 섬세한 초상』. 토드 솔론즈 연출, 1996년 베를린 영화제 심사위원 대상.

추천 사이트

한국청소년개발원: www.youthnet.re.kr

한국교육개발원: www.kedi.re.kr

한국청소년회: www.kyra.or.kr

제12장 학교교육과 대안교육

1. 학교의 역사와 특질

1) 학교의 기원과 성격

서양에서 학교는 기원전 수천 년 전 농경문화가 발달하였던 고대 이집트와 바빌로니아 등지에서 먼저 시작되어, 그리스·로마 등 유럽으로 전파된 것으로 보인다. 영어로 학교를 나타내는 school이라는 단어는 라틴어 schola, 그리스어 scholē에서 나온 것으로, 한가(閑暇) 혹은 여유(餘裕)를 뜻한다. 즉, 원시사회에서 지배-피지배의 권력관계가 생겨나면서 직접 생산노동에 참여하지 않아 시간적으로 여유를 갖는 계층은 그 시간을 활용하여 사람들을 다스리는 데 필요한 지식과 기술, 지배자로서의 교양 등을 배우게 되었고, 이러한 공간이 학교로 자리 잡게 되었다. 고대 그리스에서는 강인한 신체를 강조하던 군사훈련적 교육방식과 영웅서사시를 통한 음악교육 및 문자교육이 실시되었으며, 점차 아테네의 도시국가에서는 조화로운 인간상의 발달을 추구하게 되었다. 초등교육기관인 팔레스트라(Palestra)와 중등교육기관인 김나지움(Gymnasium)은 모두 신체단련과 관련된다. 반면 로마의 초등교육기관 루두스(Ludus)는 '놀이' 학교 성격이 강하였고, 중등교육기관으로는 그리스어 문법학교와 라틴어 문법학교가 있어 장차 웅변가를 양성하기 위한 문해교육에 중심을 두었다.

한편 고대 중국에서 학교에 해당하는 단어는 상(庠)·서(序)·교(校) 등이 있다.[1] 상(庠)은 요순시대로부터 계승된 것이며, 서(序)는 활쏘기를 연습하는 곳으로 단지 동서에 담장이 있을 뿐 교실은 없었고, 교(校)는 원래 나무 울타리[목책란(木柵欄)]로 말을 기르던 곳이었다가 후에 말을 훈련시키거나 힘을 겨루는 장소로 바뀌었다. 이 밖에도 『예기』「왕제」에 은(殷)나라에는 '우학(右學)과 좌학(左學)이 있었다고 하며, 『예기』「명당위」에는 은나라의 학교를 고종(瞽宗)이라 불렀다고 한다. 고종과 우학은 예와 악을 배우는 학교로 귀족 자제를 가르치는 고등교육기관이라 할 수 있다. 또한 주(周) 나라 때에는 중앙에는 대학[2]과 소학이 있고, 지방에는 숙(塾)·상(床)·서(序)·교(校) 등이 있어, 예악(禮樂)·사어(射御)·서수(書數)의 육예(六藝)를 통해 덕성 함양과 군사훈련(말타기·활쏘기), 일반교육(읽기·쓰기·셈하기)을 종합적으로 가르쳤다.

결국 고대 학교는 국가운영을 위한 귀족계급의 필요에 의해서 무예를 닦는 군사훈련과 예악을 통한 도덕교육, 그리고 읽기·쓰기 등의 일반교육을 실시하였다고 볼 수 있다.

---

1) 『孟子』, 『說文解字』, 『漢書』「儒林傳」의 서(序) 등에 의하면, "하나라에는 교(校)가 있었다"라고 기재되어 있고, 또 『禮記』에는 하나라의 학교를 서(序)라고 불렀다고 기재되어 있다. 동한(東漢) 시대 정현의 『儀禮』 주(註)에 하후씨의 학교를 '상(庠)'이라고 불렀다. 곽제가 저, 이경자 역(2004). 중국의 고대학교. 서울: 원미사, 21쪽.

2) 주나라의 대학으로는 왕도(王都)의 동서남북과 중앙에 세운 오학(五學)이 있다. 태학(太學)=벽옹(辟雍), 동서(東序)=동학(東學), 고종(瞽宗)=서학(西學), 성균(成均)=남학(南學), 상상(上庠)=북학(北學) 등으로, 『대대례기』「보존」에 "황제가 동학에 들어가면 어버이를 섬기고 인(仁)을 귀히 하며, 황제가 남학에 들어가면 윗사람을 섬기고 인(仁)을 귀히 하며, 황제가 서학에 들어가면 현자를 섬기고 덕(德)을 귀히 하며, 황제가 북학에 들어가면 귀인을 섬기고 작(爵)을 받들며, 황제가 태학에 들어가면 스승을 받들어 도(道)를 묻는다."라고 하였다.

〈표 12-1〉 고대의 학교제도

그리스 · 로마시대의 학교	고대 중국의 학교
• 그리스: 팔레스트라(Palestra), 음악학교, 국어학교, 김나지움(gymnasium), 플라톤의 아카데미, 아리스토텔레스의 뤼케이온 • 로마: 루두스(Ludus), 문법학교	숙(塾) · 상(庠) · 서(序) · 교(校), 태학(太學) = 벽옹(辟雍), 고종(瞽宗) = 서학(西學), 성균(成均) = 남학(南學), 동서(東序) = 동학(東學), 상상(上庠) = 북학(北學)

2) 근대의 학교

르네상스와 종교개혁 이후 인간 이성에 대한 신뢰와 자연과학의 진보, 그리고 인쇄술의 발달 등으로 저렴한 책의 보급이 가능해지면서 보편적 교육과 아동교육에 대한 주장들이 나오기 시작하였다. 코메니우스(1592~1670)는 '모든 사람에게 모든 것을 가르치는 보편적 기법'을 탐구하여 『대교수학』이라는 책을 써서, 기존의 언어중심의 교수법을 사물에 의거한 교수법으로 전환시키고, 특권계급을 위한 학교교육을 모든 사람을 위한 교육으로 전환시키고자 노력하였다. 루소(1712~1778)는 『에밀』에서 어린이를 고유의 인권과 권리를 가진 존재로 보고, 어린이의 자유와 자발성을 존중하고 어린이의 성장과 발달에 맞는 단계별 교육을 주장하였다. 빈민자녀와 고아들을 위한 교육실천가로 페스탈로치(1746~1827)는 지 · 덕 · 체의 균형 잡힌 발달을 위해 학교교육에서 생활교육과 노작교육을 강조하였고, 프랑스의 콩도르세(1743~1794)는 '교육을 받을 권리는 다른 인간적 권리를 실현하기 위한 가장 기초적인 권리'라 하며, 민중의 교육은 국가의 책임이라 하여 공교육제도의 원리를 제공하였다.

17~18세기의 학교교육은 「고타교육령」(1642)이나 「매사추세츠교육령」(1642)과 같은 국가(혹은 지방정부) 주도의 의무교육령도 있지만, 점차 종교단체나 산업자본가에 의해 주도되었다. 즉 산업혁명이 진전됨에 따라, 가정이

나 지역공동체의 교육력(생활 속에서 기본교육을 전달하는 힘)은 낮아지고, 급격한 도시화로 인한 도덕성 퇴폐와 빈곤층 공장노동자 자녀들의 범죄 및 비행 증가를 우려하며 종교단체에서는 자선학교와 일요학교를 개설하였고, 산업자본가들은 어린이의 보호 이외에도 생산성이 높은 양질의 노동력을 길러내기 위하여 산업체 학교를 세우기 시작하였다.

이러한 근대 학교제도는 19세기 산업혁명과 국민국가의 등장과 맞물려, 교육을 통해 국민을 양성하기 위한 제도적 장치로 발전하였기에, 대량교육과 사회적 통제를 기본 특질로 한다. 19세기 학교교육은 어린이를 보호하는 양육(養育) 기능과 지식을 가르치는 교수(教授) 기능, 그리고 국가주의적 통제에 따르도록 하는 훈육(訓育) 기능을 갖고 있었으며, 그중에서 훈육이 가장 강조되었다. 특히 의무교육제도는 이러한 국가적 필요성에서 나온 것으로 의무교육을 실시하던 초기에는 아동 노동력을 국가가 의무적으로 학교로 빼어가는 것이라 보았기 때문에, 부모들의 반대가 심하였고, 따라서 무상으로 교육을 하지 않을 수 없었다. 그러나 개개인의 입장에서는 교육을 통한 신분상승과 입신출세를 지향하며 학교교육을 수용하게 되었다.

이 같은 의무교육(compulsory education)은 법에 의한 취학의 강제성, 기초교육(읽기 · 쓰기 · 셈하기), 재정 · 경영의 공공지원성(무상성), 정치적 중립성 등을 특질로 한다.[3] 한편 의무교육과 함께 자주 쓰이는 공교육이라는 표현은 다음 세 가지 의미를 갖는다. 첫째 공공단체에 의해 설치 · 운영되는 교육으로, 성인교육과 직업교육까지 포함할 수 있으며, 둘째 사립학교 교육 및 종파계 학교교육과 대비되는 공공적 성격을 띠는 교육을 지칭하기도 한다. 하지만 사립학교라 하더라도 공공적 성격으로 운영될 때에는 공교육에

3) 이때 의무교육은 국가에 의해 부모가 자녀를 취학시켜야 할 의무와 함께, 국가가 무상으로 교육시켜 주어야 할 의무, 그리고 학생의 입장에서는 기초교육을 받을 권리적 성격도 포함된다. 즉 기존의 학교교육에 적응하지 못하는 학생들은 국가에 대해 기존의 획일적인 교육기관을 대신하는 대안학교를 요구할 권리를 갖는다고 할 수 있다. 의무교육을 12년으로 하는 선진국들에서는 학교를 중도에 그만두는 중퇴생들의 교육에 대해 고심하는 것도 이러한 국가의 교육의무 때문이다.

포함되기도 한다. 우리나라 대부분의 사립 중고등학교는 국가의 재정지원을 전폭적으로 받는다는 점에서 공교육기관에 속한다. 그리고 셋째로 공교육은 고등교육 기관에 대비되는 초·중등교육을 의미하기도 한다. 따라서 교육법제에서도 초·중등교육법과 고등교육법은 별도로 제정되었고, 시·도교육청은 대학을 제외한 초·중등교육기관만을 관장하고 있다.

결국 근대의 학교제도는 시민혁명과 산업혁명을 거치면서, 인간평등 사상에 입각한 개개인의 입신출세를 위한 교육적 요구와 기독교와 가톨릭의 경쟁적 자선교육기관 설립, 그리고 산업자본가들의 산업노동자의 자질 향상, 그리고 국가적 차원에서 민주주의 법질서를 지켜나갈 국민양성이라는 다양한 요구에 의해 발전되어 왔다.

2. 학교교육에 대한 재고

1) 학교교육에 대한 네 가지 비유

고대의 학교가 제한된 귀족계급을 대상으로 하는 것이었다면, 근대의 학교는 모든 사람들에게 교육기회가 열리게 되었다. 하지만 신분이나 성별에 관계없이 모든 사람들에게 교육기회균등이 보장되는 순간, 상위 학교 진학 경쟁은 더욱 치열해질 수밖에 없고, 이로 인해 입시준비교육을 잘 시키는 학교를 좋은 학교로 생각하는 경향이 생겨나게 된다. 즉, 학교교육에 대한 교사와 학생, 그리고 부모들의 교육적 기대가 무엇인가에 따라 학교의 성격도 달라진다. 산업화시대에는 숙련된 공장노동자와 선량한 국민을 양성하는 역할을 담당하던 공교육이 후기 산업화시대를 맞아 기존의 학교개념에 대한 비판과 함께 다양한 성격의 학교를 구상하게 되었다. 학교의 개념과 목적에 대한 견해 차이에 따라 학교를 공장, 병원, 기업, 학습공동체로 비유해 놓은 것은 매우 설득력이 있다고 생각된다(강명희, 임병노, 2002: 32-

45 참고).

먼저 '공장으로서의 학교'는 효율성을 최고의 가치로 삼고, 차별화, 표준화, 통제 및 합리성 추구가 학교 운영의 기준이 되었다. 학교는 공장의 조립라인처럼 원자재인 학생들을 가공·생산하여 완제품을 만드는 과정으로 인식하였기에, 표준화된 기준에 따라 평가하여 품질이 미달된 학생은 졸업을 유보하고, 졸업한 후에도 리콜이나 애프터서비스를 제공하게 된다. 전문적인 교육이론가나 행정가, 정책담당자들이 만들어 놓은 이론과 정책을 수행하는 위계구조 속에서 교장은 교육청의 지시를 받는 중간관리자로, 교사는 엔지니어(숙련된 기능공)로 간주된다. 따라서 교사들은 교육 자체에 대한 고민보다는 자신이 맡은 과목을 학생들에게 잘 가르쳐 좋은 점수를 받거나 상급학교 진학성적으로 평가를 받게 된다.

'병원으로서의 학교'는 사회의 부조리와 불평등으로 불리한 위치에 놓인 학생들을, 각자의 필요에 맞도록 처방하고 도와줌으로써 학생들이 강요된 고통에서 벗어날 수 있도록 도와주고자 한다. 교사는 학생에 대한 교육학적 전문지식과 통찰을 지닌 전문가로, 학생의 개성을 존중하고 비뚤어진 심성을 치료해 주며 숨겨진 재능을 계발할 수 있어야 한다. 질병 치유의 대상인 학생은 치료를 담당하는 교사의 처방에 전적으로 의존해야 한다는 점에서 비록 교사·학생의 협력을 중시한다 하지만, 실질적으로 평등한 관계를 유지하기는 어렵게 된다.

'기업으로서의 학교'는 최근 세계화와 신자유주의의 영향으로 무한경쟁 사회에서 학교개혁을 위한 새로운 관점으로 대두되고 있다. 보다 나은 교육서비스를 제공하도록 학교 간 차별화를 인정하고, 교육수요자인 학생과 학부모가 학교 혹은 교사를 선택할 수 있도록 하여 학교교육을 개선하려는 시도이다. 실질적으로 학원과 같은 사교육시장은 이미 이러한 경쟁논리를 수용하고 있다. 학교장은 생산성과 시장논리, 수익구조 개선 등을 위하여 '품질혁신운동(TQM)'을 적극 도입하고, 학교평가와 교사평가에 의거한 차등지원과 성과급제도를 통해 교육프로그램과 교직원의 질적 향상 등 학교개혁을 유도하고 있다. 그러나 경쟁과 선별지원 전략이 보다 나은 교육을 지향하고 있음에도 불구하고, 평가의 준거가 되는 "무엇이 바람직한 교육인가?"에 대한 합의가 이루어지지 않을 때 교육계 전반이 혼란에 빠지기 쉽다. 다양한 교원단체와 교원노조의 등장은 이러한 교육관점에 대한 서로 다른 차이에 기인하고 있다.

네 번째 모델인 '학습공동체로서의 학교'는 교사와 학생 모두가 학교에 대한 주인의식을 갖고, 서로에 대한 신뢰와 애정을 통해 교학상장의 모습을 실현하고자 한다. 학교의 근본목적인 지식을 습득하고 창출하기 위하여 구성원 모두가 평등한 관계에서 현실의 문제해결을 위해 학습이 조직된다. 학교를 학습공동체로 보는 관점에서는 교실수업뿐만 아니라 일상생활 속에서도 학습이 이루어진다는 전제하에서, 교실과 학교 환경을 재조직해야 하며, 학생은 교사와 의논하여 스스로의 학습목표와 진도계획을 세워 실천하고자

〈표 12-2〉 학교에 대한 네 가지 비유

	공장으로서의 학교	병원으로서의 학교	기업으로서의 학교	학습공동체로서의 학교
개념	숙련된 기술자인 교사가 학생이라는 원자재를 대량으로 규격에 맞게 가공함	서비스를 제공하는 전문가로서 교사는 각각의 학생에 맞는 교육적 처방을 제시	학교를 기업경영의 관점에서 보며, '품질혁신운동'의 대상으로 간주	교장과 교사, 학생 등 구성원 모두가 평등과 상호신뢰를 바탕으로 능동적으로 학습 참여
목적	사회적 수요에 맞춰 필요 인력 양성	학생들에게 강요된 고통과 괴로움 경감	시장원리에 따라 교육수요를 충족	교학상장(教學相長)의 학습공동체 구성
특징	효율성·합리성 추구, 표준화·통제·규제 중시	인성교육, 개별화, 교사의 전문화	학교평가, 교원평가, 교원성과급, 경쟁입시	정보 공유와 협력과정, 학습목표 스스로 설정
한계점	수동적 학습자관 교사 통제에 기반	교사-학생 관계가 치유자-환자의 도식	평가기준 설정에 대한 논란과 불만	공동체 실현의 현실적 방법론 미비

* 출처: 강명희, 임병노(2002). 미래를 준비하는 학교. 서울: 학지사. 45쪽 〈표 1-1〉을 수정·보완함.

한다. 실험학교적 성격의 학습공동체로서의 학교는 학교의 기본 목적에 충실함에도 불구하고 이를 실현할 수 있는 방법론이 완비되지 않았다는 점에서 현실적 한계를 안고 있다.

2) 학교교육 방향 재정립

학교교육에 대한 네 가지 비유가 거시적인 측면에서 학교교육을 되돌아보게 하는 것이라면, 정민승(2000 참조)의 「학교태(學校態)에 대한 도전으로서의 페미니스트 교육론」은 미시적 입장에서 학교교육의 재정립 방향에 대하여 다음 네 가지로 정리하고 있다.

첫째, 학습자의 차이는 무시에서 인정(배려)으로 바뀌어야 한다. 유기체는 '에너지적으로 개방적이지만, 정보적으로는 폐쇄적 존재로 상정'하여, 작동적 폐쇄성을 가진 학습자와 '구조접속'에 성공하지 않는 한 교육은 효과가 없다. 즉 학습자의 학습 스타일에 대한 분석, 학습자의 사고방식에 대한 분석, 학습자의 학습과정에 대한 분석 등, 교육공학적으로 학습현장을 정교하게 분석하여 교육이 효과적으로 이루어질 수 있도록 해야 한다는 것이다. 그러므로 지금까지 교사가 일방적으로 가르치는, 그리하여 학생은 '제공하면 수용'해야 한다는 소극적 학습자관에서 벗어나 학생을 교육장면의 주체로 인정해야 한다.

둘째, 학습자 경험을 바탕으로 성찰적 창조의 학습이 이루어져야 한다. 피아제나 브루너, 로저스, 매슬로, 듀이, 프레이리 등은 학습자의 경험이 중심적인 문제로 다루어질 때에야 비로소 교육은 교육다울 수 있다고 보며, 학습자의 경험을 주제중심적이고 교사중심적인 교육을 변화시킬 수 있는 중요한 고리로 상정하였다. 학습자는 '모르는 상태'에서 경험을 통해 '아는 상태'로 나아가게 된다. 지속적이고 의미 있는 변화를 이루기 위해서는 교육적 기획이 학습자의 학습동기에 부합해야 하고, 이런 동기는 학습자의 경험과 연관되어 있다는 판단에 근거하여 경험을 강조하게 된다. 흔히 학교에서 배우는 문자적 지식은 정보 축적의 특성상 일상적인 것보다 비일상적인 것이 내용에 담길 가능성이 높은 데 반해 경험적 지식은 일상성을 특징으로 한다.

셋째, 정신과 육체의 분리과할에서 통합으로 변화되어야 한다. 기존의 교육은 이성을 잘 계발시키면, 인격적 성숙도 가능하다는 전제에서 출발하여 이성적 존재로서의 교육을 강조하고 있다. 푸코는 "근대의 통제는 가혹한 처벌을 받는 몸이 아니라 훈육되고 다듬어지는 정신인 것이며, 학교는 그러한 통제가 정교화되는 중요한 장소다."라고 했다. 즉 근대의 훈육은 몸에 대한 처벌을 통해 정신을 통제하려는 것으로 이는 통합적 존재로서 사람을 대상으로 하는 것이 아니라, '정신'을 대상으로 하고 있다는 점에서, 감옥이나 병원과 유사하다는 것이다. 신체적 고통을 통해 정신적 각성을 얻으려는 불교의 고행은 그 자체가 자발적인 자기 선택이라는 점에서 근대의 학교가 제공하는 통제와 규제의 훈육과는 구뷴된다. 이제 교육은 학습자들의 감정적 느낌을 통해 알고, 앎을 통해 깨닫고 성장하는 '몸을 가진' 구체적 인간존재를 상정하고 시행되어야 한다.

넷째, 학습자의 감정을 배제에서 동력으로 이용하여야 한다. '무엇을 배운다'고 할 때, 우리는 정교한 지식이나 새로운 기술, 특정한 능력을 떠올린다. 흥분이나 열망, 사랑이나 황홀감 등은 교육의 후면에 존재할 수는 있지만, 교육장면과 결합되지는 않는다. 오히려 이성을 가로막는 장애로까지 받아들여져 감정은 통제되고, 제어되며, 다스려져야 할 대상으로 생각하는 경향이 있다. 그러나 흥분이나 열망, 열정과 사랑, 분노 등의 감정은 오히려 장려되며, 그것이 교육자원을 창출하는 힘으로 상정될 수도 있다. 처음에는 복수심에서 무술을 연마하였지만, 점차 높은 경지로 올라가며 분노를 다스리고 복수를 포기하게 되는 모습이라든가, 어떤 선생님이 좋거나 싫다는 감정적 이유에서 그 과목을 열심히 하거나 포기하는 경험들, 그리고 자기 주변에 성적 라이벌이 있었기에 더욱 열심히 공부하는 모습 등은 바로 감정을 동력으로 이용한 사례라 할 수 있다.

학교교육에 대한 앞의 네 가지 비유와 새로운 방향 제시는 기존의 학교를 보완하고 대신할 수 있는 다양한 대안학교와 대안교육의 등장을 예고한다.

3. 대안학교와 대안교육

1) 대안교육의 등장배경

우리나라의 대안교육은 1990년대를 전후하여 나타나고 있지만, 미국이나 유럽에서는 실험적 성격의 학교개혁 운동이 이미 19세기 후반부터 실천되었고, 두 번의 세계대전을 치르는 동안 독일에서도 다양한 교육개혁운동이 나타났다. 이는 대안교육이 사회적 변화에 이끌리지만 동시에 사회변화를 주도하고 있음을 의미한다. 최근 우리 사회에서 대안교육이 주목을 받게 되는 주요한 논거는 시대적 상황의 변화와 관련되며 이를 정리해 보면 다음과 같다.

첫째, 산업사회에서 정보화사회로 패러다임 전환: 기존의 학교체제는 대량생산 · 대량소비 사회에 맞는 것으로, 개인의 창의성보다는 집단의 규율 준수를 강조하는 가치에 맞춰져 있던 산업사회의 패러다임을 다양한 개성을 강조하는 정보화사회의 패러다임으로 바꾸어야 한다.

둘째, 공리주의(최대다수의 최대행복)에서 공동체주의로: 수량적인 측면의 물질적 풍요로움은 자칫 우리 사회 이면에 소외되어 있는 자들의 희생을 강요하게 된다. 이제는 우리 사회가 대동(大同)과 배려의 공동체 의식을 갖도록 교육적 관심을 가져야 한다.

셋째, 근대적 목적합리성에서 가치합리성으로: 윤리적 뒷받침이 없는 자연과학의 무한 발전은 대량살상 무기체제나 무제한적인 인간배아세포 연구를 초래한다. 수단과 방법을 가리지 않는 목적합리성을 반성하고 무엇이 가치 있는 일이고 진정 인간다운 것인가를 고려한다.

넷째, 개인주의적 세계관에서 생태주의적 세계관으로: 전지구적 생태위기 속에서 인간만을 위한 환경파괴적 개발에서 자연과 인간의 관계성을 회복하려는 생태주의 철학이 등장하고 있다. 교육 역시 소우주로서의 인간과 대우주로서의 자연이 공존하는 방향을 찾고 있다.

다섯째, 경쟁(競爭)에서 상생(相生)으로: 권력과 금력이 지배하는 사회에서는 소수의 승자가 보다 많은 과실을 독점하는 것을 당연시 하지만, 지식력과 정의력(正義力)의 사회에서는 상호 협조의 상생과 과실의 적정한 분배 속에서 윈-윈의 더 큰 성과를 얻는다고 믿는다.

여섯째, 지식 위주의 입시에서 다양한 재능의 선발로: 기존의 입시체제는 지식 위주의 문필 시험을 강조했다면, 새로운 선발방식은 다양한 재능을 지닌 창의적인 인간에 관심을 두어야 할 것이다. 즉 현재의 학습결과도 중요하지만 주어진 교육 여건의 차이를 고려하여 개개인이 가진 잠재력과 열의, 태도도 선발의 주요 변수로 인정해야 한다.

이와 같은 주장들이 우리 사회에서 힘을 얻게 되면서, 점차 대안교육과 대안학교에 대한 사람들의 관심이 높아지게 되었다.

2) 대안교육 · 대안학교의 개념과 다양성

대안학교의 개념에 대하여 쿠퍼 『교육백과사전』은 "표준적인 공립학교들이 제공하는 '전통적인' 것과는 다른 경험을 추구하는 아이들과 학부모들을 위해 특별한 교수법과 프로그램, 활동, 여건을 제공할 수 있도록 고안된 학교"(B. S. Cooper, 1994: 260; 이종태, 2001: 21 재인용)라고 하였다. 그러나 대안교육이 기존의 '전통적인 교육'(conventional education)에 대해 이를 대체하는 '대안교육'(alternative education)이 된다면, 어느 순간엔가 대체된 대안교육은 또 하나의 전통적인 교육이 되어 버릴 수도 있다. 그런 면에서 대안교육은 단순히 기존의 것을 대체하는 하나의 교육이라기보다, 다양한 목표와 수단, 가치를 지향하는 프로그램들이다. 이를 영문으로 표기하면 alternatives in education이 될 것이다. 즉 여러 선택 가능한 것들 중의 하나로서, 끊임없이 다양한 대안이 제시될 수 있다는 점에서 개방적 형태의 대안교육이라 할 수 있다.

대안교육 혹은 대안학교는 비록 기존의 표준적인 학교에 대한 문제제기에서 출발하였다는 공통점이 있으나, 각각의 대안교육 프로그램이나 대안학교가 지향하는 목표와 방향이 서로 다르기 때문에 그 교육적 처방도 다를 수밖에 없다. 대안교육을 크게 두 범주로 나눈다면, 하나는 기존의 학교교육의 변형된 형태로 운영되는 것과, 기존 학교교육의 형식과 내용 자체를 뛰어넘으려는 것으로 구분할 수 있다(이종태, 2001: 23). 전자에 해당하는 전일제 형태의 대안교육 기관으로는 정부의 설립인가를 받은 특성화고등학교와 정규 학교로 인가를 받지 않은 학력인정 사회교육시설인 비정규 대안학교들이 있으며, 후자에 해당하는 프로그램 형태로 진행되는 대안교육으로는 계절학교나 방과후학교, 주말학교, 그리고 홈스쿨링(가정학교) 등이 있다.

(1) 전일제 형태의 대안교육 기관

- 특성화고등학교: 1996년 12월 교육부가 '중도탈락자 예방 종합대책'의 일환으로 대안학교 설립계획을 발표하였고, 이후 1998년 2월 초중등교육법 시행령에 '특정 분야의 인재양성'(직업분야) 또는 '체험위주의 교육'(대안교육 분야)을 할 수 있는 특성화고등학교(또 '교육과정 운영의 특성화'를 위한 특성화중학교)를 둘 수 있도록 규정함으로써 법제화되었다. 2006년도 교육인적자원부는 실업계 고등학교와 기타 고등학교를 특성화고교로 통합하여 고교의 유형을 일반고교와 특성화고교로 개편하기로 하였다. 특성화고교는 일반 교과를 60%만 가르치고, 나머지 시간은 다양한 체험을 할 수 있는 특성화 교과로 구성할 수 있다.
- 비정규 대안학교: 전일제 학교 형태로 운영되면서도 학교의 자율성을 유지하기 위하여 굳이 정규 학교로 인가받지 않고 운영하는 학교들이다.

-전북 진안의 진솔대안학교, 경남 마산의 들꽃온누리고등학교(학력인정 사회교육시설)

-서울의 '도시속 작은학교'(2000.4 개교): 저소득층 중고교 자퇴생을 주 대상으로

-동두천의 아메라시안 크리스챤 아카데미(2000): 혼혈아들을 대상으로 영어 특성화교육

-남원의 '실상사 작은학교'(2000): 불교계에서 만든 최초의 대안학교(중학교 과정)

-공동체마을을 지향하는 '변산공동체학교(윤구병 전 충북대교수 중심) 등

(2) 프로그램 형태의 대안교육 기관

- 계절학교: '또 하나의 문화' 캠프, '민들레 만들레' 계절동네, '자유학교 물꼬'의 계절학교, 경기도 가평의 '두밀리 자연학교' 등이 있고, 주로 초등학생들을 대상으로 자연관찰, 과학 실험, 노작을 통해 학교 수업에서 맛보지 못하는 다양한 체험을 제공하고 있다.
- 방과후학교 또는 주말학교: 학교수업의 보완적 역할로, 아이들이 사는 지역에서 일상적으로 시도하고 있다. 특히 지역주민의 공동체적 연대 속에서 학부모가 높은 관심을 갖고 참여할 수 있으며, 경기도 광명의 '창조학교', 성남의 '여럿이 함께 만드는 학교', 서울의 '따로 또 같이하는 학교' 등이 있다.
- 주일학교 : 교회에서 일요일에 실시되는 교육으로 공교육에서 간과되는 종교교육을 보완하는 역할을 맡고 있다.
- 가정학교(홈스쿨링) : 최근에 학교교육에 대한 불신과 부적응 등의 이유로 급속히 관심을 갖고 있으나 법률적 뒷받침이 보완되어야 한다. 가정학교의 운영은 반드시 부모가 교사역할을 하지 않더라도, 몇몇 가정이 네트워크를 통해 공동으로 운영하기도 한다.

이 밖에도 대안교육 · 대안학교를 유형화하는 방법으로는 제도와의 관계, 학교의 이념적 성향 등으로 나눌 수도 있다.

① 제도와의 관계에 따른 구분

- '제도 안' 대안학교: 거창고등학교, 풀무농업고등기술학교, 성지고등학교 등
- '제도 밖' 대안학교: 비인가 학교로 출발한 간디학교, 안산의 '들꽃 피는 학교' 등
- '제도 곁' 대안학교: 기존 학교교육을 그대로 유지하는 방과후, 주말, 계절제 대안학교

② 이념적 성향에 따른 구분

- 자유학교형 대안학교: 종래의 학교교육이 지나치게 아이들을 통제, 억압하며 교사(어른) 중심으로 교육이 이루어지고 있음을 비판하고, 아이들의 선함과 무한한 가능성에 기초한 교육을 실시하고자 설립됨. 事例 : 영국의 섬머힐 학교, 일본의 '자유의 숲(自由の森)' 학교 등
- 생태학교형 대안학교: 인도 태생의 평화운동가이자 생태주의자인 사티쉬 쿠마르에 의해 영국의 하트랜드 지방에 '작은학교'로 설립(1982)되어, 생태와 노작, 그리고 지역사회와 학교의 결합을 중시하였다. 우리나라의 간디청소년학교, 푸른꿈고등학교, 변산공동체학교 등
- 재적응학교형 대안학교: 일반학교에 잘 적응하지 못하는 학생들을 대상으로 하는 학교로, 개성과 자율을 최대한 허용. 특성화고등학교들 중 성지고, 화랑고, 원경고, 두레자연고 등
- 고유이념 추구형 대안학교: 人智學(antroposophy)을 주장한 슈타이너의 발도르프학교

이상과 같은 대안교육 · 대안학교의 등장 이외에도 기존의 표준적인 공교육을 보완하는 교육기관으로 이미 특수 장애우들을 위한 맹아학교, 농아학

교, 병원학교[4] 등과 우수한 과학영재를 위한 과학고등학교와 어학영재를 위한 외국어학교, 그리고 예술고등학교, 체육고등학교 등의 특수목적고와 정부의 지원을 받지 않는 자립형 사립학교 등이 있다. 학교교육의 다양화와 수월성 확보라는 점에서 이러한 고등학교 교육의 다양화와 특수목적고의 등장을 긍정적으로 볼 수도 있지만, 종종 이러한 학교들은 원래의 설립 취지에서 벗어나 우수한 대학입학을 위한 중간기지로 변질되고 특권적 세력을 형성하려는 점에서 부정적인 영향을 끼치기도 한다. 초·중등교육은 경제력이나 신분차별적인 별도의 학교를 세우기보다는 다양한 대안교육 프로그램을 통해 공교육을 보완해 주는 것이 대안교육이 지향하는 학습공동체로서 교육적 방향과 더 일치하는 것으로 판단되지만, 이에 대하여는 앞으로 더 많은 논의를 통해 공감대를 형성하여야 할 것이다.

함께 토론할 주제

(1) 학교교육의 바람직한 형태는 무엇인가? (교육과정의 선택, 시간표 작성, 학년제, 가정학교 등을 선택하여 집중적으로 논의해 보자)

(2) 21세기의 학교는 19세기의 학교와 어떻게 달라져야 하는가?

(3) 우리 주변에서 실시되고 있는 대안교육 프로그램들을 찾아보고, 운영상의 장단점을 논의해 보자.

참고문헌

강명희, 임병노 공저(2002). 미래를 준비하는 학교. 서울: 학지사.

서울평화교육센터 엮음(1996). 대안학교의 모델과 실천. 서울: 내일을 여는 책.

이종태(2001). 대안교육과 대안학교. 서울: 민들레.

정민승(2000). 학교태(學校態)에 대한 도전으로서의 페미니스트 교육론. 교육원

4) 장기 입원한 학생들을 대상으로 하는 '병원학교'는 2006년 1월 현재 서울대학병원 등 6개 병원학교에서 300여 명이 공부하고 있으며, 2007년까지 각 시·도별로 1개 이상의 병원학교를 설치해 순회교사가 방문교육을 실시하도록 '찾아가는' 교육 서비스를 제공할 계획이다. 「조선일보」 2006. 1. 3.

리연구.

정유성(1997). 대안교육이란 무엇인가. 서울: 내일을 여는 책.

더 읽어볼 책

김명신(2002). 대안교육: 어제 · 오늘 · 내일. 서울: 문음사.

로이 윌킨슨 지음, 고려대학교 교육사 · 철학연구회 옮김(1997). 루돌프 슈타이너의 교육론. 서울: 내일을 여는 책.

이건만(2002). Paulo Freire와 대안학교의 교육사상. 서울: 문음사.

정윤경(2004). 발도르프 교육학. 서울: 학지사.

Cubberley, E. P.(1920). *The History of Education.* Boston: Houghton Mifflin Company.

제13장
지식기반사회와 평생교육

1. 지식기반사회와 교육체제의 재구조화

21세기는 변화의 시대다. 오늘날 사회경제를 뿌리부터 흔들고 있는 변화들을 지적하라고 한다면, 일반적으로 지구화 현상의 일반화, 탈산업화의 가속화, 지식경제의 출현, 그리고 탈근대에 기반을 둔 네트워크형 사회의 구성을 지적하지 않을 수 없다. 이 네 가지 현상은 서로 밀접한 관계를 가지고 우리의 삶과, 사회구성 원리, 심지어 교육체제까지도 변화시켜 나가고 있다. 이와 같은 거대변화의 핵심을 우리는 지구적 지식경제(global knowledge economy)라고 부르고, 이 체제를 다른 말로 학습경제(learning economy)라고 말한다. 평생교육, 평생학습이라는 주제는 바로 이 문제의 한가운데 서 있다. '학교'가 아동을 성인 노동력으로부터 분리하여 교육함으로써 구 부르주아 사회질서와 차별화된 새로운 자본주의 사회구성양식을 구축해낸 시민사회 구성의 인큐베이터였다면, '평생학습'은 탈산업화의 소용돌이 속에서 노동사회와 지식사회를 구별해냄으로써 지구적 지식경제를 형성해 갈 수 있는 거의 유일한 원동력이다. 이 점에서 OECD, EU, World Bank 등 서구

지구자본주의 중심체들이 이미 간파한 것처럼, 지구적 지식경제에서의 평생학습, 평생교육의 '필요성' 은 이미 논의조차 할 필요 없는 기본 전제가 되어 버렸다. 지식경제는 지식의 지속적인 생산과 재생산을 통해 성장하는 체제이며, 따라서 지식생산을 위한 학습 없이는 성립할 수 없다. 이 문제는 더 이상 설명이 필요 없다.

이와 관련하여 세계적인 경영학자인 피터 드러커(Peter Drucker)는 그의 역저 『자본주의 이후의 사회』에서 지식사회 학교의 청사진을 다음과 같이 제시하고 있다. 첫째, 학교는 높은 수준의 읽고 쓰는 능력을 제공하여야 하며, 이는 오늘날의 '읽고 쓸 줄 안다' 는 것이 의미하는 것보다 훨씬 높은 수준이어야 한다. 둘째, 학교는 모든 계층과 연령의 학생들에게 배우려는 의욕을 갖게 해야 하며, 계속교육에 대한 규율을 심어 주어야만 한다. 셋째, 학교는 이미 고등교육을 받은 사람 그리고 어떤 이유로든 그 전에 고등교육을 받지 못한 사람 모두에게 문호를 열어 놓은 개방 시스템이 되어야 한다. 넷째, 지식의 본질과 과정 모두를 전달해 주는 교육방식을 필요로 한다. 학교교육은 바로 지식의 본질과 과정 모두를 전달해 주는 것이 되어야 한다. 마지막으로, 교육활동은 더 이상 학교만의 전유물이 될 수 없다. 탈자본주의 사회의 교육은 사회 전체로 스며들어야 하고, 사람을 고용하는 모든 종류의 조직, 예를 들면 기업, 공공기관, 비영리단체들은 배우고 가르치는 기관이 되어야 하며, 학교는 점점 더 고용주들, 고용기관들과 협력하여 일을 하게 될 것이다.

이와 같은 지적은 결과적으로, '폐쇄형 종점교육모형(front end model)' 으로서의 특징을 지니고 있는 현재의 학교중심 교육체제를 전면적으로 재구조화해야 한다는 것을 의미한다. 여기서 '폐쇄형' 이라는 뜻은 교육이 지정된 시간과 장소에서 닫힌 꼴로 운영될 뿐더러 주로 전일제 학생 중심으로 교육이 진행된다는 것을 의미한다. 교육과정 역시 학교 자체가 가지고 있는 프로그램만을 통한 완결구조를 가지고 있으며, 특별한 경우를 제외하고는 학교 밖에서 획득한 학점의 전이가 원칙적으로 제한되어 있다. 또한 그 평가를 통해 졸업장이 수여되는 독립적 자격인증 시스템을 갖추고 있다. 한마디로 기존의 전통적인 학교는 폐쇄적 특징을 가지는 단독형 교육 시스템이라고 할 수 있다. 학교교육이 가지는 또 다른 특성은 그것이 '종점교육'으로서의 특성을 갖는다는 것이다. 우리나라 보통교육과정은 국민기초 공통교육과정, 즉 10년에 걸친 기본 교육과정을 특징으로 하며, 고등학교 2~3학년 과정을 통해 약간의 선택형 교과가 첨가됨으로써 사실상 종결되게 된다. 고등교육의 경우 역시 아동기 교육의 연장으로서 초기교육(initial education)의 성격을 갖는다. 일단 직업을 가진 후 다시 학교로 돌아오기에 매우 불편한 구조로 되어 있다는 점에서 학교교육은 시작에서부터 종결까지 중단 없는 학업을 전제로 하는 일종의 '폐쇄성'을 시스템 자체의 특성으로 가지게 된다. 요컨대, 학업은 아동기에서부터 청소년기에 이르는 일련의 시간 계열 안에서 집중적으로 이루어지며, 직업 세계와의 내용적 혹은 과정적 호환성보다는 자체적 계열성에 의해 그 구조가 형성되는 것이다(김신일 외, 2003: 26-27).

이러한 학교교육의 폐쇄성은 특히 선발의 시기를 한 시점, 예컨대 중등교육과 고등교육이 연결되는 시점으로 집중화시킴으로써 일종의 선발의 병목현상으로부터 원칙론적으로 자유로울 수 없다. 이 선발 시점을 다변화하고 선발 방식을 다양화하지 않으면 입시문제를 해결할 수 있는 길은 사실상 원천적으로 봉쇄되어 있음에도 불구하고 학교의 폐쇄형 종점모형은 이에 대한 대안적 길의 모색을 어렵게 한다. 고등학교를 졸업하고 대학에 입학하는 선발 시점이 가져오는 과부하로 인하여 (1) 다양한 입시과열이 발생하고 이로 인한 다양한 사회적 문제와 비용이 발생하는 한편, (2) 그 문제를 사교육으로 해결하려는 무리로 인하여 사교육비 증가가 사회적 문제로 나타나고 있으며, 그에 대하여 (3) 상대적으로 학교교육이 위축되고 파행화하는 교실붕괴로 이어지고 있다.

이러한 문제들은 궁극적으로 폐쇄형 종점교육모형을 개방형 평생교육모형으로 전환함으로써 해결할 수 있다. 이것만이 문제의 근원인 선발의 병목

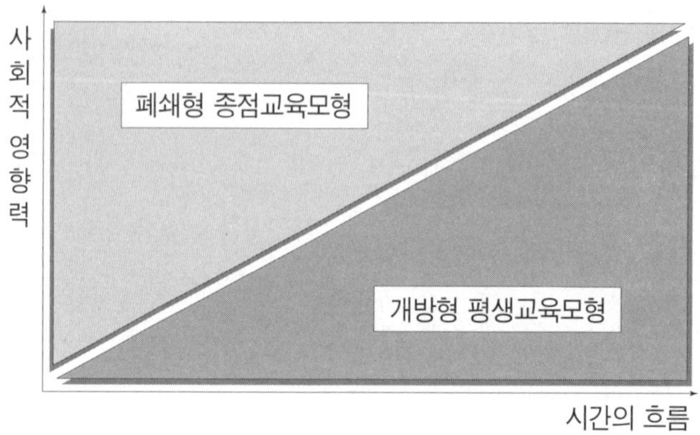

[그림 13-1] 평생교육모형

현상을 해소할 수 있는 길이기 때문이다. 현재의 사회경제 시스템은 종점교육모형에 의존하기 어려우며, 또한 개별 노동자들 역시 평생에 걸친 계속교육을 필요로 한다. 현재의 교육 시스템은 수요자의 요구와 대비하여 서로 부조화를 이루고 있으며, 이것이 결국 궁극적으로 교육 비정상화를 야기하는 요인으로 작용한다.

개방형 평생교육 시스템은 폐쇄형 종점교육으로서의 학교교육 모형에 대한 대안으로 탄생한 것이지만 시간이 지남에 따라 그 주-종 관계가 역전될 것으로 보인다. 예컨대 고등학교 졸업 이후 언제든지 필요할 때 다시 고등교육으로 진입할 수 있으며, 고등교육 역시 그 자체의 학부교육 혹은 대학원 교육으로 종결되는 것이 아니라 직업생활과 함께 항시 계속교육으로의 재진입이 가능한 시스템을 구축함으로써 중등교육 이후 고등교육 및 계속교육으로 진입하는 시점을 다변화할 수 있다는 것이다.

사회가 복잡해지고 새로운 지식 갱신에 대한 요구가 일반화되어 감에 따라 개방형 평생교육 시스템은 현재 주종을 이루고 있는 폐쇄형 종점교육 시스템으로서의 학교에 경쟁적인 대안으로 탄생하고 있으며 향후 시간이 지남에 따라 그 사회적 영향력을 상대적으로 확대해 나갈 것으로 보인다. 이

구분	전통적 시스템	평생교육 시스템
범위	-형식적 학교교육이 초등교육부터 고등교육까지 관할	-생활의 모든 영역에 걸친 학습: 학교, 직장, 지역 등
내용	-지식 내용의 습득과 반복 -교육과정 주도형	-지식의 창조, 습득, 적용 -학습자 자기 주도형 강화 -'능력' 주도형
전달	-제한된 학습방식 -형식적 교육기관에 의함 -획일적 중앙 통제형 관리 -교육공급자 주도형	-학습방식 선택의 다양성 -테크놀로지가 지원하는 교육 -다양하고 유연한 분전적 관리 -학습자 주도형

[그림 13-2] 전통적 학교와 평생교육의 교육체제 모형 비교(세계은행, 2003)

러한 맥락에서 평생교육 시스템은 한 개인의 평생하습생애가 구체적으로 실현될 수 있는 대안적 교육체제를 모색하고 있다.

이러한 탄력 있는 시스템은 이미 국제 사회에서 하나의 구체적 대안으로 자리 잡고 있다. 세계은행(2003)은 기존의 전통적 학교교육과 평생교육의 교육체제모형을 [그림 13-2]와 같이 비교하고 있나.

전통적으로 학교교육 중심의 교육 시스템에 의존하고 있는 국가의 경우 학습은 주로 형식적 학교교육, 즉 초·중·고등교육 시스템을 중심으로 이루어지며, 학습 결과에 대한 인증도 이들 학교에 의해 독점적으로 이루어진다. 이 체제 안에서 이루어지는 학습은 주로 교육과정이 포괄하고 있는 지식 내용을 습득하고 그것을 반복적으로 체득하는 방식으로 이루어진다. 또한 학습자가 학습의 전달체계를 선택할 수 있는 폭이 매우 제한적이며, 그 선택의 폭은 정확하게 해당 사회가 제공하는 교육기관의 형태에 의해 제한된다. 말하자면, 모든 것이 학교라고 하는 교육 공급자의 형태에 의해 주도되고 있는 것이다. 반면, 보다 유연하고 다양한 평생교육체제를 교육양식의 주요한 특성으로 채택하고 있는 국가에 있어서의 학습은 학교뿐만 아니라 직장, 지역사회 등 삶의 전 영역에 걸쳐서 이루어진다. 학습의 특성도 주어진 지식의 반복학습의 차원을 넘어서 학습자 스스로가 지식을 창조하고 그것을 적용하는 것을 가능하게 하는 실천학습에 보다 주안점을 두고 있으며, 이 과정에서 '지식의 내용' 보다는 그 지식을 소재로 하여 학습자가 형성해내는 '학습 능력'이 보다 중시된다. 학습을 전달하는 체계에 있어서도 다양한 선택지가 존재할 뿐더러 교사에만 의존하지 않고 보다 다양한 학습테크놀로지의 지원을 받는다. 학습에 대한 통제도 국가에 의해 중앙집권적으로 이루어지기보다 학습자의 자율적 선택이 보다 중시된다. 한마디로 말해서 학습자 주도형 학습이 가능해지는 것이다. 지식사회에서의 기존 교육체제의 재구축은 이러한 맥락에서 다양한 가능성을 가지는 형태로 국가교육 시스템을 재편하려는 거시적 기획에서 시작한다.

2. 평생교육의 개념

앞서 언급한 바와 같이 평생교육은 학교교육 중심의 교육체제를 전면 개편함으로써, 교육의 계속성, 통합성, 생활성, 연계성 등을 강조하고자 하는 교육이념으로 제시되었다. 평생교육은 개념의 형성 초기에 유네스코를 중심으로 기존의 폐쇄형 교육체제를 개방형 교육체제로, 분절형 교육체제를 통합형 교육체제로, 그리고 지식중심형 교육체제를 생활중심형 교육체제로 전면 개편하고자 하는 배경에서 출발하였다. 이것이 광의의 평생교육 개념이다. 말하자면, 광의의 평생교육은 기존 교육체제의 개편원리로 작용하였다는 것이다. 그러나 이와 같은 광의의 평생교육의 개념은 그 적용과 활용에 있어서 교육의 계속성을 강조하는 측면을 중시하다보니, 학교교육 이후의 계속교육을 강조하거나 학교 밖의 교육을 강조하는 차원으로 축소되어 활용되는 경향이 강하다. 우리나라의 경우가 대표적이다. 우리나라 평생교육법 제2조 제1항에서는 평생교육을 '다른 법률에 의한 학교교육을 제외한 국민의 평생교육을 위한 모든 형태의 조직적인 교육활동을 의미한다'고 정의하고 있다. 말하자면, 평생교육법에서는 평생교육이라고 하는 단어의 개념을 위와 같은 의미를 지니는 것으로 한정할 것을 규정하고 있다는 것이다. 이와 같은 약정적(約定的) 정의를 통해 우리는 적어도 법적인 차원에서 평생교육은 다음과 같은 것을 의미하는 것으로 이해할 수 있다.

첫째, 평생교육법에서는 '다른 법률에 의한 학교교육을 제외하고…'라고 규정함으로써 평생교육은 학교의 정규 교육과정하에 행해지고 있는 교육활동을 제외하고 있다. 말하자면, 우리나라의 평생교육법에서는 평생교육을 일반적인 교육개념으로부터 학교교육을 제외한 모든 형태의 교육으로 규정하고 있음으로써 학교교육의 여집합(餘集合)의 의미로 규정되어 있다. 이에 따라 학교교육 과정으로써 '일정한 교육목표에 따라 학교가 계획적, 조직적으로 편성해서 운영하는 총체적인 교육활동은 제외된다'는 점이다. 즉, 평생교육은 전체 교육활동 가운데 학교교육을 제외한 교육활동(평생교육＝전체 교육활동－정규 학교교육 활동)을 의미한다.

둘째, 평생교육법에서는 평생교육을 '…국민의 평생교육을 위한… 조직적인 교육활동'이라고 규정함으로써 적어도 법규상으로는 교육의 기회를 학령기의 아동 및 청소년뿐만 아니라 성인과 노인에 이르기까지, 인간의 발달 단계상의 모든 자들에 이르기까지 확대함으로써 모든 국민이 평생교육의 대상에 포함된다는 것을 분명히 하고 있다. 또한 인간의 전 생애에 걸쳐서 실시되는 교육을 강조함으로써 법 개념상으로 공교육(公敎育) 체제에 평생교육이 포함된다는 것을 밝히고 있다.

셋째, 평생교육법에서는 평생교육을 '…모든 형태의 조직적인 교육활동'이라고 규정함으로써 평생교육이 비록 정규 학교교육 이외의 교육이라고 하더라도 자연 발생적이거나 우연적인 것들은 일단 평생교육의 범주에 들지 않는다는 것을 밝히고 있다. 말하자면, 목적도 없이 맹목적으로 이루어지고, 행동의 효율성이나 타당성이 검토될 수 없고, 그리고 의지적이거나 자율적인 판단에 의해 이루어지지 않는 행위는 그 결과에 대한 책임을 물을 수 없기 때문에 그러한 활동들은 평생교육이라고 할 수 없다는 것이다. 이를테면, 평생교육은 어떤 동기나 목적을 전제하고 그 목적을 달성하기 위하여 조직적으로 실시된다는 것을 밝힘으로써 평생교육은 단순히 '모든 삶을 통해서 이루어지는 교육활동' 을 의미하는 것이 아니라고 규정하고 있다. 말하자면, 평생교육이라는 말을 분명한 의미를 갖는 용어로써 사용하고 그 대상을 명확히 한정하기 위하여 의도성과 체계성의 개념을 교육의 개념적 조건으로 포함시키고 있다. 따라서 평생교육법상에 나타나는 평생교육에 대한 개념규정은 교육의 개념에 있어서 '모든 경험을 통해서 이루어지는 교육활동' 이라든가 '사회에서 이루어지는 모든 교육활동' 을 포함하는 광의(廣義)의 교육 개념을 배제하고 협의(狹義)의 교육개념을 사용하고 있다는 것을 알 수 있다. 또한 그것이 조직적으로 인간의 행동을 변화시킨다는 점에서 단순히 인간 행동의 변화만을 강조하는 '학습(learning)' 이라는 개념과도 구분되는 속성을 지닌다고 볼 수 있다.

마지막으로, 평생교육법은 '…모든 교육활동' 을 의미한다고 밝힘으로써 국가사회에서 바람직하다고 여기는 자질을 향상시키기 위해(평생교육법 제1조 참조) 실시되는 모든 교육활동에 중점을 둔다는 것을 분명히 하고 있다. 이에 따라 평생교육은 지엽적인 지식이나 신체적 기능 또는 기술을 가르치는 '훈련(training)' 이라는 말과는 엄연히 구분되는 특성을 지니고 있다(Tight, 1996: 17). 또한 평생교육은 학습자의 자유로운 참여와 자발적인 학습을 기초로 하여 이루어지며(평생교육법 제4조 제2항), 정치적 · 개인적 편견의 선전을 위한 방편으로 이용되어서는 아니 된다는 점에서(평생교육법 제4조 3항), 일방적으로 개인적인 편견이나 가치를 주입시키고자 하는 '교화(indoctrination)' 와도 구분되는 속성을 지니고 있다. 말하자면, 평생교육은 피터스(Peters)의 교육에 대한 정의에서 보는 바와 같이 '규범적 요소'로서 바람직하다든지 가치 있는 것의 전달을 내포하고 있고, 인지적 요소로서 지식과 이해 그리고 지적 안목의 형성을 포함하고, 과정적 요소로서 배우는 자의 의지와 자율성을 무시한 전달 방식을 배제하고 학습자의 인간적 존엄성과 권리에 대한 존중을 포함하는 개념이라고 볼 수 있다(Tight, 1996: 15).

이와 같은 사실을 통해 보았을 때, 평생교육은 적어도 법 개념상으로는 평생교육법 제1조가 나타내는 바와 같이 모든 국민들에게 교육의 기회를 평생에 걸쳐 보장함으로써 개인적, 사회적 발달을 도모하고자 하는 조직적인 교육활동 가운데 정규 학교교육을 제외한 교육을 의미하는 것이라고 볼 수 있다. 평생교육이 지니고 있는 개념적 특성을 보다 구체적으로 기술하면 다음과 같다.

① 평생교육은 '다양한 장소에서 실시되는' 조직적인 교육활동이다.

평생교육은 전통적인 교육개념에서와 같이 학교교육이 곧 교육이라고 하는 학교본위의 교육관에서 탈피하여 가정, 학교, 사회의 모든 부문의 교육형태가 교육적으로 동일한 가치가 있는 것으로 인식되고 교육관이 학교교육 이외의 모든 교육 범주에까지 실질적으로 확대되어야 한다는 것을 전제로 한다. 말하자면, 평생교육은 교육을 학교라고 하는 장소에만 한정시켜서 파악하는 것으로부터 벗어나 광범위한 개념으로 확산시켜 인식하는 일로부

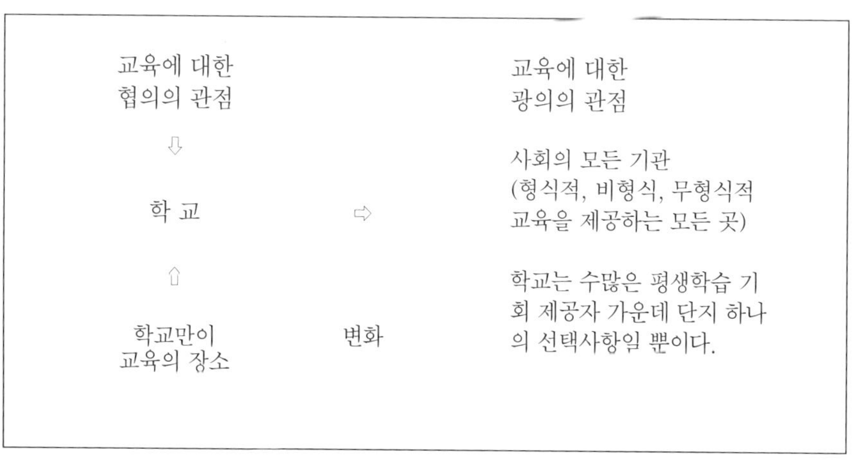

[그림 13-3] 교육에 대한 새로운 관점

터 출발한다는 것이다. 즉, 학교는 교육이 실시되는 하나의 장소에 불과할 뿐이며, 교육은 어디에서나 실시될 수 있다는 점에서 볼 때 평생교육은 그 교육 장소가 어디인가를 한정하지 않는다는 데 그 특색이 있다. 따라서 평생교육은 전체 평생교육 체제에 있어 매우 중요한 역할을 담당하는 구성요소로 간주되어야 하고, 이는 곧 교육에 대한 개념적 확산을 갖는 것이 필요하다는 것을 의미한다. [그림 13-3]은 이와 같이 변화된 교육에 대한 개념을 개략적으로 나타낸 것이다(최운실, 권두승 외, 1995: 26).

② 평생교육은 '일정한 시기' 에만 한정되는 교육활동이 아니라 '인간의 일평생' 에 걸쳐서 평생학습의 기회를 보장하기 위한 교육활동이다.

평생교육은 평생교육법 제1조에 나타나고 있는 바와 같이 모든 국민에게 '평생을 통한 교육기회를 부여' 하는 데 그 개념적 특성이 있다. 말하자면, 평생교육은 단순히 일정한 시기에만 실시되는 학교교육과는 달리 인간의 전 생애 발달 단계 가운데 나타나는 모든 종류의 교육적 요구와 필요에 부응하기 위하여 교육의 개념을 공간적 의미에서뿐만 아니라 시간적으로도 확대하여야 한다는 데 그 개념적 특성이 있다. 이는 지금까지 학교교육이 주로 아동기나 청소년기에만 실시되었던 것으로부터 벗어나 성인기나 노인기의 교육도 평생교육의 영역에 포함된다는 것을 의미한다. 즉, 평생교육은 전 생애 발달 단계상에 있어서 모든 이들을 대상으로 그들의 평생학습기회를 보장하기 위한 교육활동이라는 것이다. 이와 같은 개념적 특성을 토대로 하여 평생학습과 평생교육의 관계를 설명하면 다음의 [그림 13-4]에 제시된 바와 같다.

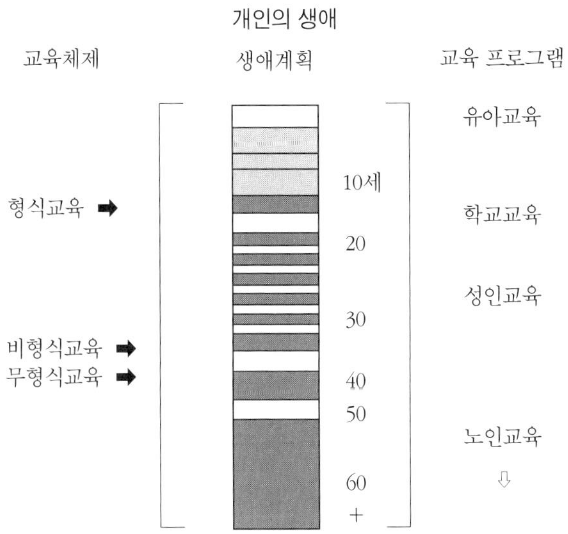

[그림 13-4] 생애 주기별로 본 평생교육의 위치

③ 평생교육은 '아동' 및 '청소년' 만을 대상으로 하는 교육활동이 아니라 '모든 사람' 을 대상으로 하는 교육활동이다.

평생교육은 교육기회의 계속성을 보장함으로써 '모든 사람들' 을 교육의 대상으로 한다. 말하자면, 모든 이를 위한 교육(education for all)을 실시하는 것이 평생교육이라는 것이다. 따라서 평생교육의 대상은 남녀노소는 물론 직업, 학력, 종교, 사회계층 등을 초월하여 모든 국민을 그 대상으로 한다. 이것은 학습 대상이 전체성과 광역성을 전제로 한다는 것을 뜻한다. 그 가운데에서도 평생교육은 기존의 학교교육 체제를 통해서 혜택을 받지 못했거나, 불리한 위치에 있었던 자, 억압을 받았던 자, 그리고 어떤 면에서 교육으로부터 소외되어 왔던 자들에게 중점을 두고 그들에게 기초적인 학습능력은 물론 사회적 자질을 함양시키기 위한 교육을 강조하고 있다.

④ 평생교육은 교육자와 피교육자, 그리고 피교육자와 피교육자 간의 상호작용을 통해 행동의 변화를 추구하는 상호 교육활동이다.

학교교육은 피교육자와 그들을 바람직한 방향으로 변화시키고자 하는 교육자의 존재를 상정한다. 따라서 학교교육에 있어서는 의도성의 주체가 곧 교육자이므로, 곧 교육자가 모든 교육활동의 내용, 시기, 방법 등을 평가하게 된다. 이와는 달리 평생교육은 학습자의 자발적인 참여에 의하여 이루어지는 교육활동으로서 개개인의 요구 충족을 기본으로 하고, 교육과정의 결정에 있어서 어느 정도 학습자의 참여가 보장됨으로써, 교육의 방향을 결정하고 그것을 추구해 나가는 데 있어서 교육자와 피교육자 간의 상호작용을 기본적인 전제로 한다. 말하자면, 교육의 의도성에 있어서 교육자와 피교육자 간의 상호결정에 의하여 학습시기, 내용, 방법 등이 결정된다는 것이다.

따라서 학교교육에서와 같이 일정한 자격을 갖춘 교사만이 교육을 담당할 수 있는 것이 아니라 일정한 자격 요건을 구비하지 않아도 당해 과목에 알맞은 경험과 학식을 겸비한 자라면, 누구든지 교육을 실시할 수 있다. 평생교육법 제6조에서도 평생교육의 이와 같은 특성을 감안하여 누구든지 평생교육을 실시할 수 있다고 규정하고 있다. 말하자면, 평생교육은 교육 개념의 확대뿐만 아니라 교수자의 개념 또한 확대를 전제로 하고 있는 것이다. 학교교육과는 달리 평생교육에서는 교사라는 개념보다는 학습 촉진자(facilitator), 안내자(guide), 조성자(helper)로서의 역할을 강조하는 것도 바로 이 때문이다.

⑤ 평생교육은 자발적인 참여로 이루어지는 교육활동이다.

학교교육은 일정한 기간 법이 정하는 바에 따라 일정한 과정을 이수한 자에게 그에 상응하는 자격을 부여하기 위하여 비교적 강제성을 바탕으로 실시되는데 비하여, 평생교육은 학습자의 자발적인 참여를 전제로 실시되며, 참여와 비참여에 대한 아무런 법적 구속이 없는 것이 특징이다. 말하자면,

평생교육은 교육의 자유를 보장하고자 하는 개념적 특징이 있다.

교육의 자유란 자기교육에 대한 자기결정권이 보장될 때 가능하며, 자기교육이 불가능할 때에는 자유롭게 자기에게 필요한 교육 서비스를 구매할 수 있는 자유가 보장될 때 가능하다는 것을 의미한다. 가정교육이나 학교교육은 어느 정도의 강제적인 규제에 의하여 실시되고, 따라서 개개인들의 교육 선택의 폭이 그만큼 제한되는 것이 그 특색이다. 이와는 달리 평생교육은 학습자 스스로가 참여를 할 것인가, 아니면 참여하지 않을 것인가를 결정하고, 참여를 했다고 하더라도 그 학습을 계속할 것인가, 중도에 그만둘 것인가는 전적으로 학습자에게 달려 있다.

⑥ 평생교육은 '실생활 중심'의 다양한 교육활동이다.

위와 같이 자발성을 기초로 하여 이루어지는 평생교육은 그 내용에 있어서 실생활 중심의 현실성을 바탕으로 하기 마련이다. 즉, 학교교육이 미래를 위한 준비로서의 성격이 강한데 비하여 평생교육은 자발성을 바탕으로 하면서 실생활에서 당면하게 되는 문제를 해결하고 요구를 충족하기 위하여 실시된다는 데 그 특색이 있다.

이제까지 학교교육은 탈학교론자들의 지적과 같이 교육을 생활로부터 유리시켰다는 비판을 받고 있다. 그러나 평생교육은 실제 생활을 중심으로 학습자의 필요와 요구에 따라 실시되는 교육을 근간으로 한다. 따라서 평생교육은 학교교육과는 달리 교육대상, 교육내용, 교육시기, 교육방법, 교육장소 등이 매우 다양하고 이질적으로 편성되기 마련이다. 이점에서 평생교육은 부페식 교육과정(buffet curriculum), 카페테리아식 교육과정(cafeteria style curriculum)이라고도 불린다.

이상과 같이 평생교육은 전체 교육체제하에서 생애 주기별로는 인생의 각 단계에 실시되는 교육이며, 그 의도성과 조직성을 기본 전제로 일반 사회의 다양한 장소에서 이루어지는 교육활동으로서 학교의 정규 교육과정으로 실시되는 교육을 제외한 교육이다. 아동 및 청소년만을 대상으로 하는 교육활동이 아니라 모든 국민을 대상으로 하는 교육활동이며, 교육자와 피교육자 · 피교육자와 피교육자 간의 상호 교육을 바탕으로 자발적으로 이루어지는 교육활동이고, 실생활 중심의 다양한 교육과정으로 이루어지는 교육활동이라는 것을 알 수 있다.

이를 간단하게 나타내면 다음의 〈표 13-1〉과 같다. 이를 통해서 볼 때, 평생교육은 개인의 교육기회를 보장하기 위하여 일정한 학교교육 이후에 제공되는 평생학습기회를 총칭하는 개념이며, 평생교육체제의 핵심적인 구성요소라는 것을 알 수 있다.

〈표 13-1〉 평생교육의 개념적 특성 도출을 위한 교육개념의 분류

기준	구분
생애 주기별	유아교육-아동교육-청소년교육-성인교육-노인교육
교육장소	가정교육-학교교육-평생교육
학교교육과의 관계	학령전교육-학교교육-계속교육
교육내용	기초교육, 일반교육, 직업교육, 전문교육
교육형태	형식교육, 비형식교육, 무형식교육 (formal, nonformal, informal)
직업생활과 관련	학습, 일, 삶의 통합 강조: 순환(recurrent)교육

3. 평생교육의 의의

평생교육은 모든 국민들에게 교육의 기회를 평생에 걸쳐 보장함으로써 개인적, 사회적 발달을 도모할 뿐만 아니라 지식기반사회에서의 국가경쟁력을 제고하는 데에 결정적인 역할을 담당하는 것으로 이해되고 있다. 현대 사회에서 평생교육이 지니는 의의를 제시하면 다음과 같다.

첫째, 평생교육은 전체 평생교육 체제의 중요한 부분을 차지하는 것으로

일생을 통하여 계속해서 학습할 수 있는 기회를 제공함으로써 인간의 자질 형성에 이바지한다.

둘째, 평생교육은 계속적인 교육활동을 통하여 인생의 각 시기에 필요로 하는, 발달과업(development task)을 적절히 완수하도록 함으로써 인생의 각 시기에 나타나는 교육적 요구를 적절하게 충족시키는 데 기여하고 있다.

인간은 태어나면서부터 여러 가지의 욕구를 가지고 있으며, 이 욕구는 인간의 행동을 결정하는 데 중요한 영향을 미치는 것으로 이해되고 있다. 평생교육은 인간의 발달 단계마다 그 시기가 요구하는 학습기회를 제공함으로써 인간의 제반 욕구를 충족시킨다는 데 그 의의가 있다.

매슬로는 인간의 욕구 5단계(five hierarchies of human needs)를 통하여 인간의 다양한 욕구 체제를 제시한 바 있다. 평생교육은 인간의 각 생애 발달 단계에 따라 실시함으로써 각 단계가 요구하는 발달과업을 충족시킴으로써 개인이 상위 욕구 단계로 나아갈 수 있도록 도와주는 역할을 한다고 할 수 있다. 매슬로의 욕구 5단계설은 하위 욕구가 충족되지 못하면, 그 상위 욕구 단계로 진입할 수 없다는 특성이 있다.

셋째, 평생교육은 교육기회의 계속성을 보장함으로써 인간의 지속적인 성장에 기여한다는 데 그 의의가 있다. 놀스(Knowles, 1980)는 평생교육이

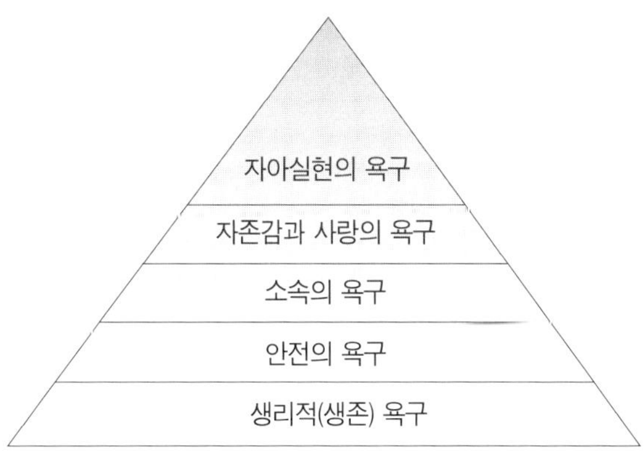

[그림 13-5] 매슬로의 욕구 5단계설

〈표 13-2〉 Knowles의 성숙의 차원

1. 의존성 → 자율성	9. 자기부정 → 자기승인
2. 수동성 → 능동성	10. 모호한 정체감 → 통합된 자아 정체감
3. 주관성 → 객관성	11. 특수성에 집착 → 일반원리에 치중
4. 무지 → 계발	12. 표피적 관심 → 심층적 관심
5. 한정된 능력 → 확대된 능력	13. 모방성 → 독창성
6. 한정된 책임 → 책임의 증대	14. 절대성 강조 → 일반성 상대성 강조
7. 좁은 관심 → 넓은 관심	15. 충동성 → 합리성
8. 이기주의 → 이타주의	

출처 : Knowles(1980: 29)

인간의 지속적인 성장에 기여해야 한다는 것을 강조하면서, 평생교육의 목표로서 성숙(maturity)을 지적하고 있다. 그가 지적하고 있는 성숙의 구체적인 내용은 〈표 13-2〉와 같다.

넷째, 평생교육은 2차적인 교육기회를 제공함으로써 교육기회의 확대를 가져오고, 그것을 통해 교육기회의 균등에 이바지하고 있다. 평생교육은 기존의 학교교육 체제 밖으로 밀려나 있는 대상 내지는 소외 계층에게 교육에 대한 접근 기회를 용이하게 함으로써 업적주의 사회(meritocratic society)에 있어서 사회정의를 실현하는 데 기여하고 있다.

다섯째, 평생교육은 각 계층 간의 갈등을 해소하는 데 도움을 줄 수 있을 뿐만 아니라 인간에 대한 인식을 새롭게 하기 위한 기회를 제공하는 데 이바지하고 있다. 평생교육은 국민의 일체감 형성을 위한 정신교육, 민주 시민의식 교육, 취미 · 오락 · 문화 등의 여가교육 및 소집단 프로그램을 통하여 사회 구성원 사이의 계급의식, 적대의식 등을 불식시키고 인간관계의 질을 높이는 기능을 수행함으로써 사회의 연대감과 일체감 형성에 기여할 수 있다.

4. 평생교육의 발전과제

평생학습기회를 보장하기 위한 평생교육체제의 구축은 모든 국민이 평생에 걸쳐 학습기회를 향유할 수 있는 각종 평생교육기회 제공 체제, 모든 국민이 평생교육기회를 가질 수 있도록 이를 지원하는 체제, 그리고 모든 국민이 평생에 걸쳐 습득한 교육의 결과를 평가하고 인정할 수 있는 체제의 구축과 같은 세 가지 방향으로 이루어지는 것으로 나타나고 있다(이정표, 1998). 다음에서는 이들 세 가지를 중심으로 평생교육체제 구축을 위한 우리 사회의 과제에 대하여 언급하고자 한다(권두승, 2002).

1) 평생교육기회 제공 체제의 구축

평생교육기회란 기회를 포함한 모든 국민을 위한 늘 배움의 학습기회를 총체적으로 의미한다. 평생교육의 기회에는 모든 단계의 교육(유아, 청소년, 성인)과 모든 형태의 교육(형식교육, 비형식교육, 무형식교육)이 포함된다. 그런데 우리나라는 지금까지 청소년을 대상으로 하는 학교교육의 기회 확대에만 주력해 온 결과, 학교교육은 과거에 비하여 비약적으로 팽창하였지만 성인을 대상으로 하는 교육기회는 상대적으로 제한적이었다. 국가경쟁력이란 국민 전체의 교육수준과 기회의 확충에 달려 있기 때문에 청소년을 대상으로 한 학교교육의 기회를 확대하는 것만으로는 국가경쟁력을 제고하는 데 한계가 있다. 또한 평생교육은 교육기회의 지속적인 제공을 통하여 모든 국민의 사회적 · 문화적 · 정치적 · 경제적 능력을 개발함으로써 개인 및 사회적 차원의 삶의 질을 제고하고 사회적 성장과 형평성을 제고할 수 있다는 점에서 '생산적 복지'를 강화하기 위한 주요한 방법으로 간주되고 있다. 따라서 21세기에 필요한 국가경쟁력을 제고하고, 모든 국민들에게 생산적 복지가 균등하게 제공될 수 있도록 하기 위해서는 평생학습기회를 보다 확대할 필요가 있다. 이에 따라 현재 우리나라는 평생교육기회 제공의 하나로서 각종 평생교육시설의 설치 및 운영을 강조하고 있다, 이를테면, 학력인정 평생교육시설, 원격교육시설, 학교형태 평생교육시설, 사업장 부설 평생교육시설, 시민단체 부설 평생교육시설, 그리고 지식인력개발 평생교육시설 등을 통하여 평생교육기회를 제공하기 위한 노력을 강구하고 있다. 그러나 이들 시설은 학교교육시설에 비하여 그 재정지원 규모가 영세할 뿐만 아니라 전문적인 시설 및 교육담당자의 배치가 미흡하여 그 전문성 제고에 한계가 있는 것으로 나타나고 있다.

2) 평생교육 지원체제 구축과제

국가는 새로운 지식기반사회의 도래에 따른 평생교육 정책을 모색하고, 그에 필요한 지원책을 강구해야 할 필요가 있다. 말하자면, 평생학습의 기회를 확충하고 평생교육의 질적 수월성을 보장하는 데 필요한 평생학습 지원체제를 구축해야 한다는 것이다. 평생학습 지원체제의 구축과 관련하여 현재 평생교육법에서는 국가 및 지방자치단체의 임무를 통하여 이를 체계적으로 실시할 것을 규정하고 있다. 보다 구체적으로 살펴보면, 여기에는 평생교육 3대 전담기구(평생교육센터, 지역평생교육정보센터, 평생학습관)의 설치 및 운영, 학습휴가제, 강사인력풀제, 원격대학제, 평생교육사 양성 및 배치제도, 평생학습 경비보조제 등이 포함된다.

3) 평생교육 평가인정 체제 구축과제

모든 국민의 평생교육 참여율을 촉진하고 평생교육을 총체적으로 활성화하기 위해서는 학교교육과 대등한 또 하나의 교육 부문으로 평생교육 부문의 평가인정체제 구축이 필수적으로 요청된다. 최근 OECD 주요 국가에서는 평생학습사회를 적극적으로 실현하기 위한 차원에서 평생학습기회를 폭넓게 제공하는 것뿐만 아니라 개인이 평생에 걸쳐 습득한 학습결과를 적극적으로 평가인정하기 위한 제도를 국가적 수준에서 강화해 나가고 있다. 이러한 제도는 개인의 학습결과를 효과적으로 활용할 수 있는 통로를 제공함으로써 평생학습에의 동기를 갖게 하고, 국가적으로는 질 높은 인력을 효율적으로 개발하기 위한 차원에서 추진되고 있다. 평생학습의 평가인정제도는 궁극적으로 교육과 훈련기능의 통합을 전제로 일과 학습의 연계를 통해 효과적으로 작용하므로, 교육과 훈련기능을 통합하고, 이를 토대로 평생교육의 결과를 적극 인정하고, 평생교육의 사회적 인정도를 높이는 차원에서 평생교육기관에 대한 평가인정을 통해 학력 및 학위를 적극 부여하는 정책 방안을 수립하는 것을 주요 골자로 하고 있다. 평가인정을 통해 질 관리가 확보된 평생교육 결과를 학교교육과 적극 연계해 나감으로써 평생학습결과를 학교교육의 보완적 대체물로 활용될 수 있는 연계제도를 수립한다는 것이다. 여기에는 각종 자격제도를 비롯하여 학점은행제 및 독학학위제도, 문하생제도, 직업능력인정제 등이 있다. 그런데 현재 수준에서는 이들 각 제도가 분리 · 운영됨으로써 그 학습자의 선택권을 보장하고, 학습기회를 촉진하는 데 한계가 있는 것으로 지적되고 있다. 따라서 각종 평가인정제도를 전반적으로 정비하고, 각종 평가인정 결과를 포함한 개인의 경험학습 평가인정 결과를 총괄 · 관리하는 국가적 수준의 일원화된 평가인정체제를 구축 · 운영하는 것이 필요한 상태다.

함께 토론할 주제

(1) 학교중심 교육체제와 개방형 평생교육체제가 지니고 있는 장단점을 비교분석해 보자.

(2) 지식기반사회에서 평생학습, 나아가서 평생학습을 지원하고 조장하기 위한 평생교육이 필요한 이유를 개인적, 사회적, 국가적 차원으로 구분하여 논의해 보자.

(3) 평생교육이 수행하고 있는 기능을 학교교육의 기능과 관련하여 논의해 보자.

(4) 평생학습 체제 구축을 위하여서 현재 국가 차원에서 실시하고 있는 각종 제도에 대하여 살펴보고, 그것이 지니고 있는 특성을 의논하여 보자.

참고문헌

권두승(1995). 평생교육론. 서울: 교육과학사.

권두승(2002). 성인학습지도방법의 이론과 실제. 서울: 교육과학사.

김신일 외(2003). 평생학습지원체제 구축방안 연구. 한국교육개발원 정책연구보고서.

김영철 외(1999). 지식기반경제 사회가 요구하는 인재양성 방안. 한국교육개발원 정책연구보고서.

한숭희(2004). 평생교육론: 평생학습사회의 교육학. 서울: 학지사.

홍웅선(1983). 평생교육과 학교교육. 유네스코 한국위원회 한국평생교육기구(공편). 평생교육의 기초와 체제. 서울: 법문사.

岡本包治(1986). 生涯教育とは何か. 東京: ぎょせい.

佐佐木政治 編(2001). 生涯學習概論. 東京: 福村出版.

Cropley, A. J. (1979). *Toward a system of lifelong education*. Oxford: Pergamon Press.

Dave, R. H. (1976). *Foundations of lifelong education*. Hamburg: Palmer Press.

Jarvis, P. (1985). *The sociology of adult and continuing education*. London: Croom Helm.

Wain, K. (1987). *Philosophy of lifelong education*. London: Croom Helm.

더 읽어볼 책

Blaine Lee, 장성민 역(1997). 지도력의 원칙. 서울: 김영사.

Peter Drucker, 이재규 역(2002). 넥스트 소사이어티. 서울: 한국경제신문사.

매일경제 지식프로젝트팀(1999). 두뇌강국보고서. 서울: 매일경제신문사.

전교조참교육실천위원회(1999). 학교붕괴. 서울: 도서출판 푸른 나무.

한숭희(2006). 평생교육론: 평생학습사회의 교육학(2판). 서울: 학지사.

한준상(2003). 학습학. 서울: 학지사.

함께 볼 만한 비디오

『우리들의 일그러진 영웅』, 이문열 원작, 대동흥업 제작, 1992년.
『아! 서울대 대한민국 학벌공화국』, SBS프로덕션, 뉴스추적 제154회(2001.1.28)

추천 사이트

한국교육개발원학점은행본부: www.edubank.kedi.re.kr
한국교육개발원평생교육센터: www.kedi.re.kr
한국평생교육학회: www.lifelongeedu.org

부록

부록 1 교육기본법

부록 2 교원양성조항: 초중등교육법 제21조

부록 3 한국교원윤리강령(韓國敎員倫理綱領)

부록 4 사도헌장 및 사도강령

부록 5 창조적 공동체 지향의 모둠 토론에 관하여

부록 6 모둠 토론 수업방식

부록 7 전국 시 · 도 교육청 홈페이지 URL 주소

부록 8 나의 교육 신조(My Pedagogic Creed, J. Dewey)

부록 1

교육기본법(1997.12.13 법률 제5437호)

제1장 총칙

제1조(목적) : 이 법은 교육에 관한 국민의 권리 · 의무와 국가 및 지방자치단체의 책임을 정하고 교육제도와 그 운영에 관한 기본적 사항을 규정함을 목적으로 한다.

제2조(교육이념) : 교육은 홍익인간의 이념 아래 모든 국민으로 하여금 인격을 도야하고 자주적 생활능력과 민주시민으로서 필요한 자질을 갖추게 하여 인간다운 삶을 영위하게 하고 민주국가의 발전과 인류공영의 이상을 실현하는 데 이바지하게 함을 목적으로 한다.

제3조(학습권) : 모든 국민은 평생에 걸쳐 학습하고, 능력과 적성에 따라 교육받을 권리를 가진다.

제4조(교육의 기회균등) : 모든 국민은 성별, 종교, 신념, 사회적 신분, 경제적 지위 또는 신체적 조건 등을 이유로 교육에 있어서 차별을 받지 아니한다.

제5조(교육의 자주성 등) : ① 국가 및 지방자치단체는 교육의 자주성 및 전문성을 보장하여야 하며, 지역의 실정에 맞는 교육의 실시를 위한 시책을 수립 · 실시하여야 한다.

② 학교운영의 자주성은 존중되며, 교직원 · 학생 · 학부모 및 지역주민 등은 법령이 정하는 바에 의하여 학교운영에 참여할 수 있다.

제6조(교육의 중립성) : ① 교육은 교육 본래의 목적에 따라 그 기능을 다하도록 운영되어야 하며, 어떠한 정치적 · 파당적 또는 개인적 편견의 전파를 위한 방편으로 이용되어서는 아니 된다.

② 국가 및 지방자치단체가 설립한 학교에서는 특정한 종교를 위한 종교교육을 하여서는 아니 된다.

제7조(교육재정) : ① 국가 및 지방자치단체는 교육재정을 안정적으로 확보하기 위하여 필요한 시책을 수립 · 실시하여야 한다.

② 교육재정의 안정적 확보를 위한 지방교육재정교부금 및 지방교육양여금 등

에 관하여 필요한 사항은 따로 법률로 정한다.

제8조(의무교육) : ① 의무교육은 6년의 초등교육 및 3년의 중등교육으로 한다. 다만, 3년의 중등교육에 대한 의무교육은 국가의 재정여건을 고려하여 대통령이 정하는 바에 의하여 순차적으로 실시한다.

② 모든 국민은 제1항의 규정에 의하여 의무교육을 받을 권리를 가진다.

제9조(학교교육) : ① 유아교육 · 초등교육 · 중등교육 및 고등교육을 실시하기 위하여 학교를 둔다.

② 학교는 공공성을 가지며, 학생의 교육 외에 학술과 문화적 전통을 유지 · 발전시키고 주민의 평생교육을 위하여 노력하여야 한다.

③ 학교교육은 학생의 창의력 계발 및 인성의 함양을 포함한 전인적 교육을 중시하여 이루어져야 한다.

④ 학교의 종류와 학교의 설립 · 경영 등 학교교육에 관한 기본적인 사항은 따로 법률로 정한다.

제10조(사회교육) : ① 국민의 평생교육을 위한 모든 형태의 사회교육은 장려되어야 한다.

② 사회교육의 이수는 법령이 정하는 바에 의하여 그에 상응하는 학교교육의 이수로 인정될 수 있다.

③ 사회교육시설의 종류와 설립 · 경영 등 사회교육에 관한 기본적인 사항은 따로 법률로 정한다.

제11조(학교 등의 설립) : ① 국가 및 지방자치단체는 학교 및 사회교육시설을 설립 · 경영한다.

② 법인 또는 사인은 법률이 정하는 바에 의하여 학교 및 사회교육 시설을 설립 · 경영할 수 있다.

제2장 교육당사자

제12조(학습자) : ① 학생을 포함한 학습자의 기본적 인권은 학교교육 또는 사회교육의 과정에서 존중되고 보호된다.

② 교육내용 · 교육방법 · 교재 및 교육시설은 학습자의 인격을 존중하고 개성을 중시하여 학습자의 능력이 최대한으로 발휘될 수 있도록 강구되어야 한다.

③ 학생은 학교의 규칙을 준수하여야 하며, 교원의 교육 · 연구활동을 방해하거나 학내의 질서를 문란하게 하여서는 아니 된다.

제13조(보호자) : ① 부모 등 보호자는 그 보호하는 자녀 또는 아동이 바른 인성을 가지고 건강하게 성장하도록 교육할 권리와 책임을 가진다.

② 부모 등 보호자는 그 보호하는 자녀 또는 아동의 교육에 관하여 학교의 의견을 제시할 수 있으며, 학교는 이를 존중하여야 한다.

제14조(교원) : ① 학교교육에서 교원의 전문성은 존중되며, 교원의 경제적 · 사회적 지위는 우대되고 그 신분은 보장된다.

② 교원은 교육자로서 갖추어야 할 품성과 자질을 향상시키기 위하여 노력하여야 한다.

③ 교원은 특정 정당 또는 정파를 지지하거나 반대하기 위하여 학생을 지도하거나 선동하여서는 아니 된다.

④ 교원은 법률이 정하는 바에 의하여 다른 공직에 취임할 수 있다.

⑤ 교원의 임용 · 복무 · 보수 및 연금 등에 관하여 필요한 사항은 따로 법률로 정한다.

제15조(교원단체) : ① 교원은 상호 협동하여 교육의 진흥과 문화의 창달에 노력하며, 교원의 경제적 · 사회적 지위를 향상시키기 위하여 각 지방자치단체 및 중앙에 교원단체를 조직할 수 있다.

② 제1항의 규정에 의한 교원단체의 조직에 관하여 필요한 사항은 대통령령으로 정한다.

제16조(학교 등의 설립 · 경영자) : ① 학교 및 사회교육시설의 설립 · 경영자는 법령이 정하는 바에 의하여 교육을 위한 시설 · 설비 · 재정 및 교원 등을 확보하고 이를 운용 · 관리한다.

② 학교의 장 및 사회교육시설의 설립 · 경영자는 법령이 정하는 바에 의하여 학습자를 선정 · 교육하고 학습자의 학습성과 등 교육의 과정을 기록 · 관리한다.

③ 학교 및 사회교육시설의 교육내용은 학습자에게 사전에 공개되어야 한다.

제17조(국가 및 지방자치단체): 국가 및 지방자치단체는 학교 및 사회교육시설을 지도 · 감독한다.

제3장 교육의 진흥

제18조(특수교육) : 국가 및 지방자치단체는 신체적 · 정신적 · 지적 장애 등으로 인하여 특별한 교육적 배려가 필요한 자를 위한 학교를 설립 · 경영하여야 하며, 이들의 교육을 지원하기 위하여 필요한 시설을 수립 · 실시하여야 한다.

제19조(영재교육) : 국가 및 지방자치단체는 학문 · 예술 또는 체육 등의 분야에서 재능이 특히 뛰어난 자의 교육에 관하여 필요한 시책을 수립 · 실시하여야 한다.

제20조(유아교육) : 국가 및 지방자치단체는 유아교육을 진흥하기 위하여 필요한 시책을 수립 · 실시하여야 한다.

제21조(직업교육) : 국가 및 지방자치단체는 모든 국민이 학교교육과 사회교육을 통하여 직업에 대한 소양과 능력의 계발을 위한 교육을 받을 수 있도록 하기 위하여 필요한 시책을 수립 · 실시하여야 한다.

제22조(과학 · 기술교육) : 국가 및 지방자치단체는 과학 · 기술교육을 진흥하기 위하여 필요한 시책을 수립 · 실시하여야 한다.

제23조(교육의 정보화) : 국가 및 지방자치단체는 정보화교육 및 정보통신매체를 이용한 교육의 지원과 교육정보산업의 육성 등 교육의 정보화에 관하여 필요한 시책을 수립 · 실시하여야 한다.

제24조(학술문화의 진흥) : 국가 및 지방자치단체는 학술문화를 연구 · 진흥하기 위하여 학술문화시설 설치 및 연구비 지원 등의 시책을 수립 · 실시하여야 한다.

제25조(사학의 육성) : 국가 및 지방자치단체는 사립학교를 지원 · 육성하여야 하며, 사립학교의 다양하고 특성 있는 설립목적이 존중되도록 하여야 한다.

제26조(평가 및 인정제도) : ① 국가는 국민의 학습성과 등이 공정하게 평가되어 사회적으로 통용될 수 있도록 하기 위하여 학력평가 및 능력인정에 관한 제도를 수립 · 실시하여야 한다.

② 제1항의 규정에 의한 평가 및 인정제도는 학교의 교육과정 등 교육제도와 상호 연계되어야 한다.

제27조(보건 및 복지의 증진) : 국가 및 지방자치단체는 학생 및 교직원의 건강 및 복지의 증진을 위하여 필요한 시책을 수립 · 실시하여야 한다.

제28조(장학제도 등) : ① 국가 및 지방자치단체는 경제적 이유로 인하여 교육을 받기 곤란한 자를 위한 장학제도 및 학비보조제도 등을 수립 · 실시하여야 한다.

② 국가는 교원양성교육을 받는 자 및 국가가 특히 필요로 하는 분야를 국내·외에서 전공하거나 연구하는 자에게 학비 기타 필요한 경비의 전부 또는 일부를 보조할 수 있다.

③ 제1항 및 제2항의 규정에 의한 장학금 및 학비보조금 등의 지급방법 및 절차와 지급받을 자의 자격 및 의무 등에 관하여 필요한 사항은 대통령령으로 정한다.

제29조(국제교육) : ① 국가는 국민이 국제사회의 일원으로서 갖추어야 할 소양과 능력을 기를 수 있도록 국제화교육에 노력하여야 한다.

② 국가는 외국에 거주하는 동포에게 필요한 학교교육 또는 사회교육을 실시하기 위하여 필요한 시책을 강구하여야 한다.

③ 국가는 학문연구의 진흥을 위하여 국외유학에 관한 시책을 강구하여야 하며, 국외에서의 우리나라에 대한 이해와 우리 문화의 정체성 확립을 위한 교육·연구활동을 지원하여야 한다.

④ 국가는 외국정부 및 국제기구 등과의 교육협력에 필요한 시책을 강구하여야 한다.

부칙

제1조(시행일) 이 법은 1998년 3월 1일부터 시행한다.

제2조(다른 법률의 폐지) 교육법은 이를 폐지한다.

부록 2

교원양성조항: 초중등교육법 제21조

[別表 1] [改正 2000. 1. 28]

校長 · 校監 · 園長 · 園監資格基準(第21條 第1項관련)

資格 / 學校別	校 長 (園 長)
中等學校	1. 中等學校의 校監資格證을 가지고 3年 이상의 教育經歷과 소정의 再教育을 받은 者 2. 學識 德望이 높은 者로서 大統領令이 정하는 기준에 해당 한다고 教育部長官의 인정을 받은 者 3. 教育大學 專門大學의 學長으로 근무한 經歷이 있는 者 4. 特殊學校의 校長資格證을 가진 者
初等學校	1. 初等學校의 校監資格證을 가지고 3年 이상의 教育經歷과 소정의 再教育을 받은 者 2. 學識 德望이 높은 者로서 大統領令이 정하는 기준에 해당한다고 教育部長官의 인정을 받은 者 3. 特殊學校의 校長資格證을 가진 者
高等技術學校	1. 中等學校의 校長資格證을 가진 者 2. 實技教師資格證을 가지고 9年 이상의 教育經歷과 소정의 再教育을 받은 者
特殊學校	1. 特殊學校의 校監資格證을 가지고 3年 이상의 教育經歷이 있는 者로서 소정의 再教育을 받은 者 2. 初等學校 또는 中等學校의 校長資格證을 가지고 필요한 補修教育을 받은 者. 이 경우 特殊學校 教員資格證을 가졌거나 特殊學校(特殊學級을 포함한다)에서 教員으로 근무한 經歷이 있는 때에는 補修教育을 免除한다. 3. 學識 德望이 높은 者로서 大統領令이 정하는 기준에 해당한다고 教育部長官의 인정을 받은 者
幼稚園	1. 幼稚園의 園監資格證을 가지고 3年 이상의 教育經歷과 소정의 再教育을 받은 者 2. 學識 德望이 높은 者로서 大統領令이 정하는 기준에 해당한다고 教育部長官의 인정을 받은 者

資格 / 學校別	校　　長(園　　長)
中等學校	1. 中等學校 正教師(1級)資格證을 가지고 3年 이상의 教育經歷과 소정의 再教育을 받은 者 2. 中等學校 正教師(2級)資格證을 가지고 6年 이상의 教育經歷과 소정의 再教育을 받은 者 3. 教育大學의 教授 副教授로서 6年 이상의 教育經歷이 있는 者 4. 特殊學校의 校監資格證을 가진 者
初等學校	1. 初等學校 正教師(1級)資格證을 가지고 3年 이상의 教育經歷과 소정의 再教育을 받은 者 2. 初等學校 正教師(2級)資格證을 가지고 6年 이상의 教育經歷과 소정의 再教育을 받은 者 3. 特殊學校의 校監資格證을 가진 者
高等技術學校	1. 中等學校 校監資格證을 가진 者 2. 實技教師 資格證을 가지고 6年 이상의 教育經歷과 소정의 再教育을 받은 者
特殊學校	1. 特殊學校 正教師(1級)資格證을 가지고 3年 이상의 教育經歷이 있는 者로서 소정의 再教育을 받은 者 2. 初等學校 또는 中等學校의 校監資格證을 가지고 필요한 補修教育을 받은 者. 이 경우 特殊學校 教員資格證을 가졌거나 特殊學校(特殊學級을 포함한다)에서 教員으로 근무한 經歷이 있는 때에는 補修教育을 免除한다.
幼稚園	1. 幼稚園 正教師(1級)資格證을 가지고 3年 이상의 教育經歷과 소정의 再教育을 받은 者 2. 幼稚園 正教師(2級)資格證을 가지고 6年 이상의 教育經歷과 소정의 再教育을 받은 者

비고 : 1. 이 表중 初等學校는 公民學校 및 이와 동등 정도의 各種學校를, 中等學校는 中學校 高等學校 高等公民學校 및 이들과 동등정도의 各種學校를 포함한다.

2. 校長 校監 園長 園監 教育長·學官·學士 教育研究官 教育研究士의 經歷年數는 教育經歷年數로 볼 수 있다.

3. 이 表중 專門大學의 學長에는 종전의 專門學校 實業高等專門學校의 校長과 校監을 포함한다.

[別表 2] [改正 2000. 1. 28]

教師資格基準(第21條第2項관련)

資格 / 學校別	正 教 師 (1級)
中等學校	1. 中等學校 正教師(2級)資格證을 가지고 教育大學院 또는 教育部長官이 지정하는 大學院 教育科에서 碩士學位를 받은 者로서 1年 이상의 教育經歷이 있는 者 2. 中等學校 正教師資格證을 가지지 아니하고 教育大學院 또는 教育部長官이 지정하는 大學院 教育科에서 碩士學位를 받은 후 教育部長官으로부터 中等學校 正教師(2級)資格證을 수여받은 者로서 3年 이상의 教育經歷이 있는 者 3. 中等學校 正教師(2級)資格證을 가진 者로서 3年 이상의 教育經歷을 가지고 소정의 再教育을 받은 者 4. 教育大學 專門大學의 教授 副教授로서 3年이상의 教育經歷이 있는 者
初等學校	1. 初等學校 正教師(2級)資格證을 가진 者로서 3年 이상의 教育經歷을 가지고 소정의 再教育을 받은 者 2. 初等學校 正教師(2級)資格證을 가진 者로서 教育經歷이 3年 이상이고, 放送通信大學初等教育科를 卒業한 者 3. 初等學校 正教師(2級)資格證을 가지고 教育大學院 또는 教育部長官이 지정하는 大學院의 教育科에서 初等教育課程을 專攻하여 碩士學位를 받은 者로서 1年 이상의 教育經歷이 있는 者
特殊學校	1. 特殊學校 正教師(2級)資格證을 가지고 3年 이상의 教育經歷이 있는 者로서 소정의 再教育을 받은 者 2. 特殊學校 正教師(2級)資格證을 가지고 1年 이상의 教育經歷이 있는 者로서 教育大學院 또는 教育部長官이 지정하는 大學院에서 特殊教育을 專攻하고 碩士學位를 받은 者 3. 幼稚園 初等學校 또는 中等學校 正教師(1級)資格證을 가지고 필요한 補修教育을 받은 者 4. 幼稚園 · 初等學校 또는 中等學校 正教師(2級)資格證을 가지고 1年 이상의 教育經歷이 있는 者로서 教育大學院 또는 教育部長官이 지정하는 大學院에서 特殊教育을 專攻하고 碩士學位를 받은 者
幼稚園	1. 幼稚園 正教師(2級)資格證을 가진 者로서 3年 이상의 教育經歷을 가지고 소정의 再教育을 받은 者 2. 初等學校 正教師(1級)資格證을 가진 者로서 필요한 補修教育을 받은 者 3. 幼稚園 正教師(2級)資格證을 가지고 教育大學院 또는 教育部長官이 지정하는 大學院의 教育科에서 幼稚園 教育課程을 專攻하여 碩士學位를 받은 者로서 1年 이상의 教育經歷이 있는 者

學校別 \ 資格	正 教 師 (2級)
中等學校	1. 師範大學 卒業者 2. 教育大學院 또는 教育部長官이 지정하는 大學院 教育科에서 碩士學位를 받은 者 3. 臨時 教員養成機關을 修了한 者 4. 大學에 設置하는 教育科 卒業者 5. 大學 卒業者로서 在學중 소정의 教職科 學點을 취득한 者 6. 中等學校 準教師資格證을 가진 者로서 2年 이상의 教育經歷을 가지고 소정의 再教育을 받은 者 7. 初等學校의 準教師 이상의 資格證을 가지고 大學을 卒業한 者 8. 教育大學 專門大學의 助教授 專任講師로서 2年 이상의 教育經歷이 있는 者
初等學校	1. 教育大學 卒業者 2. 師範大學 卒業者로서 初等教育課程을 專攻한 者 3. 教育大學院 또는 教育部長官이 지정하는 大學院의 教育科에서 初等教育課程을 專攻하고 碩士學位를 받은 者 4. 初等學校 準教師資格證을 가진 者로서 2年 이상의 教育經歷을 가지고 소정의 再教育을 받은 者 5. 中等學校 教師資格證을 가진 者로서 필요한 補修教育을 받은 者 6. 專門大學 卒業者 또는 이와 동등 이상의 學力이 있다고 인정되는 者를 入所 資格으로 하는 臨時 教員養成機關을 修了한 者 7. 初等學校 準教師資格證을 가진 者로서 教育經歷이 2年 이상이고 放送通信大學 初等教育科를 卒業한 者
特殊學校	1. 教育大學 및 師範大學의 特殊教育科를 卒業한 者 2. 大學의 特殊教育 관련學科 卒業者로서 在學중 소정의 教職課程을 履修한 者 3. 幼稚園 · 初等學校 또는 中等學校 正教師(1級)資格證을 가지고 필요한 補修教育을 받은 者 3. 幼稚園 · 初等學校 또는 中等學校 正教師(2級)資格證을 가지고 필요한 補修教育을 받은 者 [[施行日 2000 3 1]] 4. 幼稚園 初等學校 또는 中等學校 正教師(2級)資格證을 가지고 教育大學院 또는 教育部長官이 지정하는 大學院에서 特殊教育을 專攻하고 碩士學位를 받은 者 5. 特殊學校 準教師資格證을 가지고 2年 이상의 教育經歷이 있는 者로서 소정의 再教育을 받은 者 6. 幼稚園 初等學校 또는 中等學校 準教師資格證을 가지고 2年 이상의 教育經歷이 있는 者로서 教育大學院 또는 教育部長官이 지정하는 大學院에서 特殊教育을 專攻하고 碩士學位를 받은 者

資格 / 學校別	正 教 師 (2級)
幼 稚 園	1. 大學에 設置하는 幼兒教育科 卒業者 2. 大學(專門大學 및 이와 동등 이상의 各種學校를 포함한다) 卒業者로서 在學중 소정의 保育科 教職學點을 취득한 者 3. 教育大學院 또는 教育部長官이 지정하는 大學院의 教育科에서 幼稚園教育課程을 專攻하고 碩士學位를 받은 者 4. 幼稚園 準教師資格證을 가진 者로서 2年 이상의 教育經歷을 가지고 소정의 再教育을 받은 者 5. 初等學校 正教師(2級)資格證을 가진 者로서 필요한 補修教育을 받은 者

資格 / 學校別	準 教 師	專門相談教師
中等學校	1. 教育部長官이 지정하는 大學(專門大學을 제외한다)의 工業 · 水産 · 海洋 및 農工系 學科를 卒業한 者 2. 中等學校 準教師 資格檢定에 合格한 者 3. 中等學校 實技教師로서 5年 이상의 教育經歷을 가진 者로서 大學 産業大學 技術大學(學士學位 課程에 한한다) 또는 大學院에서 關聯分野의 學位를 취득한 者	中等學校 正教師(2級) 이상의 資格證을 가진 者로서 3年 이상의 教育經歷이 있는 者가 教育部長官이 지정하는 教育大學院 또는 大學院에서 소정의 專門相談教師養成課程을 履修한 者
初等學校	1. 初等學校 準教師 資格檢定에 合格한 者 2. 高等學校 卒業者 또는 이와 동등 이상의 學力이 있다고 인정되는 者를 入所資格으로 하는 臨時 教員養成機關을 修了한 者 3. 放送通信大學 初等教育科 卒業者	初等學校 正教師(2級)이상의 資格證을 가진 者로서 3年 이상의 教育經歷이 있는 者가 教育部長官이 지정하는 教育大學院 또는 大學院에서 소정의 專門相談教師養成課程을 履修한 者
特殊學校	1. 特殊學校 準教師 資格檢定에 合格한 者 2. 特殊學校 實技教師로서 5年 이상의 教育經歷을 가지고 소정의 再教育을 받은 者	特殊學校 正教師(2級) 이상의 資格證을 가진 者로서 3年 이상의 教育經歷이 있는 者가 教育部長官이 지정하는 教育大學院 또는 大學院에서 소정의 專門相談教師養成課程을 履修한 者
幼 稚 園	1. 幼稚園 準教師 資格檢定에 合格한 者 2. 初等學校 準教師資格證을 가진 者로서 필요한 補修教育을 받은 者	

資格 學校別	司書教師	實技教師	養護教師(1級)	養護教師(2級)學校別
中等學校 初等學校 特殊學校 幼稚園	1. 大學 卒業者로서 在學 중 文獻情報學 또는 圖書館學을 專攻하고, 소정의 教職課程을 履修한 者 2. 準教師 이상의 資格證을 가진 者로서 소정의 司書教師養成講習을 받은 者 3. 教育大學院 또는 教育部長官이 지정하는 大學院의 教育科에서 司書教育課程을 專攻하고 碩士學位를 받은 者 4. 師範大學 卒業者로서 在學 중 文獻情報學 또는 圖書館學을 專攻한 者	1. 專門大學(專門大學에 준하는 各種學校를 포함한다. 이하 이 欄에서 같다) 卒業者로서 在學 중 大統領令으로 정하는 實科系의 技能을 履修한 者, 또는 高等技術學校의 專攻科를 卒業한 者 2. 大學(大學에 준하는 各種學校를 포함한다) 專門大學 卒業者로서 在學 중 藝能, 體育 기타 大統領令으로 정하는 技能을 履修한 者 3. 實業系 高等學校 또는 3年制 高等技術學校의 卒業者로서 實技教師의 資格檢定에 合格한 者 4. 實業科, 藝能科 또는 保健科에 관한 知識과 技能을 가진 者로서 實技教師의 資格檢定에 合格한 者	養護教師(2級)資格證을 가진 者로서 3年 이상의 養護教師 經歷을 가지고 資格研修를 받은 者	1. 大學의 看護學科 卒業者로서 在學 중 소정의 教職 學點을 취득하고 看護士 免許證을 가진 者 2. 專門大學의 看護科 卒業者로서 在學 중 소정의 教職學點을 취득하고 看護士免許證을 가진 者

비고 : 1. 이 表중 初等學校는 公民學校 또는 이와 동등 정도의 各種學校를, 中等學校는 中學校 高等學校 高等公民學校 高等技術 學校 또는 이들과 동등 정도의 各種學校를 포함한다.

2. 校長 · 校監 · 園長 · 園監 · 教育長 · 學官 · 學士 教育研究官 教育研究士의 經歷年數는 教育經歷年數로 볼 수 있다.

3. 이 表중 專門大學에는 종전의 初級大學 專門學校 및 實業高等專門學校를 포함한다.

4. 實技教師欄중 實業系 實技教師는 國家技術資格種目이 있는 科目은 해당 種目의 技能士 2級 이상 資格을 가지고 있어야 한다.

출처 : http://user.chollian.net/~soe1/edulaw/edulaw3-5.htm

부록 3

한국교원윤리강령(韓國教員倫理綱領)

민주국가의 주인은 민중이므로 주인을 주인답게 길러내는 교육은 가장 중대한 국가적 기업이다. 그러므로 이제 우리 겨레가 유구한 역사와 찬란한 문화를 계승·발전시키며 세계 민주 우방과 대오(隊伍)를 같이 하여 인류 평화증진에 기여하고자 하려면 무엇보다도 국민교육의 혁신과 그 진흥에 전력을 다하지 않으면 아니 된다.

그러기 위하여 우리 교원은 민족 번영의 선구자로서 나라 살림을 바로잡는다는 긍지를 지니고 교육을 통하여 국가에 충성을 다하며, 인간의 존엄성과 기회 균등을 토대로 하는 숭고한 민주주의 교육 이념을 믿고 이의 철저한 실현을 위하여 봉사하며, 교원의 성품과 언행이 학생의 성장을 좌우할 뿐 아니라 국민도의(國民道義) 혁신의 관건이 된다는 엄연한 사실을 깨달아 교원 윤리 확립에 헌신할 것을 스스로 기약하여야 한다.

이러한 중대한 사명은 교육을 직업으로 택한 모든 교원이 연대 책임을 지고 단결함으로써만 이루어질 수 있다는 것을 인식한 대한교육연합회 회원은 1958년 9월 19일 제12차 대의원회의 이름으로 우리의 행동 지표로서 교원윤리강령을 채택하고 이의 실천을 기함으로써 국민의 사표(師表)로서의 사명을 다하고자 한다.

제1장 학생(學生)

교원의 근본적 임무는 민주주의 생활 방식을 통하여 학생으로 하여금 고상한 인격과 자립정신을 가지고 국가 사회에 봉사할 수 있는 유능한 인물이 되게 하는 데 있다. 그러므로

1. 교원은 학생의 인격을 존중한다.
2. 교원은 학생의 심신의 발달이나 가정의 환경(環境)에 따라 차별을 두지 않고 공명(公明)하게 지도한다.
3. 교원은 학생의 개성을 존중하며 그들의 개인차와 욕구에 맞도록 지도한다.
4. 교원(教員)은 학생 개인의 결점이나 비밀을 공개하지 않고 언제나 품위 있는 언동으로 그들을 지도한다.

5. 교원은 학생으로 하여금 직업의 존귀함을 깨닫게 하며 그들의 능력에 따라 직업을 신중하게 선택하고 그에 필요한 훈련을 받도록 장려한다.
6. 교원은 학생 스스로가 고귀한 이상을 세우는 데 협조하며 협동심 있는 국가 사회의 일원이 되도록 길러 준다.

제2장 가정(家庭)

교원은 학생의 성장 발달을 돕기 위하여 부모와 함께 책임을 진다. 그러므로

1. 교원은 학생의 가정과 친밀하고도 유기적(有機的)인 관계를 맺도록 노력한다.
2. 교원은 학교의 방침과 학생의 성장 발전을 부단히 가정에 알리고 가정교육에 대하여 적극적으로 협력한다.
3. 교원은 자녀에 대한 부모의 책임을 존중하고 그 의견을 학교교육에 반영시킨다.
4. 교원은 부모의 경제적 · 사회적 지위를 함부로 이용하지 않으며 이에 좌우되지 아니한다.
5. 교원은 사친회(師親會)의 정상적인 운영을 위하여 적극적으로 협조한다.

제3장 사회(社會)

교원은 학교와 지역사회(地域社會)와의 우호적이며 협조적인 상호작용의 핵심이 된다. 그러므로

1. 교원은 사회의 일원으로서 모든 책임과 의무를 완수한다.
2. 교원은 사회의 전통(傳統)과 미풍(美風)을 존중하고 그 순화(醇化)와 개선(改善)에 노력한다.
3. 교원은 사회의 실정을 정확히 파악하고 그 생활과 문화의 향상을 위하여 적극적으로 봉사한다.
4. 교원은 사회의 요구를 교육계획(敎育計劃)에 반영시키며 학교의 활동을 널리 사회에 알린다.
5. 교원은 편당적(偏黨的) · 편파적(偏頗的) 활동에 참여하지 않으며 교육을 그 방편으로 삼지 아니한다.

제4장 교직(敎職)

교원(敎員)은 교직의 권위와 중요성을 인식하고 교직에 충성을 다한다. 그러므로

1. 교원은 국법을 준수하고 질서를 존중하며 동료 간의 친목과 협조로써 건실한 학원 분위기 조성에 노력한다.
2. 교원은 교육계획(敎育計劃)에 적극적으로 참여하며 일단 결정된 일에 대하여는 이를 충실히 실천한다.
3. 교원은 임면(任免) · 전임(轉任) 또는 승진(昇進)에 부정한 수단과 방법을 쓰지 아니한다.
4. 교원은 교직을 이용하여 물질적인 이익을 도모하지 아니한다.
5. 교원은 그 사회적 지위의 향상과 복지의 증진을 위하여 교직단체 활동에 적극 참여한다.

제5장 교양(敎養)

교원은 국민의 사표(師表)이며 학생의 거울이다. 그러므로

1. 교원은 높은 이상과 굳은 신조를 가지고 퇴폐적인 풍조에 물들지 아니한다.
2. 교원은 그 언어와 행동이 학생과 사회의 존경을 받도록 교양을 높인다.
3. 교원은 자기의 성장 · 발전을 위하여 부단히 연구 · 조사(硏究調査)하고 이러한 회합(會合)에 적극 참여한다.
4. 교원은 여가를 선용하여 건전한 오락과 고상한 취미를 가진다.
5. 교원은 단란한 가정을 이룩하고 사회 일반의 모범이 된다.

(대한교육연합회 제정, 1958.9.19)

부록 4

사도헌장 및 사도강령

사도헌장

오늘의 교육은 개인의 성장과 사회의 발전과 내일의 국운을 좌우한다. 우리는 국민교육의 수임자로서 존경받는 스승이요, 신뢰받는 선도자임을 자각한다.

이에 긍지와 사명을 새로이 명심하고 스승의 길을 밝힌다.

1. 우리는 제자를 사랑하고 개성을 존중하며 한 마음 한 뜻으로 명랑한 학풍을 조성한다.
1. 우리는 폭넓은 교양과 부단한 연찬으로 교직의 전문성을 높여 국민의 사표가 된다.
1. 우리는 원대하고 치밀한 교육계획의 수립과 성실한 실천으로 맡은 바 책임을 완수한다.
1. 우리는 서로 협동하여 교육의 자주혁신과 교육자의 지위 향상에 적극 노력한다.
1. 우리는 가정교육 · 사회교육과의 유대를 강화하여 복지국가 건설에 공헌한다.

사도강령

민주국가의 주인은 국민이므로 나라의 주인을 주인답게 길러내는 교육은 가장 중대한 국가적 과업이다.

우리 겨레가 오랜 역사와 찬란한 문화를 계승 · 발전시키며, 선진제국과 어깨를 나란히 하여 인류복지 증진에 주도적으로 기여하려면, 무엇보다도 문화국민으로서의 의식개혁과 미래사회에 대비한 창의적이고 자주적인 인간 육성에 온 힘을 기울여야 한다.

그러기 위하여 우리 교육자는 국가발전과 민족중흥의 선도자로서의 사명과 긍지를 지니고, 교육을 통하여 국민 각자의 능력을 최대한 계발하여 개인의 자아실현과 국력의 신장, 그리고 민족의 번영에 열과 성을 다하여야 한다.

또한 교육자의 품성과 언행이 학생의 성장·발달을 좌우할 뿐 아니라 국민윤리 재건의 관건이 된다는 사실을 명심하고 사랑과 봉사, 정직과 성실, 청렴과 품위, 준법과 질서에 바탕을 둔 사도확립에 우리 스스로 헌신하여야 한다.

이러한 우리의 뜻은 교직에 종사하는 모든 교육자가 공동체의식을 가지고 노력하여야만 이루어질 수 있다는 것을 인식하고, 사도헌장 제정에 때맞추어 우리의 행동지표인 교원윤리강령(教員倫理綱領)을 사도강령으로 개정하여 이를 실천함으로써 국민의 사표가 될 것을 다짐한다.

제1장 스승과 제자(弟子)

스승의 주된 임무는 제자로 하여금 고매한 인격과 자주정신을 가지고 국가사회에 봉사할 수 있는 유능한 국민을 육성하는 데 있다. 그러므로

1. 우리는 제자를 사랑하고 그 인격을 존중한다.
2. 우리는 제자의 심신발달이나 가정의 환경에 따라 차별을 두지 아니하고 공정하게 지도한다.
3. 우리는 제자의 개성을 존중하며, 그들의 개인차와 욕구에 맞도록 지도한다.
4. 우리는 제자에게 직업의 존귀함을 깨닫게 하고, 그들의 능력에 맞도록 지도한다.
5. 우리는 제자 스스로가 원대한 이상을 세우고, 그 실현을 위하여 정진하도록 사제동행(師弟同行)한다.

제2장 스승의 자질(資質)

스승은 스승다워야 하며 제자의 거울이 되고 국민의 사표가 되어야 한다. 그러므로

1. 우리는 확고한 교직관과 긍지를 가지고 교직에 종사한다.
2. 우리는 언행이 건전하고 생활이 청렴하여 제자와 사회의 존경을 받도록 한다.
3. 우리는 단란한 가정을 이루도록 국법을 준수하여 사회의 모범이 된다.
4. 우리는 학부모의 경제적·사회적 지위를 이용하지 아니하며, 이에 좌우되지 아니한다.
5. 우리는 자기향상을 위하여 전문적인 지식과 전문화된 기술을 계속하는데 주력한다.

제3장 스승의 책임(責任)

스승은 제자교육에 열과 성을 다하여 맡은 바 책임을 다하여야 한다. 그러므로

1. 우리는 사회의 일원으로서 모든 책임과 의무를 다한다.
2. 우리는 교재연구와 교육자료의 개발에 만전을 기하여 수업에 최선을 다한다.
3. 우리는 생활지도의 중요성을 인식하여 제자들이 올바른 사람이 될 수 있도록 지도의 철저를 기한다.
4. 우리는 교육의 성과를 공정하게 평가하고 이를 교육에 충분히 활용한다.
5. 우리는 제자와 성인들을 위한 정규교과 외 활동에 적극 참여한다.

제4장 교육자와 단체(團體)

교육자는 그 지위의 향상과 복지의 증진을 위하여 교직단체를 조직하고 적극 참여함으로써 단결된 힘을 발휘할 수 있다. 그러므로

1. 우리는 교직단체 활동을 통하여 교육자의 처우와 근무조건의 개선을 꾸준히 추진한다.
2. 우리는 교직단체 활동을 통하여 교육자의 자질 향상과 교권의 확립에 박차를 가한다.
3. 우리는 편당적 · 편파적 활동에 참가하지 아니하고, 교육을 그 방편으로 삼지 아니한다.
4. 교직단체는 국가의 주요 교육정책 결정에 참여하여 교육자의 여망과 주장을 충분히 반영시킨다.
5. 교직단체는 교육의 혁신과 국가의 발전을 위하여 다른 직능단체나 사회단체와 연대 협동한다.

제5장 스승과 사회(社會)

스승은 제자의 성장 · 발달을 돕기 위하여 학부모와 협력하여, 학교와 사회와의 상호작용의 원동력이 되고 국가발전의 선도자가 된다. 그러므로

1. 우리는 학교의 방침과 제자의 발달 상황을 가정에 알리고, 학부모의 정당한 의견을 학교교육에 반영시킨다.
2. 우리는 사회의 실정을 정확하게 파악하고 지역사회의 생활과 문화 향상을 위

하여 봉사한다.

3. 우리는 사회의 요구를 교육계획에 반영하며 학교의 교육활동을 사회에 널리 알린다.
4. 우리는 국민의 평생교육을 위하여 광범위하게 협조하고, 그 핵심이 된다.
5. 우리는 확고한 국가관과 건전한 가치관을 가지고 국민의식 개혁에 솔선수범하며, 국가발전의 선도자가 된다.

(대한교육연합회 제정, 1982. 5. 15)

부록 5

창조적 공동체 지향의 모둠 토론에 관하여

I. 토론교육의 필요성

1. 열 권의 책을 혼자 읽는 것보다 한 권의 책을 열 명이 읽고 문답 · 대화 · 토론하는 것이 교육적으로 효과적이다.
2. 모르는 것이 많은 것이 아는 것이 많은 것이다. 질문의 범위를 넓히고 질문의 깊이를 깊게 하는 것이 교육이다. 교육은 학생을 바른 의미에서 의식화시키는 것이다.
3. 가르치는 사람과 배우는 사람이 스스로를 교육과 학습의 주체로 인식하도록 만들 수 있는 길은 문답 · 대화 · 토론의 원탁교육이다.
4. 교육의 목표 중의 하나는 학생들이 어떤 주제로 모이는 토론과 회의이건 간에 토론과 회의를 잘 주재할 수 있도록 길러내는 것이다.
5. 권위주의와 대량생산을 위한 교탁교육과 강당교육은 일방적 · 단선적 · 획일적이다. 반면에 대등한 참여의 주체적 원탁교육은 쌍방적 · 복합적 · 다원적이다.
6. 진리의 섬광은 이견들이 서로 부딪힐 때 튀어나온다. 그 의견의 차이를 확인하기 위한 방법이 바로 문답 · 대화 · 토론이다. 토론에서 서로 다른 견해들이 부딪히는 것은 칼싸움을 할 때 칼이 부딪히는 것과 같다.
7. 잘하는 말은 친구를 잃은 말이 아니라 친구를 얻을 수 있는 말이다. 토론을 하다 보면 설득력이 중요함을 알게 된다.
8. 모든 인식은 비교를 통해 차이를 깨닫는 것이다. 서로 다름의 비교를 통해 인식 대상의 보편성과 특수성을 파악할 수 있기 때문이다.
9. 누구와도 화목할 수 있다. 그러나 누구와도 같지 않다. = 화이부동(和而不同). 의견이 다른 사람과도 화목할 수 있으며 의견이 같은 사람과도 토론할 수 있다는 말이다. 반면에 동이불화(同而不和)는 같아지려 하고 함께 다니기는 하지만 제대로 조화를 이루지는 못한다는 뜻이다. 토론을 위해 요구되는

덕목은 不同而和와 和而不同이다. 둘 중에서 더 중요한 것은 不同而和라고 생각한다.

10. 원탁토론은 창조적 공동체 사회를 지향한다. 창조와 공동체의 의미는 각기 자유와 평등이다. 출발은 자유이나 그 목표는 평등이다.
11. 창조성은, 종의 기원의 표현을 빌려 말하자면, 돌연변이적 환상이 자연 선택적 이성과 결합하여 공동체적 설득력을 가질 때 나온다.
12. 원탁토론은 창조성과 공동체성을 추구한다. 그러나 창조성이 신자유주의에 기반한 것일 때 그것은 시장이나 돈을 위한 창조성으로 기울고 만다. 참다운 의미의 창조성은 공동체성을 겸비한 것이어야 한다.
13. 국가주도의 파시즘적 교육이 놓친 창조성과 자본주도의 신자유주의 교육이 놓칠 공동체성을 함께 달성할 수 있는 교육 패러다임은 무엇인가?

II. 토론의 어원

1. 소크라테스에서 보듯이 문답은 진리의 산파술이다. 인식이란 외부에서 주어지는 것이 아니라 내부에서 열리는 것이며, 진리란 주입을 통해서가 아니라 눈높이에 맞는 문답을 통해서 터득된다. 소크라테스의 문답이 교사가 학생에게 질문하는 방식이라면, 공자의 문답은 학생이 교사에게 질문하는 방식이다.
2. 영어의 debate는 라틴어 동사, 데바테레(debattere, 오래도록 논쟁하다, 공격하다)에서 유래했다. 데바테레(debattere)의 de는 제거하다(remove), 반전시키다(reverse), 완결하다(complete)의 뜻을 지니며, battere는 때려부수다, 두들기다(beat, pound)의 뜻을 지닌다.

   영어의 디스커스(discuss) 역시 라틴어 동사, 디스쿠테레(discutere, 부수다, 흔들다, 분산시키다)의 과거분사 디스쿠숨(discussum)에서 유래했다. 디스쿠테레(discutere)의 dis는 접두사로서 분리하다(separate)의 뜻을 지니며, cutere는 분산시키다(disperse), 박살내다(shatter), 흩뜨리다(dissipate), 치다(strike)의 뜻을 지닌다.
3. 토론의 토(討)는 '찾다(혹은 치다)'는 뜻인데, 말을 마디로 쪼개고 분석한다

는 데서 나온 것처럼 보인다. 토론의 론(論)은 말을 돌려가며 진행하는 것이다. 바로 말을 쪼개고 돌려 가며 하는 것이 토론이다. 말(言)의 나누어짐(寸), 즉, 토(討)가 가능하기 위해서는 먼저 모임(會)이 있어야 한다. 그 모이는 것이 바로 회의(會議)이다. 회의를 전제로 하거나 회의를 추구하지 않는 토론이란 불가능하다. 쪼개지기에 앞서 모여야 하고 쪼개진 것은 다시 합해져야 한다. 진정한 토론이란 회의에서 시작하여 찬반토론을 거쳐 회의로 끝나는 것이다. 앞에서 말한 대로 넓은 의미의 토론은 바로 토의(일종의 회의)에서 시작하여 토론(찬반토론, 논쟁, 갑론을박)을 거쳐 다시 토의로 종합된다. 이것이 토론의 변증법이다.

III. 토론 방식과 여건

1. 우선 가치중립적 방식(software)으로서 토론은 ① 연구와 교육과 평가의 연계라는 교육적 효과, ② 공론장과 사회화를 통한 실천 방법, ③ 새로운 지도자상 모색을 위한 청소년 문화 운동 등의 의미를 가진다. 그러나 토론은 단순한 가치중립의 게임이 아니다. 토론은 이념적 가치지향을 가지고 있다. 가치지향 방식(hardware)으로서 토론의 의미는 ① 사회의 공동체성과 ② 역사의 진보성 확보에 있다.
2. 토론에서의 쟁점은 종종 당위(ought to be)와 현실(to be) 사이의 갈등, 혹은 제도가 먼저인가 아니면 의식이 먼저인가 사이의 갈등일 때가 많다.
3. 토론(discussion)은 토의(discussion)와 논쟁(debate)으로 이루어진다. 넓은 의미의 토론은 ① 의제설정, ② 의견개진, ③ 논제설정, ④ 논쟁, ⑤ 합의나 의견 차이 확인, ⑥ 새로운 차원의 의제설정으로 구성된다.
4. 토론의 논제는 세 종류로 나뉘는데, 사실인식(과거, 현재, 미래)과 가치판단(과거, 현재, 미래) 및 정책변혁 등이 그것이다. 다시 말해 토론을 위한 글이나 말은 사실인식과 가치판단과 정책적 제안을 담고 있어야 한다는 뜻이다.
5. 논쟁이 분명해지기 위해서 논제는 다섯 가지 조건을 갖추어야 하는데, ① 논쟁할 만한 화제성이 있는 갈등과 대립의 논제, ② 한 가지 중심 과제만을 다루는 논제, ③ 사전에 가치판단이 개입되지 않는 감정 배제의 논제, ④ 추상

적인 표현이 아닌 구체적 표현의 논제, ⑤ 중대한 변혁을 표명하는 논제 등이 그것이다.

6. 영어문화권의 교육토론은 보통 입론(立論)과 반대심문(反對審問)과 반박의 순서로 진행한다. 그러나 원탁토론광장이 이 같은 찬반토론의 방식을 쓰지 않고 토의의 방식을 쓰는 이유는 토론 교육의 목표는 무엇보다도 회의진행 능력에 두어야 한다고 믿기 때문이다.
7. 창조성과 공동체성을 위해 원탁토론이라는 소프트웨어를 돌리기 위해서 그만한 하드웨어가 갖추어져야 하는데, 교육의 하드웨어란 교사1인당 학생 수, 교육시설 등을 의미하며, 그것도 궁극적으로 사교육 영역에서가 아니라 공교육 영역에서 이루어져야 한다. 그래야 공동체성을 달성할 수 있다. 결국 교육은 공공성의 기반 위에서 논해져야 한다.
8. 원탁교육이라 함은 반드시 교실에 원탁을 갖다 놓자는 말이 아니라 가능하면 좌석 배치를 서로가 마주볼 수 있게 둥글게 하자는 말이다. 교탁식과 원탁식은 각기 독일의 Frontal Form과 U-Form에 해당한다.

IV. 토론의 평가에 관하여

1. 공부는 두 가지로 나뉘는데 가르치는 사람이 하는 공부를 연구라 하고 배우는 사람이 하는 공부를 학습이라 한다. 평가로부터 자유로운 공부는 흔하지 않다. 교육을 위해서 연구와 교수(가르침)과 학습과 평가를 동시에 고려해야 한다.
2. 연구(콜로키움)와 교육(세미나)과 평가(구술토론심사)가 따로따로가 아니라 한 자리에서 동시에 이루어져야 한다. 연구와 교육이 동시에 유기적으로 이루어질 때 연구는 창조성을 가지며, 교육과 평가가 동시에 유기적으로 이루어질 때 교육은 효과적이다. 학생들에 대한 평가를 교수만큼 잘할 수 있는 학생은 다른 학생들을 그 교수만큼 잘 가르칠 수 있다.
3. 토론광장은 구술면접, 모둠토론, 전체정리 회의 등으로 이루어지며, 그 평가는 심사위원의 평가, 학생 상호 추천, 교사와 학부모의 추천 등을 통해서 하며, 평가항목은 전문성, 논리력, 창조성, 인성(공동체적 태도), 공동체성 등이

다. 평가방식과 항목에 따라서 토론 광장에 참여하는 학생들의 태도가 달라지며 그 교육의 결과도 달라진다.

4. 학생을 평가하고 심사함에 있어 학생상호평가제도가 도입되어야 한다. 학생이 학생을 평가하는 것에 대해 의아해 하는 사람이 많다. 그러나 국민이라면 누구나 대통령도 뽑을 수 있으며 여론형성에 적극적으로 참여할 수 있어야 한다. 남을 평가하는 훈련은 민주시민의식 함양을 위해 중요하다고 본다.

* 강치원의 원탁토론아카데미 자료 발췌(http://www.wontak21.org/bbs/zboard.php?id=avi)

부록 6

모둠 토론 수업방식

▶토론의 진행절차

1. 토론할 장소를 선택하고 원래의 교실 칠판에 위치 적어놓기
   (늦게 오는 사람들을 위한 배려: 핸드폰 전화번호 등)
2. 토론할 수 있는 자리 배치(가급적 원형으로 참가자의 얼굴을 볼 수 있도록)
3. 간단한 자기소개(이름과 전공, 관심사항 등)
4. 사회자 및 기록자 선출(경우에 따라서는 모둠의 이름 정하기)
5. 토론 내용의 선정
   - 각자 읽은 내용을 중심으로 토론하고 싶은 주제를 제안
   - 부연 설명 및 핵심이 되는 단어의 개념 혹은 의미 확인
   - 여러 가지 내용 중에서 합의하여 토론할 주제를 선정
6. 모둠 토론하기
   - 자유롭고 즐거운 분위기에서 서로의 교육에 대한 견해를 듣기
   - 토론이 지나치게 한두 사람에게 집중되지 않고 골고루 발표할 수 있도록
   - 주제에서 너무 벗어나지 않으면서도 다양한 생각과 경험을 공유하기
   - 시간 안배: 제때 마칠 수 있도록 사회자는 시간 안배에 신경을 쓸 것
7. 발표문 작성과 발표: 토론내용을 A4 한두 장으로 작성하여, 다음 수업 발표
   - 토론 주제(제목), 토론한 내용의 핵심어
   - 모둠 번호(이름/별명), 토론 참가자 명단
   - 토론한 내용의 정리

토론수업을 위한 모둠별 명단

제1모둠	제2모둠	제3모둠	제4모둠
학과 이름 ⋮	학과 이름 ⋮	학과 이름 ⋮	학과 이름 ⋮
명	명	명	명

※각 모둠은 대략 7~8명으로 구성하되, 최대 12명을 넘지 않도록 한다.

모둠 토론 자체평가표

제1모둠	주제 이해	토론 참여	듣기 요소	종합 평가
○○○(전공)	가 나 다	가 나 다	가 나 다	가 나 다 결석
○○○(전공)	가 나 다	가 나 다	가 나 다	가 나 다 결석
○○○(전공)	가 나 다	가 나 다	가 나 다	가 나 다 결석
○○○(전공)	가 나 다	가 나 다	가 나 다	가 나 다 결석
○○○(전공)	가 나 다	가 나 다	가 나 다	가 나 다 결석
○○○(전공)	가 나 다	가 나 다	가 나 다	가 나 다 결석
○○○(전공)	가 나 다	가 나 다	가 나 다	가 나 다 결석
○○○(전공)	가 나 다	가 나 다	가 나 다	가 나 다 결석

※각의 해당 사항에 ○표를 하여 제출하도록 한다.

부록 7

전국 시 · 도 교육청 홈페이지 URL 주소

자신이 속한 지역의 교육청 홈페이지를 방문해 보고, 산하에 어떤 기관들이 있는지 살펴봅시다.

전국 시 · 도 교육청

▶ 서울특별시교육청: http://www.sen.go.kr(11개 지역교육청 및 산하기관)

- 11개 지역교육청: 동부교육청(동대문구, 중랑구), 서부교육청(은평구, 마포구, 서대문구), 남부교육청(영등포구, 구로구, 금천구), 북부교육청(도봉구, 노원구), 중부교육청(종로구, 중구, 용산구), 강동교육청(강동구, 송파구), 강서교육청(강서구, 양천구), 강남교육청(강남구, 서초구), 동작교육청(동작구, 관악구), 성동교육청(성동구, 광진구), 성북교육청(성북구, 강북구)
- 산하기관
  - 교육과학연구원, 교육연수원, 학생교육원, 학교보건원, 학생체육관
  - 학습관(4개): 마포평생학습관, 고덕평생학습관, 영등포평생학습관, 중계평생학습관
  - 도서관(18개소): 정독도서관, 종로도서관, 남산도서관, 동대문도서관, 어린이도서관, 용산도서관, 도봉도서관, 강남도서관, 강서도서관, 개포도서관, 강동도서관, 구로도서관, 서대문도서관, 고척도서관, 양천도서관, 동작도서관, 송파도서관, 마포아현분관

▶ 부산광역시교육청 http://www.pen.go.kr(6개 지역교육청 및 직속기관)

- 지역교육청: 동부교육청, 서부교육청, 남부교육청, 북부교육청, 동래교육청, 해운대교육청
- 직속기관
  - 교육연구정보원, 과학교육원, 교육연수원, 학생교육원, 학생교육문화회

관, 어린이회관,

-도서관(11개소): 시민도서관, 중앙도서관, 부전도서관, 반송도서관, 해운대도서관, 구덕도서관, 서동도서관, 구포도서관, 사하도서관, 연산도서관, 명장도서관

▶ 인천광역시교육청 http://www.ice.go.kr(5개 지역교육청 및 산하기관)

- 지역교육청: 남부교육청(남구, 동구, 중구, 옹진군), 북부교육청(부평구), 동부교육청(남동구, 연수구), 서부교육청(계양구, 서구), 강화교육청(강화군)
- 산하기관
  -사업소: 인천교육과학연구원, 인천교육연수원, 인천학생교육문화회관, 학생종합수련원, 인천교직원수련원, 학생수영장
  -도서관(8개소): 북구도서관, 중앙도서관, 부평도서관, 화도진도서관, 주안도서관, 서구도서관, 연수도서관, 계양도서관 등

▶ 대구광역시교육청 http://www.dge.go.kr/index.jsp(4개 지역교육청 및 직속기관)

- 지역교육청: 동부교육청, 서부교육청, 남부교육청, 달성교육청
- 직속기관: 교육과학연구원, 교육연수원, 대구학생문화센터, 교육정보원, 중앙도서관, 동부도서관, 서부도서관, 남부도서관, 북부도서관, 두류도서관, 효목도서관, 대봉도서관, 달성도서관

▶ 광주광역시교육청 http://www.ketis.or.kr/(2개 지역교육청 및 산하기관)

- 지역교육청: 동부교육청, 서부교육청
- 산하기관: 교육과학연구원, 교육연수원, 광주광역시학생교육원, 광주학생독립운동기념회관, 금호교육문화회관, 광주학생교육문화회관, 광주광역시교육정보원, 광주중앙도서관, 광주송정도서관

▶ 대전광역시교육청 http://www.dje.go.kr/(2개 지역교육청 및 직속기관)

- 지역교육청: 대전동부교육청(대덕구, 동구, 중구), 대전서부교육청(유성구,

서구)

• 직속기관 : 대전교육연수원, 대전교육과학연구원, 대전평생학습관, 대전학생교육문화원, 한밭교육박물관, 대전학생해양수련원, 대전교육정보원,

▶ 울산광역시교육청 http://www.use.go.kr/(2개 지역교육청 및 직속기관)

• 지역교육청: 강남교육청, 강북교육청
• 직속기관: 울산교육과학연구원, 울산교육연수원, 울산학생교육원, 울산교육수련원, 중부도서관, 남부도서관, 동부도서관, 울주도서관

▶ 경기도교육청 http://www.ken.go.kr/(25개 지역청 및 직속기관)

• 가평교육청, 고양교육청, 김포교육청, 광명교육청, 광주교육청, 군포교육청, 남양주교육청, 동두천교육청, 부천교육청, 수원교육청, 성남교육청, 시흥교육청, 안양교육청, 안산교육청, 안성교육청, 양평교육청, 여주교육청, 연천교육청, 용인교육청, 의정부교육청, 이천교육청, 파주교육청, 평택교육청, 포천교육청, 화성교육청
• 직속기관: 경기율곡교육연수원, 경기교육정보연구원, 경기과학교육원, 경기호국교육원, 경기외국어교육연수원, 경기예절교육원, 경기도유아체험교육원, 경기도립중앙도서관, 경기도립성남도서관, 경기도립과천도서관

▶ 강원도교육청 http://www.kwe.go.kr/(17개 지역교육청 및 11개 직속기관)

• 지역교육청: 춘천교육청, 원주교육청, 강릉교육청, 속초교육청, 동해교육청, 태백교육청, 삼척교육청, 홍천교육청, 횡성교육청, 영월교육청, 평창교육청, 정선교육청, 철원교육청, 화천교육청, 양구교육청, 인제교육청, 고성교육청
• 직속기관: 강원도교육과학연구원, 강원도교육연수원, 사임당교육원, 강원학생교육원, 강원학생통일교육수련원, 강원영동학교시설사업소, 춘천평생교육정보관, 원주평생교육정보관, 강릉평생교육정보관, 속초평생교육정보관, 삼척평생교육정보관

▶ 경상북도교육청 http://www.kbe.go.kr/(23개 지역교육청 및 8개 직속기관)

- 지역교육청: 포항교육청, 경주교육청, 김천교육청, 안동교육청, 구미교육청, 영천교육청, 영주교육청, 상주교육청, 문경교육청, 경산교육청, 군위교육청, 의성교육청, 청송교육청, 영양교육청, 영덕교육청, 청도교육청, 고령교육청, 성주교육청, 칠곡교육청, 예천교육청, 봉화교육청, 울진교육청, 울릉교육청
- 직속기관: 경상북도교육연구원, 경상북도교육연수원, 경상북도교육정보센터, 화랑교육원, 경상북도과학교육원, 경상북도립구미도서관, 경상북도립안동도서관, 경상북도립상주도서관

▶ 경상남도교육청 http://www.gne.go.kr/(20개 지역교육청 및 10개 직속기관)

- 지역교육청: 창원교육청, 마산교육청, 진주교육청, 진해교육청, 통영교육청, 사천교육청, 김해교육청, 밀양교육청, 거제교육청, 양산교육청, 의령교육청, 함안교육청, 창녕교육청, 고성교육청, 남해교육청, 하동교육청, 산청교육청, 함양교육청, 거창교육청, 합천교육청
- 직속기관: 경상남도교육연수원, 경상남도교육과학연구원, 경상남도덕유교육원, 합천종합야영수련원, 경상남도산촌유학교육원, 경상남도유아교육원, 경상남도학생교육원, 창원도서관, 마산도서관, 김해도서관

▶ 전라남도교육청 http://www.jne.go.kr/jne/(22개 교육청 및 13개 직속기관)

- 지역교육청: 목포교육청, 여주교육청, 순천, 나주, 광양, 담양, 곡성, 구례, 고흥, 보성, 화순, 장흥, 강진, 해남, 영암, 무안, 함평, 영광, 장성, 완도, 진도, 신안교육청
- 직속기관: 전라남도교육과학연구원, 전라남도교육연수원, 전라남도학생교육원, 목포공공도서관, 나주공공도서관, 고흥평생교육관, 광양평생교육관, 자연학습장, 월출학생야영장, 유달학생야영장, 송호학생수련장, 지리산학생수련장, 나로도학생수련장

▶ 전라북도교육청 http://www.jbe.go.kr/(14개 교육청 및 7개 직속기관)

- 지역청 : 전주교육청, 군산교육청, 익산교육청, 정읍교육청, 남원교육청, 김제교육청, 완주교육청, 진안교육청, 무주교육청, 장수교육청, 임실교육청, 순창교육청, 고창교육청, 부안교육청
- 직속하기관 : 교육연수원, 교육정보과학원, 전북학생종합회관, 군산학생종합회관, 마한학생종합회관, 학생교육원, 학생해양수련원

▶ 충청남도교육청 http://www.cne.go.kr/(15개 교육청 및 8개 직속기관)

- 지역교육청: 천안교육청, 공주교육청, 보령교육청, 아산교육청, 서산교육청, 논산교육청, 금산교육청, 연기교육청, 부여교육청, 서천교육청, 청양교육청, 홍성교육청, 예산교육청, 태안교육청, 당진교육청
- 직속기관: 충남교육과학연구원, 충무교육원, 충청남도교육연수원, 충청남도학생수련원, 충청남도임해수련원, 충청남도학생회관, 남부평생학습관, 서부평생학습관

▶ 충청북도교육청 http://www.cbe.go.kr/(11개 교육청 및 5개 직속기관)

- 지역교육청: 청주교육청, 충주교육청, 제천교육청, 청원교육청, 보은교육청, 옥천교육청, 영동교육청, 진천교육청, 괴산교육청, 음성교육청, 단양교육청
- 직속기관: 충북교육과학연구원, 단재교육연수원, 중앙도서관, 충북학생회관, 학생종합수련원

▶ 제주도교육청 http://www.jje.go.kr/

- 교육관련기관: 제주도제주시교육청, 제주도서귀포교육청, 제주도북제주교육청, 교육과학연구원, 탐라교육원, 제주학생문화원, 서귀포학생문화원, 제주교육박물관, 제주도서관, 제남도서관, 한수풀도서관

부록 8

나의 교육 신조

(My Pedagogic Creed, J. Dewey, 1897)

제1조 교육이란 무엇인가

1. 나는 이렇게 믿는다. 즉, 모든 교육은 개인이 사회의식에 참여함으로써 이루어진다. 이 과정은 거의 태어날 때부터 무의식적으로 시작하여, 그 후 계속적으로 개인의 힘을 가다듬고 의식을 채우며 습관을 형성하고 아이디어를 훈련하고 감정과 정서를 일깨워준다. 이 무의식적 교육을 통하여 개인은 인간이 애써 모아 놓은 지적, 도덕적 자원을 점차로 공유하게 된다. 그는 문명이라는 자산의 계승자가 된다. 이 세상의 가장 체계적이고 전문적인 교육이라 하더라도 이 일반적인 과정에서 벗어날 수는 없다. 제도화된 교육이 할 수 있는 일은 오직 그 과정을 특정한 방향으로 조직하고 세분하는 것뿐이다.
2. 단 하나의 참된 교육은, 아동이 그 안에서 살고 있는 사회적 상황의 요구에 의하여 그의 힘을 자극하는 데서 나온다. 이 요구를 통하여 아동은 한 단위체의 구성원으로서 행동하며, 원래 자기가 가지고 있던 좁은 행위와 정서에서 벗어나서 그가 속하고 있는 집단의 복지라는 관점에서 자신을 파악하도록 자극을 받는다. 자기 자신의 활동에 대한 다른 사람들의 반응을 통하여 아동은 그 활동이 사회적 관계에 있어서 어떠한 의미를 갖는가를 알게 된다. 그 활동이 가지는 가치는 그 활동 속에 다시 반사된다. 예컨대, 아동의 본능적인 웅얼거림에 대한 다른 사람의 반응을 통하여 아동은 그 웅얼거리는 소리의 의미를 알게 된다. 즉, 그 웅얼거림이 분명한 언어로 변형되는 것이다. 이와 같이하여 아동은 오늘날 언어 속에 요약되어 있는 풍부한 관념과 정서에 입문하게 된다.
3. 이 교육적 과정에는 심리학적 측면과 사회학적 측면이라는 두 개의 측면이

있으며, 그중의 어느 것 하나라도 다른 것에 종속되거나 도외시되면 반드시 나쁜 결과를 가져온다. 이 두 가지 중에서, 심리학적 측면은 교육적 과정의 기초를 이룬다. 아동 자신의 본능과 힘은 모든 교육의 자료이며 출발점이 된다. 만약 교육자의 노력이 아동의 독립적, 자발적인 노력으로 이루어지는 활동과 연관을 맺지 못한다면, 교육은 외부로부터의 강압으로 전락하고 만다. 그것이 모종의 외적 결과를 가져온다 하더라도 그것을 진정한 의미에서 교육이라고 부를 수는 없다. 그러므로 아동 개인의 심리적 구조와 활동에 관한 통찰 없이는 교육적 과정은 우발적이고 임의적인 것이 될 것이다. 어쩌다가 아동의 활동과 들어맞으면 좋은 영향을 끼치겠지만, 만일 그렇지 않다면 아동의 본성과 마찰이 생기거나 아동 본성을 분열 또는 억제하는 결과를 가져온다.

4. 아동이 가지고 있는 힘을 적절히 이해하려면 사회적 조건에 관한 지식, 현재의 문명 상태에 관한 지식이 필요하다. 아동은 그 자신의 본능과 성향을 가지고 있는데, 우리가 그것을 사회적 맥락에 비추어 해석하기 전까지는 그것이 무슨 의미인지 알 수 없다. 이를 알기 위해서는 아동의 본능과 방향을 과거 사회에 투영하여, 그것을 예전 인류 활동의 유산으로 해석할 수 있어야 한다. 우리는 또한 그것을 미래에 투영하여 그것이 가지고 올 성과 또는 그것이 이룩해야 할 목적이 무엇인가를 예상할 수 있어야 한다. 바로 앞에서 사용한 예를 가지고 설명하자면, 아동의 옹알거리는 소리에서 앞으로의 사회적 교류와 대화의 가능성 및 잠재력을 보는 능력을 갖게 되는데, 이것이 곧 아동의 본능을 올바로 다룰 수 있도록 한다.

5. 교육의 심리학적 측면과 사회적 측면은 서로 유기적으로 관련되어 있으며, 이런 의미에서 교육은 양자 사이의 절충이라든가 어느 하나가 다른 하나에 포함되는 것으로 간주되어서는 안 된다. 오늘날 사람들은 교육을 심리학적 관점에서 정의하는 것은 공허하고 형식적이라는 말을 하고 있다. 즉, 심리학적 정의는 온갖 정신능력의 개발에 관해서는 언급하면서도 그 능력이 어디에 쓰이는가에 관해서는 말해 주지 않는다는 것이다. 또한 사람들은 교육은 개인을 문명에 적응시키는 일이라는 식의 사회적 관점에서의 정의는 교육을 외적, 강제적 과정으로 취급하여 개인의 자유를 사전에 정해놓은 사회

적, 정치적 상황에 종속시키는 결과를 가져온다고 말한다.

6. 교육의 두 측면은 서로 대립된 것으로 따로따로 떼어놓고 보면, 위의 두 가지 반론은 모두 타당하다. 힘이라는 것이 진정으로 어떤 것인지 알려면 그 힘의 목적과 용도, 기능을 알아야 하며, 그렇게 하려면 개인을 사회적 관계 속에서 활동하는 존재로 파악하지 않으면 안 될 것이다. 그러나 다른 한편으로, 현재의 사회적 조건하에서 아동이 적응할 수 있도록 하는 유일한 방도는 아동이 가지고 있는 모든 힘을 완전하게 발휘할 수 있도록 해주는 것이다. 민주주의와 현대 산업사회의 도래로 말미암아, 지금부터 20년 뒤에 우리의 문명이 어떻게 변화되어 있을지 정확하게 예측할 수 있는 사람은 아무도 없다. 따라서 아동을 엄밀하게 규정된 모종의 상황에 맞도록 준비시켜 준다는 것은 불가능하다. 아동에게 앞으로의 삶을 준비시켜 준다는 것은 아동으로 하여금 스스로를 통제할 수 있는 힘을 갖게 하는 것을 의미한다. 다시 말하면, 그의 모든 능력을 언제 어디서나 충분히 활용할 수 있도록 그의 눈과 귀와 손은 언제라도 사용할 수 있는 도구가 되어야 하며, 그의 판단은 그것이 적용될 상황을 파악할 수 있어야 하며, 그의 실행능력은 경제적으로 효율적으로 작용할 수 있도록 훈련되어야 한다. 이런 식의 적응에 도달하려면 개인 자신의 능력과 취향과 관심에 대한 부단한 관심이 있어야 한다. 즉 교육은 항상 심리학적인 고찰에 비추어 점검되어야 하는 것이다.

7. 요컨대, 나는 교육을 받는 개인은 사회적 개인이며, 사회는 개인의 유기적인 통합체라고 믿는다. 아동에게서 사회적 요인을 빼버리면 남는 것은 추상적 존재뿐이다. 사회에서 개인적 요인을 빼버리면 남는 것은 무기력하고 생명 없는 집단뿐이다. 그러므로 교육은 아동의 능력과 관심과 습관에 대한 심리학적 통찰로 시작해야 한다. 교육의 모든 고비를 통제하는 것은 바로 그와 동일한 고려에 의해서이다. 아동의 능력과 관심과 습관은 끊임없이 다시 해석되지 않으면 안 된다. 매 단계에서 우리는 그것들이 무엇을 의미하는지 알아야 하는 것이다. 우리는 아동의 능력과 관심과 습관을 사회적 맥락에 비추어, 다시 말하면 그것들이 사회에 어떤 봉사를 할 수 있는가 하는 관점에서 해석하지 않으면 안 된다.

제2조 학교란 무엇인가

8. 나는 이렇게 믿는다. 즉, 학교는 다른 무엇이기 이전에 하나의 사회적 기관이다. 교육이 사회적 과정인 만큼, 학교는 당연히 사회생활의 한 형태가 되어야 한다. 이러한 의미에서의 학교는 아동으로 하여금 인류가 물려받은 자원을 공유하고 자기 자신의 힘을 사회적 목적에 사용하도록 양육하는 데에 가장 효과적이 되게끔 온갖 작용을 집중한 지역사회생활의 형식이다.
9. 그러므로 교육은 삶의 과정 그 자체이며, 앞으로의 삶을 위한 준비가 아니다.
10. 학교는 삶의 전형적인 모습을 나타내어야 한다. 이 삶은 아동이 가정에서, 이웃에서, 놀이터에서 살고 있는 삶과 마찬가지로 현실적이며 생생한 생활을 표현해야 된다.
11. 아동 자신을 위해 그 자체로서 가치가 있는 삶의 형식들을 통해 이루어지는 교육이 아니라면, 이는 언제나 진정한 교육에 대한 빈약한 대용품으로, 아동을 속박하거나 무기력하게 만들기 쉽다.
12. 사회관계로서의 학교는 현재의 사회생활을 단순화하여야 한다. 학교는 말하자면, 사회생활을 태생적인 형태로 환원해야 한다. 현재의 삶은 너무 복잡하여, 아동이 직접 접촉하게 되면 혼란함과 낭패감에 빠지게 된다. 현재 진행 중인 수많은 활동에 압도되어, 그 결과 아동은 질서 정연하게 반응하는 자신의 힘을 잃어버리거나, 그렇지 않으면 다양한 활동에 자극되어 자기 자신의 힘을 서둘러 발휘하려 들다가 지나치게 전문화된 길로 빠지거나 분열되어 버린다.
13. 이와 같이 단순화된 사회생활로서의 학교는 가정생활을 출발로 하여 거기서 점차 성장해 가는 모습을 보여야 한다. 학교생활은 아동이 가정에서 이미 익숙해져 있는 활동들을 골라 이를 지속시켜 나가야 한다.
14. 학교는 가정에서의 활동을 아동에게 제시하여 아동이 점차로 그 활동의 의미를 알게 되고, 그리하여 그 활동과 관련해서 자신의 역할을 수행할 수 있도록 하는 방식으로 재현해 주어야 한다.
15. 이것은 심리학적 필수조건으로, 아동의 성장에 연속성을 부여하는 유일한

방법이며, 아동이 가지고 있는 과거 경험 배경에 학교교육이 새로운 아이디어를 부여하는 유일한 방법이다.

16. 이것은 또한 사회적 필수조건이기도 하다. 왜냐하면 가정은 이때까지 아동이 양육되고 도덕적 훈련을 받은 사회생활의 형태이며, 여기에 비하여 학교는 가정생활과 밀접하게 결부되어 있는 아동의 가치관을 심화, 확대시키는 것을 임무로 삼기 때문이다.
17. 현재의 교육이 실패하는 가장 큰 원인은 학교가 사회생활의 한 형태라는 이 근본적 원리를 무시한다는 데에 있다. 현재의 교육에서는 학교를 학생들에게 정보를 제공해 주는 곳, 공부를 가르쳐 주는 곳, 습관을 형성해 주는 곳으로 생각한다. 학교에서 습득되는 이런 것들의 가치는 주로 먼 장래에 있는 것으로 생각된다. 아동은 장차 다른 어떤 것을 하기 위하여 이런 것들을 배워야 한다고 생각된다. 요컨대, 그것은 단순한 준비인 것이다. 그 결과로, 이런 것들은 아동의 현재 생활경험의 일부가 되지 못하고 따라서 진정한 교육이 되지 못한다.
18. 도덕교육은 이와 같이 학교를 사회생활의 한 양식으로 보는 관점을 중시한다. 즉, 가장 훌륭하고 가장 새로운 도덕적 훈련은 바로 작업과 사유의 통일에 의해 다른 사람들과 적당한 관계를 맺음으로써 이루어진다. 현재의 교육체제에서 이러한 (작업과 사유의) 통일을 이루지 못하거나 무시하는 한, 진정하고 본격적인 도덕훈련으로 아동을 이끄는 것은 어렵게 되고 또한 불가능하게 된다.
19. 아동이 일에 대한 자극과 지침을 받는 것은 지역사회의 생활을 통해서다.
20. 현실적으로 학교가 사회생활의 한 형식이라는 점을 망각하고 있기 때문에, 교사는 너무도 많은 자극과 통제를 하게 되는 것이다.
21. 학교에서 교사의 위치와 역할도 이와 동일한 기초에 입각하여 해석해야 한다. 학교에서 교사는 아동에게 관념을 주입하고 습관을 형성하는 사람이 아니라, 지역사회의 한 구성원으로서 아동에게 미치게 될 모든 영향을 선택하고, 아동이 그러한 영향에 대해 적절히 반응하도록 도와주는 사람이다.
22. 학교에서의 훈육은 교사가 직접하기보다는, 전반적인 학교생활 속에서 이루어져야 한다.

23. 교사가 할 일은 단지 자신이 갖고 있는 보다 풍부한 경험과 원숙한 지혜를 기초로 하여, 생활의 훈육이 아동에게 어떤 방식으로 이루어져야 하는가를 결정하는 데에 있다.
24. 아동의 채점이나 진급에 관한 모든 문제도 위와 동일한 기준에 비추어 결정해야 한다. 시험의 용도는 오직 아동이 사회생활을 해 나가는 데에 얼마나 적합한가를 사정(査定)하고, 아동이 어떤 점에서 가장 유용한 봉사를 할 수 있으며, 어떤 점에서 가장 도움을 필요로 하는가를 시사(示唆)받는 데 있을 뿐이다.

제3조 교육의 내용

25. 나는 이렇게 믿는다. 즉, 아동의 사회생활은 그의 모든 훈련 또는 성장을 집중 혹은 상호 관련시켜 주는 토대다. 사회생활은 아동의 모든 노력과 성취의 무의식적 통일과 배경이 된다.
26. 학교 교육과정의 내용은 사회생활의 원시적, 무의식적 통일로부터 출발하여 거기서 점차 분화된 형태로 나타내야 한다.
27. 이러한 일상적인 사회생활과 관련이 없는 읽기, 쓰기, 지리 등 여러 세분된 교과들을 너무 갑자기 아동에게 제시하는 것은 아동의 본성에 어긋나는 것이며, 교과를 통해 얻을 수 있는 최선의 윤리적 성과를 곤란하게 만든다.
28. 학교 교과들을 서로 관련짓게 하는 진정한 구심점은 과학이나 문학, 역사, 지리 등이 아니라, 오직 아동 자신의 사회적 활동이다.
29. 과학 또는 소위 '자연 공부'가 교육을 통합하는 구심점이 될 수 없는 것은, 인간 활동과의 관련을 떠난 자연 그 자체는 통일체가 아니기 때문이다. 자연 그 자체는 공간과 시간에 흩어져 있는 수많은 다양한 물체들일 뿐이며, 이러한 자연을 그 자체로서 공부의 구심점으로 삼으려고 하는 것은 집중이 아닌 분산의 원리를 따르는 것이다.
30. 문학은 사회적 경험을 되받아서 표현하고 해석하는 것이다. 따라서 문학은 그러한 경험에 앞서는 것이 아니라 뒤따르는 것이다. 그러므로 문학은 통합된 교과를 요약하는 수단은 될지 모르나, 교과종합의 기초가 될 수는 없다.

31. 다시 말하면, 역사의 교육적 가치는 사회생활과 사회적 성장의 여러 면모를 제시하는 데에 있다. 사회생활과 관련 없는 단순한 역사로 취급될 때, 역사는 먼 과거로 내던져져서 생기 없고 무기력한 것이 되고 만다. 그러나 인간의 사회생활과 진보의 기록으로 취급될 때, 역사는 풍부한 의미를 지니게 된다. 그러나 내가 믿는 바로는 역사를 이런 관점에서 취급하려면 아동에게 사회생활을 직접 제시하는 일이 병행되지 않으면 안 된다.
32. 교육의 본래적 토대는 인류의 문명을 이룩하는 데에 작용한 것과 동일한 일반적인 건설 능력이 아동에게도 있다는 사실이다.
33. 아동으로 하여금 물려받은 사회적 유산을 깨닫도록 하는 유일한 방법은 오늘날의 문명을 이룩한 기본적인 활동양식을 아동이 직접 수행할 수 있도록 기회와 능력을 부여해 주는 것이다.
34. 표현활동 또는 구성활동이야말로 교과를 서로 관련짓게 하는 구심점이다.
35. 학교에서 요리, 바느질, 기술 등이 차지하는 위치는 이러한 기준에 비추어 판단해야 한다.
36. 이런 과목들은 많은 다른 교과들의 지적 부담을 완화하기 위하여 도입된 것도 아니며, 그런 교과와는 별도의 추가적인 성취를 얻기 위한 특별교과도 아니다. 내가 믿기로는 교과의 유형으로 말한다면 이러한 활동은 사회적 활동의 근본적 형식이며, 아동이 보다 형식적인 교과에 들어갈 때 일단 이런 구성활동을 통하여 들어가는 것이 가능하고 또 바람직하다.
37. 과학 공부의 교육적 결과는 과학이 현재의 사회생활을 가능하게 한 자료와 과정을 드러내어 준다는 데에 있다.
38. 현재 과학교육의 가장 곤란한 문제점은 학습 자료를 순전히 객관적인 형태로 제시하거나, 아동이 이미 경험한 것과는 별개의 전혀 새로운 종류의 경험으로 취급한다는 데에 있다. 사실상 과학은 우리가 이미 한 경험을 해석하고 통제하는 능력이며, 그 가치 또한 여기에 있다. 교과로서의 과학은 새로운 교과로서 가르칠 것이 아니라, 이전에 이미 들어 있었던 요인들을 드러내어 보여 주는 것으로서 그리고 그 경험을 더 쉽게 더 효과적으로 조정하는 도구를 제공하는 것으로서 가르쳐야 한다.
39. 현재 우리는 문학과 언어에서 사회적 요소를 제거해 버림으로써, 그 교과가

가지고 있는 가치를 많이 잃어버리고 있다. 교육학 책에서 언어는 거의 언제나 단순히 생각을 표현하는 수단으로 취급되어 있다. 물론 언어는 논리적 도구지만, 그것은 근본적으로 또 일차적으로 사회적 도구다. 언어는 사고유통의 방안이요, 한 개인이 다른 사람들의 생각과 느낌을 공유하는 도구다. 단순히 개인적 정보를 얻는 방법으로, 또는 이때까지 배운 것을 남에게 과시하는 수단으로 취급한다면, 언어는 그것이 가지고 있는 사회적 동기와 목적을 잃어버리게 된다.

40. 그러므로 이상적인 학교 교육과정에는 교과를 일렬로 나열한다는 것은 있을 수 없다. 만약 교육이 삶이라면, 모든 삶은 처음부터 과학적 측면, 예술과 문화의 측면, 그리고 의식유통의 측면을 가지고 있다. 그러므로 어떤 학년에 적당한 교과는 단순히 읽기와 쓰기라든지, 다음 학년에 가서는 읽기와 문학 과학 등을 가르쳐도 좋다고 말하는 것은 옳지 않다. 그러므로 교과를 배우는 데에 있어서 진보는 일렬로 늘어선 교과를 배워 나가는 것이 아니라, 경험에 대한 새로운 태도(態度), 새로운 관심이 발달해 가는 과정이다.
41. 교육은 경험의 지속적인 재구성으로 파악해야 한다. 즉, 교육의 과정과 목적은 하나요, 서로 다른 것이 아니다.
42. 그 목적과 기준을 주는 것으로서 교육 이외의 어떤 목적을 설정하는 것은 교육과정의 의미를 대부분 망각하기 때문이며, 이는 아동을 다루는 데 외적인 거짓 자극에 의존하도록 하는 것이다.

제4조 교육방법의 성격

43. 나는 이렇게 믿는다. 즉, 교육방법의 문제는 궁극적으로 아동의 힘과 관심의 발달이 이루어지는 순서에 관한 문제로 귀착된다. 학습 자료를 제시하고 취급하는 법칙은 아동 자신의 본성에 씌어 있다. 그렇기 때문에 나는 다음에 서술하는 명제들이 교육을 해 나가는 정신을 결정하는 것으로서 가장 중요하다고 믿는다.
44. 아동 본성의 발달과정에서 능동적 면이 수동적 면에 선행하며, 외적 표현이 의식적 인상에 선행하며, 근육의 발달이 감각의 발달에 선행하며, 운동기능

이 의식적 감각기능에 선행한다. 내가 믿기로는 의식은 본래 운동적 또는 충동적이며, 의식 상태는 행동을 통하여 그 모습을 드러낸다.

45. 학교 공부에서 시간과 정력을 낭비하는 대부분의 원인은 위의 원리를 도외시하는 데에 있다. 아동은 수동적으로 받아들이고 흡수하는 태도를 취하도록 강요된다. 이 상황은 곧 아동으로 하여금 그의 본성의 법칙을 따르지 못하도록 하는 상황이며, 여기서 생기는 결과는 갈등과 낭비다.

46. 또한 관념(지적 · 합리적 과정)은 행동에서 나오며 행동을 더 잘 통제하는 데 도움이 된다. 추리력과 판단력을 발달시키려고 하면서도 행동의 수단을 선택하고 배열하는 문제는 전혀 고려하지 않는 것이 오늘날 교육방법의 근본적인 오류다. 그 결과 우리는 아동에게 임의적이고 무의미한 상징을 제시한다. 상징은 지적 발달에 필요 불가결하지만, 여기서 상징의 위치는 노력을 절약하는 도구가 된다는 것이다. 상징 그 자체만을 제시하면, 그것은 외부에서 강제로 부과(賦課)된 무의미하고 임의적인 관념의 덩어리에 지나지 않는다.

47. 심상(心象)은 수업의 중요한 보조수단이다. 아동이 그에게 제시된 교과에서 무엇인가를 얻는 것이 있다면, 그것은 바로 그 교과에 관련하여 아동 자신이 형성하는 심상이다.

48. 현재 아동이 학습을 하는 데 기울이는 노력의 90%를 아동이 올바른 심상을 형성하도록 하는 데에 할애한다면, 가르치는 일은 엄청나게 쉬워질 것이다.

49. 현재 수업을 준비하여 자료를 제시하는 데에 들이고 있는 시간과 노력을 보다 현명하고 유익하게 쓰는 방법은 이를 아동의 심상 형식능력의 훈련에 쓰는 것이다. 교사는 아동이 경험에서 접하게 되는 여러 가지 교과내용에 관하여 명확하고 선명한 심상을 계속적으로 형성, 확대해 나가도록 돌보아 주어야 한다.

50. 홍미는 힘이 성장해 간다는 신호요, 징후다. 내가 믿기로 관심이 있다는 것은 능력이 생기기 시작한다는 것을 나타낸다. 따라서 아동의 관심에 관한 부단하고 세밀한 관찰은 교육자에게 무엇보다도 중요하다.

51. 아동에게서 관찰되는 홍미는 그가 현재 도달해 있는 발달의 정도를 나타낸다고 보아야 한다.

52. 이 같은 아동의 흥미는 아동이 지금 막 도달하려는 발달의 단계를 예고(豫告)해 준다.
53. 아동기에 일반적으로 나타나는 관심에 대한 계속적이고 동정적인 관찰을 통해서만 성인은 아동의 삶에 들어갈 수 있다. 그때 비로소 성인은 아동이 그 삶에서 무슨 일을 할 태세가 되어 있으며 아동이 가장 기꺼이, 가장 보람 있게 다룰 수 있는 자료가 어떤 것인지를 알 수 있다.
54. 아동의 흥미에 지나치게 영합해서도 안 되고 억압해서도 안 된다. 아동의 흥미를 억압하는 것은 아동을 성인으로 바꿔치기 하는 것이요, 그렇게 함으로써 지적 호기심과 민첩성을 약화시키고, 자발성을 억압하며 관심을 짓밟아 버리는 것이다. 또한 아동의 흥미에 영합하는 것은 순간적으로 지나가는 것을 영원한 것으로 착각하는 것이다. 흥미라는 것은 언제나 밑에 숨어 있는 힘의 외적 표식이다. 중요한 것은 이 밑에 숨어 있는 힘을 알아내는 것이다. 아동의 흥미에 영합하는 것은 표면의 밑을 파고들어 갈 수 없기 때문에 나타나는 현상이며, 그 뷰명한 결과는 변덕을 부리거나 꾸준한 마음이 없는 것을 진정한 흥미의 대신으로 생각하는 일이다.
55. 정서는 행동의 그림자다.
56. 정서에 상응하는 활동과 관련짓지 않고 정서를 자극 또는 유발하려고 하는 것은 건전하지 못한 병적인 정신상태를 초래한다.
57. 만약 우리가 선과 진과 미에 대하여 올바른 행동과 사고의 습관을 길러 줄 수만 있다면, 정서문제는 대체로 저절로 해결된다.
58. 우리의 교육을 위협하는 것 가운데, 무기력과 형식주의, 전례 답습을 제외하면, 감상주의만큼 폐단이 큰 것은 없다.
59. 이 감상주의는 감정을 행동으로부터 분리하려고 하는 데서 필연적으로 따라오는 결과다.

제5조 학교와 사회진보

60. 나는 이렇게 믿는다. 즉, 교육은 사회의 진보와 개혁의 근본적인 방법이다.
61. 단순히 법률을 제정하거나 형벌로 위협하거나, 기능적인 또는 외적인 제도

를 바꾸는 것에 의존하는 일체의 개혁은 일시적이고 비효과적이다.

62. 교육은 사회적 의식을 공유하게 되는 과정을 조정하는 일이며, 이 사회적 의식을 기초로 하여 개인의 활동을 조절하는 것이야말로 유일하게 확실한 사회재건의 방법이다.

63. 이러한 생각은 개인주의적 이상과 사회주의적 이상을 동시에 존중한다. 개인의 인격형성을 올바른 삶의 단 하나의 진정한 기초로 인정한다는 점에서 보면 그것은 개인을 존중하는 것이다. 이 올바른 인격이 단순히 개인의 훈시나 모범, 권유로 형성되는 것이 아니라, 제도적 · 공동체적 삶의 형식이 개인에게 끼치는 영향으로 말미암아 형성된다는 것, 그리고 사회적 유기체가 그 하나의 기관인 학교를 통하여 윤리적 결과를 결정한다는 사실을 인정한다는 점에서 보면 그것은 사회를 존중하는 것이다.

64. 이상적인 학교에서는 개인의 이상과 제도의 이상이 혼연일체가 되어 있다.

65. 그러므로 교육에 대한 의무는 지역사회가 져야 할 최고의 도덕적 의무다. 법률과 형벌에 의하여 사회적 선동과 시론(試論)에 의하여 사회가 그 자체를 조정하고 형성해 가는 과정은 다분히 비체계적이고 우연적인 것이다. 그러나 교육을 통하여 사회는 그 자체의 목적을 설정하고, 그 자체의 수단과 자원을 조직하고 그렇게 함으로써 그것이 나아가고자 하는 방향으로 확고하고, 또 경제적으로 그 자체를 가다듬어 나갈 수 있다.

66. 사회가 일단 이 방향으로의 가능성과 그 가능성을 실현하는 데에 따르는 임무를 인정하면, 교육자가 시간과 주의 및 금전의 자원을 자기 마음대로 처분한다는 것은 상상할 수 없게 된다.

67. 학교가 사회의 진보와 개혁의 가장 중요하고도 효과적인 도구임을 역설(力說)하여, 사회 전체가 학교라는 곳에서 하는 일이 무엇인지 깨닫게 되고 교육자가 그 일을 적절하게 수행하는 데 충분한 정비를 갖추도록 할 필요성을 느끼도록 하는 것, 이것은 교육에 관심이 있는 모든 사람의 과업이다.

68. 따라서 교육은 인간 경험으로 생각할 수 있는 과학과 예술의 가장 완전하고 긴밀한 결합으로 나타난다.

69. 그리하여 인간의 힘에 적절한 형체를 부여하고 그것을 사회에 유용하도록 적응시키는 예술이 최고의 예술이요, 그것이 가지고 있는 유용성을 살리는

사람이 가장 훌륭한 예술가다. 이 일을 위해서는 인간으로서 할 수 있는 최선의 통찰과 동정심과 요령(要領)과 실행력이 필요하다.

70. 심리학적 연구의 발달로 개인 심리의 구조와 성장의 법칙에 대한 통찰이 증가함에 따라, 그리고 사회과학의 발달로 개인들의 올바른 조직체에 대한 지식이 증가함에 따라 이제 우리는 모든 과학적 자원을 교육의 목적에 활용할 수 있게 되었다.
71. 이와 같이 과학과 예술이 손을 잡을 때, 인간 행동의 가장 엄숙한 동기가 생겨나며, 인간 행위의 가장 순수한 원천이 솟아나며, 인간의 본성이 할 수 있는 원천이 솟아나며, 인간의 본성이 할 수 있는 최선의 봉사가 보장된다.
72. 교사는 단순히 개인들을 훈련시키는 일을 하는 사람이 아니라, 올바른 사회생활을 형성하는 일을 하는 사람이다.
73. 교사는 누구나 그 직분의 중요성을 깨달아야 한다. 그는 적절한 사회질서를 유지하고 올바른 사회의 성장을 도모하는 특별한 일을 담당한 사회적 공복(公僕)이다.
74. 이와 같은 교사는 언제나 참된 하나님의 예언자(豫言者)이며, 진정한 하나님 나라의 안내자다.

찾아보기

인 명

공번 255, 257
공자 21, 48, 52, 58, 65
김정환 49, 61
김종철 226
김창곤 228

노자 58

맹자 48, 49, 58

보조국사 지눌 20
불타 58

석가모니 52
송경헌 237
순자 47, 50, 255
신상명 252

안기성 223
예수 52, 58
오영재 235, 237
유현숙 230, 231, 232
윤정일 184
이밀 255, 257
이솝 22
이종재 226

장자 58
정민승 294
정일환 229
정자 16
정진환 231
주삼환 237

최희선 227

표시열 223

한기언 58
황정규 78

Achilles 52
Althusser, L. 117
Aquinas, T. 61
Aristoteles 244
Augustinus, A. 62

Binet, A. 59
Bloom, B. 131
Bollnow, O. F. 62
Bowles, H. 117
Brameld, T. 48
Bruner, J. 134, 294

Carey 169
Comenius, J. A. 59, 62, 152, 289
Condorcet, M. 289
Coser, L. A. 110

Dahrendorf, R. 110
Dale, E. 190
Dempsey, J. V. 184
Dewey, J. 17, 47, 63, 69, 141, 294
Dick, W. 169
Drucker, P. 304
Durkheim, E. 47, 59, 105

Eisner, E. 130

Foucault 295
Freire, P. 113, 294

Gagné, R. 131
Galtung, J. 110
Gardner, H. 83
Gintis, S. 117
Goleman, O. 84
Goodman, P. 113

Havighurst, R. J. 274
Heracles 52
Herbart, J. F. 58, 59
Hoban, C. 189
Hobbs, T. 50

Illich, I. 113, 114

Kierkegaard, S. A. 62
Kneller, G. F. 71
Knowles, M. S. 317
Kohlberg, L. 273
Krathwohl, D. 131
Kuhn, T. 100

Langefeld, J. 62
Lieberman, M. 247
Locke, J. 50, 51, 59

Marx, K. 63, 110
Maslow, A. 294
Mayer, J. 84
Merton, R. 105
Muhammad 52

Neill, A. S. 51
Nyerere 112

Parsons, T. 105
Pestalozzi, J. H. 48, 59, 152, 289
Peters, R. S. 310
Piaget, J. 51, 273, 294
Platon 58, 62, 71
Poulantzas, N. 117
Protagoras 74

Reimer, E. 113
Reiser, R. A. 184
Richey, R. C. 170, 172
Rogers, E. M. 175, 294
Rousseau, J. J. 49, 51, 59, 62, 273, 289

Salovey, P. 84
Schwab, J. 142
Seels, B. B. 170, 172
Shannon, C. E. 168
Socrates 58, 72
Spenser, H. 48
Spranger, F. E. E. 49
Steiner, J. 48

Trapp, E. 59
Tyler, R. 25, 131

Walker, D. 142
Weaver, W. 168
Weber, M. 63, 110

내 용

가의(賈宜) 244
가정교육 265
가정학교(홈스쿨링) 299
가치 판단 모형 158
가치론 70
가치합리성 296
가치합의 121
각인 91
간접적 교육 17
감성지능 82
감정이입 211
감정정화 216
강의식 수업 152
강화 92
강화의 법칙 146
개방형 평생교육 시스템 306
개별화 수업 152
개인 간 능력 83
개인 내 능력 83
개인 능력 84
개인적 실존 46
개인주의 74
개인 지도형 194
개인차 77, 81, 91
개인학습 체제 265
객관도 162
객관식 검사 161
객관주의 185
갱신 39
거인 52
거인 지향 53
게시판 상담 215
게임형 194
격자형(格子型) 교육과정 134
결과지향적 평가 251
결정적 시기 91
경사 140
경쟁 297
경험 134
경험 중심 교육과정 138
계속성 134
계열성 134
계절학교 299
고전 140
고타교육령 289
공간 이해 능력 83
공간거리 64
공감적 이해 211
공공성 267
공교육 290, 291
공리주의 296
공장으로서의 학교 292
공정성 135
공학적 효율성 26
과정 105
과제분석 131, 182
과학고등학교 301
과학으로서의 교육학 59
과학적 실재론 93
과학주의적 상대주의 93
과화존신(過化存神) 22
관계체 64
관념론 71
관례적 교육양식 17
관리영역 175
관습 47
교(校) 288
교과교육학 30
교과 목표 128
교과 중심 교육과정 138, 141
교권사건판례집 253
교권침해 253
교사 244
교사학(敎事學) 22
교섭 119
교수매체 167
교수목표 25, 130
교수설계 169, 177, 184, 185
교수설계모형 184
교수성과 179
교수이론 31
교수전략 174
교수체세실계 172
교수학(敎授學) 22
교수(敎授) 기능 290

교수-학습 144
교원 244
교원양성제도 250
교원평가 250
교육과정의 통합 143
교육과학 59, 68
교육기초학 30
교육목적 60
교육목표 25, 60, 127
교육목표분류체계 131
교육문화 222
교육문화사 76
교육방법학 30
교육사학 66
교육상황이론 31
교육연구 120
교육예술 68
교육이념 221
교육이론 31
교육인적자원부 230
교육정책 226
교육정책 결정자 228
교육정책의 유형 227
교육제도 224
교육조항 223
교육주변학 31
교육철학 67
교육청 230
교육학사 58
교육행정 220
교육행정정보시스템 230
교육행정제도 225
교육행정조직 230
교편 50
교학상장 22, 259
교화 22, 310
구루 245
구성 실재 160
구성주의 146, 149, 170, 185, 186
구인(舊人) 41
구조 105
구조-기능론 105
구조적 요소 233
구조접속 294
구조해체 111
구체적 목표 128
국가주의 74
군인양성 61
군자 60, 63
군자삼락 23
권학편(勸學編) 255
규범 47
규범적 지식 134
규준 지향 평가 159
균형사회 121
균형이론 105
그리스어 문법학교 288
극기복례 48
금기 18
급진적 구조주의 102, 111
급진적 인본주의 102, 111
기계적인 암기 95
기관 수준의 교육과정 136
기능주의 73, 102
기술적 지식 134
기억 95
기업으로서의 학교 292
기초교육(읽기 · 쓰기 · 셈하기) 290
김나지움 288

나선형 교육과정 134, 139
낭만적 자연주의 50
내면화의 원칙 132
내재적 행동 128
네오포비아 44
네오필리아 44
노인교육학 22
노작주의 152
논리 능력 83
논어 243, 259
농아학교 300
뉴라이트 교사연합 248
능력 검사 159
능력군 110

다지능 이론 84
단순노동자 247
단위학교경영 233
단일 실재 160
대교수학 59, 289
대면 상담 211

대안교육 21, 296, 297, 298
대안학교 296, 298
대애정신(大愛精神) 260
대애지순(大愛至醇) 264
대학(大學) 60, 71
대한교육연합회 248
대화법 72
덕 58
덕육 48
도구주의 73
도달점 목표 129
도달점 행동 128, 129
도야 50
독창성 85, 260
돈오점수 19
동기 87
동기화 94
동적인 균형 106
또래집단 271

라틴어 문법학교 288
라포 210
랍비 245
루두스 288

망각 95
망각률 96
매사추세츠교육령 289
매체 166, 187
맹아학교 300
모든 이를 위한 교육 313
모방 18
모성실조 270
모의 실험형 194
목적합리성 296
목표 상세화 130
목표지향 모형 157
몰두하는 시간 80
무모순성 59
무의미 학습 95
무의식 208
문제 해결 방식 78
문제분석 176
문화 실조 91
문화전승 48
물리적 실제 160
물적 요소 233
민주주의와 교육 266

반복 연습형 193
반성적 사고 75
반성적인 인지 양식 86
발달 89
발달 과업 91
발달 속도 91
발달과업 274
발달지향적 평가 251
발문 152
발산적 사고 85
방과후학교 298, 299
방법의 일관성 59
방법지 63
백지설 50, 51
벌 92
범지인 62
변론인 62
병원으로서의 학교 292
병원학교 301
보상 92
보육학 22
보조국사 지눌 20
복잡성의 원칙 132
복합학 27
본능 208
본능적 생존 46
본원적 교육양식 16, 46
부성실조 270
부적 전이 96
부폐식 교육과정 315
분산식 95
분석력 132
비정규 대안학교 298
비지시적 상담 209
비투사매체 188
비판적 참여 75
비행 209
비형식교육 21

사고의 유창성 85
사도강령 248
사물지(事物知) 63
사상으로서의 교육학 58
사실지(事實知) 63

사어(射御) 288
사이버 상담 211
사전지식 181
사회구조 111
사회변화 47
사회적 보존 43, 46
사회적 수준의 교육과정 135
사회제도 101
사회철학 58
사회혁신 47
사회화 46, 108
사회화 기능 107
산업사회 296
산업혁명 289
산업화시대의 교육이념 221
산파술 72
삼강령 71
삼강오륜 67
삼공(三公) 244
삼육론 48
상(床) 288
상(庠) 288
상담 203, 208
상담 관계 211
상담 활동 206
상대 평가 159
상부구조 112
상생 297
상징적 표상 156
상호작용 119, 168
상호작용매체 189
생태주의 296
생태주의적 접근 210
생활지도 203
서(序) 288
서수(書數) 288
선각자 18
선발 · 배분 기능 107
선비 63
선진(先秦) 교육가 58
섬머힐 학교 51
성선설 49, 50
성숙 89, 318
성악설 50
성인 52, 60, 63
성인교육학 22
성인 지향 53
성적 생존 42
성직 246
성취동기 87
세계 도회 152
소크라테스식 256
소크라테스의 대화법 155
소피스트 52, 58, 252, 256
속진아 78
수기치인 48
수단지향적 평가 251
수렴적 사고 85
수업 144
수업 목표 128
수업 수준의 교육과정 136
수업설계 144
수업의 질 79
수용 211
수월성 260
수익권으로서의 교육권 254
수행목표 25
수행평가 141
숙의(熟議) 모형 142
숙(塾) 288
스승 244, 245
스키마 148
스파르타 61
시 · 도교육청 231
시각매체 188
시간거리 64
시청각매체 189
신국인 62
신뢰도 161
신사양성 61
신인(新人) 41
신지식인 63
신체 도야설 50
실용주의 70, 73
실재론 93
실재주의 70, 72
실재주의자 73
실존주의적 접근 209
실증과학 59
실학주의 72
실험심리학 59
실험주의 73
실현된 교육과정 136

심리운동적 영역 132
심리적 지불연기 277
심리치료 208

아동 중심 교육과정 139
안내자 314
암기 18
애지학(愛智學) 58
양육 290
언어 능력 83
업적주의 사회 318
에밀 51, 273
여가활동 278
역사적 의식인 260, 261
역할모형 270
연구분야분류표 27
연습의 법칙 146
열린교육 21
영상 상담 214
영상적 표상 156
영혼구원 61
영(零) 교육과정 137
예기 288
예술고등학교 301
예술적 근로자 247
예악(禮樂) 288
온고지신 258
외국어학교 301
외현적 행동 128
요구분석 144, 182
욕구 5단계 317
우열 78
운동 능력 83
원격교육 195, 196, 198
원리의 통일성 59
원인 41
웹 기반 교수 195
웹 기반 학습 195
위기지학 21
위인지학 21
위탁권으로서 교육권 254
유능한 교사 252, 253
유생연장 45
유의미 학습 96
유의미화 148
유전 81
유전론 81
유태보존적 45
육예(六藝) 288
융통성 85
은행저금식 교육 115
음악 능력 83
의도된 교육과정 136
의무교육 267, 290
의사결정 지원 모형 158
의식 112
이론과 실천으로서의 교육학 58
이론으로서의 교육학 58
이모티콘 213
이상적 인간상 52
이상주의 70
이성인(理性人) 41, 52
이원 분류 132
이해 능력 79
이해력 132
익명성 213
인간 중심 교육과정 140
인간거리 64
인간게놈프로젝트 39
인간상 60
인간주의 심리학 51
인간화 48
인문주의자 62
인본주의 50
인사 140
인성 검사 159
인성교육 46
인식론 70
인적 요소 233
인지 구조 92, 148
인지심리학 93
인지 양식 82, 85
인지이론 92
인지적인 쐐기 112
인지주의 146
인지학 48
일반 지능 145
일반교육학 59
일반적 목표 128
일요학교 290
일제식(一齊式) 교육 20
일치 211

일탈행동 18

자각화 115
자극-반응 이론 92
자극-반응 학습이론 51
자기표현 276
자립형 사립학교 301
자선학교 290
자성적 교육양식 19, 46
자아각성 62
자아개념 86
자아 이론적 접근 209
자연계발설 50
자연인 62
자연적 생존 42
자연적 실재주의 72
자연철학 58
자유교원조합 248
자유시민 61
자유재량 교육권 254
작동적 표상 155
잠재적 교육과정 136
장 독립적인 양식 85
장 독립적 인지 양식 86
장 의존적 인지 양식 86
적성 79
적용력 132
전개된 교육과정 136
전국교직원노동조합 248
전달전략 180
전망 100
전문직업인 246
전이 62, 96
전이가 96, 135
전인양성 62
전자 우편 상담 214
전체적 인간 63
전통적인 교육 297
전형적인 수행 159
절대 기준 평가 159
접근 100
정당화의 기능 107
정도 131
정보 제공 활동 206
정보의 조직 148
정보통신공학 199
정보화사회 296
정서 83
정신 도야설 50
정신분석학적 접근 208
정신적 에너지 209
정의적 영역 132
정적 전이 96
정치(定置) 활동 206
제도적 교육양식 18
젠트리 61
조건 131
조건반사 94
조명적 평가 모형 158
조삭비(鳥數飛) 16
조성자 314
조작주의 51, 130
조직전략 180
조화인 63
종교인 52
종점교육모형 304
종합력 132
종(種) 다양성 39, 40
주관식 161
주관주의적인 접근 119
주말학교 298, 299
주일학교 299
준거지향 검사 176
준거 참조 평가 159
준비도 91
중립설 50
중앙 집중식 135
중용(中庸) 24
지능 82
지방교육자치제도 225
지방 분산식 135
지속력 79
지시적 상담 209
지식 132
지식 구조 148
지식경제 303
지식의 구조 139
지어지선(止於至善) 60, 257
지역교육청 231
지육 48
지적 기능 132
지적 능력 83
지적 영역 132

지진아 78
지향 100
직립인 41
진단평가 159
진리 정합설 71
진보주의 교육 운동 156
진화론 37, 39
집중식 95

참교육 46
창의성 82
창조과학회 38
창조론 37, 38
채팅 상담 212, 214
처방적 활동 172
천직 245, 257
청각매체 189
청소년 교육 275
청소년지도자 284
청중 131
청출어람 255, 256, 257
체육 48
체육고등학교 301
체제이론 166
체제적 접근방식 166
초기교육 305
총괄평가 160, 177, 182, 183
최대 수행 159
추수 활동 206
출람지예 255
출람지재 255
출발점 행동 181
충동적인 인지 양식 86
친권적 교육권 254

카페테리아식 교육과정 315
컴퓨터보조수업 193

타당도 161
탐구식 수업 152
태보(太保) 244
태부(太傅) 244
태사(太師) 244
태세 132
통신이론 168
통찰성 260
통합성 134
투사매체 188
투여한 시간 79
특성 요인 중심 접근 209
특성화고등학교 298
특수목적고 301

파지율 96
팔레스트라 287
패러다임 99
평가력 132
평등주의 108
평생교육 265
포스트모던사회 249
표류 270
표면적 교육과정 136
표준화석 40
표현 목표 130
풍교 22
풍화 22
프래그머티즘 141
프로그램 교수 169
프로그램 평가 160
프로그램 학습 51
피터 팬 증후군 45
필요한 시간 79

하이브리드 28
하이브리드學(복합학) 26
하이퍼미디어 194
학교교육 265
학교운영위원회 235
학교장 235
학교제도 224
학교태(學校態) 294
학급 236
학급경영 236
학급경영의 영역분류 236
학년 목표 128
학력주의 사회 269
학문 중심 교육과정 139
학문분류 27
학생 이해 활동 206
학생평가 160
학습 89
학습 결손 145
학습 기회 79

학습 능력 133, 308
학습 동기 145
학습 양식 145
학습 유형 133
학습 적성 145
학습 준비도 149
학습 촉진자 314
학습 흥미 145
학습경제 303
학습공동체 301
학습공동체로서의 학교 293
학습망 114
학습목표진술 182
학습에 대한 자아개념 145
학습의 개별화 130
학습자 특성 174, 179
학습자분석 182
학습학 22
학습환경분석 182
한국교원노동조합 248
한국교원단체총연합회 248
한국교원윤리강령 248
한국학술진흥재단 27
할레대학 59
합리적 교육과정 개발 모형 142
합의 106
해석주의 102
행동 131
행동목표 25, 128
행동정식 115
행동주의 146
행동주의 심리학 51, 93
행동주의적 접근 209
행위인 63
헌법 223
혁신 106
혁신의 보급 175
현대의 교육 219
현대의 교육이념 221
현인 41, 52, 60, 63
현인 지향 53
형성평가 177, 182
형식도야 62
형식적 교육 17
형식적 교육양식 46
형이상학 70
홈스쿨링 298
환경 81
환경론 81
환경적 요소 233
효과의 법칙 146
훈육 18, 204
훈육 기능 290
훈장 244
훌륭한 교사 252, 253, 257

3H 48
8년 연구 142
ADDIE 모형 180, 182
ASSURE모형 191
Ecole Normal 249
education 22, 27
EU 303
Normal School 249
OECD 303
Pedagogics 27
pedagogy 22, 27
schola 287
scholē 287
school 287
Science of Education 27
tabura rasa 50
World Bank 303

• 저자 소개 •

한용진(고려대학교 사범대학 교육학과: 1장, 2장, 3장, 10장, 12장)

권두승(명지전문대학 인문사회계열 청소년교육복지과: 5장, 11장, 13장)

남현우(순천향대학교 인문대학 교육과학부: 4장, 6장, 8장)

오영재(고려대학교 인문대학 교직과: 9장)

류지헌(전남대학교 사범대학 교육학과: 7장)

2판

교육학개론

2006년 9월 15일 1판 1쇄 발행
2007년 8월 20일 2판 1쇄 발행
2014년 2월 20일 2판 6쇄 발행

지은이 • 한용진 권두승 남현우 오영재 류지헌
펴낸이 • 김 진 환
펴낸곳 • (주) 학지사
121-837 서울시 마포구 서교동 352-29 마인드월드빌딩 5층
대표전화 • 02) 330-5114 팩스 • 02) 324-2345
등록번호 • 제313-2006-000265호
홈페이지 • http://www.hakjisa.co.kr
커뮤니티 • http://cafe.naver.com/hakjisa

ISBN 978-89-5891-490-7 93370

정가 15,000원

저자와의 협약으로 인지는 생략합니다.
파본은 구입처에서 교환하여 드립니다.